（2024）

上海市水利建设与管理论文集

SHANGHAI SHI SHUILI JIANSHE YU GUANLI LUNWENJI

阮仁良　主编

河海大学出版社
·南京·

图书在版编目(CIP)数据

上海市水利建设与管理论文集. 2024 / 阮仁良主编.
南京：河海大学出版社，2024.6. -- ISBN 978-7-5630-9136-2

I. F426.9-53

中国国家版本馆CIP数据核字第20249ZV920号

书　　名	上海市水利建设与管理论文集(2024)
书　　号	ISBN 978-7-5630-9136-2
责任编辑	张　媛
特约校对	周子妍
封面设计	徐娟娟
出版发行	河海大学出版社
地　　址	南京市西康路1号(邮编：210098)
电　　话	(025)83737852(总编室)　(025)83722833(营销部)
经　　销	江苏省新华发行集团有限公司
排　　版	南京布克文化发展有限公司
印　　刷	广东虎彩云印刷有限公司
开　　本	787毫米×1092毫米　1/16
字　　数	468千字
印　　张	18.75
版　　次	2024年6月第1版
印　　次	2024年6月第1次印刷
定　　价	68.00元

编委会

主　　编：阮仁良

副　主　编：胡险峰　黄　锋

编委会成员（以姓氏笔画排序）：

王春树　王梦寒　车　越　邓　武

刘亚涛　孙昕原　吴景社　沙治银

陆卫安　陈　艳　陈长太　宗志锋

居艳阳　黄明毅

序 Preface

"天下之多者水也，浮天载地，高下无所不至，万物无所不润。"人类依水而居，城市因水而兴，人类文明亦是从江河开始。

"善治国者，必先治水。"治水传统与中华文明一样源远流长，从女娲补天到大禹治水，从都江堰到郑国渠，从三峡工程到南水北调，中华民族积累了丰富的江河治理经验和智慧。党的十八大以来，习近平总书记高度重视治水兴水问题，站在中华民族永续发展的战略高度，提出"节水优先、空间均衡、系统治理、两手发力"治水思路，新时代治水事业取得历史性成就。

近年来，我市水利工作深入贯彻习近平生态文明思想和十六字治水思路，积极践行人民城市理念，以人水和谐为目标，扎实推进水灾害、水资源、水生态、水环境治理工作，凝心聚力打好碧水保卫战，河湖生命健康达到20年来最佳状态，人民群众获得感、幸福感显著增强。

本论文集共收录论文47篇，内容涵盖水利规划与建设、水利长效管理、防汛与水资源调度、水生态与水环境、水利科技与信息化等各个方面，反映了水利行业的前沿热点问题，既有理论上的探讨分析，亦有实践上的经验总结，可供水利系统各级领导干部和科技工作者阅读，也可供相关院校师生参考。

"人不负青山，青山定不负人。"全市水利工作者要在习近平新时代中国特色社会主义思想指引下，深入践行习近平总书记治水思路和关于治水的重要论述精神，铿锵向前、接续奋斗，为建设上海幸福河湖、推动上海水利事业高质量发展做出应有贡献，在中国式现代化建设的新征程上谱写出"人水和谐"新篇章！

2024年6月

目　录

水利规划与建设

河道建设对下穿地铁隧道的保护方案分析 ……………………………… 鲁炎松（2）
浦南西片骨干河道疏浚项目管理控制要点分析——以金山区域为例 ……… 李海燕（11）
绞吸船疏浚装驳工艺及实施效果分析 …………………… 汤　宇，黄伟炳，付　桂（16）
一种闸门水位标尺简易清理装置设计 …………………………………… 王佃晓（26）
关于金山嘉兴毗邻联动治水的思考 ………………………………………… 周文书（33）
墩式景观平台总体设计及关键技术研究 …………………………………… 王弘元（36）
新发展阶段构建松江区水利工程监督管理体系的思考 …………………… 杨新秀（43）

水利长效管理

上海市青浦区水闸精细化管理成效及未来展望 …………………………… 高　萍（50）
CCTV检测技术在农村生活污水行业监管工作中的应用 ………………… 丰浩然（55）
松江区骨干河道底泥疏浚尺度研究 ………………………………………… 杜一峰（60）
一种升卧式船闸钢丝绳简易保养装置的设计 ……………………………… 王佃晓（66）
浅谈金山区农田排涝设施养护管理存在的问题及对策 …………………… 周文书（71）
赵巷镇水利长效管理在乡村振兴战略中的应用 …………………………… 徐乐凡（76）
松江区住宅小区水体长效管理机制探寻与展望 …………………………… 姜勇志（81）
上海郊区村级河道治理思路及对策 ………………………………………… 王　冲（85）
上海市水利工程标准化管理实践与思考 ………………………… 徐双全，姚　磊（90）
松江区圩区排涝设施管理要点探讨 ………………………………………… 杨　杰（96）
水利事业单位预算绩效管理优化措施探究 ……………………………… 石奇玮（101）
上海市河湖管理养护市级专业巡查工作的实践及思考
　　　　　　　　　　　　　　　　　　　　　施　圣，居艳阳，沈利峰（106）
关于上海市水利专项项目前期工作的思考 ……………………………… 季林超（111）
新形势下松江区圩区水闸管理实践与思考 ……………………………… 吴琴全（115）
沿海泵闸运行养护的重难点与对策措施——以航塘港泵闸为例
　　　　　　　　　　　　　　　　　　　　　　　　　　　田　菁，王　亮（120）
上海市灌溉试验站现状和发展趋势探讨 ………………………………… 居艳阳（124）

防汛与水资源调度

浅析上海市青浦区圩区防洪除涝现状及面临困难 ………………………………… 许　强(130)
长江口南槽水道近期水沙时空分布及输移特征 ………………………………… 付　桂，汤　宇(135)
平原感潮河网地区活水畅流调度实践与思考——以松江区为例 ……………… 姜勇志(144)
黄浦江苏州河滨江贯通对堤防设施岸段分类与界定的影响 …………………… 鲍毅铭(150)
太北片活水畅流调度方案优化研究 …………………………… 刘　密，冯湘凝，浦旸炯(154)
圩区除涝能力及片圩联调初步研究 …………………………………… 刘　密，褚　帅(160)
上海"十四五"水安全保障规划形势和对策 …………………………………… 秦莉真(169)
基于上海"一江一河"背景的黄浦江堤防监测研究 …………………………… 刘安民(175)
自排地区雨水排水风险评估方法研究——以平原河网地区典型乡镇集建区为例
　…………………………………………………………………………………… 陈　缘(182)

水生态与水环境

长江口2015—2020年河床冲淤演变 …………………………………… 汤　宇，付　桂(192)
奉贤区生态清洁小流域建设过程中瓶颈问题的研究 …………………… 张李豪，余　斐(199)
我国生态清洁小流域综合整治的探索与思考——以上海市青浦区重固镇为例
　……………………………………………………………… 沈　辉，徐俊玲，闵　敏(204)
上海市已建水利工程生态水位确定初探 …………………… 李　琪，毛兴华，陈　澄(213)
祝桥镇绿色发展型生态清洁小流域治理模式探讨 ………… 李文浩，颜　磊，曹志辉(219)
关于上海市农村生活污水就地处理设施出水水质抽测结果与提标改造的分析与思考
　………………………………………………………………………………… 翁晏呈(228)
生态治溪技术和措施研究 ………………………………………………………… 王弘元(233)

水利科技与信息化

机载激光雷达滩涂潮间带实测点云滤波方法研究——以长江口崇明东滩为例
　………………………………………………………………………………… 罗　成(242)
数字孪生泵闸运行调度智慧平台建设研究 …………………………… 刘林华，李丹娇(249)
上海市水利工程安全质量监督信息化的几点思考 …………………………… 段敏伟(255)
BIM技术在河道整治工程中的应用 ………………………………………………… 李　亮(259)
一体化泵闸在圩区改造项目中应用的探索 …………………………………… 陈雷威(268)
小口径市政排水管道中的微型顶管技术应用 ………………………………… 舒海涛(274)
上海市水利行业信息化建设现状与展望 ……………………………… 居艳阳，施　圣(282)
基于上海市水票制度的运行管理支持系统研究 ……………………… 蒋国强，龚嘉秀(287)

水利规划与建设

河道建设对下穿地铁隧道的保护方案分析

鲁炎松

(中土大地国际建筑设计有限公司上海分公司,上海 201315)

摘　要:随着城市的快速发展,城市建设用地范围迅速扩大,地铁建设覆盖范围越来越广,其中盾构区域与地面现有建筑物存在的空间交汇情况也普遍存在。在河道建设工程中遇到下方既有地铁隧道区域,对现有隧道区间采用加固保护措施后进行河道工程建设,同时运用有限元计算分析河道建设对地铁隧道的影响情况,为同类型河道工程建设提供一定的参考。

关键词:河道建设;地铁隧道区间保护;加固措施;有限元计算

上海作为中国最大的经济中心城市和新兴的全球城市,具有建设用地集中、人口集聚、产业集聚、交通运输频繁等基本特点。截至 2022 年,上海地铁里程已达 831 km,位居全国第一。与此同时,上海地铁建设规模还在不断扩大,仅 2023 年就有 13 条轨交同时在建。2022 年,上海市共有河道(湖泊)46 822 条(个),其中河道 46 771 条,长 30 397.66 km,河网密度 4.79 km/km^2[1],密集分布的河网与城市地铁走向存在较多空间投影面相交情况,在既有地铁隧道上方进行河道工程建设时,对地铁隧道区间的安全保护措施至关重要。

1　工程概况

工程位于上海市浦东新区,东张家浜河道规划河口线位于地铁 2 号线(创新中路—华夏东路)区间地下隧道安全保护区内,如图 1 所示。河道中心和与隧道上行轨道呈 89°角相交,与隧道下行轨道呈 79°角相交。

地铁隧道下穿东张家浜河道,现状河道堤顶高程 3.7~4.2 m,现状河道宽度 8~10 m,规划河口宽 25~30 m。根据《上海市轨道交通管理条例》,轨道交通地下车站与隧道外边线外侧 50 m 内为安全保护区。通过地铁标图资料,区间隧道盾构结构外径 6.2 m,上下行隧道外壁间距约 12.2 m,东张家浜下穿段隧道结构外壁顶高程为 -9.311~-7.645 m,底高程为 -15.511~-13.845 m。

本次需对地铁保护线内河道按照蓝线规划拓宽建设,设计河底高程为 2.0 m,隧道结构顶与设计河底之间的最小土层厚度仅约为 9.6 m。

本工程河道按规划河口线范围实施时需对现状河道进行土方疏拓,形成土体卸载,河道建设完成后形成一定的加载,施工过程中会对下部隧道产生安全影响,需对隧道结构采取一定的保护措施,以保证河道工程施工期及完建期下部地铁隧道的安全。

工程勘察勘测的河道与地铁相交处各层土体参数如表 1 所示。

作者简介:鲁炎松(1992—　),男,工程师,工学学士学位,从事水利工程设计,电子邮箱:luyansong209@163.com。

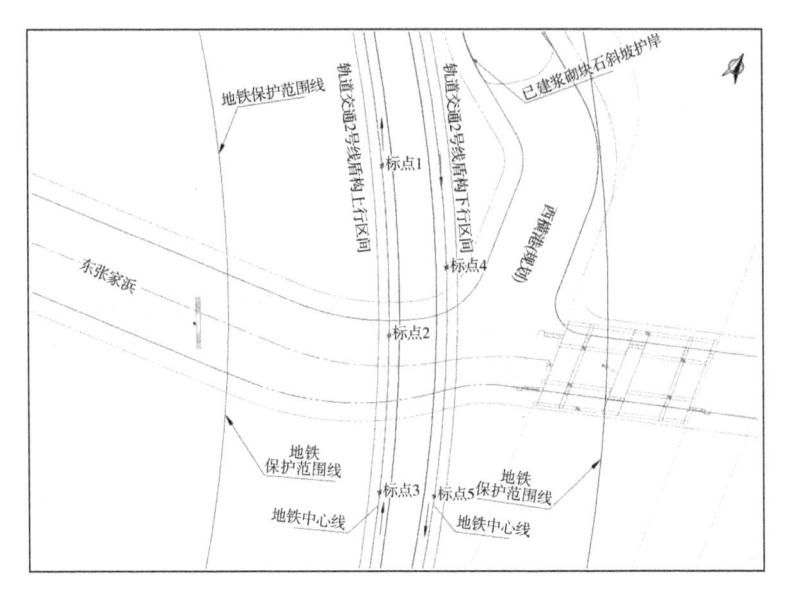

图 1　地铁与河道相交位置关系

表 1　土体参数

土层名称	γ (kN/m³)	c (kPa)	φ (°)	压缩模量 $E_{s_{0.1\sim0.2}}$ (MPa)	回弹模量 $E_{s_{0.2\sim0.05}}$ (MPa)
②粉质黏土	18.7	23	15.0	5.01	21.45
③淤泥质粉质黏土	17.7	13	14.5	3.81	14.09
③夹砂质粉土夹淤泥质粉质黏土	18.6	6	29.5	9.67	39.46
④淤泥质黏土	16.6	13	12.0	2.37	9.48
⑤1黏土	17.1	17	12.5	2.97	11.20
⑤3-1粉质黏土夹粉土	18.1	17	20.0	5.53	20.27

上海市轨道交通结构安全控制指标如表2所示。

表 2　安全控制指标

安全控制指标	控制值
地铁两侧外边线	邻近3 m范围内禁止任何工程
隧道水平位移	<20 mm
隧道竖向位移(沉降)	<20 mm
隧道变形曲率半径	>15 000 m
隧道变形相对曲率	<1/2 500
隧道结构外壁附加荷载	≤20 kPa
振动速度	≤2.5 cm/s

2 区间隧道保护措施

河道开挖过程中涉及大面积卸土,卸土面下方土体由于正应力消失而上拱变形,引起下方土侧移,从而导致邻近的隧道结构侧移[2]。

在河道工程施工之前,需要对地铁隧道一定区域内的土体进行加固处理。目前,国内常用的隧道区间加固方法有三轴搅拌桩、全方位高压旋喷桩(MJS)等。经过比较不同加固方案设备自重荷载、工程造价等因素,本次采用双轴搅拌桩+局部底板填筑及抗拔桩的形式对区间隧道进行保护,区间隧道结构外壁外3 m范围内不采取加固措施,如图2所示。

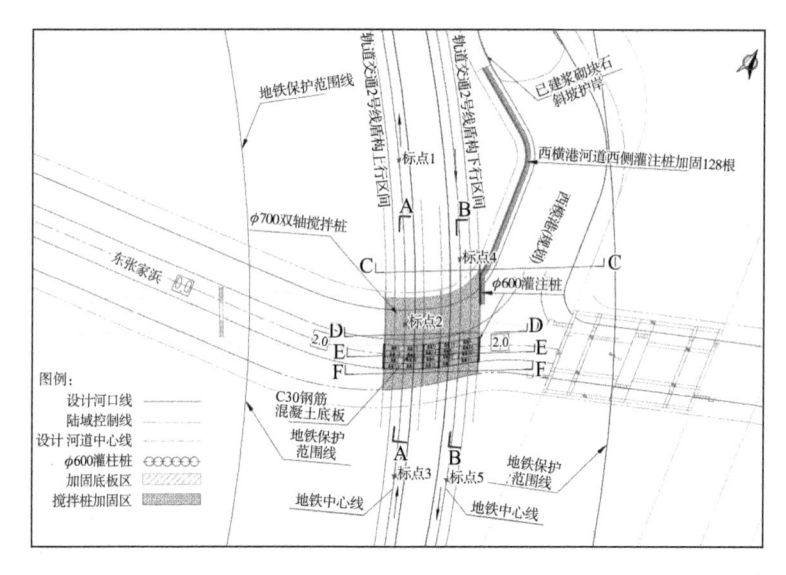

图 2 隧道区间保护平面图(尺寸:mm)

2.1 开挖区土体搅拌桩加固

对基坑内土体满堂加固是为了加强土体强度以改善隧道周边土体的物理力学性能,增强其抵抗变形的能力[3]。基坑内土体加固体长度沿南北向约30.6 m,加固体沿东西向宽度30.6~31.8 m。加固体深度为从原河道内双轴搅拌桩-4.50~2.50 m高程施工,河道北岸(3.50 m)及南岸(4.20 m)从现状地面高程向下至-4.50 m高程施工,如图3~图8所示。双轴搅拌桩采用 ϕ700 mm,搭接长度不小于200 mm,水泥掺量15%(即每立方米加固土的水泥用量为270 kg),桩体28天无侧限抗压强度 q_u 不小于1.0 MPa。

2.2 大体积卸载区域门架式加固

为防止河道拓建区域大体积开挖导致隧道上浮变形,同时考虑河道完建期水位变动的荷载变化,设计河底0.5 m以下设置C30钢筋混凝土底板填筑,板厚0.5 m,板底下部沿隧道走向设置4排抗拔桩,其中抗拔桩采用C35等级的 ϕ600 mm钻孔灌注桩,桩长22~24 m,详见图3~图7。

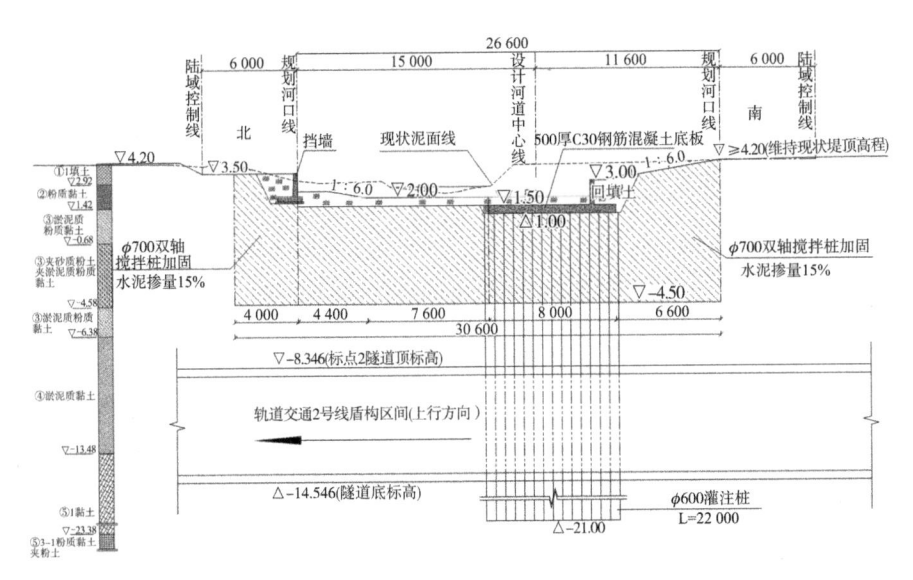

图3 隧道区间保护完建期剖面图(A-A)(标高:m;尺寸:mm)

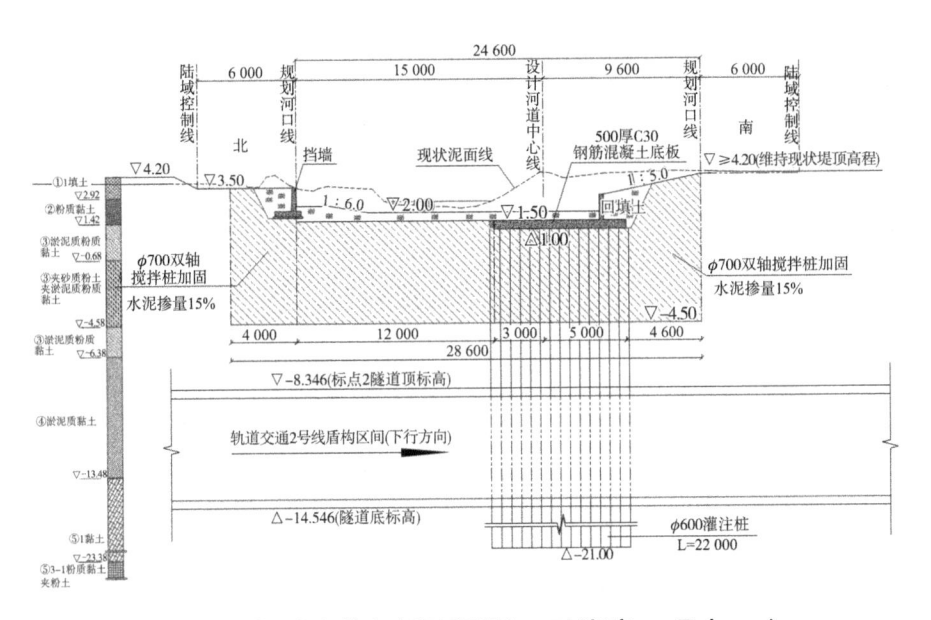

图4 隧道区间保护完建期剖面图(B-B)(标高:m;尺寸:mm)

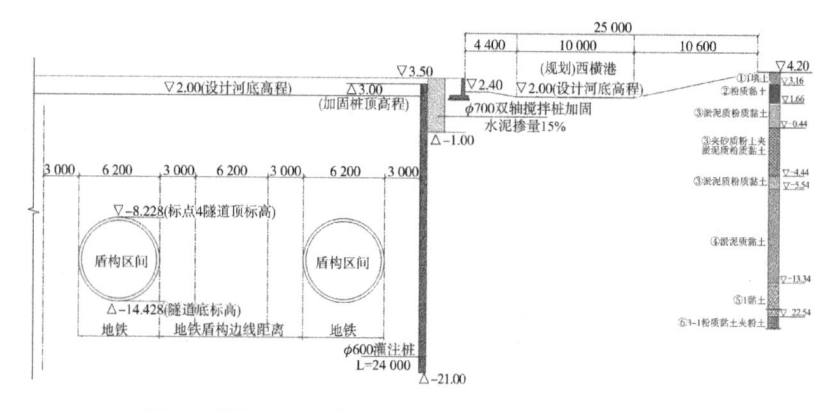

图 5　隧道区间保护剖面图(C-C)(标高:m;尺寸:mm)

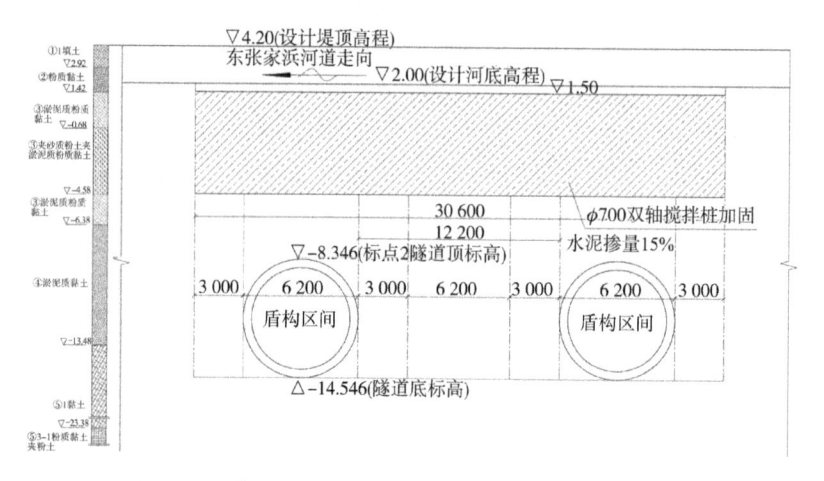

图 6　隧道区间保护剖面图(D-D)(标高:m;尺寸:mm)

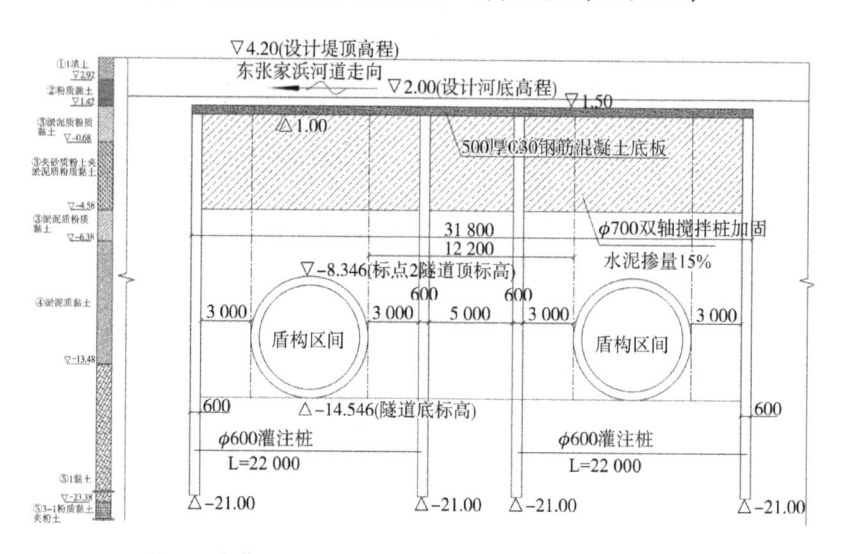

图 7　隧道区间保护剖面图(E-E)(标高:m;尺寸:mm)

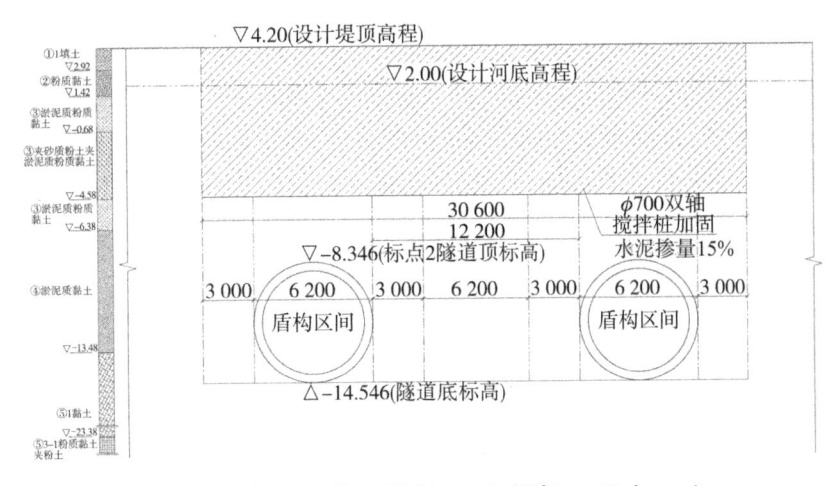

图8 隧道区间保护剖面图(F-F)(标高:m;尺寸:mm)

2.3 河道开挖施工组织设计

随着河道开挖土体卸荷较少,隧道出现不同程度的上浮,但土体加固、压重和分区对称开挖等保护措施,能够有效抵消部分后期河道开挖引起的上浮量,使隧道变形得到有效控制[4]。

待搅拌桩加固土体达到强度后,河道南岸进行卸土作业,卸土厚度约3.2 m,每天卸土厚度控制在0.5 m内。设计高程1.0 m下部的地基加固采用灌注桩沿地铁走向进行间隔加固,垂直地铁走向的土体采用钢筋混凝土底板进行跳仓分块(每3.5 m×4 m一块)换填加固。河道开挖采用分层、分段、跳仓对称开挖,且在施工过程中应禁止在地铁保护范围内堆载或停放重型机械设备(附加荷载不大于20 kPa)。

隧道的变形还与基坑暴露的时间长短有关,基坑暴露的时间越短,基坑及隧道的回弹变形越小[5]。为了减轻影响,施工期控制在地铁夜间停运期,通过对基坑底板分块设计,缩短了基坑开挖至底板的填筑时间,短时间内可以减少基坑隆起,从而保护了地铁隧道。基坑开挖后,立即吊装预制好的钢筋混凝土底板,底板上采用袋装钢砂进行压重,尽可能减少土体卸载后对隧道变形的影响。

3 保护措施效果分析

3.1 有限元算法模拟

为进一步分析河道施工对地铁隧道的影响,采用有限元分析的方法预测河道施工对隧道结构的影响。因为A-A、B-B断面位于隧道中心线,距离轨道交通盾构区间距离最近,所以取A-A、B-B断面为施工过程中最不利断面,同时取C-C、D-D、E-E、F-F断面对比分析区间隧道变形值。

将实际问题简化为平面二维模型,采用弹塑性有限元分析,土体采用摩尔库伦模型,加固体为弹性模型,计算软件采用加拿大Rocscience公司Phase2二维有限元分析程序。

开挖加固施工过程模拟计算分为以下三个工况步。

(1) 工况步一：计算原位地应力，原位地应力为土体自重应力，现状水位2.64 m。
(2) 工况步二：加固，开挖至设计高程，河道内水位高程为2.64 m，局部水下开挖。
(3) 工况步三：河道回填至设计高程，河道内水位2.70 m。

计算区域、地层、边界条件、工况步图示，网格采用三角形高阶单元，本文主要选择最不利的A‐A、B‐B断面，工况图如图9～图11所示。

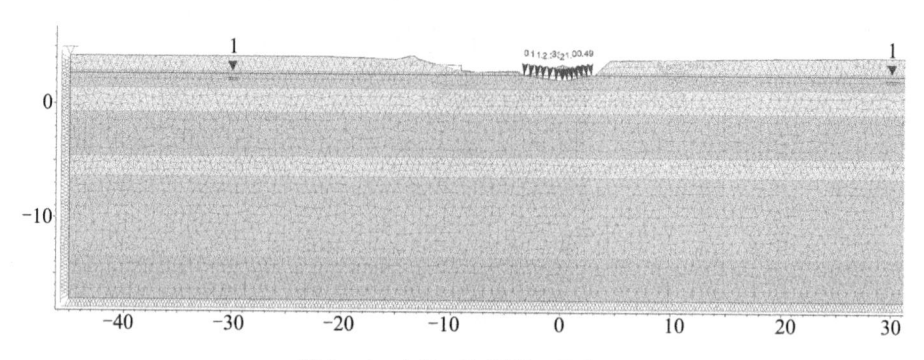

图9 A‐A/B‐B剖面工况步一

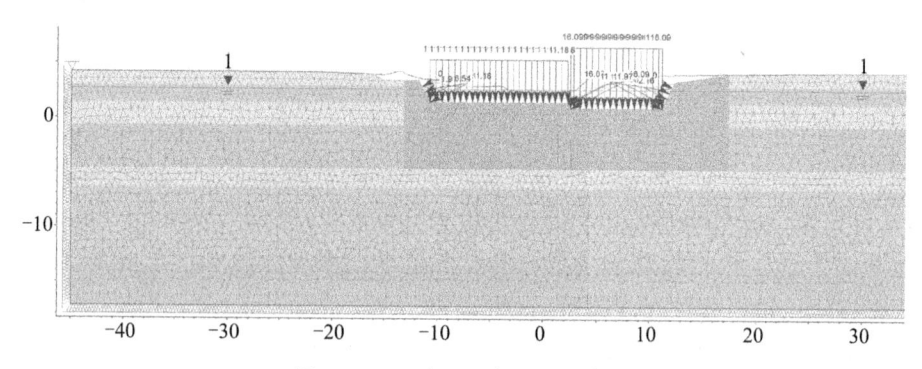

图10 A‐A/B‐B剖面工况步二

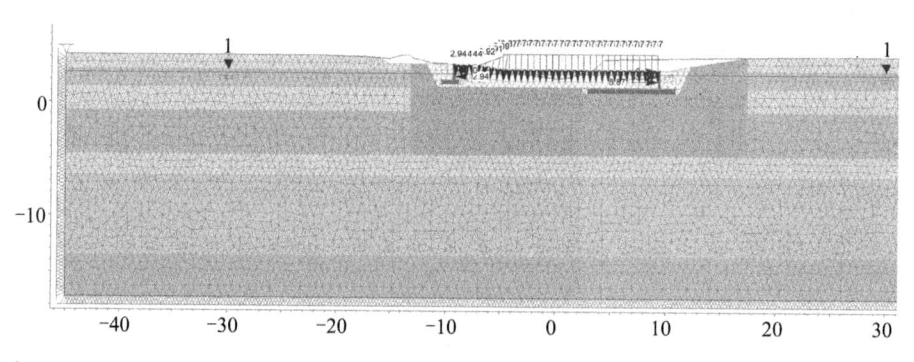

图11 A‐A/B‐B剖面工况步三

3.2 模拟结果分析

本文主要列举B‐B、E‐E断面部分工况的位移图，B‐B断面最大变形值8.01 mm，如图12所示，E‐E断面最大变形值0.95 mm，如图13所示，其他工况及相关断面位移计算结果见表3、表4。计算结果表明,土体加固后开挖,隧道位置最大变形值均小于10 mm,加固后开挖能减小变形值,有灌注桩位置(E-E剖面)几乎完全限制隧道结构变形。

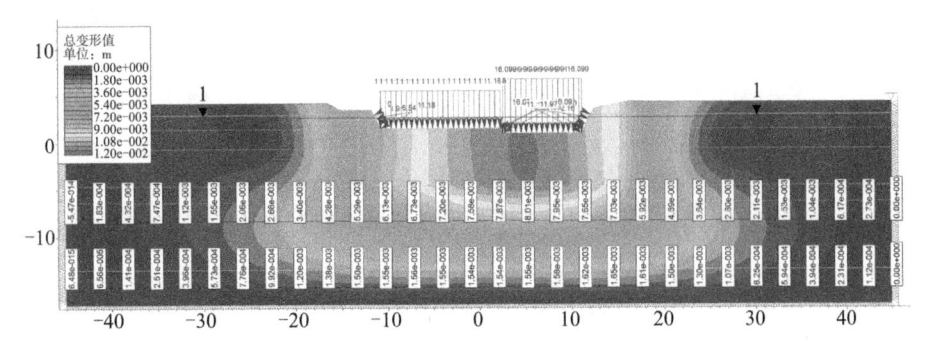

图12 B-B剖面开挖工况位移

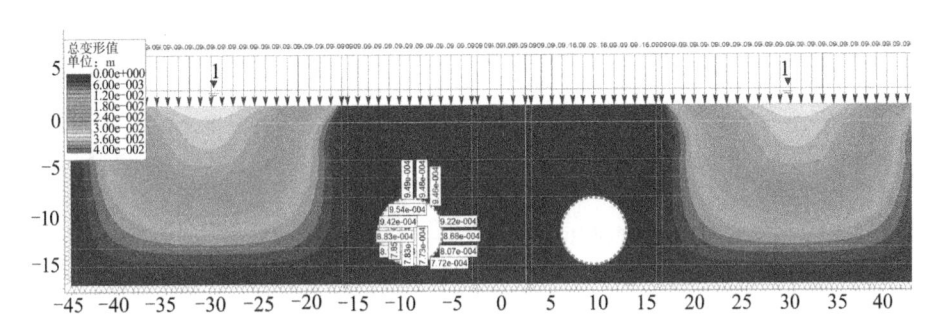

图13 E-E剖面开挖工况位移

表3 加固方案各断面最不利工况回弹量 单位:mm

工况剖面	施工期隧道顶	施工期隧道底	隧道变形差异	完建期隧道顶	完建期隧道底	隧道变形差异	隧道变形允许值
A-A	6.96	1.41	5.55	3.18	0.64	2.54	≤20
B-B	8.01	1.65	6.36	3.99	0.81	3.18	
C-C	4.56	4.14	0.42	3.78	3.45	0.33	
D-D	9.33	7.84	1.49	8.04	6.81	1.23	
E-E	0.95	0.78	0.17	0.85	0.70	0.15	
F-F	9.33	7.84	1.49	8.04	6.81	1.23	

表4 加固方案相对变形计算

相对变形计算值		相对变形允许值	曲率半径计算值(m)	曲率半径允许值(m)
C—D段	1/19 906	≤1/2 500	29 309 623	≥15 000
D—E段	1/5 299			
E—F段	1/4 542			

4　结语

（1）本文通过对既有地铁隧道上方河道建设时采用有限元算法,分析了河道开挖对隧道变形的影响。由模拟结果分析,隧道上方进行卸荷载作业时,隧道内部发生变形及上浮。通过对区间隧道采用加固保护措施,采用合理的施工组织设计,有效减小对区间隧道的变形影响,将变形控制在可控范围内。

（2）建议地铁规划与建设时,相关部门同步协作,同步完成空间交汇处地铁保护范围内的规划河道建设,避免后期按规划建设河道时出现实施保护措施费用高、工程工期长、安全隐患多等问题。

（3）河道建设施工前,为避免盲目施工,施工方需与轨道交通部门明确隧道位置,严禁在地铁保护区范围内堆放各类建筑材料,如堆放重型吊车、混凝土运输车及泵车等大型机械设备。施工时,施工方应基于现场具体情况调整分时、分层、分块基坑开挖方法,严禁短期内进行大体量卸载。河道建设过程中应加强对隧道变形的监测,按规范要求在隧道附近布设沉降观测点,避免施工对地铁运行造成影响。

参考文献

[1] 上海市水务局.2022 上海市河道(湖泊)报告[R].2022.
[2] 陈红梅,顾珍苗.上海西群河开挖对地铁 12 号线的影响分析及保护方案设计[J].城市道桥与防洪,2016(5):239-244.
[3] 何国建,丁铁华,周峰.在运营地铁隧道正上方的深基坑土方开挖施工技术[J].建筑施工,2008(7):515-519.
[4] 祁伏成.河道开挖对邻近既有隧道变形影响分析[J].现代交通技术,2022,19(1):75-79.
[5] 杨雪军.地铁区间隧道上方的超大面积基坑工程开挖卸载施工技术[J].建筑施工,2011,33(3):165-167.

浦南西片骨干河道疏浚项目管理控制要点分析
——以金山区域为例

李海燕

（上海金山水务投资有限公司，上海 201599）

摘　要：本文通过分析金山区实施的惠高泾等浦南西片骨干河道疏浚工程中存在的安全、质量及进度等项目管控特点与难点，研究浦南西片骨干河道疏浚项目管理措施等要点，为敞开片骨干河道疏浚的日常建设管理提供参考。

关键词：骨干河道；疏浚；项目管理

金山区地处上海市远郊，太湖流域碟形洼地的边缘，金山水系既是上海母亲河黄浦江的上游，又是杭嘉湖泄洪通道的下游，地理位置特殊。在水利分片治理上，金山区分属浦南西片和浦南东片。金山区在大泖港—掘石港—惠高泾以东部分（415 km²）属浦南东片，以西部分（171 km²）为浦南西片[1]。浦南东片属黄浦江干流段水系，为控制片，骨干河道多为南北向河流，本地影响为主要因素；而浦南西片属黄浦江上游水系，为敞开片，骨干河道多为东西向河流。按流域规划要求，骨干河道作杭嘉湖洪水的东排通道，受上游来水影响较大。

2015—2018 年，金山区实施了上海市西部地区流域泄洪通道防洪堤防达标工程，工程对浦南西片骨干河道进行了堤防达标建设，在堤防达标建设中河道疏浚未列入工程。近年来，由于太湖流域工情、水情变化，金山区受上游来洪及黄浦江潮水的夹击，周边水位有不断抬高的趋势。同时，随着地区城市化建设的迅猛发展，河道现状均淤积严重，西部防洪堤防达标工程大多为退岸整治建设防汛墙，墙前大多泥土堆积，部分河道泥面标高高出常水位，已逐步影响到防洪排涝、通航等行洪、引水、水运、水生态环境保护功能的发挥。综上因素，金山区启动浦南西片骨干河道疏浚项目。

1　基本情况

浦南西片金山区域骨干河道疏浚涉及河道共 24 条段，分惠高泾等骨干河道疏浚工程、胥浦塘等骨干河道疏浚工程、小泖港等骨干河道疏浚工程、蒲泽塘等骨干河道疏浚工程和徐泾港等骨干河道疏浚工程 5 个项目实施，疏浚河道总长度 135.04 km，疏浚总土方量约 145.04 万 m³，总投资约 15 589.05 万元，项目涉及枫泾镇、朱泾镇、吕巷镇、廊下镇等。浦南西片疏浚河道平面位置示意图见图 1。其中惠高泾等骨干河道疏浚工程于 2022 年 12 月 8 日开工，已于 2023 年 5 月 30 日完工；胥浦塘等骨干河道疏浚工程于 2024 年 1 月 5 日开工，计划于 2025 年 1 月 15 日完工；小泖港等骨干河道疏浚工程于 2023 年 12 月 13 日开工，计划

作者简介：李海燕（1986—　），女，中级工程师，学士，主要从事水利工程项目管理工作，电子邮箱：754766154@qq.com。

于2025年1月15日完工;蒲泽塘等骨干河道疏浚工程于2024年1月8日开工,计划于2025年1月15日完工;徐泾港等骨干河道疏浚工程计划于2024年4月1日开工,计划于2025年5月30日完工。

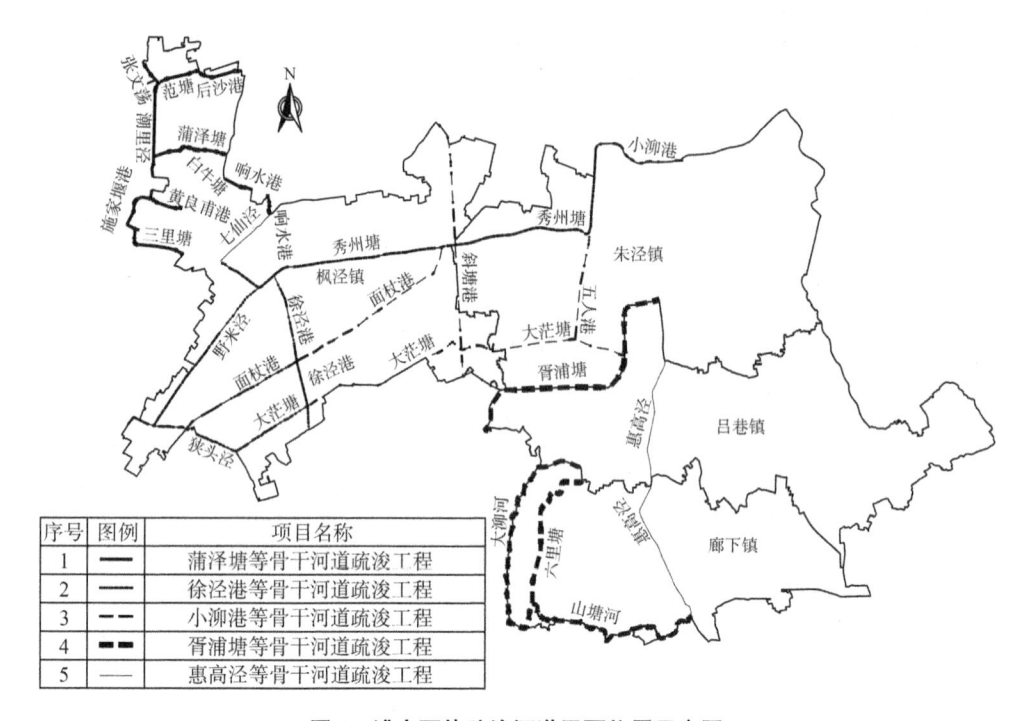

图1　浦南西片疏浚河道平面位置示意图

2　工程建设管理主要特点

浦南西片金山区域骨干河道疏浚工程受施工环境、堤防结构、水上通航、泥库等因素影响,项目管理主要特点如下。

2.1　质量管控影响因素多

2.1.1　疏浚作业隐蔽性高

实施疏浚的24条段河道中,9条为Ⅳ~Ⅶ级航道,1条为等外级航道,其余14条河道也均发挥着行洪、引水和生态环境保护作用。考虑到通航等无法断流施工,同时为减少对河道行洪排涝以及两岸岸坡稳定性的影响,在清淤方式上优先选定了湿式清淤施工工艺,采用 $1\sim1.5\ m^3$ 斗容的抓斗式挖泥船进行疏浚。对个别如大泖河等因梁底标高因素疏浚船只无法进入的河道,采用非汛期分段断流水力冲挖方式进行施工。受带水作业影响,水下挖泥船疏浚的挖槽宽度、深度、边坡质量控制等不具备可视性,施工质量波动性大,检验控制难度高。

2.1.2　疏浚后断面存在变化性

本次骨干河道疏浚断面严格执行之前堤防达标建设工程的控制泥面线,仅考虑对控制泥面线以上土方进行疏浚,疏浚后边坡及河底仍然会存留一部分浮土,加上通航船只、上游来水、潮汐影响等因素影响,疏浚后的断面将在一定时间内变化,给质量复核检验带来困难。

2.2 安全管控风险因素杂

2.2.1 水生交通安全

一是多个工区同时分段平行施工,涉及挖泥船、泥驳、拖轮、机艇等自身施工船只数量多,项目安全管控体量大;二是施工作业要考虑航道内其他运输船只的通航安全影响。

2.2.2 护岸结构安全

一是本次骨干河道疏浚河道两岸堤防为西部防洪工程新建的堤防。堤防结构稳定是疏浚安全控制的重中之重,施工中要保证堤防墙前土没有受到扰动,堤防结构的抗倾、抗滑条件未发生明显变化。二是疏浚土方上岸过程中,要注意底泥上岸施工作业不对现状堤防安全产生不利影响,确保堤防结构安全。

2.2.3 桥梁结构安全

疏浚河道上存在大量跨河桥梁,沿线桥梁下方的疏浚断面及疏浚方法的确定、疏浚实施过程中的安全控制管理直接影响着跨河桥梁结构安全。

2.2.4 泥库设置安全

疏浚的土方均为淤泥,含水量大、流动性强,脱水外运成本极高,缺乏可操作性,因而无法进行道路运输,处置点位的选择面相对较窄,一般将河道沿线田地作为泥库为最佳。本次疏浚后的土方,将直接装至运泥船运至位置相对合适的泥库,通过吹泥上岸进入沿线布设的泥库。由于泥浆入库等,泥库的安全管理是上岸后的重点管控风险源。

2.2.5 临时用电安全

按照沿河电力布设现状,泥浆泵临时用电以沿河泵闸(站)等为主要接电来源,根据泥库、泵闸(站)位置情况,沿路架空线的距离将会较长,临时用电安全隐患较大。

2.3 进度管控节点性强

2.3.1 非汛期施工原则

疏浚河道均为行洪通道,汛期承担着杭嘉湖上游洪水东排入海的重任,从不影响行洪和船舶施工安全出发,要求在汛后进场、汛前完成或入汛暂停施工,施工工期、进度受汛期影响。

2.3.2 不影响耕地耕种原则

河道疏浚底泥按照《土壤环境质量农用地土壤污染风险管控标准(试行)》(GB 15618—2018)中农用地土壤污染风险筛选值规定的11项指标进行抽样检测,对符合标准的予以还田利用。为不影响秋收和次年夏季的播种,需要在秋收后至次年春耕前的期限内,采用浅冲法堆置施工,将底泥冲至耕地30 cm左右的高度,经过一周沉淀排水,后期自然晾晒、固结,结合春耕备耕进行机械翻耕,以确保夏季能够播种。在不影响夏季耕种的原则下,对于项目开工节点及工期控制要求较高。

3 项目管理控制要点分析

骨干河道疏浚项目的建设任务是以防洪除涝为主,以满足流域防洪的总体要求、保证安全足量排泄流域洪水、提高上海市西部地区浦南西片防洪减灾能力、适应地区社会经济发展对防洪除涝安全的迫切需求为目标,同时改善当地防洪管理、水土保持和适应通航的条件和能力。疏浚项目管理的主要目标是确保质量合格、安全受控、进度有序,以实现建设任务。

3.1 质量管控方面

3.1.1 严格方案审核、质量交底

针对施工组织设计方案、专项施工方案、测量方案等涉及施工质量控制的各类方案进行把关审核,存在一定技术难度或涉及其他条线的,邀请专家对方案进行评审,确保方案的可行性和科学性。强化对施工方案的交底工作,保证方案要求落实到每个工区、每个工人,建立交底档案及花名册,动态更新,确保疏浚质量保证的各项要求执行到位。

3.1.2 加强过程质量检验管理

鉴于疏浚内容的特殊隐蔽性,加强各参建单位在施工过程中的质量检验管理,对于挖槽宽度、深度、边坡质量控制等施工自测、监理复测要严格落实分开实施原则,采取错开断面桩号机制,确保检验检测的覆盖程度和频次。同时通过严格测算泥库容量,进行复核验算,利用入库土方量反向验证疏浚工作量,佐证检验数据。

3.1.3 及时衔接浚后断面测量

将浚后测量单位的采购与施工、监理招采同步进行,使施工、监理及浚后测量单位同时进场,以加强浚后断面测量的衔接,落实第三方专业测量单位监测的及时性和有效性。

3.2 安全管理方面

3.2.1 强化人员及机械设备管理

建立内外完全相匹配的人员、机械设备登记台账,落实每日现场核验,确保持证、受教育上岗。做好通航论证,并及时办理水上作业许可,与交运中心、海事等部门建立通畅的联系沟通渠道,建立群组,加强航道施工作业范围动态报告,保障通航安全[2]。

3.2.2 落实上岸点加固及构筑物动态监测

制定淤泥上岸点加固方案,并按方案进行加固实施,在不影响结构安全的前提下进行泥浆排送。在施工前、施工中和施工后对两侧已建堤防、桥梁等构筑物进行位移沉降的监测,设置警戒值,一旦位移或沉降临近警戒值,立即停止施工并调整施工方案,确保疏浚对现有堤防、桥梁等构筑物不产生影响。

3.2.3 分类制定跨河桥梁施工原则

对于河道上方的跨河桥梁(含管线桥),平面布置时根据桥墩与航道相对位置按照一跨过河和水中设墩两种情况进行分类。一是对一跨过河的桥梁,按断面正常施工(如为危旧拱桥,单独报请交运和海事部门批准施工范围)。二是对水中设墩的桥梁,在布置时控制开挖边线距桥墩不小于 2 m,在保证疏浚底宽不缩窄的前提下,调整疏浚边坡以满足开挖边线距桥墩的距离要求;当调整疏浚边坡也无法满足开挖边线距桥墩的距离要求时,缩窄疏浚底宽;当桥墩间距较小时,在缩窄疏浚底宽的同时调整疏浚边坡,甚至边坡垂直开挖,开挖后允许边坡坍塌,两侧底边线内各 1 m 的范围允许坍塌土回落;当桥梁现状条件极差,执行桥梁宽度范围内及上下游各 2 m 范围内不疏浚原则。

3.2.4 加强泥库的围护与巡查管理

一是做好泥库的分类,按照泥库淤泥排送深度、周边环境情况采取不同的针对性措施;

二是做好泥库围堰修筑、围挡设置、警示标志设置、夜间警示灯设置等,做好泥库冲泥和泥浆沉淀期间的巡查管控,以确保泥库使用安全;三是做好泥库移交协议的签订和管理责任移交,在完成沉淀固结并确保安全的前提下,将可以翻耕的泥库移交权属方,避免出现安全管理真空期。

3.2.5 规范临时用电管控

制定临时用电专项方案,严格按照方案规范接电方式和架空方式,执行好用电标准,加强对线路及设备的用电检查和管理,切实发挥好电工巡查检验作用,保证用电安全。

3.3 进度管控方面

3.3.1 统筹做好项目建设程序

按照冬春水利实施特点,在项目前期立项、项目招标、进场准备等方面提前做好谋划,各实施程序衔接到位,在秋收前具备进场条件,为淤泥入库保留充足时间,充分发挥淤泥冬季养地功效,促进农业生产提升。

3.3.2 强化分段平行施工管理

根据现场状况、通航情况,将河道按长度划分为若干施工区域,组织机械设备分段同时施工。设置统一调度专职人员,负责疏浚泥土的运输、协调、指挥、管理,落实专职安全员负责施工现场船舶的航运安全管理,保障疏浚泥土的运输作业正常进行。管理过程中,充分考虑到可能存在的影响因素,提前做好应对措施,根据进度情况及时修正调整工区设置及人员机械配置,保证施工进度,精确控制施工工期[3]。

4 结束语

浦南西片骨干河道疏浚工程是一项社会公益性质的水利建设项目,是改善防洪、除涝、水资源调度和人居环境的民心工程,是造福于居民群众的环境、景观工程。在此过程中,良好的项目管理是发挥工程效益的关键,只有分析难点、抓住要点,才能进一步提高项目管理水平,充分发挥工程综合效益和潜在效益。

参考文献

[1] 朱承寅.金山区生态河岸带(岸坡)设计导则编制的探索与思考[J].工程技术研究,2020(9):201-202.
[2] 徐建勋.航道维护疏浚的施工技术分析[J].中国水运,2023(10):93-95.
[3] 刘志.浅谈水利工程项目施工精细化管理[J].治淮,2019(2):44.

绞吸船疏浚装驳工艺及实施效果分析

汤 宇[1,2]，黄伟炳[1]，付 桂[1,2]

(1. 上海航鸿工程管理有限公司，上海 200137；
2. 交通运输部长江口航道管理局，上海 200003)

摘 要：针对陆域形成施工中砂源短缺的问题，以吴淞口锚地维护疏浚工程为例，结合另一在建的小洋山北作业区陆域形成工程项目，对绞吸式挖泥船疏浚装驳技术进行研究。创造性地提出将传统绞吸船疏浚吹填施工变更为利用全新研制的绞吸船装驳平台进行装驳作业的施工方法。该技术旨在充分利用现场自然资源，确保两方工程正常施工，既节约成本，又实现疏浚土的再利用，社会经济效益显著。目前国内针对绞吸船作为装驳平台尚无成熟的施工工艺，该技术的成功实施对类似工程有重要的参考意义。

关键词：长江口；吴淞口锚地；小洋山北作业区；疏浚；装驳

疏浚土作为不可或缺的资源，可用于吹填造陆及岸滩防护。近年来，疏浚土已得到了广泛应用。长江口航道维护疏浚约 4.37 亿 m^3 的疏浚土抛至吹泥站被用于吹泥上滩，完成了上海横沙东滩三期、六期、七期、八期等滩涂整治项目，累计为上海市营造湿地约 15.83 万亩*(约 105 km^2)[1]。依托南槽航道整治一期工程，将南槽航道疏浚土用于充填袋筑堤[2]。目前，上海及周边相关的吹填工程项目对疏浚土的需求量较大，近期已进入实施的洋山北侧集装箱作业区工程、中远期规划长江口横沙浅滩固沙保滩稳定河势工程等项目持续推进。

港池、航道、码头前沿、锚地疏浚养护中产生的疏浚弃土，需要统筹实现疏浚土资源化综合利用。传统的疏浚装驳工艺主要有：绞吸船与筛分洗砂平台相结合[3]、小型泥驳船配合绞吸船单侧装驳[4]、耙吸船艏吹装驳[5]、重型绞吸船的直接艉吹装驳[6-7]、膀带装驳疏浚工艺与膀带转吹吹填工艺[8]等。本文创新性地利用绞吸船施工船+绞吸船装驳平台施工工艺技术进行疏浚装驳施工，以吴淞口锚地维护疏浚工程为例，对绞吸式挖泥船疏浚装驳平台进行受力复核及实际应用，通过实践证明疏浚装驳技术可行且疏浚采砂质量优良。该技术的成功实施对类似工程有重要的参考意义。

1 工程概况

吴淞口锚地维护疏浚项目位于长江口南港河段，外高桥航道北侧，长兴水道南侧，47～67 灯浮之间的长条形带状水域，项目总平面布置图见图 1。吴淞口锚地维护区域为 0～3#锚区，维护期 5 年，其中 2023 年度维护区域为 0～1#锚区，维护疏浚砂量约 750 万 m^3。吴淞口锚地疏浚砂主要为粉砂，粒径大于 0.075 mm 的砂粒含量为 77.1%，粒径小于 0.005 mm 的黏粒含量为 5.1%[9]。由于长江口各抛泥区容量已接近饱和，疏浚土处理推荐结合近期工程

作者简介：汤宇(1985—)，男，高级工程师，硕士，从事港航工程管理工作，电子邮箱 glss456@qq.com。

* 1 亩≈666.67 m^2

进行综合利用。小洋山北港区陆域形成需要砂料总量约6 863万 m³，整体陆域形成计划完成时间为2030年，分区进行吹填成陆，小洋山北作业区吹填材料主要采用砂和粉土[10]，其中2023年需砂量约1 125万 m³。根据两个工程土方和进度匹配情况分析，吴淞口锚地疏浚砂量及砂质均满足小洋山北作业区陆域形成需求，疏浚计划与陆域形成建设计划也较为匹配。疏浚土通过泥驳运至小洋山北吹填区，运距约120 km。因此，考虑吴淞口锚地疏浚砂全部吹填小洋山北作业区进行综合利用。

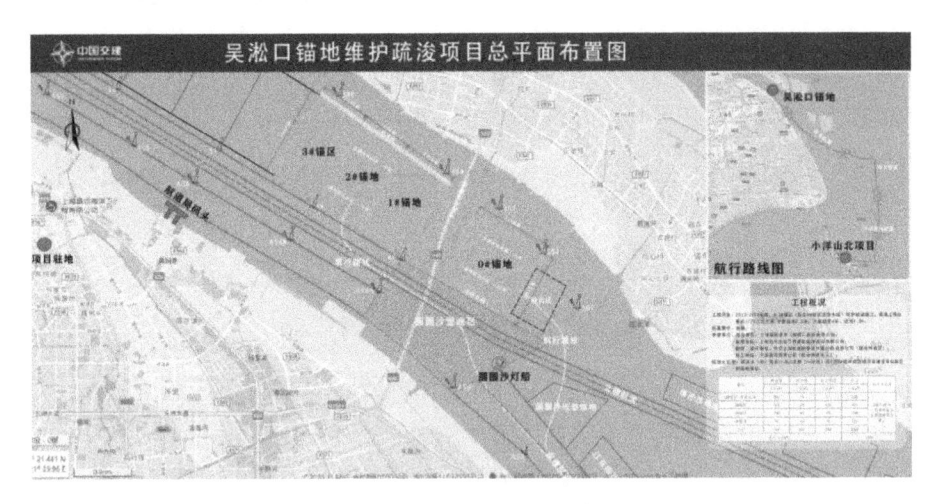

图1 吴淞口锚地维护疏浚项目总平面布置图

2 绞吸船疏浚装驳工艺及设备改造

2.1 施工工艺

采用两条绞吸船同时配合施工。其中一条绞吸船作为锚地疏浚施工船舶；另一条绞吸船作为装驳平台船，两侧同时靠泊装驳，绞吸船疏浚装驳结束后离泊。绞吸挖泥船疏浚装驳施工工艺见图2，依靠绞刀桥架的重量、绞刀连续不断的旋转切削进行水下破土，在横移绞车的作用下，使土层分离并与挖槽内的水混合形成泥浆，由泥泵将泥浆从吸泥管吸入，经配备的自浮橡胶管输送至后方的装驳平台，再由装驳平台上的装驳管输送至船旁靠泊的运砂船、驳船舱内，运砂船、驳船满舱后运往小洋山北作业区，后续运砂船、驳船重新靠泊装舱，依次往复循环。

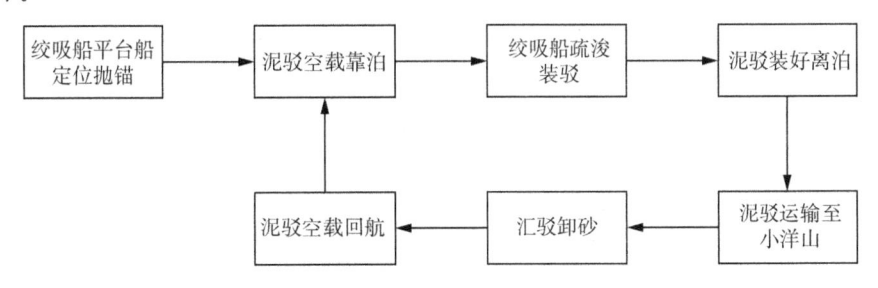

图2 疏浚装驳施工工艺

2.2 施工技术要点

2.2.1 施工布置

施工绞吸船通过587 m浮管（φ850 mm）与平台绞吸船的尾管连接。平台船进点后，左右抛两个横移锚，船尾向施工绞吸船方向抛约4节抗风锚和1个艉锚。施工绞吸船采用五缆定位与平台船大致呈前后一条线的方式布置，平台绞吸船布置在施工绞吸船的后方，两船的起始直线距离控制在150 m左右。绞吸船组施工布置示意图见图3。按照总体安排，船组在吴淞锚地锚区北侧区域施工，依次由南向北开挖。

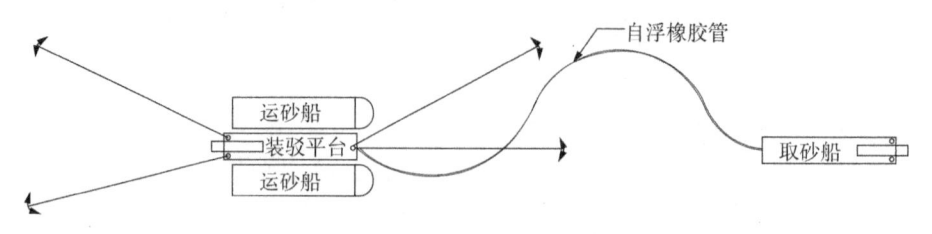

图3 绞吸船组施工布置示意图

2.2.2 泥驳靠泊

本工程运砂船靠泊均采用顶水靠泊的方式。当涨水时（潮水方向自东向西），运砂船应按照船舶转弯半径合理控制与装驳平台的间距，合理控制舵角，进行船位调整，靠泊前船头应与潮水方向相反，然后进行小角度靠泊；当落水时（潮水方向自西向东），运砂船空载过圆圆沙灯船后穿越航道调整航向迎流，至与装驳平台平行，并与平台保持安全距离，合理运用潮流控制好船位，安排好带缆顺序，小角度靠泊，所有运砂船均抛锚靠泊平台船。泥驳靠泊示意图见图4。

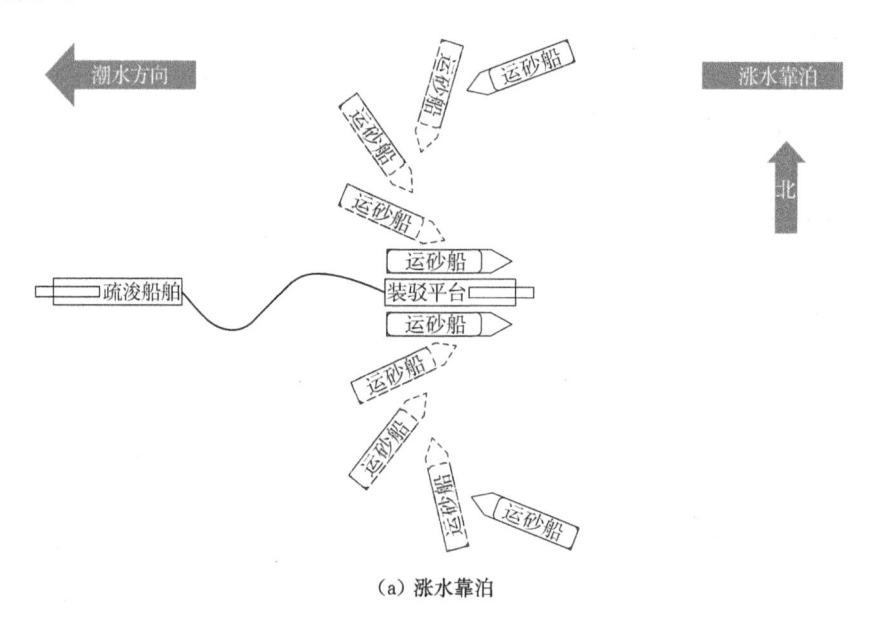

(a) 涨水靠泊

(b) 落水靠泊

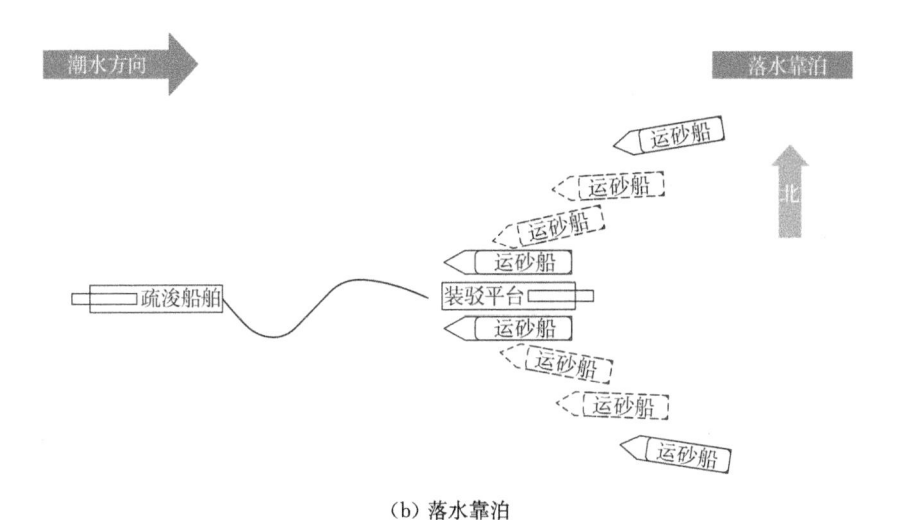

图 4　泥驳靠泊示意图

2.2.3　绞吸船疏浚装驳

（1）装驳管操作。装驳平台施工人员与运砂船及驳船驾驶员做好沟通，缓慢下放装驳管，运砂船及驳船驾驶员注意观察装驳管位置，避免触碰泥运砂船、驳船舷和泥舱舱壁。在装驳管将要到达预定位置时提前通知装驳平台施工人员做好停止下放准备。装驳管与运砂船、驳船舷和泥舱舱壁之间留有安全距离，打开装驳管路闸阀。

（2）装驳操作。平台船左右舷现场装驳操作见图 5。绞吸船下放桥架，启动水下泵和绞刀开始施工，泥浆经由自浮橡胶管输送至后方的装驳平台，再装驳至两侧的运砂船、驳船。

(a) 左舷装驳　　　　　(b) 右舷装驳

图 5　平台船左右舷现场装驳操作

随着运砂船、驳船吃水增加,下调装驳管高度。装驳过程中应注意观察运砂船及驳船横倾和纵倾,适时调整系泊位置和装驳管位置,保证运砂船及驳船吃水平衡。

(3)定点装驳要点。①在装驳过程中,装载平台及驳船均应有专人负责监控装驳的进度情况,注意观察舱内土方的平衡性,选用合适的喷口,做到均匀装舱。与控制台保持联系,当驳船达到预期的装驳量时应及时通知驾驶台停止装驳。

②装驳过程中,应当根据驳船装载情况,合理调整闸阀,做到前快后慢,即驳船空仓时,大流量装仓,接近溢流时,小流量装仓,以提高装仓率。

③若装仓前后不均匀,应通过调整驳船系缆的位置,或通过吊机,带动装驳管口的位置,确保船舶可以均匀装仓。

2.2.4 泥驳离泊

泥驳离泊示意图见图6。离泊主要涉及涨水靠涨水离、涨水靠落水离、落水靠落水离、落水靠涨水离4种船舶离泊方式。离泊时,若船头顶水,应先松艏缆,待船头小角度迎流后,合理利用船舵与平台拉开足够横距,加大马力驶离装驳平台;若船尾顶水,应先解艉缆,待船尾小角度迎流后,再解开艏缆,然后合理利用船舵与平台拉开足够横距,加大马力驶离装驳平台。

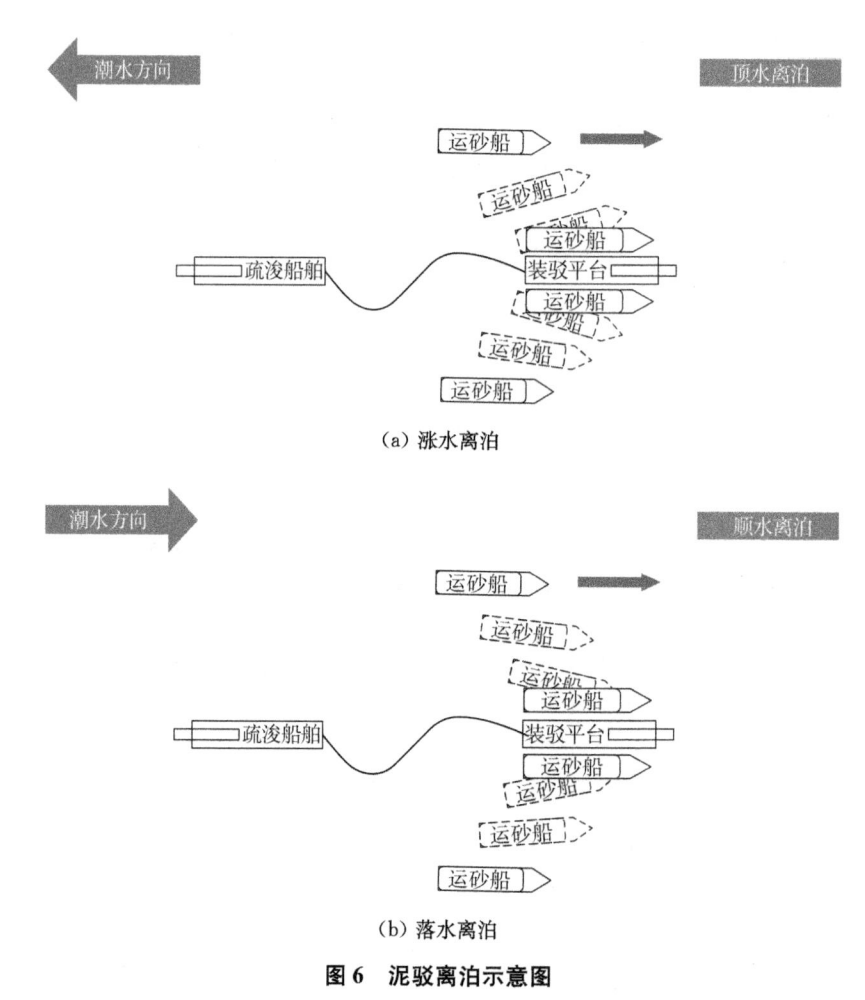

(a)涨水离泊

(b)落水离泊

图6 泥驳离泊示意图

3 设备改造及适应性分析

3.1 设备改造

3.1.1 施工绞吸船管线改造

根据疏浚装驳施工特点,对施工绞吸船的内舱管道进行了改造,详见图7。改造前,水下泵在舱内的排泥管线必须经过舱内的2♯泥泵才能排出舱外。泥浆流经2♯泥泵时必然对泥泵产生冲击,并使之磨损,叶轮也会被动旋转,会造成泥泵传动系统的损坏。排泥管线改造后,可以直接绕开2♯泥泵,避免了因2♯泥泵系统的损坏带来的不必要的损失。

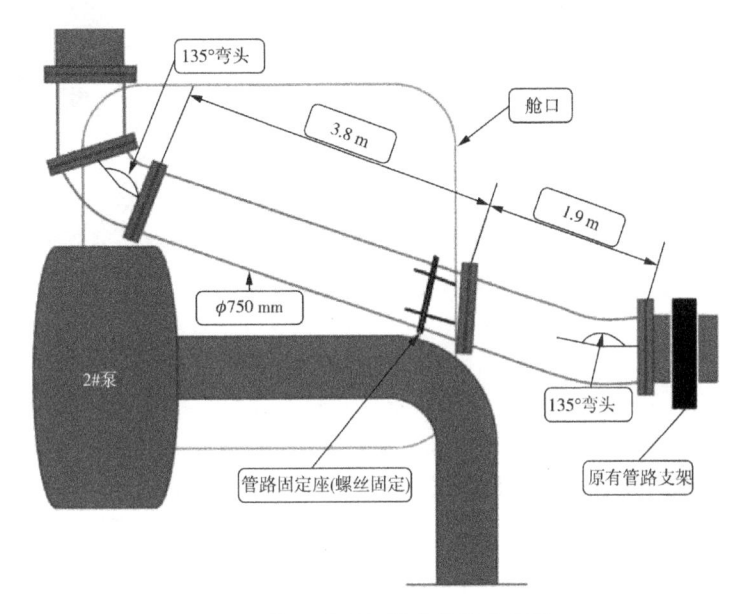

图7 施工绞吸船舱内管线改造图

3.1.2 平台绞吸船装驳悬臂吊机改造

对平台绞吸船的原管线进行了分流(图8),并在右侧加装了装驳悬臂吊机(图9)。装驳悬臂吊机的基本功能是实现泥驳船靠泊平台出泥管道在设定范围内的可控调整移动;降低

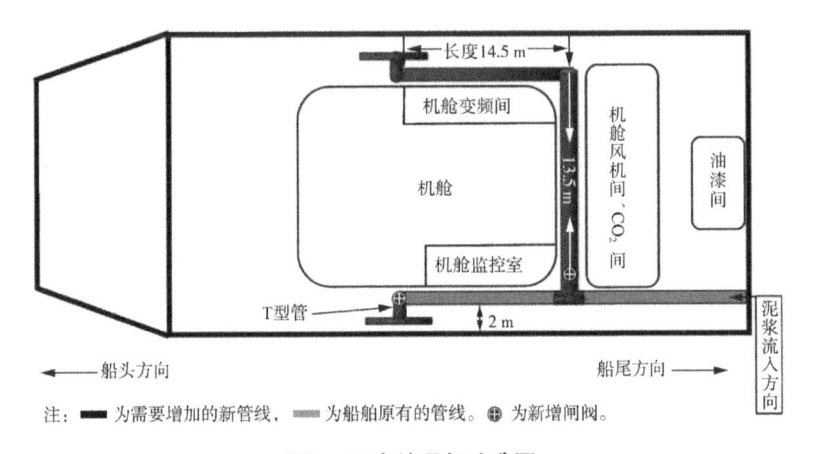

图8 平台绞吸船改造图

泥驳船因靠泊平台出泥管道阻碍而带来的靠泊作业难度;提高装泊效率,最大限度地减少泥驳船前后动车和带解缆作业。相比使用类似于耙吸船出泥管道的硬式旋转连接装置,出泥口管道柔性连接在装驳架卷扬机和电动葫芦的配合下,能最大范围地实现出泥口管道的三维空间受控调整。装驳架能依靠电动葫芦调节装驳泥管左右角度,协助调节泥驳横倾,使泥驳装载平衡,提高稳性。用装驳架当管线,出现渗漏时便于维修,不用拆卸装驳泥管。装驳架与装驳泥管之间增加了钢丝保险绳,提高了安全系数。

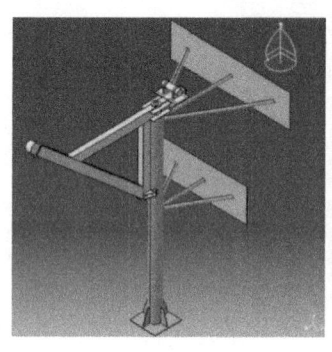

图 9　平台绞吸船右舷加装吊机改造图

3.1.3　变径管改造

"浏河沙"柴油机采用荷兰产 IHC 高速泵,转速高,在排距较小的情况下容易负荷过大、排温高。为解决施工船排温高的问题,降低柴油机负荷,决定在平台船尾处增装 $\phi 400$ mm 的变径管,见图 10。经过多次计算和尝试,外部气温高时采用 $\phi 400$ mm 的变径管,外部气温低时采用 $\phi 500$ mm 的变径管最为合适。通过增装变径管,降低了原管道的流量和流速,实测柴油机排温明显下降。

图 10　船尾加装变径管

3.2　平台船受力及适应性分析

3.2.1　系留力计算

平台绞吸船装驳作业时绞吸船左右各靠泊一艘运输船(船长 119 m,宽 22 m,总吨位 8 555 t),计算过程中考虑风与流荷载计算,见图 11。

经由上海交通大学船舶与海洋工程设计研究所详细计算[11],在流速 1.5 m/s、风速

17.1 m/s时,绞吸船左右两侧各停靠一艘神州"海翔号"运输船,各锚链最大拉力远小于各锚最大系留力,安全裕度最小为1.53,最大为2.77。在该环境情况下,4个锚均能提供足够的抓地力。

总体上,4个锚在实际工作中锚链最大拉力均不会达到锚所能提供的最大系留力,且有较大富裕度。

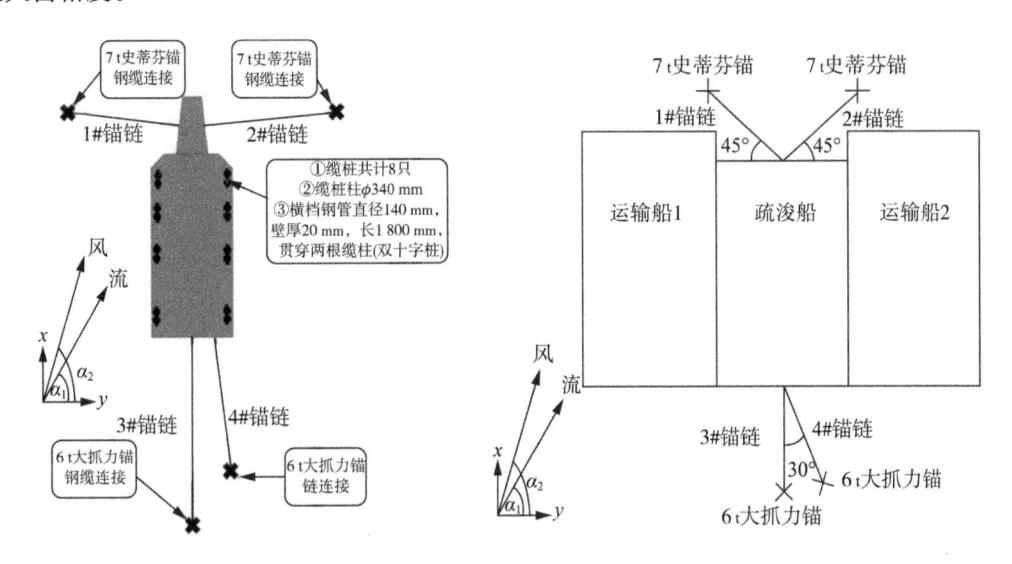

图11 锚及缆桩分布及受力计算示意图

3.2.2 装驳悬臂吊主体结构受力分析

悬臂吊作为绞吸船装驳的关键设备,控制着泥管尾端的姿态。悬臂吊主体结构一旦失效(塑性变形或是开裂),会延误正常作业,因此必须保证其强度和刚度。

为了准确计算悬臂吊主体结构件强度,必须对悬臂吊进行受力分析,以求得绞吸船在正常工作时各部件上的作用力。悬臂吊主体由三部分组成,分别是悬臂、立柱和拉杆。据有限的资料显示,三部分构件的主体均由厚度不等的Q235钢板焊接而成,如图12所示。

上海交通大学船舶与海洋工程设计研究所利用有限元方法[12],在相应载荷及约束条件下,计算了悬臂吊在作业工况下各部件,即悬臂、立柱、拉杆的应力分布和位移情况(图13),同时给出强度和刚度的评价结果。

关于最大应力的重要结论为:除去滚轮处,悬臂上的应力较高区域集中在悬臂上梁与斜伸梁结合处,最大应力值为75 MPa,小于悬臂吊主体结构的许用应力134 MPa;悬臂下端滚轮上的最大应力值为178 MPa,小于滚轮的许用应力197 MPa;立柱的最大应力出现在其底板与绞吸船甲板相连处,其值为124 MPa,小于悬立柱的许用应力134 MPa;拉杆的最大应力出现在上拉杆与船体舱壁的结合处,其值为109 MPa,未超过拉杆的许用应力137 MPa。

关于最大位移的重要结论为:悬臂的最大位移出现在斜伸梁顶端的定滑轮处,为17.2 mm。

总体来看,在不考虑船体起伏的正常工作情况下,即使在泥浆突然加载的情况下,现有悬臂吊的主体结构可以满足使用要求。

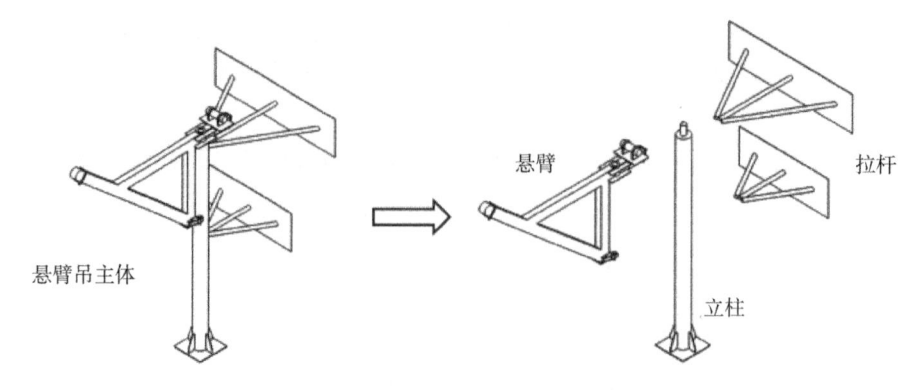

图12　悬臂吊主体分解示意图

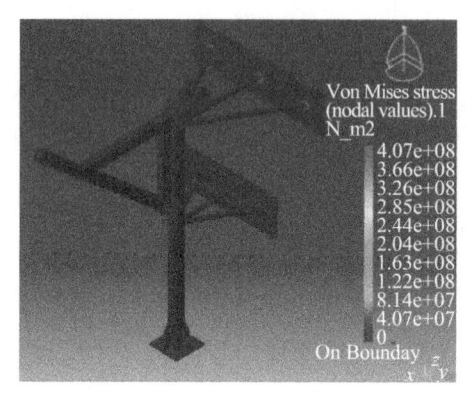

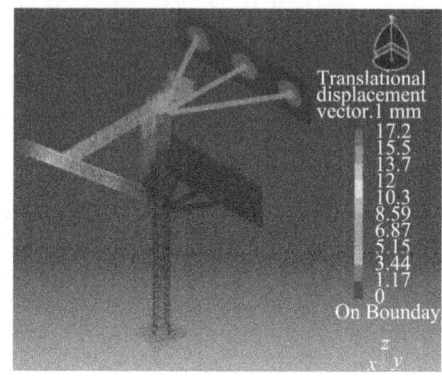

(a) 整体应力情况　　(b) 整体位移情况

图13　悬臂吊主体在工作工况下的整体应力及位移计算结果

4　装驳施工实施效果分析

施工船组自2023年6月28日开工至10月31日,累计施工83天,月均施工16.6天,装驳297船次,施工期时间利用率约32%(表1)。施工过程中,通过对变径管和装驳T型管进行一系列改造,对吴淞口0♯锚地和1♯锚地砂质等因素进行分析,1♯锚地砂质要优于0♯锚地砂质,且1♯锚地取砂区内垃圾较0♯锚地少,在输砂的浓度提高的情况下,装驳的效率明显提升。以泥驳5 000 m³船舶为例,平台船两侧同时装驳效率由原来的5 h缩短为2.5 h,减少了涨落潮流转换期间未做完泥驳靠离泊的频次,提升了现场施工的工效和安全性,提高了泥驳周转的效率。根据施工船舶计量仪放射源记录数据,实际船报总方量126.093 6万 m³。小洋山北成陆工程项目实际收方电子量方计量显示,最终实际驳船运往洋山的净砂量101.085 2万 m³,因此计算考虑泥驳溢流带来的流失量约为20%。

总体上,绞吸装驳工艺相较于抓斗配套泥驳船的传统工艺,施工效率可以大幅提升,开挖的平整度要远高于抓斗挖泥船,投入运输船更大,相应船舶数量减少,安全可靠性更高。现场组织施工作业面减小,有利于现场安全管理和通航安全组织。此外,因洋山区域风浪条件限制,冬季施工作业可作业时间较少,而禁采期的夏季施工作业条件较好。因此,吴淞锚地疏浚工程在每年4—10月的疏浚土供应对小洋山北成陆工程的保障需求显得尤为重要。

表 1 "浏河沙"轮施工统计报表(2023 年 6 月 28 日至 10 月 31 日)

月份	6 月	7 月	8 月	9 月	10 月
施工天(d)	1	20	16	27	19
时间利用率(%)	22	43	32	34	30
装驳船次(次)	2	70	67	126	32
船报方(m^3)	8 598	342 768	225 028	465 729	218 813
装驳方量(m^3)	6 538	226 928	211 803	426 965	138 618

5 结论

(1) 工程研制的绞吸船装驳平台装置,将装驳系统固定在绞吸船甲板上,经复核及实际应用,平台绞吸船 4 个锚在实际工作中锚链最大拉力均不会达到锚所能提供的最大系留力,且有较大富裕度;在不考虑船体起伏的正常工作情况下,即使在泥浆突然加载的情况下,现有悬臂吊的主体结构仍可以满足使用要求。

(2) 工程提出的绞吸式挖泥船疏浚装驳技术,实现疏浚砂直接装驳施工,在实际工程中应用效果良好。该施工工艺使得施工效率大幅提升,开挖的平整度要远高于抓斗挖泥船,投入运输船更大,相应运输船舶数量减少,施工安全可靠性更高;且现场组织施工作业面减小,有利于现场安全管理和通航安全组织。

(3) 小洋山北作业区陆域形成工程项目用砂需求与吴淞口锚地维护实施方案疏浚土出土在时间、数量、砂质质量要求等方面均较为匹配。绞吸船疏浚装驳工艺能够满足需求,既节约工程成本,又实现疏浚土的再利用,社会经济效益显著。

参考文献

[1] 李波,付桂,高梁.长江口航道疏浚土利用方式与发展方向[J].水运工程,2022(11):178-183.

[2] 付桂,刘栋.长江口南槽航道疏浚土利用方向及筑堤工艺评价[J].中国水运,2022(S1):127-133.

[3] 刘斌,赵海丰.基于绞吸挖泥船的硬底质海砂开采施工技术[J].港工技术,2022,59(4):86-89.

[4] 佟德财,李明洋.重型绞吸挖泥船装驳、靠驳施工试验及优化[J].水运工程,2021(8):230-234.

[5] 刘昊,蓝洋,齐仲凯,等.1.1 万 m^3 耙吸挖泥船艉吹装驳施工技术[J].水运工程,2019(10):204-208.

[6] 张志军,董喧.重型绞吸船挖岩施工中装驳工艺[J].中国港湾建设,2014(5):53-56.

[7] 刘斌,肖典雅,曹永港,等.大型绞吸船开挖深水航道艉吹装驳工艺[J].水运工程,2013(8):182-185+190.

[8] 胡宁,马春斌,王贵荣,等.无泥舱自航挖泥船艕带装驳疏浚工艺应用实践[J].水运工程,2013(5):181-183+193.

[9] 中交上海航道勘察设计研究院有限公司.2023—2027 年吴淞口锚地维护疏浚对长江口深水航道影响分析报告[R].上海:中交上海航道勘察设计研究院有限公司,2023.

[10] 中交上海航道勘察设计研究院有限公司.吴淞口锚地维护疏浚砂综合利用实施方案(2023 年度)[Z].上海:中交上海航道勘察设计研究院有限公司,2023.

[11] 上海交通大学.绞吸船装驳系留力校核[Z].上海:上海交通大学,2023.

[12] 上海交通大学.绞吸船装驳悬臂吊主体结构校核[Z].上海:上海交通大学,2023.

一种闸门水位标尺简易清理装置设计

王佃晓

(上海市嘉定区河道水闸管理所,上海 201800)

摘　要:本文针对闸门翼墙附近的水位标尺在使用过程中清理不方便这一问题,通过分析设计了一种能够代替长柄毛刷的简易闸门用水位标尺清理装置,并对该装置进行了力学分析,说明该装置具有较好的强度和刚度,符合设计要求。该装置的使用将会弥补现有长柄毛刷的不足,提高工作效率,减少清洗过程中的安全隐患。

关键词:闸门;翼墙;水位标尺;清理装置

0　引言

　　水位标尺在水利系统中有着非常重要的作用,它是一种广泛用于江河、湖泊、水库、灌区、水电站直接测量水位的设备,具有观测方便、操作方便、免维修、使用寿命长、安装简单、直观、经济等特点[1,2]。虽然现在有电子水位标尺,但其造价较高,受环境影响较大,经常会出现数据异常问题。在汛期水位数据是极为重要的,这时水位标尺的存在就显得尤为重要,我们可以通过水位标尺读取水位数据,及时掌握水位动态。一般闸门附近使用的水位标尺主要放置在闸门附近翼墙靠近水面的一侧,一方面安装方便,另一方面便于获取水位数据,在控制室内就可查看水位数据。然而这种水位标尺表面经常会有很多附着物,时间久了,水位标尺无法准确读取水位,因此需要定期进行清理。

　　常规的闸门用水位标尺的清理方式为:工作人员到水位标尺附近,用长柄毛刷对水位标尺需要清洗的位置进行清洗。这种清理方式由于没有使用专门的清洗工具,清洗时会存在清洗角度不到位、清洗不彻底的问题,并且工作人员需要到闸门翼墙上进行清理,存在掉入水中的安全隐患。因此本文针对以上问题设计了一种能够代替长柄毛刷的闸门用水位标尺简易清理装置。

1　水位标尺介绍

　　水位标尺是在江、河、湖泊或其他水体的指定地点测定水面高程的装置。它是由金属或非金属材料制作而成,上面标有刻度,精度一般以厘米计(最小刻度 1 cm),水利上一般以 1 m 为一节,以纯红、蓝为一块,方便阅读。目前,市场上水位标尺按高中低档可分为电子水尺(包括超声波或雷达等测量技术的水尺,造价较高)、不锈钢水尺、不锈钢组合型水尺、高分子水尺、铝板反光水尺、搪瓷水尺等。图 1 所示为一水闸翼墙一侧使用的水位标尺,从图中

作者简介:王佃晓(1986—　),男,水利水电工程师,硕士,主要研究方向为水利水电,电子邮箱:690827137@qq.com。

可以看出该水位标尺表面没有进行清理，这会对水位的读取造成影响。

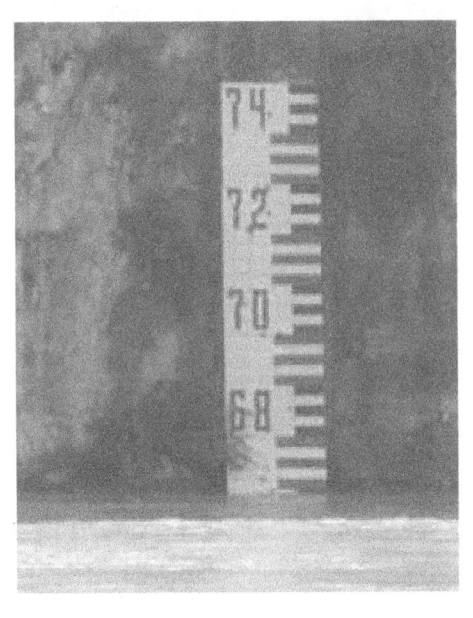

图 1　水位标尺

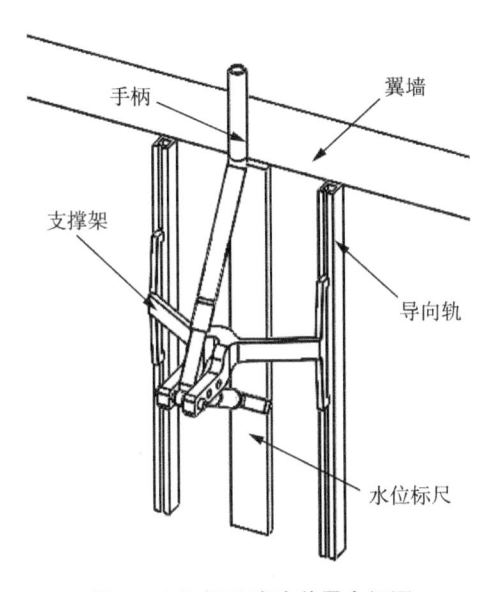

2　水位标尺清洗装置介绍

水位标尺清洗装置主要包括导向轨、支撑架、手柄，如图 2 所示。图 2 中的长方体为水位标尺，它被安装在翼墙上。导向轨有两根，主要起导向作用，分别安装在水位标尺两侧，导向轨的方向为沿着水位标尺方向，确保该清洗装置能够沿着水位标尺方向移动。支撑架位于导向轨上方，主要起支撑作用，支撑架与导向轨之间通过行走轮连接，行走轮能够沿着

图 2　水位标尺清洗装置介绍图

导向轨滚动,支撑架上方有调节高度的调节孔,可以调节手柄的高度。手柄主要使操作杆通过固定轴带动另一端的刷子进行清洗工作,手柄上的伸缩杆可以伸缩,手柄中间部分通过轴被安装在支撑架上,另一端安装清洗头,用于清洗水位标尺[3,4]。

3 工作原理

该装置的主要作用是将水位标尺表面清理干净,其工作原理为:调节手柄一端的伸缩杆来调节手柄的长度,调节手柄中部轴的位置来调节手柄的高度,拉动手柄一端并带动支撑架沿导向轨滚动,将手柄前端的刷子调整至清洗位置,通过摆动手柄一端带动手柄另一端的刷子转动,进而将水位标尺表面清洗干净,如图3所示。

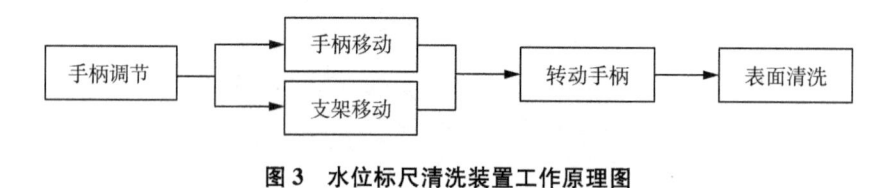

图3 水位标尺清洗装置工作原理图

4 各组成部分介绍

手柄主要是操作杆通过固定轴带动另一端的刷子进行清洗工作,如图4所示。手柄主要由操作杆、伸缩杆、固定轴、刷子组成。其中,伸缩杆可以调节手柄长度,固定轴可以在支撑架上移动以调节手柄的高度,刷子上的刷头设计为可进行拆卸的机构,以方便更换。

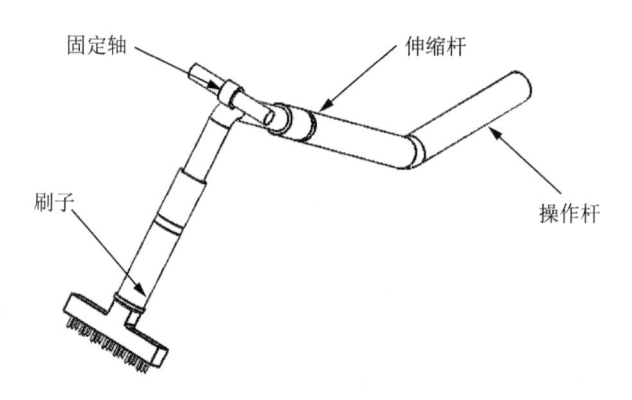

图4 手柄3D图

支撑架位于导向轨上方,起支撑作用,主要由支撑架和行走轮组成,如图5所示。支撑架两端的行走轮可以让支架在导向轨内运动,支撑架上的调节孔用于调节手柄高度。

导向轨位于水位标尺两侧,主要起导向作用,如图6所示。导向轨在安装时需沿水位标尺方向平行安装,尽量保证导向轨均匀分布于水位标尺两侧。

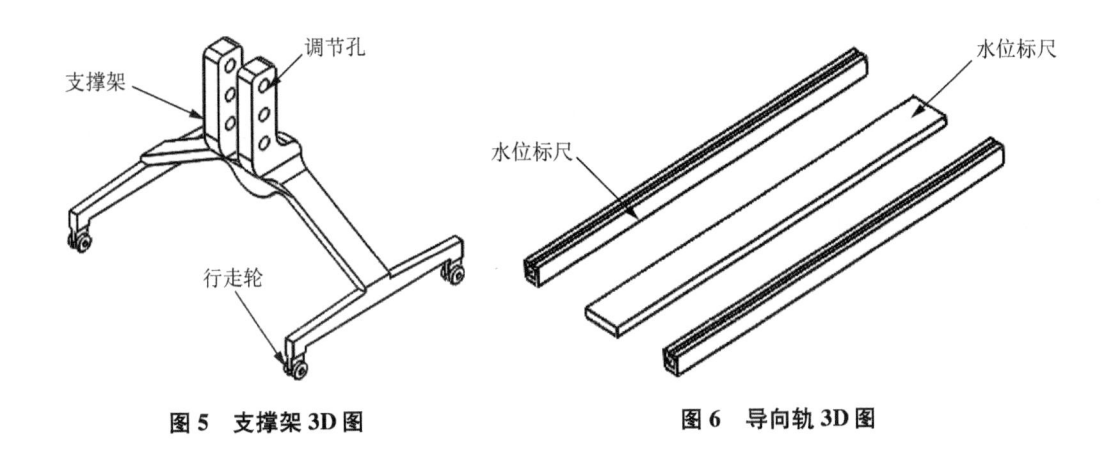

图 5　支撑架 3D 图　　　　图 6　导向轨 3D 图

5　手柄有限元受力分析

本装置在清洗水位标尺的过程中，手柄是主要活动机构，且手柄的强度是否符合要求至关重要，因此本文只对手柄进行有限元受力分析，通过分析来确定手柄的受力情况，进而确定手柄的强度和刚度是否符合设计要求。

5.1　模型创建

在有限元分析前需要创建模型。使用 Solidworks 软件[5]创建模型，并对模型刷头和固定轴进行了简化，如图 7 所示。

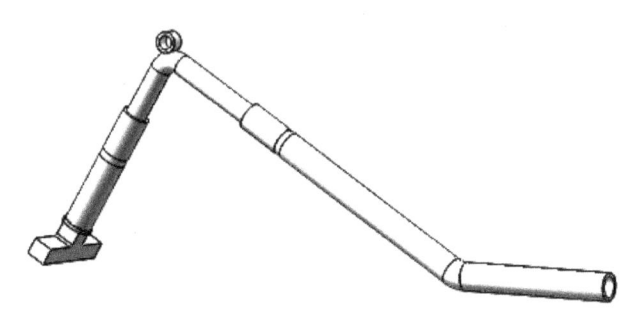

图 7　有限元分析模型——手柄

5.2　边界条件设置

5.2.1　材料设置

基于本装置的工作环境以及使用是否轻便，这里使用铝合金材质作为手柄材料，既能防锈，使用起来又比较方便，使用的铝合金材料属性如表 1 所示。

表 1　手柄材料的属性及取值

属性	数值
质量密度（kg/m³）	2 800
弹性模量（N/m²）	7.4×10^{10}

续表

属性	数值
泊松比	0.33
抗剪强度(N/m²)	$2.7×10^{10}$
张力强度(N/m²)	420 507 000
屈服强度(N/m²)	317 104 000

5.2.2 夹具及载荷

手柄工作时,操作杆可以沿水位标尺方向上下移动,也可以绕着固定轴摆动。我们主要分析操作杆在摆动时手柄的受力情况,因此这里将手柄刷头部分设置为固定,手柄固定轴位置设置为只能绕轴转动,不能左右、上下移动和转动。由于在清洗时需要的力不是很大,可以沿水位标尺上下移动和绕固定轴摆动,因此这里在操作杆位置施加 100 N 的均布载荷,如图 8 所示。

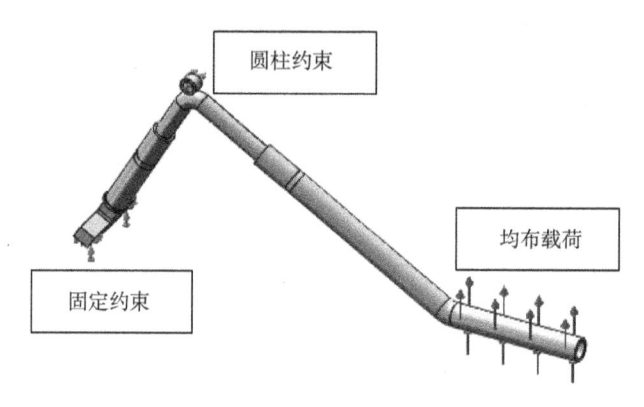

图 8　手柄夹具及载荷施加示意图

5.3　网格划分

图 9 所示为手柄网格划分示意图。这里我们均采用四面体网格,在手柄中拐角处及边界处进行了局部网格细化,并将软件里的自动过渡功能打开,确保网格在局部区域能够圆滑过渡。

图 9　手柄网格划分示意图

5.4 结果分析

通过有限元分析,得到了手柄应力云图和应变云图。图10所示为手柄受力的应力云图,从中可以看出手柄所受最大应力为231.3MPa,位于固定轴附近位置,实际手柄摆动时的最大受力位置也在这个位置,且最大应力小于铝合金材料的屈服极限,符合设计要求。

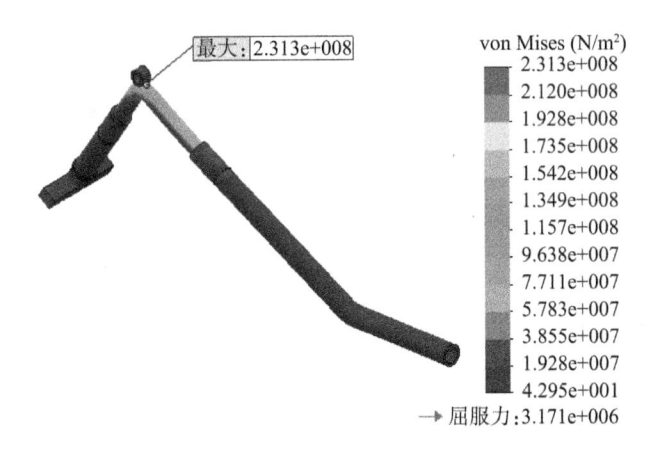

图10 手柄应力云图示意图

图11所示为手柄受力的位移云图,从中可以看出最大位移发生在操作杆末端位置,最大位移为3.827mm,实际工作过程中是允许有这么大的位移变动的。因此,手柄的刚度也符合设计要求。

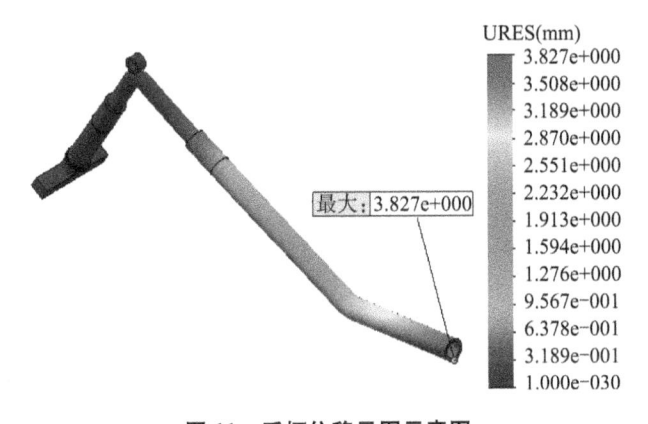

图11 手柄位移云图示意图

6 结论及展望

本文针对闸门水位标尺清洗不方便这一问题,设计了一种简易闸门用水位标尺清理装置,并对该装置的工作原理和各部分进行了介绍,最后对该装置的手柄进行了有限元力学分析,得到该装置具有较好的强度和刚度,符合设计要求的结论。该装置的使用将会提高工作效率并减少安全隐患,相信在未来能够在水闸上安装使用。基于本装置的实用性,本装置已经申请并获得国家实用新型专利授权,专利号为CN201920375175.9,授权公告号为CN209680621U。

参考文献

［1］王玫.闸门运行工[M].郑州:黄河水利出版社,2013.
［2］李国豪.中国土木建筑百科辞典:水利工程[M].北京:中国建筑工业出版社,2008.
［3］陆宁,樊江玲.机械原理(第2版)[M].北京:清华大学出版社,2012.
［4］邓昭铭,张莹.机械设计基础(第三版)[M].北京:高等教育出版社,2013.
［5］陈超祥,胡其登.Solidworks Simulation基础教程[M].北京:机械工业出版社,2014.

关于金山嘉兴毗邻联动治水的思考

周文书

(上海市金山区水利管理所,上海 201599)

摘 要:为进一步加强金山与嘉兴界河的长效规范化管理,解决日常养护管理过程中遇到的突出瓶颈问题,提升界河养护工作水平,改善河道面貌,保障区域防汛安全,本文从水生植物处置、防汛防台保障、界河整治规划等方面切入,有针对性地提出几点对策。

关键词:界河;联动;治水

1 金平嘉界河概况

金山区位于上海市西南部,南濒杭州湾,西与浙江省平湖市、嘉善县交界,东与奉贤区相邻,北连青浦、松江区,河网水系为黄浦江上游支流水系。金山区与浙江省省际交界河道共60条段68公里以及72个交界河口。界河主要分两大类:一类属于上海市西部地区流域泄洪通道敞开片河道,共有16条河,主要为市区管河道和部分镇管河道;另一类为44条镇村级河道,主要集中在农村化地区,周边以农田为主。由于这些河道身处两地,管理养护主体不同,汛期上下游防汛手势不一致,界河整治标准和要求也不尽相同,界河管理过程中不可避免地存在一些矛盾和困扰。

2 联动做法

2018年以来,金山区水务局深刻把握长三角一体化发展上升为国家战略的重大机遇,围绕"两区一堡"战略定位,以党建为媒,主动对接平湖市、嘉善县水利部门,联合成立交界区域水环境联防联治联席工作领导小组(以下简称"领导小组")。小组由三地水务(利)局领导、相关各镇(街道)分管领导和水务(利)站负责人等组成,领导小组在三地水务(利)局河道管理机构下设联防联治办公室。开展水环境联防联治,初步形成"上下游联动,左右岸同治"的治水格局。

通过"党建联姻""三水联动"三地水务(利)部门建立联动治水机制,在廊下镇山塘村建立长三角首个水事议事堂,推进"水务事、三地议、三地理",打造三地水务部门合作共赢、联动治水的"主阵地",河长治水的"连心桥",以赛促干的"新平台"。作为三地治水部门涉水事宜的一个常态化沟通平台,水事议事堂秉承"参与共治,联动互赢"原则。三地定期整理涵盖防汛防台、水文测报、水利建设、水系规划、执法监管等涉水议题,在水事议事堂商议讨论,一起探索治水的新思路,共同追寻联动治水的新未来。

作者简介:周文书(1989—),男,工程师,工学硕士,主要研究方向为河湖水环境治理,电子邮箱:753099823@qq.com。

3　存在的瓶颈问题

近年来金平嘉三地通过联动在省际界河管理方面取得了一定的成绩,但在水生植物处置、防汛防台保障以及界河整治规划等具体方面仍存在一些瓶颈问题。

3.1　水生植物拦截处置难

界河的长效管理通过建立跨界工作备忘录,明确了管理责任分工。水生植物的处置已经有了一定程度上的联动,但仍存在部分敞开片河道因通航需要,不能设置满河拦截,只能采取顺河阶梯式拦截,导致水生植物不能从根本上有效拦截,在水生植物爆发期末端处置难等问题,还未形成长效常态有效办法。

3.2　防汛防台未深度联动

目前,在省际交界处的防汛防台方面,三地水务(利)部门的联动仍停留在水文数据信息共享层面,在抢险物资、机械设备、抢险队伍等方面仍未形成深度合作。台风暴雨来临时,上游开闸放水泄洪,下游交界区域防汛压力就增加,比如2021年"烟花"台风期间,上海金山区廊下、金山卫等镇受灾严重。

3.3　界河整治规划不统一

目前,在界河的整治方面仍未有统一的规划,一条河身处两地,在河道的护岸结构、规划宽度等方面也不尽相同,为河道整治出了难题。比如,西部泄洪河道金山一侧为硬质防汛墙,浙江一侧多为土坡;部分村级界河,两侧堤顶高程也不一致。

4　对策建议

4.1　水生植物联合处置

4.1.1　加强信息共享,强化预警机制

水葫芦防控工作严格落实属地管理责任,充分发挥河长制综合协调、督查督办的作用,流域联动、源头控制、拦捞结合、上下游共同防治水葫芦大面积暴发。切实利用好三地联动平台,加强信息共享,稳步提升突发事件联动处置能力。在水葫芦暴发期,针对关口要塞河道,三地集中火力,加强人员机械的投入,实施上下游联合打捞,共同打好阻击战和歼灭战。三地定期通报各自辖区内水葫芦的暴发情况和打捞处置情况,相互交流拦截打捞的新做法、新举措,共同提升水葫芦的处置能力。

4.1.2　借助智慧水务[1],强化拦截能力

通过增设水葫芦拦截设施,建立层层防线,防止水葫芦漂流出本辖区。通过在界河区域增设探头,提高发现处置能力,及时了解水葫芦动态,提高人员处置效率。创新打捞处置方式。传统水葫芦打捞模式为船只全自动打捞和人工打捞相结合的方式,效率低,处置难。可通过引进水上自动打碎水葫芦保洁船,通过船头的打碎机将库区内水葫芦打碎,再上岸处置,提高处置效率。

4.2　防汛防台联动

4.2.1　建立联动防汛预案,开展实战比武演练

在已建立的防汛微信群的基础上,借助"水事议事堂"讨论建立省际边界处台风暴雨期

防汛防台方案,明确各自辖区内防汛设施汛期内运行调度方案。遇到特殊灾害性天气时,启动三地紧急预案,利用三地排水闸门充分引排水,在暴雨来临前预先排水,及时降低内河水位,腾出库容,达到尽快降低内河水位的目的,尽量减少暴雨影响内河水位抬升而造成的各种损失,实现联动防御。根据险情发生的不同区域,加强防汛人员的联动和防汛物资的共享调度,通过联合开展防汛比武演练,建立联动默契,保证险情来临时能够默契配合,有效应对。

4.2.2 加强经验总结交流,提高防汛联动能力

三地防汛部门可定期或不定期召开经验总结交流会,互相交流防汛防台的有益做法,探讨边界防汛防台联动中存在的问题,探索改进举措,不断修订极端天气时联动运行调度方案,提升防汛防台的联动工作水平和应急响应效能。

4.3 界河整治联动

4.3.1 界河规划编制统一

三地水务(利)部门应联动编制60条界河的规划,形成一河一规划,特别是对河道设计宽度、河道疏浚的河底标高、河道两岸结构型式的匹配度、河道两岸绿化种植的协调性等方面加强研究,避免项目实施以后给相邻地区造成不必要的困扰。

4.3.2 界河整治共同谋划

三地水务(利)部门在界河整治时应提早谋划,根据河道现状特点,因地制宜,在整治方案、资金分配等方面形成一致意见,一条河不分区域,整体整治,确保河道两岸和谐。

5 结语

水是流动的,要实现"省市有边界、治水无盲区",需要上下游一起协作联动跨界治水,形成上下游联动、流域一体化协调和治理工作机制。这样才能真正破解治水难题,巩固治水成果。水务部门应当践行水务就是服务的理念,充分借助"毗邻党建"[2]平台,通过党建搭台、业务唱戏,着眼全局、把握大势,实现"涉水资源共享、水文信息互通、边界河道互管、防汛抗灾互帮"的新局面,切实解决省际边界人民群众的"急难愁盼"问题,深化落实"南北转型"战略定位,全力打响"上海湾区"城市品牌,为金山区"转型塑形"提供强有力的生态支撑。

参考文献

[1] 刘瑜.智慧水务中物联网统一远传数据采集平台的建设探讨[J].环境工程,2023(11):1-4.
[2] 程艳.深化"毗邻党建"运行机制的思考[J].上海农村经济,2023(10):39-40.

墩式景观平台总体设计及关键技术研究

王弘元

（上海市堤防泵闸建设运行中心，上海 200080）

摘　要： 本文以三亚滨海公园项目为例，深入研究了墩式景观平台在结构设计、施工方法及力学计算方面的关键技术问题。通过对墩式景观平台的设计方案、竖向高程设计、结构选型、赶潮施工等方面进行详细探讨，为滨海城市景观建设的可持续发展提供了科学合理的参考与指导。本文的研究成果对于墩式景观平台的设计与实施具有一定的理论和实践意义。

关键词： 墩式景观平台；结构设计；施工方法；力学计算；竖向高程；赶潮施工

0　引言

滨海城市，作为海洋时代的象征，以其中心城区毗邻海岸线而闻名，这些城市在人类社会的政治、经济和文化活动中有着举足轻重的地位。全球人口和城市大都集中在沿海地区。随着滨海城市的快速发展，传统的海岸带仅承担防御海洋灾害的功能已显不足，人们对于休闲娱乐、科普教育的文化需求日益增长，对绿色自然生态景观的向往日益强烈。因此，海岸线的改造升级项目应运而生，以适应这些新兴的需求。在此类项目中，针对景观设计中存在的特殊要求，如厚填土和单体构筑物，常常需要考虑采用墩式平台作为景观结构基础。

在上述背景下，本文选取三亚滨海公园项目作为案例，深入探讨墩式景观平台在结构设计、施工方法及力学计算方面的关键技术问题。研究旨在提出满足滨海景观建设需求的景观平台设计方案，为墩式景观平台的应用提供理论与技术支持。通过对这些关键技术的深入研究，本文希望为景观平台的设计与实施提供科学合理的参考和指导，以促进滨海城市景观建设的可持续发展。

1　工程概况

三亚湾路段滨海公园项目，连接凤凰大桥与小洲岛复绿公园，涉及天涯区和吉阳区，是位于三亚市中心核心区域的一项重要滨海景观工程。该项目设计起点位于凤凰岛桥头公园北侧延伸至南部的小洲岛，总建设面积约 30.5 万 m^2。考虑到三亚的历史文化背景与地域特征，项目规划对现有的岸线亲水平台进行系统的拆除与再建设，旨在创造一个融入生态环境、配合城市肌理的公共空间，以满足城市居民与游客对于休闲游憩、散步、健身等公共活动的需求。

作者简介：王弘元(1991—　)，男，工程师，硕士，主要从事水利工程设计工作。

2 景观平台总体设计

三亚港公园拟建景观平台的岸线延伸长度大致为 390.6 m。现存工程主要结构为高桩梁板式码头,采用灌注桩作为基础。该码头已有较长的建设历史,并出现了结构性损坏,包括钢筋裸露、开裂及部分结构缺损等不同程度的病害。在专业检测机构的评估下,由于原有结构资料缺失、结构老化以及设计标准过时,现状码头已不满足承担新建景观平台的功能要求,故计划进行拆除及重建。景观平台总体布局见图1,景观平台鸟瞰图见图2。

图 1 景观平台总体布局

图 2 景观平台鸟瞰图

新建景观平台的位置选在三亚河口区,其设计遵循以下主要原则:

(1) 新建景观平台的外沿线应保留在规划海岸线之内,并确保结构设计满足透水性建筑物的相关要求;

(2) 结合现状的起始点位置与规划的海岸线,景观设计需在保证美观和实用性的前提下,对现有的外沿线进行必要的调整,以增强岸线的流畅性和柔和性;

(3) 注重对现有老结构的合理利用,在确保新结构安全性的同时,合理结合老结构的现状进行规划布局,最大限度地保留原有自然风光及历史遗迹。

在整体概念设计上,三亚港公园的规划充分考虑到三亚港的历史文脉与未来愿景。形态设计以珊瑚为灵感源泉,旨在体现三亚对于生态发展及珊瑚保护的核心理念。同时,细节设计巧妙地融入了三亚港的历史发展轨迹,意在营造一个蕴含丰富文化艺术内涵的公园环境,赋予三亚港独特的文化艺术标识。

3 关键技术研究

3.1 竖向高程设计

亲水平台,作为一种专门为游客提供接触水体和休闲娱乐的建筑类型,区别于常规水工结构,其核心功能是强化人们与水环境的直接联系。在设计亲水平台时,首要考虑的是结构的安全性,同时最大化地发挥其亲水作用,以促进人文空间与自然水域的和谐共融。尽管现行的水运和水利工程规范尚未对此类特殊构筑物的设计高程提出具体的规定,但其设计应以技术创新和功能性为指导,确保既符合安全标准又能提供舒适的亲水体验[1]。

3.1.1 海港总体设计规范

根据《海港总体设计规范》[2],亲水平台前沿顶高程可参照下列公式确定。

$$E = DWL + \Delta w$$

式中:E——亲水平台前沿顶高程(m);

DWL——设计水位(m),按表1选取;

Δw——上水标准的富裕高度(m),按表1选取。

表1 富裕高度取值表

组合情况	上水标准	
	设计水位	富裕高度 Δw
基本标准	设计高水位	掩护良好的亲水平台可取 1.0~2.0 m
复核标准	极端高水位	掩护良好的亲水平台可取 0~0.5 m

基本标准:本工程水位 $E = 1.42 + (1 \sim 2) = 2.42 \sim 3.42$ m

复核标准:本工程水位 $E = 2.24 + (0 \sim 0.5) = 2.24 \sim 2.74$ m

3.1.2 相邻老结构和后方陆域

本工程现状老平台面标高为 3.10~3.30 m,新建景观平台标高需与相邻老结构和后方陆域高程衔接,现状老结构标高为 3.20~3.30 m。

3.1.3 景观灌木种植

本次需在景观平台范围内种植一定数量的灌木。为保证灌木存活率,需铺设不少于1.5 m厚种植土。

综合以上规范及标准,本次新建景观平台结构面标高定为2.00 m,预留1.5 m的景观种植和铺装层,新建平台的景观面高程定为3.50 m。

3.2 结构选型

在我国,离岸平台的结构型式主要有墩台式平台、高桩梁板式平台等。墩台式平台的优点是承载能力强、适应性高,但工程造价较高,预制和水上作业量大。高桩梁板式平台结构轻便,对风浪和水流影响小,预制和水上作业工程量较小,缺点是承载能力相对较弱,无法满足景观种植方面的需求。综合考虑本项目景观设计理念和意图、施工难度和工期情况,最终选择墩台式平台作为本次结构型式。

在桩基的选择上,由于原有码头桩基难以拔出,对桩基限位严重,且打桩区域紧挨内侧老结构和墙体,为避免打入桩对老结构产生不利影响,并适应新建区域的自然条件,桩基采用$\phi 800$钻孔灌注桩,持力层选用粉质黏土层。

考虑到海浪冲刷,平台外侧设置抛石护底,抛石护底采用150~200 kg块石,护底宽5 m。景观平台断面结构图见图3。

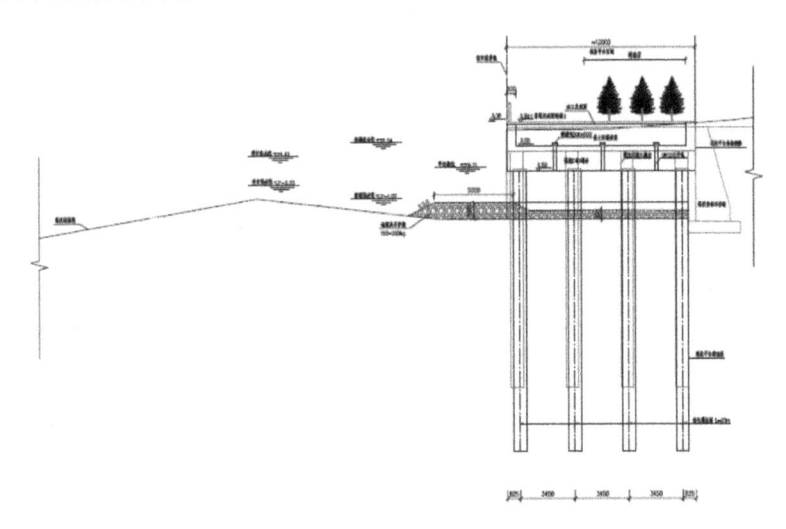

图3 景观平台断面结构图

3.3 结构计算

结构采用有限元Robot进行三维计算,下列结果均为设计值。Robot的模块是根据单元类型的不同进行划分的。如二维平面框架,默认分析二维平面结构,杆件连接节点默认为固定连接。三维框架结构,默认分析为三维空间结构,节点计算考虑6个自由度。桁架结构模块,杆件连接节点默认铰接连接,计算模型见图4~图6。

基桩在土中按固结考虑,按承载力经验参数法确定单桩垂直极限承载力设计值。

墩台桩基为37根$\phi 800$钢管桩,全部直桩,桩基纵向间距4.0 m,横向间距3.45 m。

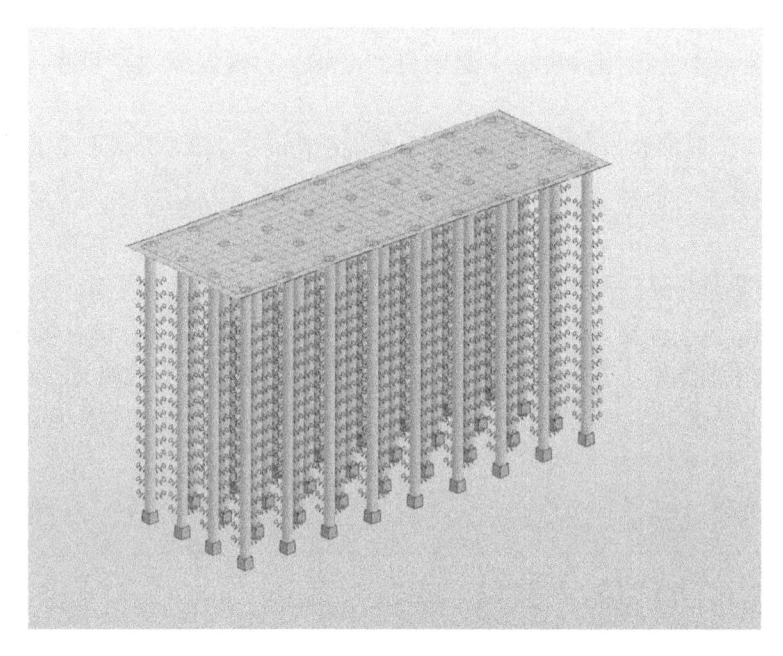

图4 亲水平台重载区计算模型

(a) 承载力工况　　　　　　　　　　　(b) 正常使用工况

图5 墩台内力计算图(沿Y方向每米长度上的弯矩)

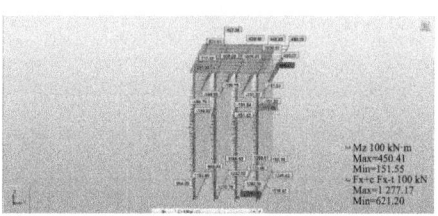

(a) 承载力工况　　　　　　　　　　　(b) 正常使用工况

图6 桩基内力计算图

3.3.1 墩台内力计算结果(见表2)

表2 墩台内力计算表

	最大正弯矩(kN·m)	最大负弯矩(kN·m)	最大剪力(kN)
承载能力极限状态	504.90	−544.20	1 156.55

	最大正弯矩(kN·m)	最大负弯矩(kN·m)	最大剪力(kN)
正常使用极限状态	374.00	−403.11	856.70

3.3.2 桩基主要计算结果(见表3)

表3 桩基计算表

最大轴向压力(kN)	最大轴向拉力(kN)	最大桩身弯矩(kN·m)
1 724.18	—	608.05

3.3.3 单桩极限承载力复核

根据本项目地勘报告中各地层土质的岩土参数建议值,本次灌注桩持力层为粉质黏土层,经复核单桩极限承载力设计值为 1 800 kN,大于计算的最大轴向压力,满足桩基承载力要求。综上,本次墩台结构型式和桩基方案均可满足计算要求。

3.4 赶潮施工

本次亲水平台的施工由于墩式结构的厚度较大,结构浇筑高程较低(+0.50 m),部分位于潮水变动区域。对于这种潮汐变动区域的混凝土浇筑,其最根本的要求是在混凝土初凝前不被潮水淹。为保证上述混凝土施工要求,本次亲水平台需分析平台设计高程是否满足赶潮施工作业要求。

赶潮施工作业需要在退潮时施工,涨潮时完成浇筑。这项工作要充分考虑所在海域潮汐类型、施工期的高低潮位情况以及混凝土初凝时间,从而综合判断出设计方案和施工强度是否满足赶潮施工的要求。具体判断公式如下

$$t_{浇筑} + t_{初凝} \leq t_{容许}$$

$$t_{容许} = \frac{S_{行程} \times t_{潮}}{H_{施高} - H_{施低}}$$

式中:$t_{浇筑}$——混凝土浇筑时间,h;

$t_{初凝}$——混凝土初凝时间,本次按 1.5 h 考虑;

$t_{容许}$——允许施工作业时间,h;

$S_{行程}$——落潮及涨潮总行程,m;

$t_{潮}$——涨(落)潮历时,本次按 6 h 12.5 min 考虑;

$H_{施高}$——施工期高潮位 1.8 m;

$H_{施低}$——施工期低潮位 0.0 m。

在赶潮施工过程中,选择落潮时开始浇筑混凝土是最为有利的,一般情况下,当潮位降至 0.50 m(即承台底模板刚露出水面)时,即可进行混凝土的浇筑。为确保施工顺利进行,本次赶潮施工的总行程为 1.0 m,包括落潮和涨潮的过程。这样安排能够充分利用潮汐变动,以确保混凝土浇筑在初凝前不被潮水淹没。

$$t_{容许} = \frac{S_{行程} \times t_{潮}}{H_{施高} - H_{施低}} = \frac{1.0 \text{ m} \times 6 \text{ h } 12.5 \text{ min}}{(1.8 \text{ m} - 0.0 \text{ m})} = 3 \text{ h } 24 \text{ min}$$

本次亲水平台分三次浇筑,每次浇筑混凝土方量约 36 m³,预计混凝土浇筑时间约 1.5 h,混凝土初凝时间约 1.5 h,即

$$t_{浇筑}+t_{初凝}=1.5\ h+1.5\ h=3.0\ h<t_{容许}=3\ h\ 24\ min$$

上述计算结果说明所选择的混凝土拌合船浇筑底层混凝土可以满足规范对赶潮浇混凝土施工要求。

4　结语

结合三亚滨海公园项目工程实例对新建景观墩式平台的断面设计方案、高程选取、有限元计算和赶潮施工方面进行分析,选取能符合景观设计理念、保证施工可行性和工期要求的平台设计方案,为沿海城市墩式景观平台提供参考与借鉴。

参考文献

[1] 戴海新,姜大荣.上海徐汇滨江亲水平台设计[J].水运工程,2013(1):96-100.
[2] 中华人民共和国交通运输部.海港总体设计规范:JTS 165—2013[S].北京:人民交通出版社,2014.

新发展阶段构建松江区水利工程监督管理体系的思考

杨新秀

(上海市松江区水务建设工程安全质量监督站,上海 201620)

摘　要：本文从松江区贯彻落实新发展阶段水利建设监督要求角度出发,以点带面,分析了水利监督管理现状,同建筑行业工程监督进行了对比研究,并罗列了近年来的各项监督补短板措施,提出了构建监督管理体系的几项思考举措,以期能够提高水利监督管理效能。

关键词：构建；水利工程；监督管理体系；思考

1　水利监督管理现状

新发展阶段对水利行业监督管理工作提出了新要求,对照水利高质量发展"六条实施路径",如何认真履行监督职责,坚守水利安全生产底线,提高水利高质量建设水平,是需要我们水利监督人员认真思考和落实行动的新任务、新课题。

新经济形势下,水利建设工程在国民经济基础设施建设中的比重越来越大,河道综合整治工程、流域防洪工程、泵闸工程、调蓄池工程、区域圩区提标改造工程任务不断落地,各级水行政部门的监督管理职能愈加重要。近年来,水利建设行业在"补短板、强监管"的进程中持续推动高质量发展。制度完善方面,《水利监督规定》《加强水利行业监督工作的指导意见》等纲领性文件不断出台、更新；动作执行方面,各层级年度水利建设质量考核、专项稽察、暗访飞检、常态化监督检查等落实执行到位；标准化管理方面,针对水利安全生产的标准化管理工作正在水利施工单位落地执行,关于水利工程建设项目质量标准化的研究也已作为水利部重大科技项目正式立项,目前针对项目法人的质量管理标准化成果之一的《水利工程建设项目法人工作手册(2023版)》已发布实施；指导手册方面,水利部印发了《水利建设项目稽察工作指导手册(2023年版)》《水利工程建设安全生产巡查指导手册(2022年版)》《水利工程建设质量与安全生产监督检查办法(试行)》；标准化体系建设方面,SL 63系列规范施工质量验收评定标准已实施10年左右,目前正在加紧修编过程中；信息化手段应用方面,部分省市水利监督信息化系统平台已搭建,信息基座已夯实,目前正在进行前台和中台模块及程序搭建、梳理；事故风险防范方面,水利部印发了《关于推进水利工程建设安全生产责任保险工作的指导意见》。

作者简介：杨新秀(1984—　)，女，工程师，水利水电一级建造师，学士学位，主要从事水利行业管理、工程安全质量监督等工作,电子邮箱：542667318@qq.com。

2 主要存在的问题

2.1 监督管理力量不足

受限于监督机构的设置和控编要求,基层水利监督管理机构还未能完全发挥效能。面对区域水利建设工程的集中上马,监督管理人员的配置不能满足项目建设数量和规模的需求。加之监督管理人员专业技术水平欠佳、专业工程人员配备不足、其他事务性管理工作占用时间等问题,也对监督管理执行造成了不利影响。

2.2 监督管理深度不足

面对区域水利工程的分布特点,结合区域水利工程的规模和数量特性,监督管理往往停留在了解工程进度、参与关键环节、统计阶段数据、察看现场实况的层面,还未能做到全方位、多角度、纵横向立体深入的监督管理。面对建设实施过程中的安全、质量及其他专项问题,知晓程度和及时性还达不到标准要求。

2.3 标准化管理应用不足

从水利标准规范、规范性文件的安全、质量制度保证体系和水利从业单位的资格、能力、水平的专业程度两个方面看,标准化管理程度不足。水利工程的安全标准化目前仅覆盖了水利施工单位,水利项目法人的标准化管理和水利监理单位的安全标准化评价正处于起步阶段;水利工程质量验收标准体系还不健全,诸多的行标、地标还存在"参照相关行业标准执行"的情况,小型水利工程在参照大中型水利工程相关标准时也显得无所适从;水利工程标准化体系建设步伐有所滞后,诸多标准已无法适应新时代的发展要求,诸多已在行业中成熟应用的工艺工法,还未出台相应的行业标准。

2.4 监督成果运用机制不完善

现场监督检查出的问题整改闭环管理还不到位,区域基层监督还未完全达到"清单式"销项管理要求。监督检查的追责力度不够,未能形成足够大的威慑力,致使水利工程参建单位还存在试探处罚边界条件的极端现象。监督检查结果和各参建单位的市场经营管理通道还未完全打通,不良行为记分、区域信用评级的结果运用对提升工程建设安全、质量管理水平还未发挥切实效能。

3 与住建行业的对比分析

3.1 标准化管理体系较为单薄

2017年12月,住建部就印发了《关于开展工程质量管理标准化工作的通知》,经过近几年的发展,从工作机制、质量行为、工程实体质量控制这三个方面已形成较为全面的质量管理标准体系,但水利行业还存在质量标准化管理的短板,这给开展水利建设工程监督管理工作带来了"尺度不一、深度不够、自由裁量权把握不准"的现实问题;建筑行业的规范标准建设体系已在国家层面进行着新一轮的改革,项目规范和通用规范这两种类型正逐步构建新的"技术法规"体系,但在水利行业、团体标准和地方标准的标准化建设中,诸多2010年前实施的规程、规范,如《水利水电建设工程验收规程》(SL 223—2008)、《水利水电工程施工质量检验与评定规程》(SL 176—2007)、《水利水电工程施工通用安全技术规程》(SL 398—2007)已不能满足现阶段工程建设管理需要,对参建各方职责履行、施工阶段程序执行等存在不适用的问题。

3.2 行业禀赋资源相较处于弱势

相较建筑行业,从整体来看,水利从业单位和人员的整体素质及能力不如住建行业。《上海市水利工程建设管理体系研究》(沪水科 2016—09)课题研究报告中列出了上海市水利工程施工、监理、设计、检测单位的显性问题和从业人员的具体问题,详见表1。

表1　上海市水利工程从业单位及从业人员存在的问题汇总

序号	从业单位类型	从业单位存在问题	从业人员存在问题
1	施工	(1)上海本土水利施工具有高等级资质的企业数量偏少,外来企业居多,由于跨域较大,各种资源支撑不足,管理不到位现象普遍; (2)存在资质隐性挂靠问题,单纯追求成本最小化造成措施费使用不足问题	(1)施工项目经理不能很好履职,在一些小型水利工程中尤为明显; (2)施工"八大员"人员数量和能力与现阶段上海水利建设市场需求相差较大
2	监理	上海市具有水利部水利工程监理资质的企业数量不足,市场相对封闭,竞争力不足	(1)水利注册监理人员资格、能力不匹配;2020年以来,虽重启了水利注册监理考试,注册从业人员数量有所增加,但应之匹配的能力却无实质性提高 (2)监理取费的普遍降低,监理企业的成本控制,导致现场监理人员配置严重不足
3	设计	上海市水利设计高资质单位占比较小,水利设计市场竞争力不足;近年来虽有诸多设计机构成立,但积累不足,整体实力较弱	水利工程现场设计服务质量不高,设代人员不能常驻现场,对现场技术问题解决及时性、全面性服务质量较差
4	检测	上海市水利工程检测单位数量偏少,普遍资质偏低,专业不齐全;与近几年来上海水务建设投资规模、建设强度不匹配	检测人员的数量、资格不能匹配现阶段水利工程建设体量和规模

综合以上问题,加之项目法人配置不足,代建和项目管理模式下管控效能发挥不完全,多种问题因素叠加,引发诸多现场不良事件或事故发生,对行业监督管理造成了不利影响。

4　对策建议

为了满足新发展阶段水利建设管理要求,认真落实《加强水利行业监督工作的指导意见》各项要求,除做好监督人员的专业知识和实践技能培训、强化问题清单式逐项整改闭环管理、加快标准建设步伐、持续推进安全质量标准化管理以外,还可以从以下几点措施来强化监督管理执行,提高效能,为水利工程建设稳步推进提供助力。

4.1　全面深入应用信息化监督管理工具

科技赋能行业发展已成为新发展阶段实现新质生产力的基础和条件。在大力推进数字孪生工程建设中,监督管理手段的创新应用必不可少,且是重要一环。根据区域监管实际,实现"安全一张网、管理一条线、实施一张图"的目标,对促进各水利工程参建单位履职尽责,实施安全质量全过程监控将发挥积极的辅助作用。在实现各项水利工程建设基础数据收集整理、分类汇总、平台呈现的同时,通过现场传感器、视频探头、可视化穿戴设备,加上信息系统的自动识别、预警、推送报警等技术功能,能够切实提高现场安全风险防控、实体质量全溯的水平,大大降低日常监督管理成本,提高监督管理效能。同时,利用大数据分析功能,实现通病问题治理、提高程序管理效能,也将发挥重要积极作用。监督机构与工程参建单位统一信息平台的数据接口,更深层次融入工程建设实施,实现数据信息的共享互联,对提升区域工程建设整体性面貌有着长效促进作用。

4.2 加强政策性文件的梳理、整合

做好监督管理的前提是弄清搞懂政策性文件的要求,明确监督管理标准,针对区域水利工程的特点,做到"定制化"管理。水利部近些年围绕安全风险防控、危险源管控、安全隐患问题、稽察问题等发布了诸多规范性文件,如何将这些文件的要求在区域内落实、降低文件中问题发生的数量和频次,是基层监督人员要思考的问题。首先应对本区域内的水利工程,如是泵闸站点状工程,还是河道现状工程,涉不涉及金属结构和设备安装等方面做好全面的梳理和汇总。在此基础上,对诸多规范性文件中所列的要求进行摘取,对涉及的常见(通病)问题进行分类,形成常态化且有针对性的监督管控的重点风险清单,进行日常针对性监督检查,以此减少问题发生的频次,提高区域水利建设管理水平。

4.3 进行区域性差别化监督管控

在有限的监督资源条件下,在积极应用信息化监督管理工具的基础上,进行差别化监督管控很有必要。对此可从两个方面进行。第一是对重点对象、重点项目进行有针对性的监督、帮扶。对技术服务能力较差的参建单位,对整体实施效果不好的工程项目,进行持续性重点关注,通过增加检查频次、深化检查内容、强化现场成效、加大问题通报、警示约谈执法等,促进工程建设实施质量的提升和参建单位整体素质能力的提升。第二是开展重点问题专项整治行动,根据年度建设计划,分析历年监督问题占比、分布,筹划制定年度重点监督整治内容,落实月查、季查要点,辅助稽察、暗访、飞检等形式,打顽疾歼灭战。

4.4 应用社会第三方巡查服务

目前在建筑行业中,通过政府购买的方式,引入第三方质量安全巡查服务已较为普遍。《建设工程第三方质量安全巡查标准》在2023年7月进行了广泛意见征询,而在河南、安徽等地,相关的第三方巡查服务工作团体标准早在2022年就已经发布实施。近年来水利投资逐年加大,区域性的水利建设工程在服务于国家水利大战略的基础上,相应的水利提升工程数量也在增多。局部如河北等地,由于2023年的流域性特大洪水,2024年灾后恢复重建水利项目投资达1 000亿元。如此体量下,要做好水利建设工程的监督管理工作,仅凭现有的监督资源无法做到全面覆盖、深入彻底,因此,考虑引入社会第三方巡查单位参与水利建设工程监督管理就显得尤为必要。第三方专业技术咨询发挥作用的同时,并未代替或转嫁原先的政府监督职能。在上海机场(集团)有限公司基础设施建设中,这种第三方巡查的方式得到了很好的运用,取得了很好的效果。

4.5 尝试城市群监督资源联动

上海市水务局于2023年成功举办了第九届"啄木鸟"杯上海市水务工程建设安全质量监督技能竞赛。来自全国七省一市的监督同仁汇聚一堂,同台竞技,互促提升,对全国水利

安全质量监督系统起到了很好的示范引领作用,并在全国行业中推广。基于此,考虑城市群的水利监督资源联动机制,对缓解局部周期性监督压力,提升监督成效将会发挥积极作用。水利流域治理是未来很长一段时间的发展方向,伴随着水利建设工程的建设体量、分布范围、建设标准等要求的持续提升,区域性联动机制在助推长三角协同发展中将发挥重要作用。

5 结语

构建水利工程监督管理体系是一项系统工程,从体制到机制、从规范到制度、从体量到数量、从程序到执行、从方法到工具等,均需要进行深入谋划和提升,上行下效,贯彻如一,同时也需要立足岗位,积极思考,创新方法,应用实践,这样才能在新的发展阶段为水利行业高质量发展注入强大动力。

参考文献

[1] 李佼,樊霖,罗琳,等.新形势下山东省水利行业监督现状及对策分析[J].水利发展研究,2022,22(1):55-59.
[2] 吴义泉,谭翼,黄志勇,等.关于进一步完善水利监督体系和提高行业监管效能的几点思考[J].水利发展研究,2021,21(9):83-86.

水利长效管理

上海市青浦区水闸精细化管理成效及未来展望

高 萍

(上海青发市政管理有限公司,上海 201700)

摘 要:近年来,上海市青浦区大力推进水闸精细化管理工作,本文从安全生产标准化、运行操作规范化、检查养护常态化、水闸调度智能化、教育培训全员化五个方面简述了青浦区水闸精细化管理的做法,并总结取得的成效,提出未来展望,以期为水闸管理工作提供借鉴。

关键词:上海市;青浦区;水闸;精细化;管理

1 青浦区水闸精细化管理工作机制

1.1 背景

青浦区地势低平,是太湖流域地势最低处之一,境内河网密布,水面率高,受下游潮水、上游来水、本地降雨多重影响,防汛压力突出。全区涉及青松片、太北片、太南片、商榻片、浦南西片五大水利控制片,建有122个圩区,区域除涝主要采取控制片、圩区"两级控制、两级排水"方式。水利片一线200余座水闸泵站,圩区水闸泵站800余座(含片边一线)。各圩区单独控制水位,一般控制在2.1~2.8 m。日常实行活水畅流调度,有降雨或预警时实施预降水位和动力排水。本区水闸数量众多,大部分设施建设年代久远,其中很多设施设计标准低、使用年限长。近年来防汛任务繁重,特别是应对超标准洪水次数明显增加,日常活水畅流调度持续不断,水闸运行调度频繁,安全风险增加,日常管理成本也较高,难以体现水利现代化管理成效。为有效提升水闸运行管理水平,增加管理效益,近年来,在市、区两级水行政主管部门和行业管理部门指导和支持下,开展了水闸精细化管理工作。

1.2 精细化管理工作机制介绍

青浦区水闸精细化管理于2012年首次提出,2012—2013年选取了8座区管水闸开展试点工作,2013年逐步对区管水闸开展精细化管理工作。至2017年,区管水闸全部实现精细化管理,2018年起在全区开展水闸推广精细化管理工作,至2021年基本实现青浦区水闸全面精细化管理。青浦区水闸精细化管理的内容主要包括安全生产标准化、运行操作规范化、检查养护常态化、水闸调度智能化、教育培训全员化,覆盖水闸维修养护、运行调度、后勤保障等全过程。

区水务局是本区水闸管理的行政主管部门,负责全区水闸精细化管理工作的指导、运行养护标准的制定、养护计划及调度方案的审核下达与各项工作的检查和考核。区河湖管理事务中心负责水闸精细化管理的行业指导和监督管理,具体负责区管水闸精细化管理工作。

作者简介:高萍(1987—),女,助理工程师,本科,现就职于上海青发市政管理有限公司,长期从事水利设施管理工作。

区、镇财政部门是水闸管理的资金监管部门,负责养护实施过程中资金的审核、拨付和监督检查,协同做好长效管理工作的考核。

各镇人民政府、街道办事处是辖区内镇管水闸管理的责任主体,全面负责辖区内镇管水闸的精细化管理工作,建立管理机构,落实管养队伍,编制年度养护计划并组织实施。街镇水务所配合做好辖区内水闸精细化管理工作。

2 青浦区水闸精细化管理主要做法

青浦区水闸精细化管理主要包括安全生产标准化、运行操作规范化、检查养护常态化、水闸调度智能化、教育培训全员化。近年来主要做法如下。

2.1 安全生产标准化

一是健全安全责任体系。完善防汛防台预案、安全生产预案、突发事件应急预案等,并根据预案要求落实相应职责,明确安全生产第一责任人,明确应急抢险队伍、指挥体系、职责分工、应急保障等,根据预案要求落实相应职责,保障应急处置能快速响应,确保安全生产工作有序开展。二是建立安全例会制度。定期开展安全例会,组织开展防汛专题培训会、行业例会、网络安全培训等。持续加强安全理论学习,时刻绷紧安全弦。三是强化各项安全检查。加强日常安全风险管控。每年按照各级相关文件要求,对照安全隐患排查问题清单,对青浦区水闸运行工程开展运行安全风险隐患排查整治工作,并督促运行养护人员每日进行设施巡检,确保设施安全可靠运行。组织水闸运维单位积极开展火灾防控、电动自行车规范化管理、燃气、疫情防控及反恐安保等专项检查。

2.2 运行操作规范化

活水畅流调度方面,按照《青浦区水资源调度(防汛调度)实施细则(试行)》方案要求,开展大控制、圩区日常活水畅流调度。防汛调度方面,根据防汛调令,组织大控制片挡潮、预降、动力强排工作,坚守防汛安全底线。接防汛预警后,借助水利设施信息管理系统,及时落实调度指令,开展控制圩区水位预降。行业管理方面,要求所有操作人员持证上岗,规范操作,规范各项工作台账记录。近几年来,青浦区各水闸防汛指令执行到位,未发生重大设备故障和安全事故。船舶通航方面,全力保障船舶正常通航,严格按规定通航,未发生违规放船、违规操作。

2.3 检查养护常态化

各级水闸按要求开展日常养护,汛前、汛后专项养护。按计划推进维修工作,主要涉及水泵大修、机电设备维修、土建维修、安全防护措施完善等。维修养护质量、安全、工期全程可控。

制定常态化巡视检查内容,分为水工建筑物、闸门、启闭设备、水泵、高低压配电房、现场控制柜6大内容。具体巡查内容主要为启闭机设备是否腐蚀;工作闸门止水是否磨损,供电、变配电设备仪表功能是否失灵;门机轨道是否磨损、锈蚀;工作闸门闸下水流流态是否异常;设备接地是否良好等。明确常态化巡视检查频次,运行养护人员每日进行设施巡检,确保设施安全可靠运行。

2.4 水闸调度智能化

为进一步提升设施运行安全和管理效率,在完成太浦河、拦路港、吴淞江沿线及城区片等重点区域156座重点设施监测系统建设的基础上,加强监测数据的分析和引用,通过分析水位、闸位、水泵信号等信息,根据防汛预警、控制水位和临时调度等预设条件,智能判定闸门和泵站是否按要求运行,进一步加强水闸的精细化调度,充分发挥水闸泵站防洪除涝功能。

2.5 教育培训全员化

以加强市场化运行队伍管理为重点,突出行业管理特色,落实运行人员岗前培训。据统计,2020年完成泵闸操作工培训474人,2021年完成泵闸操作工培训202人,2022年完成泵闸操作工培训237人,2023年完成泵闸操作工培训165人,确保持证上岗。此外,2021年5月、2023年2月组织青浦、吴江、昆山、嘉善四地水利管理部门开展长三角水利行业职业技能竞赛,进一步提升长三角水利设施运行养护管理水平和从业人员的实际操作技能水平,为示范区内水利行业(水闸泵站专业)技术人才和岗位骨干加强交流、促进理论知识与实际操作技能融合提供平台。

3 青浦区水闸精细化管理成效

3.1 使运行持续受控

精细化管理对运行中发现的不足与问题进行分析,采取必要的纠正措施,加以改进,以达到提升运行现场管理水平的目的。通过建立标准化运行规则,管理人员可以准确了解水闸的运行参数标准,一旦发现异常或偏差,可以迅速采取措施进行调整,使运行调度工作的问题暴露在最初阶段,及时予以纠正,保证水闸设施的正常运行。精细化管理对养护工作进行优化,可以预防设备故障,延长设备的使用寿命。同时,建立了快速响应机制,及时跟进,避免问题扩大化。

3.2 降低了安全风险

水闸实施精细化管理,完善了各项安全制度,强化了管理和运行人员的安全生产意识。现场方面,从各种色标、消防设施齐全、安全通道无阻塞、遵守设备操作规程、生产设备定期安检等方面将安全运行的各项措施落到实处,从而降低了安全事故发生的可能性。

3.3 提升了工作效率

精细化管理要求清理与生产无关的、不必要的物品,并移出现场。而将使用频率较高的物料存放在距离工作地点较近的位置,从而达到节省寻找物料时间的目的,提高运行效率。

3.4 完善了备件管理和标识

精细化管理要求将与管理现场有关的物料都做好标识,如写上名称、库存数等,使备品备件的存量始终属于受控状态,且能够及时满足运行需要。

3.5 规范了现场管理

规范制度上墙,统一制定上墙资料,使运行现场各项规范制度化,无论是员工定期养护,还是领导参观视察,都能对各种情况一目了然。

3.6 优化了闸容闸貌

通过一系列精细化管理工作的开展,青浦区各水闸的许多细节问题得到了解决,设施设备标识更加明确,管理区域更加美观,物品摆放更加整齐划一,闸容闸貌得到了进一步优化。

4 青浦区水闸管理面临的困难

4.1 市场化技术人员缺乏,运行经费标准较低

目前,青浦区水闸运维管理人员设施持证上岗达100%,但中高级持证率不及8%且大多为管理人员,低、中、高级持证人员比例约为55∶3∶1。复合型人才的投入比例不足,难以应对复杂工况要求。同时,青浦区水闸市场化运维人员年龄结构有待优化,部分企业尚存在运行人员超龄问题。

目前,上海市青浦区水闸市场化运行经费是根据水利设施规模、类型、功能不同,按照所需运行养护人员的数量进行测算的,单价参照《青浦区行政事业单位办公场所物业管理办法》中保安工资计算。经费测算仍按照购买人员的方式,与实际水闸维修养护和运行调度的高标准、高要求、高质量不符。以目前测算的标准引入高技术人才较为困难,同时也缺少水利设施运行人员的激励措施。

4.2 水闸智能精细调度需加强,信息化系统有待升级

随着水闸标准化管理的提出,对水闸信息化系统有了更高的要求,明确水利工程自动化监测需要配合雨水情、安全监测、视频监测等功能并自动识别险情、预警等。上海市青浦区2013年率先建成水闸自动化监控系统,2017年进行了升级改造,目前青浦区水利设施管理系统基本实现水情、雨情、工况、视频的实时监测,但要达到自动识别险情、预警预报、预测等还需要进一步升级改造。

5 青浦区水闸管理未来展望

5.1 加强监管,夯实水闸精细化管理基础

加强日常监管,提高水闸管理效率和成效。确保市场化单位对水闸的运行维护质量,日常管理中严抓设备养护成效,做好水工主体结构、重要机械设备、电气和自控设备巡查巡检。加强维修计划执行,保证维护质量、安全、进度,保障水闸安全稳定运行。以水环境改善为目标,借助水闸规范化、精细化调度,达到活水畅流,真正发挥水闸市场化、专业化、标准化运维效益。

5.2 稳步提升,全面推进水闸标准化管理工作

在水闸精细化管理基础上,开展水闸标准化管理工作,加强水闸技术管理。逐步夯实基础技术资料,完善管理手册、运行手册、制度手册,强化水闸管理技术实施细则的应用。完善水闸管理与保护范围划定并敷设界桩。提高水闸信息化管理水平,完善水闸泵站监测系统自动监测和辅助决策功能。

5.3 跨越发展,走向智能调度精细调度

参照各地数字孪生、智慧水务、"四预"应用,思考青浦区水闸运行调度智能化、精细化方

向,重点破解预测预报不智能、风险识别不精准、工程调度不协同等难题,提升水灾害防御能力,数字赋能平原水网防汛备汛。

打造"数字水利片""数字圩区",可以现有信息化基础设施和构建模型系统应用平台来完成。建立更完备的区域、圩区前端感知信息化监测网,统筹区域水利工程联合调度,区域提前预排预降,圩区有序排涝。在台风期间和预报降雨时,可根据气象部门提供设定模型的降雨条件,预测区域、圩区水位变化情况,辅助调度决策。

参考文献

[1] 上海市青浦区水务局.青浦区水资源调度(防汛调度)实施细则(试行)[Z].2020.

[2] 上海市水务局.关于进一步加强本市水闸精细化管理的实施意见[Z].2018.

[3] 上海市水利管理处.上海市水闸精细化管理指导手册[Z].2020.

CCTV 检测技术在农村生活污水行业监管工作中的应用

丰浩然

(上海市青浦区河湖管理事务中心,上海 201700)

摘 要:CCTV 检测技术作为一种先进的检测技术,在农村生活污水行业监管工作中具有广泛应用。该技术通过摄像机对管道内部进行实时观察、录像和检测,可直观、准确地发现管道问题,为监管人员下一步工作开展提供依据,实现对农村生活污水管网的有效监管,从而提高农村生活污水治理水平,改善农村地区人居环境。本文旨在通过介绍 CCTV 检测技术在青浦区农村生活污水行业监管中的应用,为农村生活污水治理工作提供些许参考。

关键词:CCTV 检测技术;农村生活污水;管网;监管

0 引言

随着农村地区经济的发展和人口的增长,农村环境问题变得日益突出,而农村生活污水问题就是其中之一。当前,大多数农村的生活污水主要来自洗涤污水、厨房污水、养殖废水和厕所污水,农村生活污水来源多且分布散,不容易收集处置[1],未经处理的污水对环境和人类健康造成了严重威胁。

为改善农村人居环境,优化农村人居品质,2007 年以来,青浦区结合太湖流域综合治理、环保三年行动计划、美丽乡村建设等中心工作,率先探索启动农村生活污水治理工作,建设了一大批农村生活污水管网。直至今日,大部分管网已运行 10 年以上,管道建设年份较久远,管道运行情况亟待加强监管。

在农村生活污水行业监管工作中,传统的检测方法存在工作效率低下、人力物力耗费大等不足。为了解决这些问题,近年来各类管网检测技术逐渐应用于农村生活污水行业的监管工作中,其中以 CCTV 检测技术为主。它能够实时、远程地监测和记录污水管网的运行状态及故障情况,为监管工作提供了更高效和准确的手段。

1 CCTV 检测技术

1.1 CCTV 检测技术简介

管道 CCTV(Closed Circuit Television)检测系统由带有摄像头的管道机器人、主控器、线缆车等部分组成。主控器控制管道机器人在管道中行走,将拍摄到的管道内部图像及视频传输到主控器显示屏,从而将地下隐蔽管线变为在电子设备上可见的影像[2],实现管道内

作者简介:丰浩然(1995—),男,硕士,研究方向为水利工程,电子邮箱:2994972108@qq.com。

部状况的实时监测,同时记录和存储原始图像。

1.2 CCTV检测技术的优势和应用价值

相较于传统的人工检测方法,CCTV检测技术能够大大提高检测的效率,减少人力和时间成本[3]。CCTV检测技术能够提供清晰、详细的图像和视频数据,对管道内部的故障点和问题进行准确识别和分析[4]。通过CCTV检测技术获取的图像和视频数据,监管部门可以更准确地了解管道状况,优化资源配置,制订维护计划,减少浪费和冗余。

1.3 其他因素对效果的影响

CCTV检测技术受到设备性能、图像清晰度和分辨率等方面的限制,并且操作人员的技术水平和经验也会对检测结果产生影响。管道的材质、弯曲程度、直径等条件会限制其使用,同时管道内部的积垢、污垢等也会影响图像的清晰度和可视范围[5]。对于采集到的图像及视频数据的分析和解释也需要有专业人员进行判断和评估,以确保对故障点和问题的准确识别。

2 项目应用实例

2.1 项目概况

依托第三方专业技术力量和CCTV等专业设备,本项目对青浦区农村生活污水管网运维管理开展监督性技术抽检与考核评估,及时发现设施养护管理中存在的问题,指导街镇管理部门开展农村生活污水设施运维管理工作,进一步提高本区农村生活污水治理率和设施完好率,促进农村生活污水管网运维水平提升。

2.2 设备使用

本项目检测主要使用的设备是道雨耐D18S型CCTV检测系统,见图1、图2。该设备具有以下性能和参数。

(1) 适用范围广:管径200～2 000 mm管网均可使用。

(2) 灵活度高:爬行器爬坡能力为45°,可就地转动360°。

(3) 影像功能强:摄像镜头清晰度高,镜头可进行旋转、调焦、变倍等操作,以应对复杂检测环境。

图1 道雨耐D18S型CCTV检测系统　　图2 管网抽检作业现场

（4）操控便捷：无线控制平板终端，可控制爬行器的行进后退、速度调节、镜头座调节、灯光调节。具有 U 盘储存、回放删除等功能。

另外，配备 D16S QV 管道潜望镜、管道疏通车、抽水车、绞车、气囊等工具。

2.3 前期准备工作

检测工作启动前，为提高项目产出，提前做好以下准备工作。

（1）基础资料整理：对全区管网竣工资料进行汇总整理，将历年管网竣工图整合放入一张图，根据竣工资料统计汇总各管网系统长度、分布、管径、建设年份、服务户数等；收集近年进出水水质检测报告和电费账单，建立水质检测数据库和设施用电量统计表。

（2）数据统计分析：以问题为导向，对农污处理站进出水水质检测结果和设施用电量进行分析，筛选出进水水质偏淡和电量异常的站点；根据现场检查小组对管网设施开井调查结果，统计管网运行液位偏高区域。

（3）选定检测对象：各街镇管网抽检长度原则上按比例抽取，抽取对象优先选择进水水质偏淡、设施用电量异常以及运行液位偏高的管网系统，同时重点关注建设 10 年以上的管网系统，结合老旧管网改造、外水入侵普查、二级水源保护等重点工作，制订管网抽检计划。

（4）减少限制因素影响。聘请专业检测团队，制定项目监督考核制度，明确检测具体要求，保证检测流程规范，问题百分百发现；提前准备 QV 检测仪，项目抽检过程中如遇管径较小的管网，可借助 QV 管道潜望镜辅助检测，以应对多种检测场景。

2.4 检测工作流程

（1）现场勘察：按照管网抽检计划，前往现场勘察检测区域周边地形地势、主管管径、管道走向、水流方向等。根据现场实际情况，编制管网抽检工作方案。

（2）气囊封堵：到达现场后，准备好气囊及零部件，对其进行气密性检查，确定无漏气后，封堵检测管段上下游管口。为防止气囊脱落，在气囊和胶管接口处用铁丝紧固。

（3）管内降水：架设临排设施，使用抽水泵将检测管段水位降至最低，确保能够清晰拍摄到管道内障碍物、沉积、变形等管道缺陷。降水过程中，随时关注管道下游水位，根据管内水位情况灵活调整抽水速率。

（4）管网检测：将 CCTV 检测设备放入管道中，控制管道机器人的行进方向及速度，进行管内图像和视频采集，记录管道内部的问题，如沉积、变形、破裂、渗漏等，并标注其位置和性质。检测过程中，及时清理检测设备，清除可能积聚在摄像机上的污垢，以确保图像的清晰度和质量。检测完成后，保存好通过摄像机和相关设备采集到的图像和视频数据，并进行归档管理。

（5）气囊拆除：完成检测后，拆除检测管段气囊，在拆除过程中，随时关注管网水位，防止污水冒溢，避免出现安全生产事故。

（6）编制报告：针对采集到的数据和图像，进行数据分析和故障点识别。根据《排水管道电视和声纳检测评估技术规程》（DB31/T444—2009）及相关规定，编制管网检测报告，为后续的修复工作提供依据和指导。

2.5 项目成果

自 2022 年 1 月至 2023 年 9 月，本项目共抽检农村生活污水管网 119 km，发现各类管网缺陷 2 109 处。按缺陷类型统计,功能性缺陷 1 307 处,结构性缺陷 802 处,功能性缺陷以沉积为主,结构性缺陷以变形为主。按缺陷等级统计,1 级缺陷 186 处,2 级缺陷 620 处,3 级缺陷 1 289 处,4 级缺陷 14 处,管网检测范围和缺陷位置同步在管网竣工图中予以标注,建立管网检测基础资料库。管网缺陷统计表见表1。

表1 管网缺陷统计表

缺陷类型	缺陷名称	1级	2级	3级	4级	总计
功能性缺陷	沉积(CJ)	98	383	768	0	1 249
功能性缺陷	结垢(JG)	10	19	5	0	34
功能性缺陷	障碍物(ZW)	4	1	18	0	23
功能性缺陷	坝头(BT)	0	0	1	0	1
结构性缺陷	变形(BX)	25	46	101	0	172
结构性缺陷	破裂(PL)	4	16	60	7	87
结构性缺陷	渗漏(SL)	3	10	9	0	22
结构性缺陷	错位(CW)	13	43	36	4	96
结构性缺陷	脱节(TJ)	23	73	189	3	288
结构性缺陷	支管暗接(AJ)	6	21	76	0	103
结构性缺陷	胶圈脱落(JQ)	0	3	15	0	18
结构性缺陷	异物侵入(QR)	0	5	11	0	16
总计		186	620	1 289	14	2 109

2.6 成果应用

2.6.1 指导运维管理工作

基于 CCTV 检测的结果和数据分析,对不同类型的故障点和问题进行定性和定量评估,分析各种类型故障点和问题在管道中的分布情况,了解其数量、密集度等,确定其严重程度和影响范围,分类制定修复方案和整改措施。完成修复工作后,重新安排 CCTV 检测复核,以验证修复效果和了解管道运行状况,确保问题得到彻底解决。管网抽检数据可作为管道运行状态的基本参考,通过数据收集建立管道检测数据库,分析管道运行状况的变化和趋势,直观地了解管道的运行状态和维护需求,科学指导和规划未来的运维重点工作。

2.6.2 提高监管成效

因农村生活污水处理设施进水水质偏淡问题逐渐浮现出来,2021 年起,青浦区全面加强对农村生活污水收集段和输送段的监管,提高抽检比例。本项目对抽检管网进行综合评价,出具检测报告,及时发现管网问题,并将发现的问题列入月度考核及年度考核,同步建立"发现、整改、复核"三步走机制。各街镇对管网运维工作重视程度大幅提高,增加养护频次,加强日常管理,主动开展管网 CCTV 检测及管线测绘工作,加大管网自查力度,申请专项维修资金修复结构性缺陷,推进老旧管网改造。2023 年管网问题发现数从 2021 年的 2 312 个降至 960 个,问题数量逐年下降,管网运行状态逐步改善。

2.6.3 提升经济和社会效益

使用CCTV检测技术对农村生活污水管网进行监测,及时发现各类管道问题,督促整改,降低管道故障率,提高设施完好率,从而减少了维修和养护成本。此外,及时发现和解决管道问题,可以减少管道渗漏及外水入侵等,改善终端设施进水水质,减少终端设施运维成本,从而为社会创造经济效益。及时检测和修复农村生活污水管道,可以减少污水外溢和环境污染的发生,保护土地、水源和生态环境的健康。这对于农村地区可持续发展和环境保护具有重要意义。

3 结论

CCTV检测技术在农村生活污水行业中具有显著的优势和应用价值,可以弥补传统监管方法的不足,提高监管的效率和精确度,为管道故障点的定位与问题的解决提供有力支持。合理应用CCTV检测技术,并结合其他运维管理手段,能够最大限度地提高管道的运行效率和可靠性,减少故障发生,大幅提高农村生活污水运维管理水平,有效提升农村地区水环境治理成效。

参考文献

[1] 吴英挺,邱于益.我国农村生活污水治理存在的问题及对策[J].农技服务,2020,37(8):105-106.

[2] 张涛.CCTV检测技术在蚌埠市城区污水管网专项普查、检测中的应用[J].城市勘测,2021(6):177-180.

[3] 慕坤.CCTV技术在管道检测与修复中的应用分析[J].云南水力发电,2023,39(8):7-9.

[4] 刘沛.CCTV及QV技术在城市雨污水管网摸排检测中的应用[J].水利科学与寒区工程,2023,6(1):142-144.

[5] 范丽,汤寅寅.城镇排水管道检测技术现状与探索创新[J].山西建筑,2021,47(17):104-105.

松江区骨干河道底泥疏浚尺度研究

杜一峰

（上海市松江区水务管理所，上海 201600）

摘　要：河道疏浚是水环境综合整治的重要手段。近年来松江区大力推进骨干河道整治，底泥疏浚作为项目中一项常见的工程内容，设计时往往仅按照水利单方面的规范要求对疏浚范围及深度进行控制。而骨干河道的功能往往还涉及航运、行洪等，且对于河道水质的要求也在逐年提高。因此，笔者认为在确定河道底泥疏浚尺度时除了应满足水利规范外，还应满足生态环保、船舶通航、防汛行洪等规范和要求。笔者在查阅各条线相关文献、导则、指南等后从生态环保、船舶通航、防汛行洪三个方面总结出一套综合确定骨干河道底泥疏浚尺度的办法，为相关河道疏浚实践提供理论支持。

关键词：骨干河道；底泥疏浚；尺度

1　研究背景

骨干河道整治是近年来松江区水环境整治中的一项重要任务，而疏浚是骨干河道整治工程中一项重要的工程内容。河道疏浚是指为满足行洪、排涝、航运、调蓄、水环境治理等要求，采用人力、水力或机械方法进行的底泥清除作业。河道底泥往往有不同类型、不同程度的污染物，还需满足生态环保的要求。因此，河道底泥疏浚尺度的确定应当包括行洪、排涝、航运、调蓄、水环境治理等方面，疏浚尺度的不同也会导致工程规模大小不同、投资多少不同，最为关键的是河道疏浚后实际效益的好坏。

水利部 2014 年发布的《疏浚与吹填工程技术规范》中对疏浚的区域、挖槽的尺度等提出了一定要求[1]。生态环境部 2014 年发布的《湖泊河流环保疏浚工程技术指南（试行）》对环保清淤的范围和厚度作了一定指导[2]。上海市水务局、生态环境局、绿容局、农委和规资局五部门于 2018 年发布了《关于规范中小河道整治疏浚底泥消纳处置的指导意见》，对河道底泥的检测内容与检测方法进行了规范。上海市住建委 2021 年发布的《内河航道工程设计标准》中对航道疏浚、开挖作出相关规定。此外，目前已有部分定性、定量研究成果，例如肖诗瑶等人通过分层法、背景值法、拐点法及底泥吸附和解吸特征法，根据污染物沿程变化及垂直分布特性综合确定了污染底泥清淤深度[3]。阮超超通过对古荡河流域底泥采样分析，对底泥重金属总量垂直分布以及生物可利用重金属垂直分布等展开分析，最后应用临界累积深度测算公式确定了该河道清淤深度[4]。王雷刚等人以西安市零河水库为例，通过对水库淤积成因、淤积量、水库现状功能的综合分析，结合常用清淤方案的类比分析进一步划分了清淤区域[5]。从现有研究来看，实际的河道疏浚项目案例往往仅从环保或行洪等单方面进行疏浚尺度的考量，缺乏从多方面综合确定河道疏浚尺度的研究。现实工作中，松江区大部

作者简介：杜一峰（1993—　），男，工程师，硕士，主要从事水利建设和管理工作。

分河道疏浚工程系按规划断面实施,其疏浚尺度即为规划断面,基本可满足通航、环保要求。因此,本文研究对象适用于河道断面过宽的通航河道,即骨干河道。结合松江区骨干河道疏浚实际操作来看,其也仅按照水利规划河底高程来对疏浚深度进行控制,使得河道疏浚难以发挥整体效益。因此,笔者整理了相关部门印发的有关疏浚尺度的规范标准、指导文件,并结合相关案例研究,从多方面综合确定疏浚尺度的定性、定量方法,以此满足各专业条线的要求,最大化河道疏浚的实施效果。

2 基本情况

根据上海市水务局发布的《上海市骨干河道布局规划》,松江区骨干河道共35条段,总长度298.6 km,总水域面积22.06 km^2。松江区骨干河道分布示意图见图1。根据上海市交通委发布的《关于进一步明确本市航道市区两级管理的若干规定》,松江区骨干河道中通航河道有21条段,占全部骨干河道数量的60%。目前,骨干河道疏浚设计河底标高主要按照《松江区水利规划(2021—2035年)》中规划河底高程进行控制,范围一般在吴淞高程−2.0～−1.0 m,边坡则按照《疏浚与吹填工程设计规范》(JTS 181—5—2012)的有关规定进行控制,一般不再另行考虑验证环保以及船舶通航方面的相关要求。

图1 松江区骨干河道分布示意图

骨干河道作为松江区蓝网主脉,发挥着防洪、调蓄、除涝、水运、水资源调度、水环境改善等作用。功能不同,疏浚尺度的确定所侧重的点也不同,因此根据不同专业、不同方面来确定骨干河道疏浚的尺度具有一定的研究意义。

3 疏浚尺度的确定

3.1 范围确定

从生态环保方面来看,根据生态环境部《湖泊生态安全调查与评估技术指南》,底泥污染物主要包括营养盐、重金属和有毒有害有机物三类,可以通过采集柱状土样测定污染物含量,并得出其垂直分布情况[6]。指标和控制值则根据水利部《地表水环境质量标准》以及水体功能区划要求确定。生态环保底泥疏浚范围等于"包括区域"减去"扣除区域",测定指标、控制值及依据见表1。

表1 生态环保底泥疏浚范围测定指标及控制值

类型	指标		控制值
包括区域	营养盐	总氮 TN	≥营养盐污染底泥疏浚氮控制值的区域
		总磷 TP	≥营养盐污染底泥疏浚磷控制值的区域
	重金属	潜在风险指数	重金属潜在生态风险指数 $RI \geq 300$ 的区域
扣除区域	底泥	厚度	扣除厚度<10 cm 的区域
	水工建筑物	安全性指标	扣除距离取水口、自然保护区等设施 200~500 m 区域(依据管理规定)
			扣除河底距离护岸坡脚 3 m 内的区域

从船舶通航方面来看,主要考虑通航需求。定量方法可通过断面水深测量来确定。测量方式方法按照航道断面形态情况分类进行,具体见表2。

表2 断面测量方式

航道断面情况	测量方式方法
断面形态沿航道纵向较为单一	采用断面测量。测量断面间距宜采用 50 m,断面测点间距不宜大于 2 m
断面形态沿航道纵向复杂多变	采用水下地形测量。按现行标准《水运工程测量规范》(JTS 131—2012)执行

从防汛行洪方面来看,主要考虑行洪能力不足的河段,同时应避免对码头、整治建筑物、护岸、水文站、取排水口、跨河桥梁、上跨和下穿管线等涉水设施产生影响。范围的确定可以行洪水面线计算结果为依据。行洪水面线的计算原理(见表3)主要包括明渠恒定非均匀流能量方程和圣维南方程,可通过主流模型 HEC-RAS、MIKE11 等进行演算。

表3 行洪水面线计算原理

原理	计算公式	备注
恒定非均匀流能量方程	$Z_2 + Y_2 + \dfrac{\alpha_2 V_2^2}{2g} = Z_1 + Y_1 + \dfrac{\alpha_1 V_1^2}{2g} + h_x$	Z_1, Z_2 为上下游断面河床底高,m;Y_1, Y_2 为上下游断面水深,m;V_1, V_2 表示上下游断面流速,m/s;α_1, α_2 为上下游断面的动能校正系数,h_x 为水头损失,m

续表

原理	计算公式	备注
圣维南方程	$\frac{\partial A}{\partial t}+\frac{\partial Q}{\partial x}=q_t=0$ $\frac{\partial Q}{\partial t}+\frac{\partial (Qv)}{\partial x}+gA(\frac{\partial z}{\partial x}+S_f)=0$	Q 为断面洪水流量,m^3/s;v 为流速,m/s;z 为断面洪水水位,m;q_t 为沿程入流流量,m^3/s;A 为过水断面面积,m^2;S_f 为河床摩阻坡度

分别从生态环保、船舶通航、防汛行洪三个角度确定了疏浚范围后,整体进行整合比对,全部覆盖,并且标示出三种方法所确定范围的复合区域。

3.2 深度确定

在复合区域外,疏浚深度从各方面按照以下方法进行确定。在复合区域内,各方面确定深度后取最大值。

3.2.1 生态环保方面

生态环保疏浚深度根据底泥中营养盐污染和重金属污染的程度来确定,对营养盐污染和重金属污染的交叉地带,取两者中深度较深者作为复合污染区的疏浚深度[7]。营养盐污染的底泥主要采用分层释放速率法来确定其深度,重金属污染的底泥主要先分层,然后通过 Hakanson 潜在生态风险指数法来确定其深度。生态环保疏浚深度确定方法、主要指标及步骤见表4。

表4 生态环保疏浚深度确定方法、主要指标及步骤

类别	确定方法	主要指标	主要步骤
营养盐污染底泥疏浚深度	分层释放速率法	氮、磷	(1) 测定各分层底泥中氮、磷含量,了解氮、磷含量随底泥深度的垂直变化特征,重点考虑氮、磷含量较高的底泥层[6] (2) 进行氮、磷吸附-解吸实验,了解各分层底泥氮、磷释放风险大小,找出氮、磷吸附-解吸平衡浓度大于上覆水中相应氮、磷浓度的底泥层[6] (3) 确定氮、磷含量高,且释放氮、磷风险大的底泥层作为疏浚层次,相应的底泥厚度作为疏浚深度[6]
重金属污染底泥疏浚深度	分层-生态风险指数法	8 种重金属(Hg、Cd、As、Pb、Cu、Zn、Cr、Ni)	(1) 对污染底泥进行分层[6] (2) 根据 Hakanson 潜在生态风险指数,确定不同层次的底泥释放风险,确定重金属污染底泥所处层次,从而确定重金属污染底泥疏浚深度[6]
复合类污染	分类确定	按照各方法指标	(1) 分类确定疏浚深度 (2) 综合考虑取较深者作为最终疏浚深度

3.2.2 船舶通航方面

船舶通航疏浚深度要满足上海市《内河航道工程设计标准》(DG/TJ 08—2116—2020)的有关规定。已整治航道疏浚深度宜按航道设计尺度执行,也可根据航道技术等级、现状等级、通航需求、养护周期等经论证确定,一般不低于航道的整治标准。未整治的航道疏浚深度应根据航道技术等级、现状等级、航道条件和通航需求等综合确定,且航道设计水深确定应按以下公式复核

$$H \geqslant T + \Delta H$$

式中：H——航道维护设计水深，m；

T——船型吃水，m；

ΔH——富裕水深值。

不同级别航道富裕水深值参考表5。

表5　航道水深富裕值　　　　　　　　　　　　　　　　　　　　单位：m

航道等级	Ⅲ	Ⅳ	Ⅴ	Ⅵ	Ⅶ
富裕水深	0.5~0.7	0.3~0.5	0.3~0.5	0.2~0.3	0.2~0.3

注：1. 流速和风浪较大的水域取大值，反之，取小值。
2. 对于限制性航道，相应富裕水深值可适当加大。

通过确定设计水深 H，从而确定疏浚深度。

3.2.3　防汛行洪方面

防汛行洪疏浚主要考虑行洪安全和护岸岸坡稳定。在行洪计算的基础上，对于岸坡、堤脚处需进行冲刷深度复核以及相应稳定性复核，或与堤防等建筑物保持一定安全距离，不疏浚或只对表层进行清理，避免对水工建筑物稳定性造成影响[8]。防汛行洪疏浚深度控制内容、指标及依据见表6。

表6　防汛行洪疏浚深度控制内容、指标及依据

控制内容	控制指标	控制依据
防汛行洪安全	防汛行洪标准下的堤防高程、洪水位要求	GB 50707—2011《河道整治设计规范》 GB 50286—2013《堤防工程设计规范》
边坡岸段稳定	(1) 堤、坡脚防冲能力要求 (2) 堤防、岸坡地基承载力、抗滑、抗倾覆稳定性要求	SL 44—2006《水利水电工程设计洪水计算规范》 SL 379—2007《水工挡土墙设计规范》 SL 386—2007《水利水电工程边坡设计规范》

3.2.4　小结

复合区外，按照三方面各自独立确定疏浚深度，复合区内，将最终各自确定的船舶通航深度 A、生态环保深度 B、防汛行洪深度 C 进行比较，取三者中最大值 $H=\mathrm{Max}\{A,B,C\}$ 作为疏浚深度的最终值。

4　结论

本文针对松江区骨干河道疏浚的现状无法满足多方面需求的问题，通过生态环保、船舶通航和防汛行洪三个方面，综合确定底泥疏浚的范围和深度。根据松江区不同骨干河道所发挥的主要功能对其疏浚所需要考虑的方面进行判断，若主要考虑河道底泥存在污染，通过底泥检测、分层释放速率法和分层-生态风险指数法确定生态环保疏浚的范围和深度。若河道清淤疏浚主要考虑满足通航需求，通过断面测量，按照航道技术等级、现状等级、通航需求、养护周期等重要参数，综合确定疏浚的范围和深度。若河道疏浚主要考虑满足防汛行洪要求，在行洪计算基础上按照边坡稳定的控制指标确定疏浚范围和深度。若三个方面同时考虑，则将三方面所确定的疏浚范围和深度进行综合比较，得到最终疏浚尺度。

从三个方面来共同确定疏浚尺度工作量较大，且除水务部门外还涉及生态环境局、防汛

办、交通委等多部门多条线管理,希望后期通过资源整合编译相关程序或软件,加快疏浚尺度确定的流程,便于管理部门实践应用。

参考文献

[1] 中华人民共和国水利部.疏浚与吹填工程技术规范:SL 17—2014[S].北京:中国水利水电出版社,2014.
[2] 环境保护部(今生态环境部).湖泊河流环保疏浚工程技术指南(试行)[S].2014.
[3] 肖诗瑶,刘金龙.河道污染底泥清淤深度确定及工程示范应用研究[J].湖南水利水电,2023(5):8-11.
[4] 阮超超.流域综合治理工程中河道底泥清淤深度的确定[J].黑龙江水利科技,2023,51(4):92-95.
[5] 王雷刚,赵小宁,王浪.零河水库清淤工程清淤方案浅析[J].陕西水利,2022(12):142-144.
[6] 环境保护部(今生态环境部).湖泊生态安全调查与评估技术指南[S].2014.
[7] 王雯雯.基于无机污染物风险分级的太湖污染底泥环保疏浚范围的确定方法研究[D].北京:中国环境科学研究院,2012.
[8] 肖江,张娜,汪霞.河道疏浚清淤范围和厚度的方法确定[J].北京水务,2022(6):55-58.

一种升卧式船闸钢丝绳简易保养装置的设计

王佃晓

（上海市嘉定区河道水闸管理所，上海 201800）

摘 要：本文设计了一种简易升卧式船闸钢丝绳保养装置，文中对该装置的各个模块进行了介绍，该装置可以在喷头装置作用下将润滑油变成小颗粒状油液喷到闸门钢丝绳上，达到保养钢丝绳的目的。为了确认该装置的强度是否满足要求，使用 Ansys 软件对其支撑模块简化后的主体结构进行受力分析，通过分析得到该主体简化后结构的强度和安全方面满足设计要求。

关键词：升卧式；船闸；钢丝绳；保养装置；分析

0 引言

钢丝绳在升卧式闸门船闸中是使用比较频繁的部件，正常运行的船闸每天会有数次的开启和关闭。时间久了，闸门上的钢丝绳会磨损严重，因此需要定期对钢丝绳进行保养。通过对钢丝绳进行保养，减缓钢丝绳磨损速度，延长钢丝绳的使用寿命，进而确保闸门长期运行[1]。

1 升卧式船闸钢丝绳保养介绍

船闸钢丝绳的常规保养，主要是对闸门升降过程中与吊耳接触段的钢丝绳涂抹润滑油，以确保钢丝绳能够正常工作。船闸钢丝绳的常规保养方式是工作人员到闸门上使用刷子对需要保养段的钢丝绳涂抹润滑油。这种保养方式易产生润滑油层较厚且不均匀等问题，而当闸门关闭时，吊耳处钢丝绳上多余的润滑油大部分进入水中，会导致较严重的水面污染，并且这种工作方式也易产生安全隐患。

2 设计原理

基于以上问题，本文设计了一种简易升卧式船闸钢丝绳保养装置。图 1 所示为本装置工作原理图，润滑油经过油箱，在油泵的作用下经过油管进入喷头装置，润滑油在经过喷头装置处理后被喷到钢丝绳上，对钢丝绳进行保养[2,3]。

润滑油 → 油箱 → 油泵 → 油管 → 喷头装置 → 保养钢丝绳

图 1 简易升卧式船闸钢丝绳保养装置工作原理图

作者简介：王佃晓（1986— ），男，水利水电工程师，硕士，主要研究方向为水利水电，电子邮箱：690827137@qq.com。

3 设计结构

图2为简易升卧式船闸钢丝绳保养装置整体结构图。从中可以看到各个部分的具体结构。其工作过程为：油箱里的润滑油在油泵的作用下经过油管被输送到三通阀处，油泵调速旋钮可以控制油泵运转的速度以进一步控制润滑油的流量，经过三通阀的润滑油在油压的作用下分别进入前端油液喷头和后端油液喷头。经过前端油液喷头和后端油液喷头的作用，润滑油在离开前、后油液喷头时，将被打散成小颗粒状，然后被喷到闸门钢丝绳上对钢丝绳进行保养。在对该装置进行设计时，通过分模块的方式对该装置进行设计，整个装置主要包括支撑模块、控制模块、输送模块和执行模块[4,5]，各模块在整个装置中相互作用，共同完成钢丝绳的保养工作。

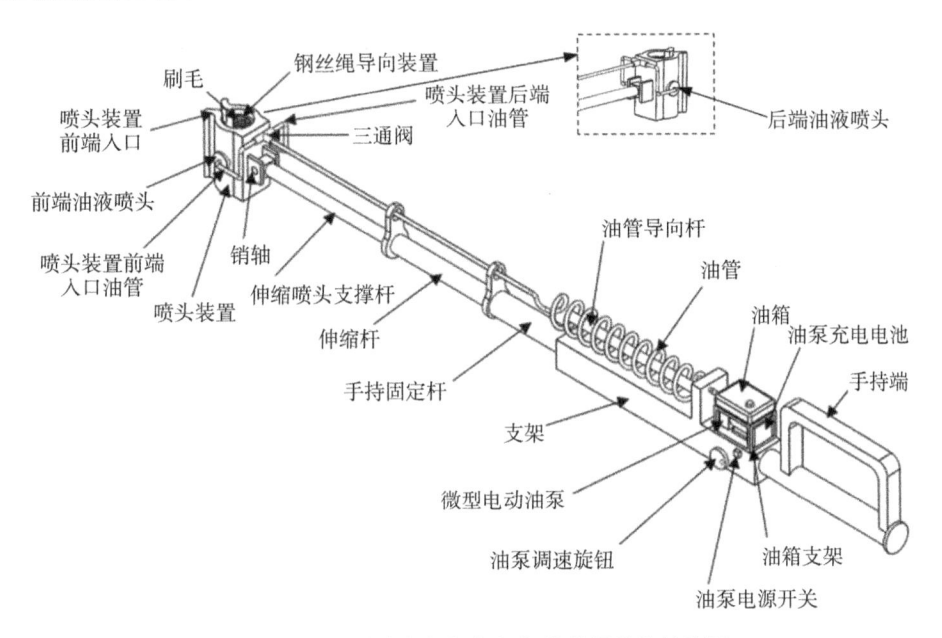

图2 简易升卧式船闸钢丝绳保养装置整体结构图

3.1 支撑模块

支撑模块由手持端、油箱支架、支架、油管导向杆、手持固定杆、伸缩杆、伸缩喷头支撑杆、销轴组成，主要对控制模块、输送模块和执行模块起支撑作用。手持端主要方便手动操作使用。油箱支架主要用于支撑油箱，并将底部微型电动油泵和油泵充电电池隔离开。油管导向杆主要对进入前端喷头装置的油管起导向作用，避免油管发生弯曲而导致油路堵塞。手持固定杆主要是支撑起相关组件和油管。伸缩杆可以延长或缩短，对整体油路也起到支撑作用。伸缩喷头支撑杆主要是对喷头装置起到支撑作用。销轴主要是将伸缩喷头支撑杆和喷头装置连接到一起，使用时可以销轴为支点来调整手持端的位置。

3.2 控制模块

控制模块由微型电动油泵、油箱、油泵充电电池、油泵电源开关、油泵调速旋钮组成，主要是通过油泵调速旋钮控制润滑油液，确保合适的油液压力及输送速度。微型电动油泵主要用于对油路提供油压,确保油液有足够的压力到达喷头装置。油箱主要用于储存油液。油泵充电电池主要用于给油泵供电,确保油泵正常运转,当电池电量减少时可以进行充电。油泵电源开关主要用于控制油泵启停。油泵调速旋钮主要是通过调整油泵的转速,进而调整输出油泵的油压。

3.3 输送模块

输送模块包括油管、三通阀、喷头装置前端入口油管、喷头装置后端入口油管,主要起输送油液作用。油管主要用于油液的输送。三通阀主要是将油液分成两路油分别进入到喷头装置前端入口油管和喷头装置后端入口油管。喷头装置前端入口油管主要用于将油液输送到前端油液喷头,喷头装置后端入口油管主要用于将油液输送到后端油液喷头。

3.4 执行模块

执行模块主要是喷头装置,喷头装置包括刷毛、前端油液喷头、后端油液喷头和喷头装置前端入口,执行模块主要用于对输送过来的油液进行处理,离散成小颗粒油液并喷到钢丝绳上。刷毛一方面可以将喷头装置约束在钢丝绳上,另一方面可以在喷头装置上下移动时起到缓冲作用,也能对钢丝绳上的油液起到二次均匀化作用。前端油液喷头和后端油液喷头主要将油液离散成小颗粒油液并喷到钢丝绳上。喷头装置前端入口主要是用于将喷头装置卡到钢丝绳上。

4 使用流程

使用该装置时,工作人员只需要站在闸门侧面或闸门的工作桥上,不需要进入闸门。先将伸缩杆和伸缩喷头支撑杆拉至合适的长度,将喷头装置通过喷头装置前端入口卡到需要保养的钢丝绳上,然后打开油泵电源开关,将油泵调速旋钮调至合适的速度,润滑油在微型电动油泵压力下从油箱经过油管、三通阀、喷头装置前端入口油管和喷头装置后端入口油管,最后经过前端油液喷头和后端油液喷头,被喷洒到钢丝绳上。通过上下移动喷头装置可以对不同部位的钢丝绳进行保养。钢丝绳保养完成后,关掉油泵电源开关,将该装置从钢丝绳上取下,以便下次使用。

5 仿真分析

为了确认所设计的装置强度是否满足使用要求,这里使用 ANSYS 仿真软件对钢丝绳保养装置的支撑模块作了受力分析[6]。为便于分析,对支撑模块进行了简化处理。考虑到该结构在使用时应轻便且具有一定的强度,这里将简化后的支撑结构定为铝合金材料,其弹性模量为 71 GPa,泊松比为 0.33,屈服强度为 280 MPa。这里设定手臂对简化模型的压力为 200 N,摩擦系数为 0.3,因此摩擦力 $f=200\times0.3=60$ N。考虑到当摩擦力垂直于伸缩喷头杆时,简化后支撑结构承受的载荷最大,这里将摩擦力 60 N 加载到伸缩喷头杆端部销孔处,手持端面设定为固定约束,如图 3 所示。

经过分析得到,简化后支撑结构应力图如图 4 所示,从图中可以看出分析结构的最大应力为 133.28 MPa,小于材料本身的屈服极限,可以认为满足强度要求。

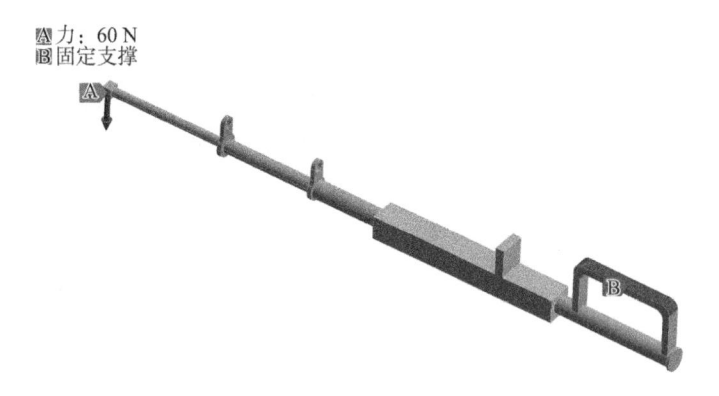

图 3　简化后支撑结构及载荷图

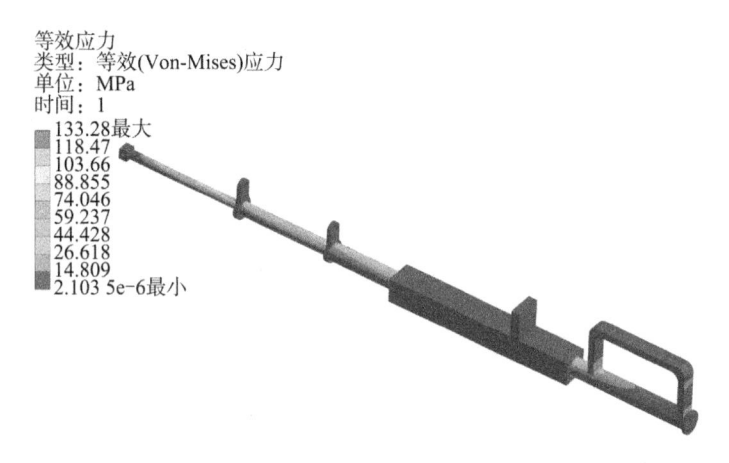

图 4　简化后支撑结构应力图

经过分析得到,简化后支撑结构安全系数图如图 5 所示,从图中可以看出分析结构的最小安全系数为 2.100 8,大于常规要求的安全系数 1,可以认为符合安全设计要求。

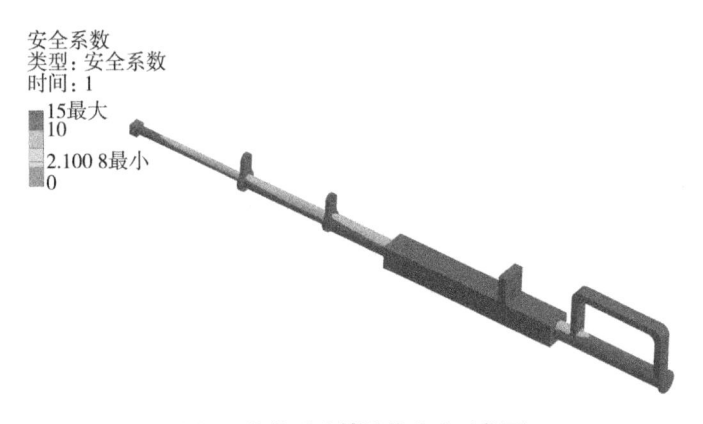

图 5　简化后支撑结构安全系数图

6 结论及展望

本文设计了一种简易升卧式船闸钢丝绳保养装置,接着对该装置各个模块进行了介绍。为了确认该装置的强度是否满足要求,使用 ANSYS 软件对其支撑模块简化后的主体结构进行了受力分析,通过分析得到该装置支撑模块的强度和安全方面满足设计要求的结论。该装置的使用将会提高工作效率,减少安全隐患,相信未来能够在水闸上实现和使用。

参考文献

[1] 王玫.闸门运行工[M].郑州:黄河水利出版社,2013.
[2] 霍中元,陈星辰,韩伯成,等.闸门钢丝绳自动清洗机的设计与应用[J].农业装备与车辆工程,2007(4):43-45.
[3] 刘文慧.逆向思维设计新型钢丝绳润滑装置[J].港口装卸,2005(5):97-99.
[4] 陆宁,樊江玲.机械原理(第2版)[M].北京:清华大学出版社,2012.
[5] 邓昭铭,张莹.机械设计基础(第三版)[M].北京:高等教育出版社,2013.
[6] 许京荆.ANSYS 13.0 Workbench 数值模拟技术[M].北京:中国水利水电出版社,2012.

浅谈金山区农田排涝设施养护管理存在的问题及对策

周文书

(上海市金山区水利管理所,上海 201599)

摘 要:本文针对金山区农田排涝设施养护现状及存在的问题,从水闸规划、标准化样板闸打造、调水管理、资金保障、信息化建设以及监管考核等方面提出了对策建议,旨在加强对金山区农田排涝设施的长效管理,改善河道水环境、保障区域防汛安全。

关键词:农田排涝设施;养护;管理

1 基本情况

金山区濒江临海,位于太湖流域下游,属上海市水利分片综合治理的浦南西片和浦南东片,浦南东片为大控制片,浦南西片为敞开片。金山区地形平坦,地势低洼,共有32个圩区,各类水闸设施474座,其中市区管水闸8座,镇管水闸466座,分布在八镇一高新区,承担着区域防洪除涝和水资源调度的重任。近年来,农田排涝设施养护对标"六个到位"要求,进一步规范化,成功抵御了"黑格比"和"烟花"等多个台风的侵袭,但在各级检查过程中也发现存在如设施设备养护不到位等问题。

2 主要做法

2.1 建章立制,理顺体制机制

2.1.1 建章立制

2012年金山区水行政主管部门制定《金山区农田排涝设施养护管理办法》,明确了农田排涝设施养护的基本原则、管养范围、职责分工、养护标准、资金配套及管理政策等内容,从顶层设计上为农田排涝设施构建好框架。之后又陆续制定及修订了《金山区圩区排涝设施管理养护手册》《金山区农田排涝设施养护管理考核实施细则》《水利设施养护维修技术手册》《泵闸防汛应急预案》《水闸水资源调度方案》等相关制度,为水闸规范化、精细化、信息化运行维养奠定了制度基础。

2.1.2 明确职责

金山区水行政主管部门负责农田排涝设施的监督管理,承担水情灾情预警工作。根据水闸属性的不同,金山区水利行业管理单位负责区管水闸运行养护管理及农田排涝设施的行业管理。各镇人民政府(高新区社区)为各自辖区农田排涝设施长效管理的责任主体,镇(高新区社区)水务站负责辖区内农田排涝设施的具体管理工作,建立养护管理机构,编制养

作者简介:周文书(1989—),男,工程师,工学硕士,主要研究方向为河湖水环境治理,电子邮箱:753099823@qq.com。

护计划,做好长效管理工作。从主管部门到行业管理部门再到水务站明确了职能分工,落实了工作责任。

2.1.3 资金保障

农田排涝设施养护经费主要用于运行管理和维修养护,按照上海市农田排涝设施市级补贴标准,即节制闸 0.5 万元/(座·年)、单泵闸 0.6 万元/(座·年)、套闸 0.8 万元/(座·年)、双泵闸 1 万元/(座·年),金山区按照市、区、镇不低于 1∶2∶0.5 的比例配套。为发挥泵闸汛期排涝任务,各镇每年汛后制订维修养护计划,并委托维修单位,确保来年汛前完成维修。养护费以补贴形式预付 80%资金,考核通过后支付剩余资金。

2.1.4 考核监管

按照《金山区农田排涝设施养护管理考核实施细则》,由区水务局、财政局等组成区级考核组,各镇成立镇级考核组,考核以月考、季考与半年考相结合的形式进行,月考由各镇考核组完成,季考由区水利所完成,半年度考核由区级考核组完成。主要从资金保障、组织管理、运行管理、维修养护、资料管理等五个方面监督考核,并实行奖励机制。

2.1.5 因地制宜

基于《上海金山区农村特色风貌民居建设导则》和金山各镇居民生活模式,结合传统建筑特点、现代建筑特征等因素,制定了《上海金山区圩区建筑风貌设计相关要求》,确定了圩区水闸水墨淡雅风格、丹青水巷风格、现代中式风格三种建筑风格,为金山区圩区建筑外观设计提供参考依据。

2.2 市场主导,规范养护管理

2.2.1 推进规范化管理

根据上海市水务局《关于开展农田排涝设施规范管理工作的实施细则》的要求,按照"设施改造到位、绿化配套到位、通信防盗到位、公告公示到位、台账资料到位、制度建设到位"的"六个到位"标准,分批推进金山区农田排涝设施规范化管理。

2.2.2 开展市场化养护

目前,金山区农田排涝设施养护全部实现了市场化养护管理。主要分三种模式:一是泵闸运行维养市场化。此模式避免了运行维修相互推诿扯皮、养护不及时等问题。二是维修养护市场化,运行管理属地化。此模式相对节省人员费用,但容易出现运养脱节。三是河道水闸一体化养护。此模式从河道保洁、泵闸调水等方面综合考虑,通过河道泵闸养护,努力实现河道从保洁向保质的转变。

2.2.3 强化资质化管理

为努力提升市场化公司的养护水平,金山区水行政主管部门要求加强对养护企业的资质管理。主要从水工建筑物、金属结构、电气设备、自动化设备以及绿化养护等方面的养护能力来进行综合考评,从源头上筛选出有能力的养护公司从事水闸养护。同时也鼓励各养护单位参加闸门运行工培训,提高水闸养护的专业技术力量。

2.3 紧抓关键,保障防汛调水

2.3.1 提升应急能力

为提升泵闸养护单位应急抢险能力,行业管理单位组建 2 支区级应急抢险队伍,各镇人民政府同步组建镇级应急抢险队伍,定期开展防汛应急演练,进行实战练兵,做到关键时候拉得出、顶得上,为汛期和应急水污染提供安全保障。

2.3.2 创新调水模式

圩区调水方案主要利用外河潮汐定向水资源调度,调活水体,改善水质。圩区管理调研中发现,各镇投入了大量人力进行圩区调水,通过每日开闸来调活河道水体,改善河道水质效果不显著。针对此问题,在做一圩一方案时,采取了逆向思考、化繁为简的思路,在非台风暴雨期间,从原来的定期开闸改为定时关闸,在内河水位高于控制水位(如 2.7 m)期间关闸,其余时间常开,最大限度地保障内外河水体畅通,增强水动力。

2.4 科技赋能,推进智慧建设

2.4.1 开发区级水闸监控管理平台

为加强对水闸设施的监管,金山区在2019年开始探索开发金山区水闸监控管理系统平台。该平台以统一管理、信息化管理、精细化管理为目标,通过GIS地图服务将全区所有水闸展示在地图上,可使相关人员基于水闸地图服务应用功能在地图上实时查看水闸基础信息、闸门运行状态、水位监测信息、调水方案等内容,实现了水闸启闭报警提醒、防汛预警提醒、潮位信息查看、设施巡查记录等功能。平台同时支持PC端和移动端应用。

2.4.2 建设廊下镇圩区远程监控系统

为增强廊下现代园区运行保障,2015年实施了廊下圩区远程监控系统,共涉及 4 个圩区 59 座闸站。该系统已实现远程操控、闸站可视化监测、险情实时预警、工情监测统计等功能。自 2017 年投入运行至今,廊下镇实行 4 人值班运行,大大减少了人力成本,便捷了突发情况处置、应急响应和防汛调水,为保障区域防汛安全和改善水质起到了重要作用。

2.4.3 启动圩区远程控制系统改造

2018年吕巷镇共投资 86 万元实施了夹漏圩远程监控自动化系统,系统涉及 2 个村 15 座闸站,是集视频监控、在线水位监测、泵站闸门远程控制等为一体的综合管理控制系统。控制系统的建设极大节约了运行成本,提高了运行效率,提供了其他圩区可推广复制的经验。

3 存在问题

3.1 缺乏规划引领

现行圩区达标改造项目立项过程中,缺乏圩区规划指导,随着防洪除涝水平日益提高,小型水闸建设数量越来越多。水闸作为河道上的控制建筑物,孔宽一般在 4~8 m,一定程度上缩窄了河道,阻碍了水体流动。

3.2 补助经费不高

水闸养护按照类型和数量进行补助,目前来说补贴经费不足,影响养护成效。以单闸为例,保守估算人员经费 2 万元/(年·闸)(按 1 人管理 3 座闸估算),日常维修养护费 1 万元/(年·闸)(不算大修),电费 0.3 万元/(年·闸)。现行的补贴经费 1.75 万元无法满足要求。

3.3 管理人员水平低

水闸管理人员普遍年龄较大,文化水平较低。缺乏综合型的专业技术人员,尤其是缺乏应对操作水闸各类新技术设备的后备力量,导致养护成效一般,主要为设施设备养护不到位、安全管理不规范、运行维养台账登记不规范等。

3.4 智能化管理滞后

由于水闸远程控制等花费较大,金山区目前实现远程操控的圩区仍很少,智能化管理仍很滞后。日常管理仍以人控为主,而农田排涝设施量多分布面广,造成防洪除涝和水资源调度等效率较低、成效不显著。

4 对策建议

4.1 进一步强化规划引领,指导水闸设施建设

在顶层设计上,制定圩区水闸规划,指导水闸工程建设。在确保圩区防汛达标、区域防汛安全满足设计标准的前提下,尽量扩大水闸规模,减少水闸数量。按照农田排涝设施养护"六个到位"的要求,进一步推进农田排涝设施规范化管理,通过工程项目补齐设施老旧短板,将规范化管理做得较好的水闸作为样板水闸进行推广。通过标准化水闸建设[1],不断提升金山区圩区水闸管养规范化、专业化水平。

4.2 进一步提高资金补贴水平,提供养护资金保障

资金是做好设施养护的重要保障。一方面争取市级补助资金按照实际数量下达并参照养护定额适当提高标准;另一方面争取属地政府提高资金配套比例,保障养护经费。

4.3 进一步加强监督考核,提升养护队伍水平

在市场化养护模式下,制定企业人员、资质和应急处置能力建设等考核指标,促进养护公司在人员教育培训、专业养护和突发问题应急处置等方面能力的提升,壮大实力,并加强对人员、资质和应急处置能力的监督考核。对于设施设备养护不到位、安全管理不规范、运行维养台账登记不规范等常见问题加强培训指导整改,并落实惩罚措施。

4.4 进一步利用科技赋能,加快智慧水务建设

在现有的信息化基础上,不断改进完善,分析廊下、吕巷两种自动化远程控制的优缺点,根据圩区特点做好有针对性的推广。针对水闸远程监控一次性投入较大的问题,可探索电信部门做固投,各镇每年支付养护费的形式,将一次性投入分解到每年,为金山区今后进一步推进水闸智能化、科学化、精细化管理提供支撑。逐步完善金山区水闸管理系统 App,在线下季度考核的基础上,对发现的问题通过 App 系统发放整改单,养护主体必须限期整改,以养护整改率为主要指标进行考核,考核结果每季度通报至各责任主体,以考促管。通过水利控制片与圩区调水相结合,河道与水闸一体化管理等方式,结合水资源调度试验,充分利用控制片调水的水动力来增强中小河道水体置换,发挥水闸调水功能,提升河道水质,改善水环境。针对重点圩区、重点河道可制定专项小区域调水方案。

5 结语

农田排涝设施是水利工程体系的重要组成部分,是防汛排涝的重要基础设施,做好设施的运维管理,对区域防汛抗台起着至关重要的作用。为加强农田排涝设施运维管理,尽

快实现标准化、精细化、智能化养护,需要强化规划引领,提升养护水平,落实经费保障,提高智能化水平,加强调度管理,加强舆论宣传等。面对新形势、新要求,农田排涝设施应按照"水利工程补短板,水利行业强监管,水利设施出亮点"的要求抓实抓细,继续贯彻落实上级部门的各项工作要求,加强与周边兄弟单位交流学习,取长补短,提升金山区农田排涝设施管理效能。

参考文献

[1] 谈叶飞,马福恒,王国利.水闸工程标准化管理难点分析与对策建议[J].中国水利,2023(18):49-52.

赵巷镇水利长效管理在乡村振兴战略中的应用

徐乐凡

(上海市青浦区赵巷水务管理所,上海 201703)

摘 要:党的十九大以来,乡村振兴已然成为实现中华民族伟大复兴一项重大战略,是解决新时代我国社会主要矛盾、实现"两个一百年"奋斗目标和中华民族伟大复兴中国梦的必然要求。乡村振兴的总要求是产业兴旺、生态宜居、乡风文明、治理有效、生活富裕。而水利是农业的命脉,是乡村发展的重要基础设施,是推动乡村旅游及产业发展的重要抓手,是支撑乡村振兴战略的根本保障。本文立足赵巷镇,浅谈水利长效管理在乡村振兴战略中的实际应用。通过水利长效管理,提升乡村水环境、水生态,将乡村河道、水利设施融入乡村振兴建设,助力乡村环境改善。

关键词:水利长效管理;河道;水利设施;乡村振兴;相关应用

新时期新背景下,强化乡村振兴的水利保障,有效落实水利长效管理在提升乡村水环境、保障乡村水安全、展现乡村水文化等方面有着重大意义。赵巷镇隶属于上海市青浦区,是上海东西发展轴和"长三角数字干线"上的重要节点、国家战略东接西联的枢纽。共有8村1居委(其中和睦村、中步村、方夏村、崧泽村为4个规划保留保护村),圩区17个,辖区内河网密布,水系纵横,地表水资源丰富,属黄浦江水系上游、太湖流域下游的平原地区。共有镇村级河道149条段,河道总长度约165.06 km,水面积约4.66 km^2,水面率11.53%;镇管水利设施78座,其中泵闸49座、水闸23座、排涝站6座。近年来,赵巷镇严格落实乡村振兴部署,紧抓水利长效管理及河长制工作,以和睦村、中步村、方夏村、崧泽村为重点,统筹水域环境、提升水质、联动发展,以水之力,助力全域乡村振兴。

1 乡村振兴规划要求及目标

乡村振兴战略坚持农业农村优先发展,目标是按照产业兴旺、生态宜居、乡风文明、治理有效、生活富裕的总要求,建立健全城乡融合发展体制机制和政策体系,加快推进农业农村现代化。按照党的十九大提出的决胜全面建成小康社会、分两个阶段实现第二个百年奋斗目标的战略安排,2017年中央农村工作会议明确了实施乡村振兴战略的目标任务。到2020年,乡村振兴取得重要进展,制度框架和政策体系基本形成;到2035年,乡村振兴取得决定性进展,农业农村现代化基本实现;到2050年,乡村全面振兴,农业强、农村美、农民富全面实现。

2 赵巷镇水利长效管理

水利长效管理是指通过建立健全水资源和水利工程的运行、维护、保护、监测、评价等管

作者简介:徐乐凡(1997—),女,助理工程师,学士学位,主要研究方向为水利长效管理、水利水电工程,电子邮箱:xlfnonooo@163.com。

理体制机制,加强水源保护和水污染防治,改善水环境质量,提高水利工程的安全性、效益和服务水平,强化水旱灾害防御支撑,实现河道、水利设施的可持续发展。本文所指水利长效管理主要包括赵巷镇镇村级河道长效管理及赵巷镇镇管水利设施长效管理两个方面。

2.1 工作目标

2.1.1 河道

保持河道畅通,河中无障碍物。

河道水域环境保持良好,水质无污染,无水生植物泛滥、杂草杂物及白色垃圾。

河道两岸陆域环境良好,岸边干净整洁,无白色垃圾、违章建筑以及垃圾堆积。

河道陆域绿化生长良好,无枯死、倾倒、生长过盛等情况出现。

河道护岸、栏杆养护良好,护岸整齐,无缺失、损坏、坍塌等情况。

2.1.2 水利设施

确保各设施完好,正常运行。

闸区内干净整洁,闸容闸貌美观。

水位合格,水质安全。

安全度汛,正常排涝。

2.2 工作机制

2.2.1 组织体系

建立健全长效管理组织体系,建立由镇人民政府负责统筹管理,镇财政所负责资金保障,水务所负责行业监管,监理单位负责日常监督,养护单位负责日常维养的管理体系。由市场化养护单位对赵巷镇河道及水利设施进行维养,确保养护专业性。同时由水务所成立长效管理条线,下设条线负责人、外业负责人、内业负责人,对赵巷镇水利长效管理进行全方面行业监管。每年初制订养护工作计划,每月组织监理单位、市场化养护单位召开工作例会,养护单位汇报工作进度,各方交流工作经验,提出当月难以解决的问题,及时协商处理,并做好相关会议记录。

2.2.2 巡查及考核制度

落实日常巡查,通过水务所工作人员每月督查、监理单位巡查以及依托网格化巡查等方式,全方位监督养护工作。若是督查中发现问题,立即开具整改单,督促养护单位及时整改。定期对河道、水利设施进行全覆盖巡查及专项巡查,如"清四乱"、蓝藻治理、水生植物养护、绿化养护、河道附属设施养护、水利设施汛前汛后养护等。建立问题台账,建立健全日常通报制度。将水务行业管理部门的日常巡查纳入镇级考核标准,促进问题整改。形成问题台账,确保工单闭合,以多方位、多角度的巡查监管提升养护成效,不断提升精细化管理水平。按照《青浦区河湖长效管理养护工作实施办法(试行)》《青浦区水利设施运行维护考核办法(试行)》等相关文件要求,执行《上海市河道维修养护定额》《上海市河道维修养护技术规程》《青浦区水利设施运行管理手册(试行)》《青浦区水利设施养护维修技术手册(试行)》等相关标准,制定实施《赵巷镇镇村级河道长效管理项目考核办法》《赵巷镇水利设施长效管理项目考核办法》。由长效管理考核小组对赵巷镇水利长效养护单位进行考核评分。考核工作主要通过看现场、查台账、听汇报的方式开展,检查的河道、水利设施为随机抽查。考核实行百分制,并设置单项扣罚机制。年底进行考核分数汇总,分数直接与养护经费结算挂钩。

3 在乡村振兴战略中的实际应用

3.1 推进制度创新,实现水环境有效治理

3.1.1 党建引领

2022年,赵巷镇方夏村以"附近的远方,最美的当夏"为题入选了上海市2022年度(第五批)乡村振兴示范村创建计划。同年,赵巷水务所党支部、方夏村党(总)支部、区水利所党支部开展三方结对共建,进一步创新基层党建工作模式,充分发挥党建优势,共同助力方夏村乡村振兴建设。水务基层联建党支部充分发扬"治水管海先锋"精神,确保基层党组织的组织力、凝聚力、战斗力在乡村振兴建设中得到不断锤炼,努力打造全区"乡村振兴"新标杆。此外,赵巷镇党委和区水务局党组共同开展联组学习研讨会,聚焦"乡村振兴发展、水务重点工作、水务所双管改革、人才交流培养"等方面,共同交流探索融合发展新模式,进一步助推资源双向流动,把生态优势转化为发展优势,同心努力、共同发展。

3.1.2 资源统筹

水务所与镇河长办进行资源统筹,发挥水务所专业指导优势、河长办属地协调优势,以乡村振兴示范村建设为重点,成立水利乡村振兴组,对接镇乡村振兴办及村委,主动落实各项任务,及时解决治理难题,推动农村水环境治理工作落地落实,为乡村振兴建设提供有力保障。定期召开工作例会,听取工作进展,交流总结已完成工作情况,商讨解决难点问题,安排部署下阶段工作。选派优秀大学生担任驻村联络员,深入一线,从多方位了解工作情况,拓宽工作视野,建立沟通渠道,为乡村振兴提供专业水务指导,推动乡村水务项目实施,强化长效管理。协助做好涉及乡村水务建设的前期方案、施工协调、建设管理等工作,以及乡村水环境保护、管理工作,不断提升农村河道水环境质量。定期在村居开展巡查监管工作,发现问题直接上报至乡村振兴组统筹解决,盯紧落实整改情况,并做好相关记录。与镇河长办共同推进农村河道"清四乱",结合农村人居环境整治等工作,查清农村河道"四乱"问题。

3.2 夯实养护基础,打造生态宜居岸线

3.2.1 完善基础数据

完善"一河一档",原有"一河一档"包含河道所在圩区、长度、地理位置、河长等基础信息,在此基础上,对乡村振兴涉及河道进行摸底,建立村级河道档案,包括河道基础信息更新及近年来整治情况。进一步了解河道现状,对整治过的河道开展"回头看"行动,巩固治理成效,对有建设需求及条件的河道进行整理归档,列入储备项目。每年对水利设施开展基础数据填报校核工作,同时将信息上传至上海市水闸运行管理平台。对乡村振兴涉及的水利设施进行整理归档,形成村级水利设施档案,根据乡村振兴总体要求和乡村建设特点,落实水利设施风貌提升建设计划。

3.2.2 完善行业监管

大力推进中小河道养护管理工作,建立完善的中小河道养护管理体系,保障养护质量。完善对一体化河道养护工作的监督、监管、考核机制。定期开展全覆盖巡查及专项巡查工作,对巡查中发现的问题建立"问题"台账,加强问题整改闭环管理。组建约谈室,适时推出

约谈机制,建立健全日常通报制度,对拒不实施整改的实行"一次警告,二次通报、三次追责"。将水务行业管理部门的日常巡查、约谈情况等纳入镇级考核标准,并作为资金扣罚依据,促进问题整改、目标完成、水平提升。

对乡村振兴所涉及的河道进行重点养护,加强河道巡查频次,对陆域垃圾、水域垃圾、绿化养护等问题进行立即整改,对防汛通道、护栏、护岸等安全设施破损进行限期整改。对河道水生植物及岸边绿化进行合理种植。按照实际需求,加强水资源调度,保障水质、水动力,提升河湖管理养护水平,巩固治理成效。强化水利设施管理与保护范围划定工作,开展设施标准化管理,全面提升设施管理品质与管理效能。配合乡村振兴整体风格,突出乡村特点,在确保防汛安全的前提下,开展水利设施风貌提升工作。通过打造优质水系样本,发挥示范引领作用,以点带面建设"水清、河畅、岸绿"的水美乡村,为乡村振兴可持续发展添动力。

3.3 结合规划特点,助力乡村产业兴旺

和睦村位于赵巷镇东部,南临 G50 沪渝高速、沪青平公路,北临盈港东路,东临西虹桥商务区,西靠以百联奥特莱斯、长三投赵巷园区等为主要商业体的青浦现代商业商务区,轨交 17 号线贯穿全域,交通便利,地理位置优越,商业产业基础较好。先后获得上海市市级美丽乡村示范村、上海市市级乡村振兴示范村、上海市乡村振兴先进集体等称号。

和睦"水街"指的是以和睦村徐泾河为主体打造的沿河产业街。徐泾河是和睦村的主要河道,相传 20 世纪徐泾河流域有一处陆码桥集市,街道沿河而建,民宅依水而立,商铺林立,往来的商船众多,邻近地区的人们经常来此赶集,烟火气十分浓郁。随着时间的推移,陆码桥集市逐渐淡出了人们的视野。

2021 年,依托田园水乡的地域特色,借助徐泾河的天然优势,和睦村在徐泾河畔打造集商业、民宿、餐饮、艺术人文等概念为一体的特色街区——和睦水街。为保障水街沿线面貌,赵巷镇长效管理队伍对其加强日常养护,成立专门的水环境保障小组,每天对河道进行巡查,及时发现养护问题,确保水街岸线干净整洁。按照市水务局"安全、资源、环境、景观"协调发展的思路,积极开展风貌提升工作,对周边水利设施进行改造,包括闸区绿化种植、内外墙翻新维修、闸区内水泥路浇筑、栏杆翻新、新增墙画等。努力提升调水窗口建设,认真执行日常调水、防汛调度、应急值班等工作,为乡村旅游发展奠定坚实的水利基础。

3.4 加强水利宣传,培育乡村水文化

水是培育乡风文明的重要载体,水利基础设施的完备程度、制度的健全程度是弘扬水利精神文明的前提条件。赵巷镇根据标准化要求,结合乡村文化风貌,突出特色,推动乡村水利长效管理。借助世界水日、节水宣传周、环境保护日等纪念日,以及党建项目水务宣讲平台,开展多种形式的涉水法律法规、水环境管理宣传、乡村振兴宣传教育活动,开展水文化建设。通过"人才输送"桥梁及时将水务相关政策、法规及水务精神传递至乡村基层,促进乡风文明与水生态保护融合,增强群众水资源保护意识,以水为依托营造特色鲜明、独具风格的新乡村。

4 总结

综上所述,改革开放以来,随着社会主义市场经济的快速发展,全国各地区经济建设都

取得了重大性突破。与重点的核心城市不同,广大的乡村地区,在社会主义现代化建设的今天,依然是经济发展的薄弱点。为此,党的十九大报告提出了"乡村振兴"发展战略,将乡村发展作为重点工作。水利工程是乡村建设的关键,直接关系到广大乡村地区生活水准、经济发展以及群众生活品质。各地区广大乡村地区,要积极做到因地制宜和合理分配,要推进制度创新,实现水环境有效治理;要夯实养护基础,打造生态宜居岸线;要结合规划特点,助力乡村产业兴旺;要加强水利宣传,培育乡村水文化,因地制宜、科学合理、全面推进本地区乡村振兴工作。

参考文献

[1] 高龙,李淼,刘汗,等.加强水利支撑乡村振兴战略工作的探索和对策[J].中国农村水利水电,2020(12):91-95.

[2] 牛牧.乡村振兴背景下的乡村河道景观风貌提升研究[J].山西建筑,2019,45(12):161-162.

[3] 沈竹林.依托城乡融合发展优势 聚力聚焦乡村振兴——赵巷镇着力推进乡村振兴示范镇建设[J].上海农村经济,2022(9):21-23.

松江区住宅小区水体长效管理机制探寻与展望

姜勇志

(上海市松江区水务管理所,上海 201600)

摘　要:为打通治水护水"最后一公里",进一步改善住宅小区水环境面貌,提升居民生活品质,本文梳理了松江区住宅小区水体基本情况,分析了住宅小区水体管理现状与问题,提出了管理层面的建议。创造性地将住宅小区水体纳入河湖长效管养范畴,同步推进落实养护补助资金,可为其他地区住宅小区水体管护提供借鉴。

关键词:住宅小区水体;长效管理机制;水环境面貌

松江区地处太湖流域东部碟形洼地的底部、黄浦江干流上游,境内河网密布,水系纵横交错。据《2023年上海市河道(湖泊)报告》统计,松江区市管、区管、镇管、村级及其他河道共1 653条段,总长度2 031.20 km,河湖总面积51.58 km²;另有小微水体1 726处。其中有不少河道水体位于居民住宅小区内部,给小区增添了亮色。但近年来,松江区部分住宅小区内水体自净能力差,加之管护不到位,导致水体黑臭、绿化缺失、蓝藻暴发等问题愈发突出,市民群众举报不断,小区内水体管养成效与大多数市民群众的期盼和要求还存在一定差距。

目前,国内对小区水体的研究主要侧重于景观水体污染控制与水质保持等方面[1-5],而关于小区水体管理机制研究却极少。本文通过对住宅小区水体长效管理机制进行初步探寻,梳理了松江区小区水体基本情况,提出了当前管理方面的问题及对策建议,以期为其他地区做好住宅小区水体管护工作提供参考。

1 基本情况

1.1 统计范围

统计范围主要包括流经住宅小区的所有水体,具体可参照最新上海市河湖公报名录,包括1 653条河湖、小微水体等;"流经"统计口径为全部或部分条段在小区范围内;住宅小区是指由松江区房管部门认定的小区。

1.2 住宅小区水体分布情况

经梳理,流经住宅小区内的水体共有225个,涉及16个街镇235个小区,分布较多的街镇有新桥镇、泗泾镇、方松街道、佘山镇、九亭镇等,全区约三成的住宅小区内部均设置有小区景观水体,涉及居民约20.57万户63.15万人。其中,纳入水面积管控的水体共216个,包括区管河道3条、镇管河道44条、村级河道58条、其他河道111条;另有小微水体9处。

作者简介:姜勇志(1995—　),男,助理工程师,硕士,主要从事水利建设与管理工作,电子邮箱:990978310@qq.com。

1.3 住宅小区水体面貌

住宅小区水体面貌情况如下：水体观感现状良好的河道水体198个，河面杂草较多的水体9个，干涸7个，12345热线投诉黑臭水体的7个，两岸被私占（圈入私人庭院）的2个，排污或雨污混接的2个。

1.4 住宅小区水体形成原因

住宅小区的规划与设计一般由开发商主办，开发完成后实际运行则由业委会或物业服务企业负责管理。小区水体的形成主要有以下三种情况：一是小区开发商自行开挖的封闭景观水体，如新桥镇同润小区内水体；二是自行开挖与外河连通的水体，如方松街道放生池小区河由开发商自行开挖，通过涵管连接至外河（二里泾河）；三是利用原有河道进行重新整治的景观河道水体，如九亭镇绿洲长岛小区水体等。

2 存在问题

松江区住宅小区水体数量较多，且尚未建立完善的长效管理机制，管护上稍有不到位就会产生不少问题。笔者梳理出了目前全区住宅小区内水体管护现状与管理模式方面存在的共性问题，汇总如下。

2.1 管养权责存在脱节

一方面，部分街镇仅将镇村级及以上河道的养护责任落实至小区，并未将相应市区补贴资金落实到位，造成管养权责脱节的局面。另一方面，小区内其他河道水体属于小区自管河道，房产开发商未将小区水体作为设施量移交给业委会，目前松江区绝大多部分小区水体不属于全体业主委托物业管理的范围，存在权责脱节现象。如保利西子湾小区漏斗港属于村级河道，漏斗港水域保洁由街道委托小区负责。夏季高温季节，小区物业公司保洁力量和专业度不够，容易导致水生植物暴发问题，影响群众生活。

2.2 养护资金投入不足

一是养护补贴资金未全覆盖。以2022年为例，纳入水面积管控的水体中，44条镇管河道和58条村级河道分别享受市、区补助河湖养护专项资金约380万元、160万元，而111条其他河道（长度约77.3 km）暂无市、区资金补贴。二是小区养护资金匮乏。由于小区水体未纳入物业管理范围，物业管理费中不包含水体养护部分，从而导致住宅小区水体养护资金投入不足。

2.3 管护水平参差不齐

大部分住宅小区有专业养护队伍、养护资金较足，水体整体面貌较好，构建了生态宜居的生活环境，但部分小区养护力量薄弱，水体面貌不容乐观，轻则绿化养护和补水不到位、整体水环境较差，重则长期失管失养，出现反复黑臭、水体和岸线被侵占等问题，尚不能达到市民群众的期盼。

2.4 民众监督参与不够

小区内其他河道属于小区自管河道，虽设置河长，但其实际管护责任主体一般在业主委员会或物业管理单位，河长巡查监督不足。小区内水体相对封闭，有些甚至位于小区边边角角,社会监督、常态化巡查均无法覆盖,民众参与度不够。

3 对策建议

切实加强住宅小区水体的治理、提升水体水环境的质量,是相关职能部门义不容辞的责任。应继续以河长制为抓手,坚持问题导向,精准施策,持续推进住宅小区内河道水体整治全覆盖,实现小区水体"三无"(污水无直排、水面无垃圾、水质无黑臭)的整治目标。为此,笔者为后续进一步做好住宅小区水体管护工作提出以下建议。

3.1 摸清底数,理顺关系,明确工作职责

一是为实现住宅小区内水体管养全覆盖,在前期排摸基础上,松江水务部门应再次对全区住宅小区内水体基本情况进行详细排摸,各相关部门之间加强沟通、信息共享,齐抓共管、形成合力,确保不漏一处。二是通过排摸,全面掌握住宅小区内水体底数,明确工作职责,加强各条线部门业务指导,提高属地履职尽责能力,共同加强住宅小区内水体的管养工作,确保住宅小区内水体工作"件件有人抓、事事有人管"。

3.2 多方筹措,落实资金,健全制度保障

积极与相关部门共商共建,多方筹措,健全常态化管理机制。一是针对镇村级河道仅落实养护责任、未落实补贴资金这一问题,应积极协调属地政府将该部分河道养护工作由原来小区物业负责调整为属地街镇第三方专业单位负责,努力营造良好水环境面貌。二是针对其他河道保洁不到位的问题,联合房管等部门积极争取资金保障和政策支持,现阶段已争取到区财政部门400万元补贴资金,努力打造更多市民群众家门前的幸福河湖。

3.3 专业加持,多元协同,打破条块分割

一是积极发挥区水务、区房管等部门专业优势,协助属地街镇更好地推动住宅小区内水体日常管理养护工作,河面水草及时打捞,干涸水体有效补给,共同营造住宅小区周边良好的水生态环境。二是构建多元协同工作模式,开展小区水体业务技能培训,打破条块分割、各自为政的局面,通过联合执法将私人庭院退让至蓝线范围之外。三是由点及面连接各部门,逐步消除管理和服务边界,提高住宅小区水体综合治理水平。目前,2处雨污混接已整治完成,热线投诉越来越少,市民群众水环境的满意度和获得感不断提升。

3.4 河长报到,发动群众,增强护河意识

水环境事关发展,也事关民生,保护水环境事关全体市民群众的切身利益。一是持续发挥河长"巡、盯、管、督"前哨探头作用,压紧压实属地河长巡河责任。二是发挥好小区居委会、业委会、物业公司"三驾马车"的作用,党建引领,建设"美丽家园"。三是广泛宣传,增强市民爱河护水意识,充分发挥志愿者河长守护力量,形成全民参与的治理管护格局。

4 展望

松江区水务部门后续应把握时间节点,争取尽早将小区水体养护和资金补助办法落地成型见效;逐步优化完善资金保障,建档立制形成常态长效机制,实现小区水体管养全覆盖。细化监督考核细则,明确考核要求、方式及频次,进一步发挥相关职能部门的专业优势,不断

加大小区雨污混接排查与整治力度,切实推动住宅小区内水体管护工作落到实处,力争实现住宅小区"河畅水清、岸绿景美、人水和谐"的生态宏愿。

参考文献

[1] 陈琳,佘丽华,顾玮,等.住宅小区景观水体水质保持技术应用[J].中国给水排水,2010,26(14):93-95.

[2] 杨景新,杨文坤.浅议住宅小区景观水体污染与对策[J].中国科技信息,2006(3):108+112.

[3] 余光,周亚玲,张燕,等.住宅小区景观水体水质保持技术[J].中国建筑金属结构,2010(5):49-51.

[4] 孙君,王志峰.浅谈小区水体水质保持技术——以六盘水某庄园为例[J].资源节约与环保,2020(7):35.

[5] 颜二茧,王乾坤,姜应和,等.人工景观湖区雨水资源化与生态水体构建及水质保持技术研究[J].浙江建筑,2008,25(2):1-4.

上海郊区村级河道治理思路及对策

王 冲

(上海荣弋水务工程咨询管理有限公司,上海 201800)

摘 要:上海郊区村级河道面广量大,普遍存在河道狭窄、河道面貌差、水系不畅等问题,与美丽乡村建设及乡村振兴战略存在较大差距。本文从河道整治与农业生产、农村生活、生态保护的关系出发,拟通过水系调整、水系沟通、打通堵点、生态驳岸、绿化种植、河道清淤、生态修复、面源污染防治等措施,打造河畅水清、岸绿景美的河道水环境。

关键词:郊区村级河道治理;几个关系;综合施策

1 背景

上海共 16 个区,中心城区 7 个——黄浦区、静安区、徐汇区、长宁区、杨浦区、虹口区、普陀区;半中心区半郊区 1 个——浦东新区;郊区 8 个——宝山区、嘉定区、闵行区、松江区、青浦区、奉贤区、金山区、崇明区。郊区面积占全市面积的 90%。

根据《2022 上海市河道(湖泊)报告》,上海市河道等级划分为市管、区管、镇管、村级、其他 5 类。2022 年,市管河道 31 条 852 km,水面率 1.52%;区管河道 514 条 2 975 km,水面率 1.65%;镇管河道 2 673 条 6 597 km,水面率 1.95%;村级河道 38 477 条 18 475 km,水面率 3.12%;其他河道 5 076 条 1 499 km,水面率 0.88%。从数量上看,村级河道占比 82%;从长度上看,村级河道占比 61%;从水面率上看,村级河道占比 34%;从位置上看,村级河道全部位于上海郊区。

村级河道主要是服务农业生产和农民生活的,与村庄、农田纵横交错,村庄、农田、林带、鱼塘的分布对村级河道治理有重大影响。

从 2005 年提出"美丽乡村",2017 年提出"乡村振兴",到 2023 年提出"和美乡村",乡村振兴的内涵在不断发展,乡村环境的要求也从村容整洁提升到了生态宜居的层次。

近十年,上海的村级河道整治经历了"农林水、消黑消劣、村级河道整治"的过程,目前正处于生态清洁小流域治理阶段。

2 现状问题

2.1 面广量大

村级河道数量占比 82%,长度占比 61%,水面占比 34%,分布最广,基本覆盖郊区全

作者简介:王冲(1989—),男,工程师,学士学位,主要从事河道整治、水利咨询等相关工作,电子邮箱:287298563@qq.com。

境。村级河道服务农业生产和农业生活,在农田和农村纵横交错,为农田灌溉排水提供保证。

2.2 河道狭窄

村级河道多由排水沟演变而来,受生产生活、河道轮疏、雨水侵蚀、水位变动等因素的影响,目前村级河道口宽多为 10~20 m,河底高程多在 1~2 m(上海吴淞高程),河道多成锅底状。

2.3 沿河违建

村民多依水而居,多为面水或背水。面水而居相对较好,河边多为菜地,环境相对干净整洁;背水而居情况一般较差,村民往往在后院利用河道养鸡养鸭,搭棚搭屋,虽然经过"五违四必",但受长期以来生活习惯的影响,仍然较难杜绝。

2.4 环境面貌较差

部分河段居民临河散养家禽或拦网养殖,粪便入河;部分河段居民利用建筑垃圾临河乱砌驳岸以扩大场地。临河散养或者临河乱建不仅导致河道面貌差,也给后续整治带来一定的困难。另外,河坡坍塌、绿化缺失、沿河种菜等现象仍较普遍,水环境整体面貌较差。

2.5 水系不畅

断头河较多,河道连通度不足;受管线搬迁、居民风俗等因素影响,河道坝基较多,水系不畅;存在少量的小型独立水塘,河道引排水作用无法发挥,仅可发挥一定的调蓄作用。

3 村级河道整治需要处理几个关系

3.1 河道整治与农业生产的关系

村级河道非汛期为农业生产提供水源,汛期作为储水器及排水通道,为避免农田受淹发挥重要作用。河道水面应占土地面积的一定比例,以确保地区防汛抗灾的能力。目前上海水面率约10%,对河道岸坡进行防护可有效防止水土流失,避免耕地因坍塌而减少。

3.2 河道整治与农村生活的关系

村民依水而居,或面水或背水或沿水。随着农村人口的减少和人民生活水平的提高,水的功能性需求在逐步减弱,但是水美化环境的作用却在逐步增强。对江南水乡的人而言,水是村庄的神韵与灵气,水环境是居民生活环境的重要组成部分,水环境的好坏影响村庄的精气神,对村庄的发展至关重要。金山区水库村、待泾村,青浦区岑卜村,奉贤区吴房村等都依托水系整治,村域环境得到大幅提升,休闲旅游、露营、民宿、餐饮等服务业迅速崛起,现已成为上海新的"打卡点"。

3.3 河道整治与生态保护的关系

水环境是生态环境的重要组成部分,而水环境的核心指标是水质,根据2018年、2019年的水质普查数据,村级河道水质比镇管、区管、市管河道水质差。影响水质的因素主要有2点:水体置换速度和入河污染源。上海水体置换主要依靠潮汐导致的内外河水位差,镇级以上大河道置换能力远强于村级小河道;随着农村生活污水的全覆盖及提标增效,农村生活污水对水质的影响已逐步弱化,但农业生产的化肥农药、水产养殖、散养畜禽等污染却依旧严重。问题在水里,根子在岸上。河道整治可以推动畜禽养殖规范化、水产养殖尾水达标排放、化肥农药减量化等工作的推进。

4 对策及措施

4.1 水系调整

现状部分村级河道杂乱无章,且存在一定数量的独立水塘或者影响村庄发展且基本丧失水功能的水体,可结合农业生产、村庄改造、征地动迁等需求对村庄水系进行优化调整。水系调整的主要原则为"符合规划、防洪除涝能力(水面积、调蓄容积、水系沟通)不减弱、不影响第三方合法水功能权益、先开后填、就近补偿"等,水系调整的主要途径为取得水务行政主管部门的行政审批许可。

4.2 水系沟通

经过连续多年的河道整治,已实施水利专项、农林水、消黑消劣、村级河道整治的区域大部分河道已连通,水系畅活,但未实施河道整治区域河道两端断头或者一端断头的现象仍较普遍。

规划考虑远期目标,现状考虑近期目标,结合现状与规划,有两类情况需要进行水系沟通:第一类是按规划需要沟通水系,第二类是按现状实际需要沟通水系。按规划需要进行水系沟通的点位受土地政策影响较小(基本农田可以按规划补划),但受管线搬迁、民风民俗、动迁、林地补划等影响较大。按实际需要进行水系沟通的点位受土地政策影响大。

4.3 打通堵点

打通堵点一直是河道整治的重中之重,各级水行政主管部门都非常重视,在多方努力配合下,堵点(阻水坝基)多数已打通,但仍有部分堵点由于以下几类原因并未打通:拟建桥涵冲向房屋影响民俗的;涉及石油、化工、电力、供水、通信等管线搬迁的;涉及基本农田、耕地等无法补划的;涉及居民交通习惯的;影响农业生产的。

村级河道整治要把打通堵点(阻水坝基)作为重点、难点,逐个研究,逐个踏勘,同时走访村民、村委,了解阻碍打通的种种问题,实现问题清单化,总结解决问题的费用和措施。必要性强且实施难度相对小的全部打通,必要性强但实施难度大的争取打通。

没有交通需求堵点的一般直接打通处理,有交通需求的堵点拆坝建桥、拆坝建涵,特殊情况下采用管涵。拆坝建桥或拆坝建涵是最常用的方式,一般应优先选择桥梁,但以下情况优先选择箱涵:进场道路狭小,板梁运输、吊装困难的;周边居民反对建桥的;上方有高压线无法进行施工的。有交通需要,无法建桥或者建涵的,比如坝基位于村民入户门口,遭村民反对,可采用管涵临时过渡。

4.4 护岸建设

村级河道周边环境主要为民宅道路、农田林带,将简单美观、经济适用作为首要考虑因素。

民宅道路段从经济、安全、美观角度出发,通常采用无须开挖的仿木桩护岸、木桩护岸、插板桩护岸、塑钢板桩护岸、景观叠石等类型。农田林带段一般从河道冲刷、岸坡坍塌的情况考虑,多采用人造土坡、水工保护毯护坡、固化土护坡、联锁块护坡等型式。以上各种护岸均在上海村级河道整治中广泛使用,优劣势均比较明显,适用于不同的河岸情况,具体要结合挡土高度、边坡坡比、工程造价、生态景观要求等因素综合考虑。

4.5 绿化种植

河边绿化对岸坡稳定、水土保持具有重要作用。河边绿化分为陆域绿化、斜坡绿化以及水生植物。陆域绿化布置于河道两岸陆域控制宽度内,斜坡绿化布置于护岸斜坡段,水生植物布置于水位变动区附近。

水生植物种植高程一般为2.3～2.8 m(上海吴淞零点),具有较高的密度,可以避免风浪直接作用岸坡,大幅减弱风浪或水位变动带来的岸坡失稳。民宅道路段一般采用美人蕉、千屈菜、梭鱼草等开花的水生植物品种,提高观赏性,美化环境;农田林带段采用菖蒲、香蒲、水葱、芦苇等容易养护的生态性作物。

斜坡绿化一般采用草坪或者具有生存优势的草籽播种,利用其根系发达、密度高的特点,可以有效防止雨水冲刷导致的岸坡坍塌。常用的草籽品种有三叶草、二月兰、狗牙根等,常用的草坪品种有马尼拉、百慕大等。

陆域绿化多采用乔木、灌木、草坪相结合的方式,常绿与落叶搭配,观花植物与观叶植物搭配。常用的乔木品种有香樟、水杉、红枫、紫薇、樱花等,灌木有红叶石楠、红花继木、金森女贞等。

4.6 河道清淤

河道清淤多采用泥浆泵水力冲挖的形式,利用高压水泵配合水枪进行冲挖,将土体切割、粉碎使其湿化,崩解形成泥浆和泥块的混合物。再用泥浆泵将泥浆吸入管道并输送到指定的区域内沉淀。

村级河道的土方处置,一般优先还田还林,既不能还田,也不能还林的,可采用其他资源化利用或者固定消纳的方式处理。根据经验,95%以上河道疏浚淤泥都满足还田要求。

疏浚还田按照《土壤环境质量农用地土壤污染风险管控标准(试行)》(GB 15618—2018)中农用地土壤污染风险筛选值规定的11项指标进行疏浚底泥检测分析,检测结果符合要求的,可以用于还田利用。疏浚还林按照《绿化种植土壤》(GJ/T 340—2016)中对绿化种植用地规定的指标进行检测分析,检测结果符合要求的,可以用于还林利用。

4.7 生态修复

针对水质较差,且水动力不足的区域,在控源截污的基础上,常用的水质改善方法为水生态修复。一般采用水生植物(挺水植物+沉水植物+浮叶植物)+水生动物(鱼、蚌、螺)+生态浮床+曝气机等主要措施,配合底质改良、生态屏障等辅助措施。水体中的氮、磷等营养物质利用水体中动植物的生长等一系列生化过程,最终以水草的形式被收割或以水生动物(鱼类等)被捕捞而移出水体。

4.8 面源污染防治

针对农田及鱼塘面源污染严重的问题,可从农田或鱼塘内和周边河道两方面采取措施进行水质净化,具体如下。

在农田或池塘内:通过对进、排水体系进行整体规划,运用沉淀、过滤、微生物分解、动物净化(鲢、鳙、河蚌)、植物转化(挺水及沉水植物、水生蔬菜)、曝气等技术处理农田或池塘尾水,构建"排水系统+沉淀池+曝气池+生物净化池"系统。

在周边河道:采用复合人工湿地处理,主要通过构建沉水植物系统+曝气增氧进行处理。

5　效果总结

针对村级河道存在的主要问题,采用水系调整、水系沟通、打通堵坝、生态护岸、河道清淤、生态修复、面源污染防治等措施,综合施策,以达到水质改善、河势稳定、岸坡整洁的治理目标,为乡村振兴、环境改善发挥积极作用。

参考文献

［1］岳哲.生态清洁小流域理念下的村级河道护岸治理思路［J］.水利技术监督,2023(3):102-106.
［2］顾建,魏琳,刘文娟.上海崇明生态清洁小流域村落水体治理方案研究［J］.水利规划与设计,2023(2):14-16+39.
［3］李纲.河道生态护岸类型及适用条件［J］.河北水利,2019(4):37.
［4］吴延胜.淀山湖护岸结构及生态护岸方案设计与分析［J］.水利科学与寒区工程,2023,6(4):143-146.
［5］施红梅.上海青浦区中小型河道护岸工程实践与探讨［J］.水利技术监督,2022(12):265-270.

上海市水利工程标准化管理实践与思考

徐双全[1]，姚 磊[2]

(1. 上海市水务局，上海 200050；2. 上海市排水管理事务中心，上海 200001)

摘 要：我国社会经济已经进入新发展阶段。新阶段水利工作的主题是推动高质量发展。加快推进水利工程标准化管理，有效改变水利工程粗放的管理模式，是推动新阶段水利高质量发展、保障水利工程安全的必然要求。本文基于水利部对于水利工程标准化管理工作要求，结合上海市城市精细化管理实践，提出了符合上海实际的水利工程标准化制度体系。通过2022年和2023年水利工程标准化管理创建和评价，分析了存在的问题与不足，提出了改进措施，有利于进一步推进水利工程标准化管理，提升上海市水利工程管理水平。

关键词：水利工程；标准化管理；高质量发展；上海市

水利工程具有防御水旱灾害、调配水资源、改善水生态、保护水环境等基础性支撑作用。上海地处长江流域和太湖流域最下游，滨江临海，是典型的河口城市，风、暴、潮、洪等自然灾害对人民生命财产安全构成较大威胁，水利工程安全、高效运行对保障城市防汛安全意义重大。水利工程标准化管理就是进一步规范和提升水利工程管理，实现安全、高效、科学水利工程管理，更好支撑我国社会主义现代化建设，更好满足人民日益增长的美好生活需要。

1 水利工程基本情况

上海市水利工程主要有水库、水闸、堤防、海塘等几种类型。目前，上海市域内有5座水库(1座大型、1座中型、3座小型水库)，都为饮用水水源水库，主要任务是保障城市供水；全市共有水闸2898座，其中市管水闸24座，区管水闸349座，乡镇管水闸2478座，其他(非水务部门管理)水闸47座；黄浦江、苏州河堤防总长605 km，其中黄浦江干(支)流堤防340 km，上游拦路港堤防56.9 km，红旗塘堤防37.8 km，太浦河堤防31.4 km，大泖港堤防13.2 km，苏州河堤防125.7 km；沿江沿海主海塘499 km，其中公用岸段长度252 km，专用岸段长度247 km。

上海水库都为饮用水水源地，原水供水企业负责日常安全运行工作，政府部门负责水库安全运行的监督管理。按照"三级政府、三级管理"的要求，水闸实行市级、区级和乡镇三家管理体制。市属水闸运行管理实现管养分离，运行养护全部市场化，通过公开招标方式选择社会化企业承担日常运行、养护和维修工作；黄浦江、苏州河堤防管理由市区分级负责，黄浦江上游堤防由市里直管，采取市属水闸运行管理模式，其他堤防由相应区水务部门管理；海塘管理实行统一管理和分级负责，市级负责海塘行业管理，沿江沿海五个区对各自区域海塘

作者简介：徐双全(1975—)，男，工程师，主要从事水利工程设施管理、防汛管理等研究。

具体负责。

2 工作要求和实践经验

2.1 水利部要求

党的十九届五中全会明确提出,"十四五"时期经济社会发展要以推动高质量发展为主题,新阶段水利工作的主题为推动高质量发展,加快推进水利工程标准化管理。水利部高度重视,很早就开始谋划水利工程标准化管理工作。2021年10月,全国水利工程标准化管理现场交流会在江西九江召开,总结交流标准化工作实践探索的经验成效,研讨水利工程标准化管理指导意见,启动并推进水利工程标准化工作,明确水利部今后将以水利工程标准化管理评价替代水利工程管理考核工作。2022年3月,《水利部关于印发〈关于推进水利工程标准化管理的指导意见〉〈水利工程标准化管理评价办法〉及其评价标准的通知》包括《关于推进水利工程标准化管理的指导意见》《水利工程标准化管理评价办法》和水库、水闸、堤防等Ⅲ类工程的标准化管理评价标准,提出了推进标准化管理的指导思想和总体目标,从工程状况、安全管理、运行管护、管理保障和信息化建设等五个方面,明确了标准化管理要求,确定了推进标准化管理的具体工作内容,从加强组织领导、落实资金保障、推进智慧水利、强化激励措施和严格监督检查等方面提出了保障措施。

2.2 上海实践经验

2017年,习近平总书记两会期间在参加上海代表团审议时指出,城市管理应该像绣花一样精细。城市管理精细化水平的提高,是提升城市核心竞争力和软实力的重要方面,水利工程标准化管理是城市精细化管理的一个重要分支,也是提升水利行业管理水平和善治效能,彰显管理精细化工作成效的具体途径。为贯彻落实《〈中共上海市委、上海市人民政府关于加强本市城市管理精细化工作的实施意见〉三年行动计划(2018—2020年)》,上海市水务局编制了《上海市水务海洋精细化管理工作三年行动计划(2018—2020年)》,进一步细化水闸、堤防、海塘精细化管理的具体要求,明确了目标任务、时间节点和具体措施,建立了"安全生产标准化、运行操作规范化、检查养护常态化、水闸调度智能化、教育培训常态化"的五化管理体系。经过近五年实践,上海市水利工程的精细化管理水平不断提高,确保了水利工程的运行安全和效益发挥。

3 构建标准化制度体系

按照水利部工作要求,基于上海市水利工程管理现状和两轮水利工程精细化管理实践,上海市水务局研究制定了水利工程标准化管理实施方案、评价细则和评价标准,并选取代表性工程进行试评价,进一步完善了水利工程标准化管理制度体系。

3.1 实施方案

实施方案是水利工程标准化管理的顶层设计,主要包括指导思想和总体目标、工作要求、主要任务、保障措施四个方面内容。根据上海市水利工程管理实际,为实现标准化管理目标,重点明确了八项主要任务,同时对八项任务进行了责任分工,制订了分年度评价计划。

3.1.1 指导思想和总体目标

"十四五"期间,不断补齐工程短板,消除风险隐患,落实管理责任,完善管理制度,提升管理能力,打造工程精品,提高水利工程运行管护水平,推进水利工程运行管理标准化,基本实现网格化巡查体系、规范化维养体系、智能化监测体系、特色化展示体系、科学化评价体系。2022年底,建立水利工程标准化管理制度标准体系,全面启动标准化管理工作;2025年底,全面完成病险水闸除险加固、主海塘达标建设和"一江一河"堤防薄弱段加固改造,大中型水库、水闸(泵站)、"一江一河"堤防基本实现标准化管理;2030年底,水利工程运行管理标准化格局全面形成。

3.1.2 主要任务

水利工程标准化管理的主要内容涵盖了管理责任、管理经费、管理界限、检查观测、维修养护、运行管理、安全评估、监督检查、隐患治理、应急管理、教育培训、制度建设、考核验收等过程中的各个环节,目标是要达到管理责任明细化、管理工作制度化、管理人员专业化、管理范围界定化、管理运行安全化、管理经费预算化、管理活动常态化、管理过程信息化、管理环境美观化、管理考核规范化。

水利部要求从工程状况、安全管理、运行管护、管理保障、信息化建设五个方面实现水利工程全过程标准化管理。上海市对五个方面要求进行了细化分解,明确了八个方面任务,分别是摸清水利工程底数、明确管理责任主体、落实管理人员和经费、完善管理制度体系、推进专业化管理、明确管理界线、提升环境品质、推动智慧管理。

一是摸清水利工程底数。结合自然灾害综合风险普查等工作,进一步完善水库、水闸(泵站)、堤防、海塘等水利设施基础资料,按照不同周期动态更新水利工程底数信息,每年发布水闸(泵站)设施报告,每五年发布河道堤防设施报告,每五年发布海塘设施报告,同步完成注册登记,实现设施底数的清单化。

二是明确管理责任主体。按照《上海市饮用水水源保护条例》《上海市河道管理条例》《上海市饮用水水源水库安全运行管理办法》《上海市水闸管理办法》《上海市海塘管理办法》《上海市黄浦江防汛墙保护办法》等法律法规和系列规范性文件,进一步明确水库、水闸(泵站)、堤防、海塘等水利工程管理单位或管理责任主体。各相关单位按照管理权限,组织编制水利工程管理单位或管理责任主体名录,实现责任主体的名录化。

三是落实管理人员和经费。针对水库、水闸(泵站)、堤防、海塘的不同管理体制和机制,按照市、区、镇分级管理要求,进一步确定管理单位的管理人员。编制和修编水库、水闸(泵站)、堤防和海塘等维修养护定额,为管理经费测算和保障提供支撑。

四是完善管理制度体系。按照工程类别分别编制、修订、完善相关管理制度和技术性文件、标准化工作手册示范文本和评价标准。编制小型泵闸安全评价技术指南,"一江一河"堤防设施维修养护精细化指导手册,黄浦江上游堤防长效管理操作细则和标准化图册;修编海塘运行管理规定,完善泵闸维修养护技术要求;推进水闸、泵站维修养护技术标准和海塘维修养护技术规程上升为地方标准。将不同工程类别的管理制度和技术性文件汇编成册,实现管理制度的体系化。

五是推进专业化管理。进一步深化水闸(泵站)、堤防、海塘管养分离和市场化、物业化、专业化运维管理,强化对合同单位的指导、培训、监督、检查、考核,确保维养到位,保障设施安全运行;持续培育专业化养护市场,组织开展水闸管理市场化运行养护人员条件、设施设备、技术力量、专业能力等方面政策机制研究,确保运行养护工作规范有序。

六是明确管理界线。在完成市管水利工程管理和保护范围划定基础上,积极与规划资源部门协商完成成果入库工作。研究制定区、镇管水利工程管理和保护范围划界的标准,形成可复制、可推广的经验方法,推动区、镇管水利工程划界工作的顺利开展。

七是提升环境品质。开展水闸(泵站)风貌提升试点建设,挖掘水文化,结合水景观,推进闸容闸貌提升改造。开展黄浦江和苏州河堤防样板段建设,创建生态堤防改造新亮点,提升堤防生态宜居的滨水休闲功能,指导"一江一河"滨江贯通工程、堤防专项维修工程,打造安全、景观、生态文化绿色堤防,提升环境品质。完善海塘管理范围保洁长效工作机制,营造干净整洁的周边环境,因地制宜打造海塘历史文化景观。

八是推动智慧管理。以数字化转型为契机,结合数字流域和数字水利工程建设,拓展泵闸运行监测覆盖范围,建立健全泵闸设施基础信息库,推进泵闸信息化监管平台建设,进一步加强泵闸设施监督管理;依托"一网统管"平台,加强堤防设施感知端的建设,推进黄浦江和苏州河堤防安全监测系统建设,开展黄浦江和苏州河数字孪生流域建设,提升智慧监管能力。

3.2 评价标准

评价标准是开展水利工程标准化管理评价的打分依据。评价标准区分水库、水闸(泵站)、海塘、堤防等不同水利工程,按照千分制评分,从工程状况、安全管理、运行管护、管理保障和信息化建设五个类别,明确了评价项目、基本要求、评价指标及赋分要求。

3.3 评价细则

评价细则规定了水利工程标准化管理评价的操作流程,确定了水利工程标准化评价基本要求,按照部级、市级、区级三级评价要求,明确了评价内容、适用范围、评价原则、评价标准、评分要求、申报条件、评价程序等内容。通过市级评价的工程,评价结果总分应达到900分以上,评价结果总分达到920分以上的工程,可以推荐申报部级标准化管理工程。

4 开展标准化创建评价

4.1 2022年和2023年两年评价成果

根据水利工程标准化管理实施方案,按照标准化评价细则和评价标准,近两年上海市水务局组织开展标准化管理评价工作,2022年完成青草沙水库等21处工程市级评价和8处工程区级评价,2023年完成金泽水库等156处工程市级评价和25处工程区级评价,其中5处水利工程通过水利部评价。通过两年标准化管理推进和评价工作的实践,水利工程管理在保障工程安全、增强管理能力、提高管理水平方面取得了一定成效,主要表现在以下几个方面。一是安全责任更加压实。对照标准化管理要求,每一类水利工程明确了安全责任人、岗位职责和工作任务,进一步修订完善了安全管理规章制度、规范安全管理(防汛)应急预案编制等,建立工程安全隐患排查治理和安全风险管控工作机制,定期组织开展安全隐患排查,健全安全风险隐患台账,指定专人跟踪整改措施落实落地。二是管理体系更加完善。按照标准化实施方案,编制完成了水库、水闸、堤防、海塘管理标准化手册示范文本,进一步建立健全了规章制度、运行操作规程、管理制度和岗位职责。每一个管理事项都有明确的操作流程、作业方法和具体步骤,每一项工作内容都有统一的管理标准、技术标准和工作标准。三是运行过程更加规范。针对运行管护要求,常态化做好运行观测、巡查检查、维修养护、运行管理等日常工作,工程管理资料完善并及时归档。设置了巡查路线标识、安全警示牌等各类标识标牌以及警戒线,市管设施划定了工程管理范围和保护范围,有条件的设置了界桩。这两年,经历了2022年"轩岚诺""梅花"台风和2023年"7·21"暴雨,全市水利工程在水旱灾害防御过程中无一失事,平稳运行。

4.2 存在问题和不足

(1)水利工程存在短板弱项。进入"十四五","一江一河"堤防按照城市防洪"1 000年一遇潮位"和流域防洪"100年一遇洪水"标准,黄浦江堤防160 km未达标,主要集中在中上游堤防;全市主海塘防御标准全面提升至"200年一遇",在499 km主海塘里,已完成达标418 km,主海塘达标率83.8%,还有81 km尚未达标,主要集中在崇明岛西北及东南侧和横沙岛。目前已开展安全鉴定的水闸中尚有13座病险水闸没有完成除险加固,并且部分水闸建设年代早,设计标准低,运行频率高,超负荷运转,水闸设施设备老化损伤严重,故障率高。

(2)水利工程划界工作滞后。按照水利部对于水利工程管理与保护范围划定工作要求,截至目前,上海市已经完成5座水库、25座市管水闸(泵)、499 km主海塘、855 km市管河道堤防管理与保护范围划定工作,并且完成了社会公示。但数量众多的区管、镇管水闸和区管、乡镇管河道堤防没有完成划界工作,会影响这些设施的标准化管理工作。

(3)运行养护水平参差不齐。随着水管体制改革,水利工程实现了管养分离,维修养护队伍目前还处于市场培育初级阶段,没有形成完善的市场准入和优胜劣汰机制,养护企业的养护质量参差不齐,特别是区级维养企业区域局限性明显,作业人员老龄化严重,企业设施设备和专业知识老化,市场竞争力偏弱,整体素质和能力还有待提升,良性竞争的环境还需要培育。

4.3 改进措施和努力方向

(1)着力推动数字化转型。基于现有水利设施运行安全监测工作,优化常态监测、专项监测、应急监测等项目,完善水利安全运行监测体系。对于水利设施的险工险段和薄弱段,需要加密监测频率,及时掌握水利运行状态。同时,要加强监测数据的分析研究,对可能发生的险情进行预判,及时预警,确保水利设施运行安全。按照水利部数字孪生水利工程要求,水库以金泽水库、水闸以淀东水闸和太浦河泵闸、堤防以黄浦江上游拦路港段为试点开展数字孪生水利工程建设,强化数字赋能水利工程运行管理,探索构建具有"四预"功能的数字孪生水利体系的工作要求和实施路径,推动新阶段水利工程管理高质量发展。

(2)推进生态工程建设。结合上海市生态文明城市建设和水利风景区要求,完善绿色堤防标准,打造工程景观、生态景观和人文景观。通过植树造林景观改造,将堤防设施打造成景观工程,加强堤防沿线绿化养护,提升管养质量。结合苏州河和黄浦江两岸公共空间贯通开放,推进防汛墙基础、立面、照明、管线等综合改造,提升景观面貌。挖掘堤防沿线历史人文,结合周边的历史文化古迹或特色建筑,将人文理念延伸到堤防景观设计上,因地制宜,融合周边环境,水岸联动、干支流联动、堤闸联动,深入推进水文化与历史文化或特色建筑人文景观相结合的文化建设。泵闸管理景观文化打造,深化泵闸文化建设,突出各自特色,创建具有花园景观功能和文化底蕴、历史内涵的泵闸管理区,结合文化历史元素,建造具有文化内涵、历史底蕴的水利建设与管理综合展示馆。

(3) 强化督导检查考核。按照实施方案里面的目标内容,细化明确年度任务,持续推进完成市级和区级标准化评价工作,将标准化评价任务纳入河湖长制考核。近期,青草沙水库、淀东泵闸、太浦河堤防、奉贤海塘(水利塘段)、金山海塘(民兵哨所段)等 5 处水利工程已通过了水利部评价。涵盖了水库、水闸(泵站)、堤防和海塘等类型的水利工程,强化通过水利部评价水利工程的示范引领作用,推动上海市更多水利工程申报并通过水利部评价。

5 结语

水利工程标准化管理是一项需要长期坚持的系统化工作,上海市要牢牢按照实施方案开展标准化管理创建工作,依据评价细则和评价办法开展标准化评价工作,营造争创标准化的浓厚氛围,将标准化评价结果与考核、维养补助资金分配挂钩,充分运用激励奖惩机制推动工作落实,加快推进水利工程标准化管理,全面提升水利工程安全管理水平,为新阶段水利高质量发展提供支撑和保障。

松江区圩区排涝设施管理要点探讨

杨 杰

(上海市松江区水务管理所,上海 201600)

摘 要:排涝设施是圩区建设重点,不仅能够保障防汛安全,还能够改善水环境。松江区位于上海市西南,河湖纵横交错。本文重点分析圩区管理的具体措施,以及圩区排涝设施管理存在的问题,提出标准化管理、安全管理、数字化建设及智能化管理等方面建议。

关键词:松江区;圩区排涝设施;管理

松江区是典型的低洼易涝地区,探索圩区管理机制,提升圩区设施管理水平,才能更好地服务区域经济社会发展。圩区为解决地势低洼地区的涝渍灾害,通过建设水闸、设置水泵以及加高圩堤而形成的封闭区域。多年来,圩区在台风暴雨期间预降水位、排除涝水、防御洪水等,有效保护了圩内人民群众的生产和生活安全。

1 基本情况

松江区地处太湖流域东部碟形洼地的底部、黄浦江干流上游,位于上海市郊西南,东与闵行区(浦北)和奉贤区(浦南)交界,南与金山区毗邻,西部和北部与青浦区接壤,总面积604.67 km²。境内水利条件具有3个特征:一是地势低洼,地面高程在3.2 m以下的低洼地约39.9万亩,占耕地总面积的78%;二是河网密布,拥有市、区、镇、村四级河道1 652条段,总长度2 031.2 km;三是堤防线长,黄浦江干流上游及其三大支流泖河—斜塘、大蒸塘—圆泄泾、大泖港贯穿全境,防洪堤防岸线长达102.02 km,二级圩堤岸线长度775.71 km。

"十四五"期间,松江处于创新驱动、转型发展阶段,产业结构调整,人口规模持续增加,资源环境约束进一步加大,对水安全保障、水资源配置、水环境改善提出了更高要求。松江区水务工作坚持服务民生、改善民生,防汛安全、运行安全,水资源保护、水景开发,科学治水、依法管水的原则,积极推进安全、资源、环境等建设,取得了瞩目的成果,为高质量推进"科创、人文、生态"现代化新松江提供了重要支撑。

经过近年来圩区规划和建设,全区共建圩区85个,控制面积802 981亩(占总面积的88.53%),圩区平均排涝模数为每平方公里2.24 m³/s。水利控制片内已建市管水利枢纽1处;区管水利枢纽5处、船闸5座、节制闸34座、排涝泵站17座48台套,排涝流量129.3 m³/s。圩区内已建排涝设施700座980台套,排涝流量1 064.8 m³/s;控制片及圩外小型排涝设施14座17台套,排涝流量24.0 m³/s。松江区基本形成了"水利片圩区两级控制、城乡排水协调、小区域排水补充"的防洪除涝格局。

作者简介:杨杰(1981—),男,工程师,主要从事水利设施管理相关工作。

2 排涝设施管理的重要性

2.1 确保防汛安全

松江区圩区存在地势低洼、河网密布、堤防线长等特点,对防汛管理要求较高。排涝设施是圩区防汛的重要屏障,始终发挥着至关重要的作用。经过多年来的低洼圩区改造项目的实施,逐步消除了部分圩区排涝设施的安全隐患,但近年来外河水位逐渐突破历史极值,部分圩区排涝设施特别是沿江排涝设施运行条件较差、设计标准不高、建设年代较久,还存在一定的安全隐患。由于大部分沿江圩区排涝设施为重力式平板直升门,外河水位达到2.6 m左右时须尽早关闸以防高水位无法落闸,不能做到充分引水,全面提升排涝泵站管理水平,更好地为圩区防汛提供安全保障迫在眉睫。

2.2 合理分配水资源

松江区11个街镇为涉农区域,经过近年来的高水平粮田建设,完善配套的农业水利设施有力保障了农业生产。松江区农作物以水稻为主,水稻的生长对于水质良好的水资源有大量的需求。虽然松江位于水量丰沛的江南地区,但是水资源分布仍然存在时间、空间上的不均衡。此时,圩区排涝设施在引入好水供给农业方面起到了关键性作用,主要有以下两点。一是在农作物灌溉期充分引入黄浦江沿线优质的好水进入圩区,通过灌溉泵的动力提升至圩内农田,保障农作物生长。二是农作物的生长需要经历6—9月的主汛期,大量的集中降雨如不及时排除将会给农作物的收成带来极大的影响。此时圩区排涝设施能够及时排除圩内涝水,保证农田的水位相对稳定,给农业稳增收、高产量保驾护航。

2.3 提升水生态环境

松江区正处于经济转型发展、产业结构调整的重要阶段,对区域水环境管理有较高的要求。坚持生态优先、绿色发展,强抓水环境改造、修复和治理,持续改善城市水环境面貌,对全区生态文明建设具有重要作用。如果发生水环境事件,不仅会污染生态环境,还会威胁到社会的发展与居民的健康,甚至引发更严重的生态安全事故。

因此,应结合圩区实际,制定完善的、系统的水环境管理方案与突发事件应急预案,加大排涝设施管理力度,加强活水畅流调度力度,加大水体流动,畅活水体,减少污染对水生态的破坏,防止生态问题的再次发生并巩固生态恢复,推动整个区域经济和社会的高质量发展。

3 排涝设施运维管理的具体措施

3.1 明确管理主体,完善考核制度

为加强圩区管理工作,相关部门出台了《关于进一步加强松江区圩区排涝设施管理养护工作的实施意见》(沪松水〔2022〕245号),明确了区级水务部门和街镇的职责划分、设施管护标准,提升了管理效率,保证了养护效果。根据市级考核制度的规定,严格落实排涝设施养护监管与年度考核,结合实际细化区排涝设施考评规则,制定区级考核监督机制。

松江区制定了《关于松江区圩区排涝设施管理养护考核办法(试行)》,由区水务、区财政等部门组成区级考核小组,负责考核工作,采用月度、季度、年度考核相结合的方式开展,考核内容主要涉及资金保障、组织管理、运行管理、维修养护以及资料管理等方面。

3.2 强化运行检查,督促问题整改

市水务部门开展了运维管理第三方督查工作,松江区的排涝设施形成了"市级第三方抽查＋水务站月度检查＋水务所季度考核＋水务局年终考核"的监管体系,市、区、街道(乡镇)各级河长办建立"周暗访、月通报、季约谈、年考核"的长效常态工作机制,过程中形成检查报告,年终形成考核排名。加强对辖区泵闸问题的暗访、通报、约谈、考核,进一步压实河湖长和相关部门责任,推动河长制全面落实落地和从"有名有责"到"有能有效",努力推动设施管理水平持续提升。

3.3 推进市场化,落实专业维养

根据上海市水务局《关于印发〈上海市水闸维修养护技术规程〉的通知》(沪水务〔2017〕1479号),圩区水闸维修与养护涉及多方面的内容,包括启闭机、电气设备、仪表与自控、水域、陆域、绿化、环境设施、技术资料与档案、工程检查、闸门检查与养护等方面。

逐步推进圩区排涝设施运行、维修、养护市场化,逐步退出原圩区组和河道保洁服务社人员。在推动第三方服务的同时强化人员上岗培训、发证,做到持证上岗,探索有效的考核机制,督促第三方公司按时、按质、按量完成约定工作内容,稳步提升圩区排涝设施管理质量。

3.4 信息化手段提高管理效率

松江区正在推进圩区泵闸远程自动化调度系统建设,功能包含圩区泵闸实时监测、视频监控、远程控制、运行记录等。实时采集各点位闸内外水位、闸门开度、水泵运行状态等信息。工作人员通过计算机查询系统便可直观地查看泵闸水位、雨量、运行情况及视频录像等信息,及时了解泵站的运行状态,一旦发现问题,便能够及时维修。系统建成后,可有效提升松江区圩区综合管理能力。

3.5 建立突发事件应急处置预案

为有效应对突发水环境污染事件,制定了专项应急预案。应急预案的编制主要分为五个方面:在观察与监测方面,实时掌握各项指标,对所有容易引发水环境污染的异常情况展开实时监测;在现场处置方面,对水环境突发污染事件的发生现场开展紧急处理,采取与污染物性质及现场情况相适应的应急措施;在信息发布方面,第一时间发布突发水环境污染事件相关信息;在协调救援方面,组织相关救援力量,积极进行救援;在恢复重建方面,事件处理结束后,快速处理污染影响区域,加强水环境治理工作。

街镇根据工作要求也建立了防汛应急预案及突发事件应急处置预案。当风力超过8级、日暴雨量超过50 mm,或气象部门提示暴雨要达起始标准后,各级负责人必须高度警惕,严格执行报告制度,做到上情下达,下情上报。值班领导和人员遇到突发事件或灾情,及时下达临时紧急处置指令,并迅速向上级汇报。各值班行政要做好防汛值班记录,检查各街道防汛值班到岗到位情况。

4 排涝设施管理中存在的问题

4.1 部分设施存在多头管理，各自为政

同一个圩区内的排涝设施有多个管理主体，尚不能统一推进圩区水资源调度，需进一步加强协调。如广富林街道在圩区水利设施方面拥有排涝设施 18 座 29 台套。新陈圩 6 座排涝设施由街道属地运行管理，2 座排涝设施由上海松江大学城建设发展有限公司运行管理；松江新城北圩 3 座排涝设施由上海松江大学城建设发展有限公司运行管理，3 座排涝设施由区水管所运行管理；新城西圩 1 座排涝设施、新城圩 3 座排涝设施由区水管所运行管理。

4.2 管理人员文化水平不高，素质参差不齐

目前泵闸管理人员大部分是早期招录的，呈现出年龄大、文化水平低、管理难度大等问题。圩区排涝设施管理队伍参差不齐，缺乏高层次的技术骨干人员。排涝设施管理与维护经费不足，值守人员薪资得不到保障，导致值守队伍中的骨干不多，造成"骨干人员不想来，想来的人又干不成事"的现象，为排涝设施管理的稳定与值守工作的开展带来诸多不利的影响。排涝设施管理的准入门槛过低，导致专业人才不足，很多非专业技术人员、低素质人员进入排涝设施管理队伍，制约了圩区排涝设施管理水平的提升。

4.3 管理模式落后，缺少信息化监管

目前区水务部门为"一江三支""西部泄洪"区域的所有圩区排涝设施配备了内外河道水位、闸门开度、水泵运行的检测设备，其余地区仅有水文站零星布置了一些点位，部分街镇自建的水位信息化监控系统尚未接入水务相关平台，尚不能全面掌握全区的整体情况，无法有效监管各街镇管理和调度指令的执行情况。

4.4 部分沿江排涝设施存在安全隐患

几年来低洼圩区改造项目的实施，逐步消除了部分圩区排涝设施的安全隐患。但近年来外河水位逐渐突破历史极值，部分圩区排涝设施特别是沿江排涝设施运行条件较差，设计标准不高，建设年代较久，存在一定的安全隐患。由于大部分沿江圩区排涝设施为重力式平板直升门，外河水位达到 2.6 m 左右时须尽早关闸以防高水位无法落闸，不能做到充分引水。

5 结论和建议

5.1 推行标准化管理

一是根据国家和本市相关工作要求，制定排涝设施管理的各项标准，厘清各方职责，区级水务部门作为行业管理的牵头部门，各街镇作为管理责任主体，尽量保证每个圩区的管理主体相对统一，减少多头管理现象。

二是从工程状况、安全管理、运行管护、管理保障、信息化建设五方面着力，对全区所有圩区排涝设施进行重新排摸，明确每座排涝设施的圩区情况、水泵台数、闸门形式、运行工况，编制标准化创建方案，进一步明确圩区排涝设施标准化管理创建需要开展的具体工作，试点完成后推广至全区各街镇。

5.2 强化技能培训

加强排涝设施技术人员的培训和管理,邀请上级部门的专家现场授课,提高他们的技术水平和管理能力。同时,推广先进适用的排涝设施技术和设备,提高排涝设施的效率和可靠性。持续优化调度运行,可根据气象、水文等信息,优化排涝设施的调度方案,提高排涝设施的运行效率。同时,加强排涝设施运行数据的收集和分析,为排涝设施管理的科学决策提供支持。

5.3 推动信息化建设

大力推进信息化建设,建立排涝设施管理的信息化系统,实现排涝设施运行、维护、安全监管等信息的实时采集和远程监控。目前,我们选取了新城北圩作为试点,探索圩区数字孪生建设,将现实的圩区调度场景影射到信息化的平台,导入现有的调度方案,通过现场的水位监控和系统的预测、预判,给出每座泵、闸的调度指令供领导层参考。此外,在系统内整合圩区排涝设施运行、维修、养护数据,不断提高管理效率。

下一步,计划在试点的基础上不断探索全区的圩区排涝设施信息化建设,提高排涝设施管理的自动化和智能化水平,为排涝设施管理的科学决策提供支持。

5.4 加强安全监管

建立健全排涝设施安全监管体系,加强排涝设施设备的安全检查和维护保养,确保排涝设施安全运行。逐步推进老旧泵闸的安全检测与安全鉴定,对于鉴定为三类、四类闸的,及时列入圩区改造计划大修或者翻建,消除安全隐患。同时,加强对排涝设施周边环境的监管和管理,防止安全事故的发生。

参考文献

[1] 赵海.圩区排涝设施管理创新与实践[J].上海水务,2019(1):67-68.
[2] 汪许杰.圩区乡镇管理排涝泵站管理探索[J].智能城市应用,2019,2(4):121-122.
[3] 吴树勇.探讨排涝泵站电气设备运行与维护管理策略[J].建材与装饰,2020(8):249-250.
[4] 王鹏飞.上海市松江区中小河道整治探索研究[J].建筑工程技术与设计,2017(36):76-77.

水利事业单位预算绩效管理优化措施探究

石奇玮

(上海市水利管理事务中心〈上海市河湖管理事务中心〉,上海 200002)

摘　要:随着我国财税制度的不断完善,财务工作体制的不断改革,新时代对事业单位财政资金管理不断提出新的要求。为顺应社会发展的总体趋势,结合水利事业单位工作实际,做好水利预算绩效管理成为水利事业单位的重点工作之一。此文以水利事业单位预算绩效管理为研究对象,分析了预算绩效管理现状,并针对其中存在的问题,提出几点建议。

关键词:水利事业单位;预算执行;绩效管理

水利事业单位是各地政府落实我国水利政策、水利发展工作的重要媒介,也是完善我国水利基础设施建设的主要职能部门之一,不仅具有一定的公共服务职能,也具有一定的特殊性。随着我国对水利基础工程的日益重视,对水利工程投入的资金规模不断扩大,完善水利事业单位的预算绩效管理工作,不仅能够使政府在水利工程上所投入的资金得到更合理、高效的使用,而且还能更好地提升各地、各级别水利事业单位的公共服务水平以及政府公信力。随着各级财政预算绩效管理文件和政策的出台,事业单位的预算绩效管理工作在一定程度上得到了完善,但同时也出现了一些问题。

1　水利事业单位预算绩效管理现状

随着国家法律法规的不断完善,政府出台了许多指导性文件。如《水利资金监督检查办法(试行)》《中央财政水利发展资金绩效管理暂行办法》等文件,为水利事业单位预算绩效管理工作的实施提供了具体的指导性意见。随着文件的出台,水利事业单位开始逐步完善预算绩效管理制度,并对单位内部的预算管理办法、财政预算资金分配办法、项目支出绩效管理实施细则等进行了修订。

1.1　预算编制方面

预算编制离不开绩效指标的编制。对于全面落实预算绩效管理方案来说,确定绩效评价指标是非常关键的。但从各个行政事业单位的实际情况来看,绩效指标的甄选和编制往往十分不理想,一些单位在编制自身绩效指标时经常出现很多问题。以某市级水利事业单位为例,其负责对本市内区级水利事业单位进行管理,由该市水利主管部门进行管辖。该单位在进行水利项目预算编制时,先由下级各区级水利事业单位进行项目数据编制,再进行项目数据汇总,最终上报给上级主管部门审批。该市级水利事业单位必须严格按照年度工作

作者简介:石奇玮(1985—),女,经济师,管理学硕士,研究方向为经济管理、劳动工资、人事人才等,电子邮箱:sqwl119@126.com。

要求和任务目标，对项目按照定额标准进行编制。作为行业管理部门，该单位工作任务繁重，预算编制时存在时间紧、数据量大且复杂的问题，许多预算项目在编制前依旧难以充分完成数据收集、调研论证等前置程序，从而影响绩效指标的编制。对于每年部分延续性的项目，也往往仅依据往年的预算执行情况来编制新一年度的预算。

1.2 预算执行方面

对于行政事业单位而言，主要资金来源是上级的财政拨款。行政事业单位的预算管理与本单位的财政拨款具有较为密切的关系。如果预算实际执行情况与预算计划存在较大偏差，会导致后期项目无法继续实施下去。如果通过不断调整单位内部各部门的预算分配来达到协调资金的目的，也会影响其他项目的顺利实施。因此，水利事业单位在编制预算时，应考虑到除个别项目是按照规定的时间节点完成外，绝大部分的水利项目是按照序时进度编制用款计划的。以某水利事业单位为例，年初根据单位年度工作的总体目标和具体任务来编制每一个项目的预算审批表。每一季度结束，该单位就会对财政资金预算执行情况进行统计，上级主管部门也会通报执行情况。财务部门对预算执行比例和序时进度进行对比分析，项目负责部门推进项目实施进度和资金支付情况，各部门相互协作，共同确保全年预算执行工作平稳有序。因此，就实际情况而言，各水利事业单位会基于各方要求，结合本单位的支出需求实际开展预算执行和管理。

1.3 绩效评价方面

绩效评价是反映项目目标完成情况的一项重要指标。按照财政部的要求，水利单位在进行预算申报时，应同步申报绩效目标，按照批复完成相应的指标。以某水利事业单位为例，申报预算时，各业务部门会根据项目具体情况将绩效目标分为一级目标和二级目标。但作为事业单位，项目上不存在效益化目标，因此在项目完成的效益指标上存在一定的模糊性。评价项目绩效执行情况时，无法对项目完成进度和资金配套执行程度进行具体指标化的评价。再者，水利工程项目在实施过程中经常会遇到各种突发的实际困难，而编制预算指标时往往只服务于单位内部的少量预算绩效管理的需求，不能对行政事业单位全方位的覆盖，进而导致全面绩效预算管理的方案无法同自身单位的情况相匹配，使得内部的部分资源无法充分、有效的利用，全面预算绩效管理的全面性无法得到体现。

2 水利事业单位预算绩效管理存在的问题

水利事业单位是一个比较特殊的事业单位。它属于公共服务类，承担着防汛抗洪、河湖环境治理、河道整治工程等公共事务的建设和管理工作，但相比其他一些事业单位，它又在工程建设、环境修复等方面涉及经济活动。因此，水利事业单位的预算绩效管理直接影响到国家财政资金的正确使用执行。水利事业单位又在业务活动上存在特殊性。水利工程关系到民生经济，且许多工程涉及面广、资金量大。以河道环境整治为例，从制订计划、划定工作量到实际操作就涉及市、区、镇三级单位，做好预算绩效管理不但有助于加强各单位之间的沟通、明确责任分工，也有利于加强各单位、各单位内部的协调管理。目前水利事业单位预算管理仍存在以下一些问题。

2.1 预算管理不完善,权责分工不明确

随着对工程项目廉政风险防控关键点的把控越来越严,大部分水利事业单位已经开始完善内部防控制度和内部管理流程,但仍然存在"管理部门一头热,业务部门泼冷水"的现象,预算绩效管理工作的基础依旧比较薄弱。一方面,预算绩效评价依然"重投入轻管理,重支出轻绩效"。有的单位只追求眼前目标达成,不重视长远发展,业务人员也存在"绩效评价是财务部门人员的工作,业务人员只需要完成工作任务"的错误认识,将预算目标绩效当作负担。预算资金使用效率低,执行完成率不高,绩效管理仍处于被动管理的状态。另一方面,很多水利事业单位人员编制紧张,缺少独立的经济管理部门以及专职工作人员,信息化建设程度低,业务工作基础数据缺乏,绩效评价实施主体单一,对预算绩效管理工作依旧"不会管"。

2.2 预算绩效指标体系有待完善

预算绩效评价指标体系的建设,不但能实现对预算绩效管理工作的约束,还能提升事业单位经营管理的水平。水利事业单位的主要功能是提供保障国家、居民经济文化生活正常进行的社会服务,因此在指标建设方面更注重共性评价指标的建设,缺少针对不同项目的具有个性化内容的指标。虽然能够从绩效目标整体完成情况考虑,形成自上而下的行政推动机制,但仍然会忽视针对不同行政级别的水利事业单位在工程项目中所处的管理地位、所承担的角色以及所负责的工作内容的个性指标的设计。另外,在设计效益指标时,河道湖面是否干净整洁、空气环境是否清新怡人等绩效考核指标大多是人的主观感受,水利事业单位往往无法通过经济效益等对此进行清晰、准确的量化。对于资金的使用情况也往往仅考虑执行率,难以真正反馈预算执行中存在的问题,主观指标多,客观指标少,指标值确定的随意性较大。

2.3 绩效评价不及时,信息内容不对称

预算绩效评价是一个动态化、长期性的过程,随着大数据系统的运用,大部分水利事业单位逐步建立起了自己的项目管理系统。但许多工作人员依然缺乏动态预算绩效评价的意识,忽略了将评价结果运用于实践中,仅仅只是停留在结果的反映和问题的发现上。即使上级主管部门及时反馈绩效评价结果,但由于乡镇水务站(所)并非直接由市、区级水利事业单位管辖,加上评价结果既不与单位的预算安排挂钩,又不与单位领导班子考核挂钩,因此很难引起基层单位领导的重视,缺乏有效的约束机制。此外,项目管理系统大多是附加在单位内部的办公自动化系统内,与财政预算系统和财务管理系统独立,预算编制和绩效评价部分是在预算管理中完成的,而预算执行情况又是通过财务管理系统反映的,每个时间点的执行完成情况仍需要人工复核,影响了预算绩效管理的准确性和时效性。

2.4 人员专业性知识与实际工作内容缺乏联系

现如今,在信息高速发展,各种文化相互融合、相互冲突的大背景下,不论是财务人员,还是业务部门工作人员都会参加各种各样的继续教育培训。以某事业单位为例,专业技术人员每年要求参加 90 个学时的继续教育课程,财务部门的工作人员也被要求每年参加为期三天的脱产教育培训。在这种背景下,专业技术人员的综合素质得到不断提升。但由于参训学员的积极性和主动性不高,并且课程设置内容与实际工作内容有些脱节,参加培训人员

不能完全做到学以致用，培训效果不理想。另外，水利事业单位的工作内容专业性较强，其工作人员也大多是水利工程、生态环境、农田水利等具有较强专业性方向的人员，在工作中更多地注重培养自身的专业能力，而忽视对预算绩效等方面知识的积累，更甚者觉得这些应该是经济部门的工作。业务部门的工作人员容易受到本身专业知识的限制，忽视了对预算绩效管理方面知识的学习，从而在面对绩效指标体系建设和绩效评价等方面时一头雾水。

3 水利事业单位有效开展预算绩效管理的对策

3.1 加强培养综合性高素质人才

水利事业单位的管理者应当明确预算管理工作实施的必要性，并在岗位中灵活运用。一方面，应加强单位内部各部门之间的沟通协调，明确绩效指标的建立对完成工作任务的重要性，可以针对预算绩效管理组织有针对性的培训活动，将预算编制、指标体系、评价内容等融入培训，在夯实相关人员基础知识的同时，提升预算绩效管理人员的综合素质。另一方面，对于业务部门人员的培训也不可以被专业所限制，主管部门可以将预算绩效管理纳入培训体系，帮助相关工作人员树立绩效管理意识，让预算绩效理念入脑入心。

3.2 建立具体化、动态化的预算绩效管理指标

想要得到有效的预算绩效评价结果，就必须从制定预算绩效管理指标入手，通过规范化操作的方式，提升预算管理效果。首先，行业管理部门应当建立量化评分标准。围绕工作任务的主要目标和发展目标，确定评分标准，对绩效工作进行全过程管理，促使行业管理部门快速完成工作任务。其次，水利事业单位可以采取动态绩效管理手段开展工作。构建动态化管理体系，不但可以将其作为发挥预算绩效管理作用的媒介，加强对预算绩效应用情况、结果成效的管理和监督，为高质量管理工作开展提供保障，而且可以随时解决工作推进过程中发现的预算指标不合理、绩效目标不科学的问题，对提升水利事业单位预算绩效管理水平有着重要的作用。

3.3 规范预算管理流程，加强追责问效力度

以内部管理制度为依托，完善岗位监督审核流程，严格遵守"三重一大"制度，按照预算管理工作手册，明确预算管理流程，加强预算编制和审核工作，提升预算编制的有效性。整合单位内部办公自动化系统，将预算管理、项目执行情况和财务报销流程等模块融为一体，对资金实行动态监督，保障预算资金不偏离预先设定的绩效目标，提高资金使用效率。结合社会监督、工作监督和自我监督的"三位一体"的工作方法，不断加大追责问效力度，对发现的违纪问题严肃追责，有效提高预算绩效管理人员的责任意识和工作意识，促使水利事业单位管理工作有序进行。

参考文献

[1] 熊霄.水利事业单位预算管理工作探析——以某水利事业单位为例[J].预算管理与会计,2022(10)：14-17.

[2] 于元.事业单位预算绩效管理[J].合作经济与科技,2023(15):120-122.

[3] 卢艳春.水利事业单位部门预算存在的问题及对策研究[J].今日财富,2023(23):101-103.

[4] 方楚坚.事业单位绩效管理存在的问题及解决措施探讨[J].今日财富,2023(22):119-201.

[5] 张政斌.以农业科研单位为例,谈谈科研事业单位如何实施预算绩效管理[J].商业观察,2023(31):57-60.

上海市河湖管理养护市级专业巡查工作的实践及思考

施 圣,居艳阳,沈利峰

(上海市水利管理事务中心〈上海市河湖管理事务中心〉,上海 200002)

摘 要: 近年来,为进一步巩固河道整治成果,切实提升本市河湖管理养护成效,市水务局依托第三方单位,对各区河湖管理养护实效开展上海市河湖管理养护实效第三方测评即市级专业巡查工作。本文主要介绍了本市河湖管理养护市级专业巡查工作现状,对2023年巡查数据作分析,指出了市级专业巡查工作中存在的问题,并提出问题及对策建议。

关键词: 河湖管理养护;河长制;市级专业巡查

0 前言

近年来,上海市委市政府秉承"绿水青山就是青山银山"的理念,高度重视水环境治理工作,不断加大水环境治理投入,水环境面貌得到显著提升。河湖经系统治理后,需通过长效管理养护来巩固治理成果。为了进一步落实本市河湖长效管理养护责任,提升全市管理养护水平,自2013年起,本市开展上海市河湖管理养护实效第三方测评(现称为市级专业巡查)工作。

市级专业巡查工作是监督各区河湖长效管理养护成效的有力抓手,其巡查成果是对各区工作进行指导的重要支撑。因此,做好市级专业巡查数据的分析,对于提高巡查专业化水平、完善工作机制具有重要意义。

1 市级专业巡查工作现状

目前,市级专业巡查工作由三家第三方单位共同负责开展,对全市市、区、镇、村四级河湖按比例进行全线巡查,巡查周期为全年。工作根据《上海市河道维修养护技术规程》《关于进一步加强本市河湖长效管理养护工作的通知》等要求,对本市河湖开展巡查,并根据巡查结果进行评分及养护成效评价,测评结果以月报形式下发各区,全年测评结果纳入当年度长效管理考核项目。

1.1 巡查内容

1.1.1 常规巡查

对Ⅰ类重点区域(外环内区域)河湖全年全覆盖巡查6次,Ⅱ类重点区域(各区区政府所在街镇)河湖全年全覆盖巡查2次。特殊区域(虹桥商务区、临港新区)中,虹桥商务区重点巡查时间为4—11月,每月全覆盖巡查1次,其余时间每两个月全覆盖巡查1次;临港新区

作者简介:施圣(1994—),男,工程师,本科,主要从事河湖管理工作。

全年全覆盖巡查1次。

对除Ⅰ类、Ⅱ类区域以及特殊区域外的其他区域河湖,要求崇明区、浦东新区巡查长度不低于区域内河道总公里数的50%,其他郊区巡查长度不低于区域内河道总公里数的60%。

巡查内容主要包括水域保洁、陆域保洁、防汛通道养护、堤防护岸养护、绿化景观养护、附属设施养护、涉河监管事项(主要包含河道水质、河道管理范围内违章建筑、河道沿岸入河排污口等涉河事项)等七类。

1.1.2 举报整改核查

对新闻媒体曝光、12345投诉、政风行风热线投诉等涉及河道的整改情况进行复核巡查。

1.1.3 各级部门督查暗访整改河道现场复核

对各级部门督查暗访整改河道现场整改情况进行复核巡查。

1.1.4 其他需要第三方巡查的工作任务

根据工作需要,临时要求第三方巡查的工作任务。

1.2 养护实效评分、评价标准及方式

1.2.1 评价对象

上海市河道管理养护实效检查评价对象分为两个层次:一是各区河道管理养护总体实效,二是各级河道管理养护实效。

1.2.2 评分标准

常规巡查评分标准根据常规巡查内容中的7大类进行制定,并按照市区管、镇村管区分原则制定了两种评分标准。举报整改巡查评分标准根据被举报问题的整改时效及整改质量等进行制定。

1.2.3 评分计算方式

对单条河道计算分数时,计算其总扣分值,除以河道公里数(不足1 km按1 km计算),得出河道单位长度内(公里)扣分值及得分,将河道单位长度得分作为该条河道实效评分。若该河道为新闻媒体曝光河道,应在实效评分基础上根据举报整改巡查情况扣除相应分值。

每个区按每期所检查所有市区管河道单位长度所得分数(总扣分值/总长度)作为市区管河道的管理养护实效评分。每个区按每期所检查所有镇村级河道单位长度所得分数(总扣分值/总长度)作为镇管村级河道管理养护实效评分。区总体得分按市区管河道及镇管村级河道得分按照4∶6加权平均计算得出,并根据评价标准评价各区河道管理养护实效情况。

1.2.4 评价标准

市管、区管、镇管、村级河道管理养护实效采用统一评价标准,并在每月测评报告中对各区河道所得等第的条段数、占比情况进行通报。评价共分为养护成效良好、养护成效一般、养护成效较差三个等第。

(1) 根据河道养护实效得分评价:实效评分在90分及以上的,视作"养护成效良好";实效评分在80～90分的,视为"养护成效一般";实效评分在80分以下的,视为"养护成效较差"。

(2) 根据涉河监管类事项所发现问题评价：在对河道养护成效定性评价后，若该河道还存在涉河监管类问题，应在评价等第后增加相应描述，如"疑似黑臭"等。

1.3 2023年市级专业巡查工作开展情况

2023年，市级专业测评单位共巡查郊区河道29 484条段，巡查长度33 721.17 km，投入人员3 350人次，共计发现问题31 522处。其中，水域保洁8 094处，陆域保洁9 001处，防汛通道养护123处，堤防护岸养护1 195处，绿化景观养护2 292处，附属设施养护1 282处，水体疑似黑臭问题87处，违章搭建问题595处，非法网簖问题3 672处，污水直排问题166处，畜禽养殖问题1 610处，其他监管类问题3 405处。

在巡查发现的31 522处问题中，养护类问题21 987处，占比69.8%。养护类问题中占比较多的前三类问题为陆域保洁问题（占比40.9%）、水域保洁问题（占比36.8%）、绿化景观问题（占比10.4%）。监管类问题9 535处，占比30.2%。非法网簖、违章搭建在监管类问题中较为突出，分别占比38.5%、6.2%。

2023年全市各区市级专业巡查情况如表1所示。

表1 2023年全市各区市级专业巡查情况

行政区	巡查河道情况		巡查发现问题情况												合计
			养护类						监管类						
	巡查条段数	长度	水域保洁	陆域保洁	防汛通道	堤防护岸	绿化景观	附属设施	水体疑似黑臭	违章搭建	非法网簖	污水直排	畜禽养殖	其他	
静安	106	271.58	1	0	0	0	0	0	0	1	1	2	38	43
徐汇	369	533.89	12	10	2	4	5	1	0	1	0	0	14	49
长宁	260	303.93	2	1	0	0	0	0	0	0	0	0	7	10
普陀	506	713.97	19	6	1	2	9	1	0	0	3	0	7	48
虹口	45	228.82	6	26	3	3	7	3	0	0	1	0	1	49	99
杨浦	189	453.27	11	9	0	0	13	0	0	2	2	0	0	41	81
浦东新区	9 643	7 821.12	2 282	2 327	19	163	432	182	41	301	1 392	34	627	712	8 512
宝山	1 262	1 677.68	176	210	21	78	75	68	0	3	12	10	2	56	711
闵行	2 400	2 672.09	486	844	35	92	367	560	7	32	66	43	13	269	2 814
嘉定	1 211	2 018.96	391	513	23	158	188	46	9	29	94	39	108	247	1 845
金山	1 327	1 993.77	416	1 241	3	64	159	44	1	34	87	4	53	540	2 646
松江	797	1 575.63	294	372	4	38	118	75	1	5	48	5	22	111	1 093
青浦	2 087	3 880.07	851	981	2	86	382	49	1	74	322	7	108	437	3 300
奉贤	2 523	2 880.06	669	879	4	48	188	73	21	31	784	11	381	146	3 235
崇明	6 759	6 696.90	2 478	1 582	6	446	359	180	6	83	860	12	293	731	7 036
合计	29 484	33 721.17	8 094	9 001	123	1 195	2 292	1 282	87	595	3 672	166	1 610	3 405	31 522

2 市级专业巡查工作存在问题

市级专业巡查工作逐年开展,现已成为市级部门开展行业监管、掌握本市河湖长效管理养护实效的主要抓手,但从目前工作开展情况来看,仍存在一些问题。

2.1 巡查队伍专业化水平不高,存在错报误报

2023年,市级专业巡查共计上报问题31 522处,驳回1 329处,驳回率(即问题不属实率)达4.2%,说明问题上报质量仍需提高。误报问题主要为以下几类:一是将景观水生植物作为有害水生植物上报;二是将植物换季时正常枯黄现象作为枯死上报;三是上报问题在河湖管理范围之外;四是区区界河问题,所属行政区上报错误。以上问题反映出市级巡查工作在专业性方面还存在诸多不足:一是缺乏一定的专业知识储备;二是未完全掌握各区河湖管理范围;三是未清晰了解区区界河管理养护职责分工。

2.2 巡查方式过于单一

现市级巡查主要通过步行开展巡查作业,对于养护成效较好、问题较少、公里数较长的河湖来说,巡查效率较低。对于周边区域环境地势复杂、难以进入的偏僻河湖,缺乏巡查能力。对于水下的隐匿污染源,缺乏发现能力。

2.3 工作机制仍不健全

2.3.1 巡查河湖的选定过于随机

2023年,市级专业巡查中的自选巡查对所巡查镇村级河湖的选定过于随机,缺乏对重点保障区域、人口集中区域河湖的侧重,缺乏对养护力量薄弱、河湖养护成效差、河湖水质反复可能性较高区域的侧重。

2.3.2 评分体系不完善

一是评分各项内容权重分配不够合理,现评分标准中,水域保洁、陆域保洁得分各占比20%。2023年巡查数据的分析表明现评分标准中这两类内容的权重分配明显偏低,对水域、陆域保洁在当前养护工作中所起的重要作用凸显不足。二是现评分标准不能完全契合原生态河湖以及进博会区域等重点区域河湖的养护标准和要求。原生态河湖堤防护岸养护、绿化景观养护、防汛通道养护等养护内容较少,按照现评分标准,则以满分计算,导致该类河湖得分偏高。重点区域河湖养护标准较高,单位问题扣分值也应相应增加,按照现评分标准,该类河湖得分偏高。三是水域保洁、陆域保洁问题视问题严重程度,单位问题扣分分值不同。但问题严重程度主要由人员主观判断,无量化指标支撑。

2.4 对巡查成果的运用不够深入

2.4.1 未对巡查数据分析处理

市级专业巡查工作已连续开展多年,掌握了一定规模的巡查数据,但在后续工作中,缺乏对巡查数据的分析处理,进而无法对问题成因进行归纳总结。

2.4.2 巡查成果对各区工作的专业指导性不足

因未对巡查数据进行分析处理,在对各区以月报为形式的巡查结果反馈中,大多为巡查情况的总结性内容,缺乏以数据为支撑的主观性结论,无法对区级、镇级层面的长效管理养护工作提出因地制宜的导向性工作建议。

3 工作建议

3.1 加强巡查队伍专业培训

定期对巡查人员开展业务培训，切实提升巡查队伍专业化水平。一是要夯实基础，要求巡查人员掌握各区河湖管理养护成果及区区界河管理养护工作的职能分工。二是要提高问题尤其是影响水质的监管类问题的发现能力。三是要加强对疑似问题、易混淆问题的辨别能力，确保问题上报质量。四是要统一问题上报标准。对于无量化指标，需要主观判断严重程度的问题，统一上报尺度，对于上报问题时需要涵盖的时间、问题点位、问题拍摄角度等必要内容，统一标准。

3.2 探索运用新兴巡查手段

在现有巡查方式的基础上，探索运用新兴巡查手段。一是对于养护成效较好、问题较少、公里数较长的河湖以及环境地势复杂的周边区域，可使用无人机进行巡查。二是对于水体疑似黑臭河湖，可使用水质快速检测仪器，初步判断河湖水质。确认水质不达标的，使用无人潜水艇排摸水下潜在污染源。利用现代化科技手段，把问题找好、找准。

3.3 合理选择巡查河湖

在保障市区管河湖全覆盖巡查的前提下，镇村级河道的巡查选择应有所侧重。首先是对如进博会区域等重点区域河湖有所侧重，该区域河湖水环境面貌彰显了本市城市面貌。其次是对人口集中居住区域的河湖应有所侧重，该区域河湖环境直接影响居民生活质量，是本市水环境治理成效的直观体现。另外，应对历史数据反映存在问题较多、问题反复出现概率较大区域有所侧重，充分利用好巡查数据，提高问题发现效率。

3.4 完善评分体系

一是要提升水域保洁、陆域保洁的重要性，提高这两类养护内容在现有评分体系中的权重。二是不仅要对不同管理等级的河湖区分评分标准，更应综合考虑河湖现状、周边地理环境、河湖在该区域城市整体容貌中承担的作用等因素，细化评分标准。对于重点区域、人口集中居住区域的河湖，应降低问题容错率，提高单位问题的扣分分值，以促进养护成效。对于偏远郊区人烟稀少的原生态河湖，应降低河湖设施类养护内容的权重，确保河湖得分科学合理。

3.5 深入运用巡查成果

一是创建分析模型，对历年度、当年度、各月的巡查数据开展大数据分析。总结归纳市、区、镇三级层面问题发生规律，分析问题发生原因。在对各区的巡查反馈中，增加以巡查数据为依据的导向性工作建议，指导各区动态调整养护策略，切实降低问题发生率。二是建立问题河湖数据库，包括得分较低河湖、存在水质问题河湖等，可作为各级督查暗访线索，提高工作针对性。

参考文献

[1] 上海市水务局.关于进一步加强本市河湖长效管理养护工作的通知[Z].2019.
[2] 上海市水务局,上海市财政局.关于进一步加强本市河湖长效管理养护工作的实施意见[Z].2019.

关于上海市水利专项项目前期工作的思考

季林超

（上海市水利管理事务中心〈上海市河湖管理事务中心〉，上海 200002）

摘　要：水利专项项目前期工作，是项目建设与管理的重要基础。本文结合上海市水利专项项目前期工作实际，深入分析了当前水利专项项目前期工作存在的问题，并提出了相应的对策与建议，为后期加强水利专项前期工作提供参考。

关键词：水利专项；前期工作

0　引言

"十一五"时期，本市市级财政部门将河道整治、圩区改造等水利工程建设统一纳入财政投资专项（简称"水利专项"），落实了水利工程市级补助资金，切实保障水利工程建设。近几年，在市、区两级财政资金的支持下，本市有序推进水利专项项目的建设，河道水环境面貌持续改善，区域防洪除涝能力不断加强。

水利专项项目前期工作，是项目建设与管理的重要基础。项目前期工作质量对后期项目建设的质量、进度、费用的管理和控制影响很大，可以说是项目建设的关键。

1　水利专项项目前期工作的基本情况

1.1　前期工作内容

根据《水利工程建设程序管理暂行规定》，水利工程建设程序一般分为：项目建议书、可行性研究报告、施工准备、初步设计、建设实施、生产准备、竣工验收、后评价等阶段。结合上海市实际，本市水利专项项目建设前期主要包括项目储备、可行性研究报告和初步设计等阶段。

1.2　前期工作相关要求

为规范水利专项项目前期工作，提高项目前期工作质量，2014 年，市水务局印发《上海市水利工程前期工作成果质量评价管理办法》，以加强本市水利专项项目前期工作成果质量管理，促进前期工作质量提升。2019 年，市水务局印发《上海市水利专项项目储备管理办法》，进一步规范本市水利专项项目前期工作，明确了水利专项项目储备责任主体及项目储备的相关要求，提高水利专项项目储备的科学化和规范化水平。2023 年，市水务局印发《本市水利专项工程项目审查要点（试行）》，进一步明晰项目审查要点，加强项目审查。

作者简介：季林超（1992— ），男，工程师，本科，从事河道水环境治理的相关工作，电子邮箱：243067452@qq.com。

2 水利专项项目前期工作存在的主要问题

本市水利专项项目前期工作以现有管理办法和规定为依据，按照规划先行、提前谋划、科学论证、整体推进的原则，严格项目储备管理，强化项目审查，不断加快前期工作进度，不断提高勘察设计质量。但部分项目前期谋划不深、勘察设计深度不足，导致前期储备质量不高、后期设计变更较多等问题，严重影响项目推进进度。

2.1 前期谋划不深，项目储备质量不高

部分项目在前期工作过程中，存在以下问题。一是缺乏系统谋划。部分区水务局及项目法人由于缺乏对国土空间规划、各类水利规划及相关政策的系统研究，对项目谋划的广度及前瞻性不够，往往急于项目立项，存在"当年项目、当年谋划、当年决策"的现象。二是缺乏科学安排。部分区水务局及项目法人缺乏科学的前期工作安排（如前期工作目标、前期土地手续办理时间节点等），给勘察设计单位的时间远远少于合理的设计周期，同时可能对设计方案存在一定程度的主观影响。三是缺乏沟通协调。部分区水务局及项目法人未充分征询项目建设涉及的相关部门的意见和建议，导致部分项目方案必要性和可行性论证不足，致使项目储备的深度不够、质量不高，直接影响到后续项目的实施。

2.2 勘察设计深度不足，项目后期设计变更较多

部分项目在勘察设计过程中，存在以下问题。一是部分设计单位人员配备不足或人员能力相对欠缺。水利专项项目设计工作量大且涉及的专业种类较多，对专业知识的要求相对较高，部分设计单位专业人员配置不足和人员能力相对欠缺会直接影响项目的设计质量。二是外业勘察深度不够，基础资料收集不全。项目勘察与基础资料是项目设计工作的基础，项目用地范围内及周边的具体情况，如项目用地范围内占用永久基本农田、林地（公益林、涵养林）、重要管线、涉及动拆迁等，将直接影响设计的方案与质量。三是设计方案比较分析不足。前期应进行多方案比选，设计方案未开展全面且系统的论证，将直接导致项目设计方案难以落地，后续实施的过程中设计变更较多。据初步统计，2019—2022年，上海市实施的435个水利专项项目中，发生重大设计变更的有137个，占比31%。

2.3 相关部门指导协调不够，项目前期推进缓慢

部分水利专项项目涉及用地手续办理、林地搬迁、管线搬迁、房屋动拆迁等前期要件办理，这些要件的办理均由各区水务局或项目法人负责。受业务能力及人员配备的限制，前期要件的办理进展相对缓慢，特别是涉及上下游、左右岸的区区界河项目，易出现上下游、左右岸同时立项但前期进度不一致的现象，导致项目前期整体推进缓慢。

2.4 区、街镇财力配套支撑不足，制约项目前期进展

随着经济社会的发展，水利专项项目前期受征地、动拆迁等影响，成本越来越高，部分项目存在工程费与前期费倒挂的情况。按照本市相关规定，仅市、区管河道项目享受腾地补贴政策，腾地补贴标准已执行十多年未发生变化，市级财力补贴的资金已基本无法覆盖项目前期成本，各区、街镇财力需配套的资金总量越来越高。各区、街镇落实配套资金相对困难，导致开展项目前期工作的积极性不高，已严重制约了前期工作的开展，很难实质性形成项目储备。

3 加强水利专项项目前期工作的对策及建议

3.1 提前谋划，强化项目储备

本市水利专项项目绝大多数为线性工程，前期工作范围广、战线长、周期久，涉及多个部门的沟通协调，需要各区水务局及项目法人投入大量的人力、物力。一是提前谋划研究。对照未来五年及2035年水系统治理主要目标和任务，紧紧围绕骨干河道、外围泵闸、生态清洁小流域建设等重点工作，提前启动谋划项目的前期工作，加强项目储备研究。二是科学安排计划。按照计划实施年份，科学编制项目前期工作目标、计划，优先选择符合资质要求、信誉度高的勘察设计单位开展相关工作，合理提出项目建设需求，尽早稳定项目实施范围与内容，给勘察设计单位合理的设计周期时间编制相关报告，确保项目范围内土地、林地、环保、房屋、重要设施、管线等要素排摸清楚。三是加强沟通协调。主动与项目审批部门、行业主管部门、权属部门、属地政府等加强沟通协调，若项目涉及规划调整，应尽早启动专项规划调整工作，确保项目储备做实、做深、做细，推动形成"谋划一批、储备一批、成熟一批、申报一批"的动态管理机制。

3.2 强化监管，确保项目质量

水利专项项目勘察设计是对拟建工程的实施在技术上和经济上所进行的全面而详细的安排，其质量从根本上决定了项目质量。高质量的勘察设计成果是后续施工顺利进行的保障，应强化勘察设计工作的监管，推动项目勘察设计质量提升。一是落实主体责任，勘察设计单位应加强专业人员配置，充分开展项目资料收集，前期方案应进行多方案比选，加强设计方案论证，选择最优方案，确保项目落地。二是把好审核关，区水务局应加强对项目前期质量的把控，加强项目内审，重点关注可能影响、制约项目建设的主客观因素，如区域发展规划、现有建筑物、民风习俗等；审查机构和专家应本着认真负责、客观公正、科学严谨的态度，对评审意见负责；相关部门除了对项目设计方案的技术可行性、概估算投资合理性进行把关外，还要加强对设计报告是否存在设计和概估算缺项漏项等进行审查，必要时可组织开展影响项目实施的重大要素的论证等。三是强化考核激励导向，加强对项目前期成果质量的评价和考核工作，并加强考核结果应用。四是强化设计变更管理，按照"先认定，再变更；先追责，再审批"的原则办理项目设计变更手续，促进项目设计质量提升。

3.3 加强协调，护航项目推进

加强水利专项项目前期的分类指导，突出科学精准施策，护航项目前期推进。一是抓好指导，相关部门应主动跨前一步，以及时、专业的服务，指导各区破解项目前期推进中的困难和问题，特别是涉及土地、界河等问题应加大协调指导力度，必要时可联合市规划和自然资源局等部门组织开展相关培训学习或召开相关专题会议。二是抓细前期，充分利用水利专项管理系统，围绕项目储备、工可、初设等关键环节开发项目前期管理模块，及时掌握项目前期进展情况，推动项目尽早落地实施。三是抓紧调度，完善前期工作调度管理机制，落实各区水务局、项目法人、勘察设计等单位责任，明确牵头部门和相关责任部门，利用调度会等通报项目前期进展情况，查摆问题，研究对策，加大项目前期工作协调推进力度。

3.4 拓展渠道,保障项目资金

加大水利项目建设资金筹措力度,拓宽资金筹措渠道,扩大有效投资。一是利用专项债券,积极筹措水利专项项目建设资金,用于支持重点水利工程建设,缓解各区及街镇财政压力。二是利用社会资金,推进项目融资,持续不断夯实水利基础设施建设,增强水利服务民生的能力。

参考文献

[1] 张华.枣庄市水利工程前期工作质量提高的对策研究[J].农村实用技术,2020(7):155-156.

[2] 王应武,罗建富.对加强水利工程前期工作质量的思考[J].中国水利,2017(20):41-43.

[3] 王功.水利工程项目前期工作的研究[J].山西水利,2021,37(5):43-44+47.

[4] 张宝全.坚持系统谋划 创新组织模式 全力推动重点水利项目前期工作[J].河北水利,2023(8):12-13.

[5] 山西省水利项目储备管理提升三年行动方案[J].山西水利,2021(11):17-21.

[6] 翟文欣.水利建设项目设计质量管理研究[D].北京:华北电力大学,2017.

新形势下松江区圩区水闸管理实践与思考

吴琴全

（上海市松江区水务管理所，上海 201600）

摘　要：在上海加快建设现代国际大都市的形势下，松江区作为上海市五大新城之一，全方位推进高质量发展刻不容缓。圩区水闸管理是服务区域水安全保障、水环境保护、水生态修复和水景观打造的重要基础工作之一。本文从高质量发展视角下如何提升松江区圩区水闸管理能力的角度出发，通过圩区水闸工程现状和管理情况，全面分析存在问题，提出圩区水管理方向与措施，为上级决策提供参考，为水闸的运维管理提供借鉴。

关键词：高质量发展；圩区水闸；管理能力；提升对策

0　前言

松江地处太湖流域东部碟形洼地的底部、黄浦江干流上游，位于上海市郊西南，总面积605.64 km²，户籍人口74.69万人，常住人口197.35万人，域内地势低洼，地面高程在3.2 m以下的低洼地约39.9万亩，占耕地总面积的78%；境内河网密布，拥有市管、区管、镇管、村级和其他河道1 334条段，总长度2 031 km，河网密度为3.35 km/m²，防洪堤防岸线长达102.02 km，二级圩堤岸线长度687.62 km。区域内河流主要受下游潮水、上游来水及地面径流三重影响，水量充沛。当前，松江区经济快速发展，城市功能日趋完善，区位优势更加突出，正着眼于整个长三角城市群和城市带的发展，以电子信息产业、文旅创意产业、现代农业产业为重点，强化行业板块协调发展，努力打造"上海之根"的新时代上海新城。

1　圩区及水闸工程概况

1.1　圩区现状

根据骨干河道和镇村级河道情况，松江区涉及4个水利片，其中，青松片，涵盖面积409.54 km²，片内建有圩区60个，外围主要水闸14座，泵站流量85 m³/s；太南片，涵盖面积18.9 km²，片内建有圩区3个，外围主要水闸1座；浦南东片，涵盖面积80.2 km²，片内建有圩区5个，外围主要水闸3座；浦南西片，涵盖面积97.0 km²，片内建有圩区17个，根据太湖流域综合治理规划，属杭嘉湖洪、涝水东泄的通道地区，未设大包围。其不仅承担着本地区的引、排水任务，又与红旗塘共同承泄上游来水，向东排入黄浦江，外围通过圩区水闸控制。

1.2　水闸工程情况

截至2023年底，全区建有圩区85个，泵闸730座，其中节制闸94座、泵闸630座、泵站

作者简介：吴琴全(1972—　)，男，工程师，从事水利工程运行管理。

3座、涵闸3座,总流量为1 185 m³/s。

2 运行管理现状

2.1 圩区管理

全区85个圩区分布于11个镇2个街道,圩区水闸由各街镇作为责任主体,各街镇河长办、圩区组等部门具体负责。

2.2 运行调度

松江区区域内4个水利片区调度方案各不相同,具体如下。

2.2.1 青松片

该片区河网平均控制水位为非汛期2.5~3.0 m、汛期2.4~2.9 m。非汛期整体采取南引东排,少量北引及西引东排,以沿黄浦江的水闸引黄浦江水,以淀东水闸排水。汛期只排不引,向黄浦江排水。

2.2.2 太南片

该片区河网平均控制水位为非汛期2.2~2.7 m、汛期2.1~2.7 m。非汛期采取北引南排,主要从泖河—斜塘中引水,南排圆泄泾;汛期只排不引,向圆泄泾排水。

2.2.3 浦南东片

该片区河网平均控制水位为非汛期2.5~2.9 m、汛期2.4~2.8 m。非汛期采取北引南排,即黄浦江上游南岸沿线口门只引不排;汛期只排不引,北侧向黄浦江排水,南侧向小泖港排水。

2.2.4 浦南西片

该片区河网平均控制水位为非汛期2.2~3.0 m、汛期2.1~2.9 m。水资源调度通过每个圩区的调度来实现。

2.3 典型台风调度运用情况

2021年"烟花"台风期间,受暴雨、上游泄洪及下游潮汐顶托影响,黄浦江上游和松江区水利控制片多站水位突破历史极值,其中米市渡最高水位达到4.79 m(历史最高水位4.61 m),区域内排水压力巨大。片内圩外骨干河道水位居高不下,部分区域水位保持在3.6~3.8 m,圩堤防洪压力较大,"因洪致涝"问题逐渐凸显。

3 存在主要问题

3.1 水闸建成年代早,运行时间久,工程综合效益衰减

松江区圩区水闸建成年代早、运行时间久、设计标准偏低,目前工程实体普遍存在破损现象,设备老化严重,水闸存在除涝功能和效益衰减、运行故障增多等问题。

3.2 运维技术力量弱,专业程度低,设施设备老化严重

松江区圩区水闸实行市场化运行,运维人员年龄大、文化程度低,水闸专业化养护程度低,设施设备老化严重。

3.3 管护资金缺口大,养护不到位,水闸普遍带病运行

目前松江区圩区水闸管护经费由街镇承担,资金安排受地方政府综合财力影响大,普遍

存在管护经费少、缺口大的问题。

3.4 科技信息程度低,感知数据少,防汛区域联动不强

只有极少数镇建有圩区控制中心,普遍存在圩区水利设施监测点覆盖不全、感知数据少、不能满足统一调度需求的问题,存在圩区调度常各自为政现象。

3.5 运行调度粗放式,调度不规范,改善生态作用尚弱

圩区水闸运行调度精细化管理程度低,实施细则仅注重防汛调度,缺少活水畅流相关要求和控制要素,服务区域河湖水网水动力管控、自然生态修复作用尚不强。

4 管理能力提升建议

4.1 加快水闸安全鉴定,筑牢设施管理安全屏障

坚持人民至上、生命至上,根据《上海市水闸安全鉴定工作管理办法》《上海市小型水闸安全评价导则》相关规定,加快推进全区圩区水闸安全鉴定,理清圩区水闸工程状况和风险隐患,轻重缓急、分门别类推进病险水闸除险加固,并逐步建立安全风险评估和防控体系,确保圩区水闸工程运行安全稳定。定期开展水闸工程专项检查,重点检查闸门启闭机是否运转灵活,机电设备电气设施是否安全可靠,自动监控设施测控数据是否准确,钢丝绳索有无锈蚀、磨损,土石结合部有无渗漏,闸前闸后砌石护坡有无塌陷等。现场为圩区水闸"把脉问诊",对查出的问题隐患现场录入整治台账,落实管控整改措施,确定管控责任人,明确隐患清零销号时限,及时排除安全隐患,防止水闸"带病"运行,确保度汛安全。

4.2 推进工程标准化管理,构建水闸管理现代模式

目前,松江区圩区水闸管理涉及防洪除涝、活水畅流及通航灌溉等诸多方面,需要以水闸标准化管理为抓手,按照"职能明确、队伍精干、管理到位"的要求,理顺管理体制,构建运行简洁高效的圩区水利工程管理新机制新模式,避免出现"看得见,管不了"的现象发生。一是推进圩区水闸运行管理规范化标准化,修订完善圩区水闸运行管理制度和操作规程,做到管理职责明晰、岗位任务明确,探索推进精细化管理的项目化试点,以点带面提升圩区水闸标准化管理能力和水平。二是健全圩区水闸工程安全保护制度,按照节约利用土地、符合水利工程管理与保护的要求,加快圩区水闸管理与保护范围划定,设立界桩、公告牌等标志,夯实保障工程运行安全和效益发挥的基础工作。三是深化专业管理公司管护模式,优化政府购买服务运行方式,通过公开招标,委托社会化的专业管理公司对圩区水闸进行管护,做到"管养分离",进一步提升水利工程管护水平。四是建立圩区水闸运行区级监督管理机制,充分发挥区河湖长制工作制度优势,同步开展圩区水闸运行监管与河道养护监管,建立水安全、水环境管理新机制新模式,努力打造清洁、畅通、安全的圩区河网空间。

4.3 加强职业技能培训,提升水闸运维综合技能

对标高质量发展、高水平管理要求,结合本市新一轮行政体制改革,围绕街镇职能调整,梳理圩区水闸管理岗位需求,制订人才培养计划,重点做好水利类专业技术力量使用和管理措施,加大专业化引领的力度。定期组织开展水闸运行操作技能培训,加大水工闸门运行

工、电气设备维修工等培训,充分发挥行业技术能手的"传、帮、带"作用。同时,举办水工闸门运行工技能竞赛,开展行业内外学习交流,遴选培养技能工匠,积极培养专业化养护市场,提升全区圩区水闸运维操作水平。

4.4 调整优化政策机制,积极争取资金保障力度

全区 673 座圩区水闸承担着区域防洪除涝、改善水环境、提升水景观等重要作用。目前圩区泵闸运维经费享受市级财政少量补贴政策,每座设施的年运维资金主要由同级财政承担,一定程度上制约了区管、镇管水闸管护成效。近年来本市河湖养护经费在市级财政的大力支持下,有了较充分的保障。随着新一轮河湖泵闸长效管理工作机制的出台,圩区水闸管护经费补贴标准将上调。圩区水闸是河网水系的重要口门,建议市、区两级财政与河道养护政策机制同步考虑、统筹安排,更好地发挥全市水闸工程"一盘棋"作用。同时,圩区水闸管理单位研究制定水闸设施长效管理养护监督、考核机制,确保水闸管护资金使用及管理规范、高效和安全。运维企业应统筹推进河湖、泵闸长效管理养护工作。

4.5 坚持片圩联合调度,提升区域防汛调蓄能力

松江区域涉及本市 4 个水利控制片,特别是青松片圩区众多,整体现状除涝能力为 10～15 年一遇,尚未达到规划 20 年一遇要求,片内圩区排水矛盾突出,圩区防汛调度直接影响整个水利控制片的防御能力。坚持统筹防御、蓄泄兼筹,充分运用片区-圩区洪涝防御工程体系,充分发挥水工程防洪除涝减灾效益。开展超标洪涝灾害应急调度研究和实验,探索实践超现状防御能力的雨情水情应对措施,减轻重要地区防汛压力。开展典型圩区调度新模式试验研究,探索积累水闸区域调水运行的新方式,服务保障区域防汛排涝、水环境保护、水生态修复和水景观打造。

4.6 加大科技信息应用,强化水闸综合效益发挥

依托"智慧水务"平台,充分利用物联传感、GIS 地理信息、自动化控制、视频监控、大数据分析等技术汇集数据、联控联调,提高圩区水利工程自动化监测、可视化调度、智能化运行、针对化维护水平,实现防洪除涝和水环境调度的智慧化管理。以数字孪生圩区建设为目标,推进圩区水闸控制智能化改造,建设水闸远程监控系统,建立全区圩区水闸基础数据信息库,收集汇总圩区水闸工程实体及运行安全动态信息,实现圩区汛情、水闸工情、水系水情的实时监测和设备的远程操控。积极构建智能监管新模式,通过线上平台监管,实现问题发现、上报、办理、督促、反馈及办结的全过程闭环式管理。同时,通过信息管控平台,远程同时调控圩区多泵闸的启闭状态,实现圩区与圩区、圩区与水利片之间的联排联调。

4.7 完善运行调度细则,促进人水和谐环境建设

因地制宜,精准施策,坚持以"常态运行、精细调度"为着力点,积极推进圩区水闸运行调度实施细则修订,不断完善"一圩一策",优化活水畅流调度管理。针对松江新城、水源地保护地区、粮食生产重要镇的重点圩区,根据河湖水系、圩区布局、闸泵配置理清空间拓扑关系,细化"一圩一策"调度方案,梳理承担重要连通功能的水闸泵节点,提升圩区河湖水系连通能力,为幸福河湖建设提供科技支撑。

5 结语

松江区水务部门建立健全圩区水闸基础数据信息库,组织开展圩区水闸安全鉴定与评估,推进水闸标准化管理,优化圩区布局设置,加强水利专业人员技术教育培训和水利工程运维市场培育,运用现代科技信息技术,进一步优化细化圩区水闸运行调度管理,不断提升圩区水闸工程综合效益,更好服务保障新时代松江新城建设和发展。

沿海泵闸运行养护的重难点与对策措施
——以航塘港泵闸为例

田　菁，王　亮

（上海迅翔水利工程有限公司，上海 201199）

摘　要：维修养护应遵循"经常检查、及时维护、养重于修、修重于抢"的工作原则，根据泵闸工程的特点，按照水闸和水利泵站维修养护技术标准等要求做好日常维修养护工作。本文以奉贤区沿海泵闸航塘港泵闸工程为例，从目前运行养护工作中工程控制运行、维修养护、重点设备巡检等相关重难点提出有针对性的措施与对策，并对未来进一步加强标准化养护工作提出思考和建议。

关键词：航塘港泵闸；运行养护；重难点；措施对策

0　引言

2022 年 8 月，上海市水务局以沪水务〔2022〕450 号发布了《上海市水利工程标准化管理评价细则》。结合上海城市精细化管理要求和水利工程管理实际，全面对管理单位和运维单位发展规划和目标任务进行分解，不断细化及落实是在泵闸工程运行现场提升工作成效和整体执行能力的一个重要途径。本文以奉贤区沿海泵闸航塘港泵闸工程为例，从目前运行养护工作中工程控制运行、维修养护、重点设备巡检等相关重难点提出有针对性的措施与对策，旨在为沿海泵闸的维修养护提供一定的措施建议，使工程能够更好地发挥作用。

1　现状分析

1.1　航塘港泵闸基本情况

航塘港泵闸位于奉贤南部，新开河道航塘港入杭州湾河口处，现状金汇海塘上，水闸规模为口门净宽 24 m，泵站规模为单向排涝 60 m³/s。工程为 I 等工程，作为新建通海口门位于已建金汇港闸和南门港闸之间，是截至目前浦东片唯一启动建设的南排方向除涝泵站。航塘港泵闸的建设打通了南侧出海口，为大片排水增加口门，按照"北引南排"的引水调度原则，充分利用杭州湾潮差大、排水优势明显的特点，配合调度外排片内水体，增加区域水流动力，不仅提高了片域防洪除涝能力，而且提高了片域和区域水资源调度能力，达到改善水环境的目的。

作者简介：田菁（1990—　），女，水利水电中级，主要从事水利工程管理，电子邮箱：304341005@qq.com。
　　　　　王亮（1984—　），男，助理工程师，主要从事水利工程管理，电子邮箱：523887832@qq.com。

1.2 运管体系基本情况

奉贤区河道水闸管理所通过市场招投标,确定由上海迅翔水利工程有限公司承担航塘港泵闸运行养护任务。

奉贤区河道水闸管理所作为管理单位负责泵闸日常检查、监督、指导、考核等管理工作。迅翔水利公司作为运行养护单位按照合同要求负责泵闸的日常运行、操作及维修养护、局部更新改造;按照相关技术规程要求,实施水闸机械、电气、自动化设备日常保养、局部更新改造;按照管理要求,负责对水闸管理区域的管理、巡视、检查,实施 24 h 值守,记录泵闸工作台账等,以确保工程安全完好,保障设施正常运行。

2 运维工作中的重难点分析

2.1 沿海泵闸的控制运行

航塘港泵闸位于奉贤区南部沿杭州湾出海闸,水位易受沿海潮汐影响,杭州湾的潮汐属于非正规的浅海半日潮,潮汐日不等现象比较明显。当外海波浪进入杭州湾后,受喇叭形海湾地形约束变浅的影响,潮波反射成为驻波形态。杭州湾内高潮位变化自湾口向内沿程逐渐增高,低潮位逐渐降低。

本工程具备重要的防洪排涝、活水畅流、挡潮排涝等功能,对控制运行工作要求较高,在控制运行工作中需严格按照《奉贤区水资源调度实施细则》执行。开闸排涝时需严格控制闸门开度,控制过闸流量,防止闸下冲刷。一是闸门的开启时刻在内外河水位持平或相差较小时(5 cm)。如特殊情况下需要紧急排水,且闸门内外水位差较大时,必须分级逐步开启闸门,闸门开度一般按 0.3 m、0.5 m、1.0 m 分级开启。二是严格掌握外海潮位和内河水位的情况,可参考潮汐表 App 杭州湾侧和奉贤河道水闸移动管理平台内水位曲线图(图1、图2),通过观看曲线图提前预判开关闸时间。

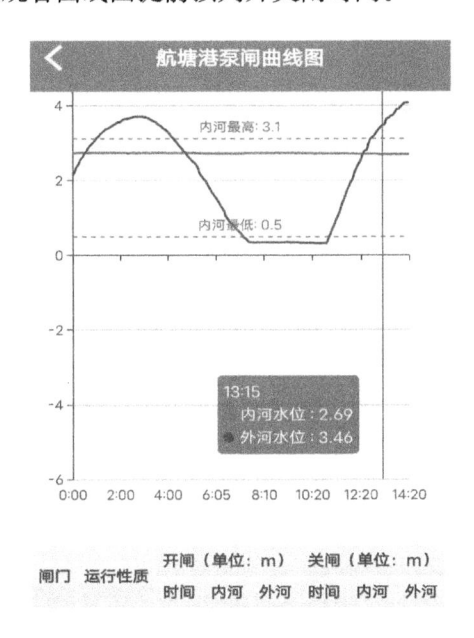

图 1 水闸监测曲线图一

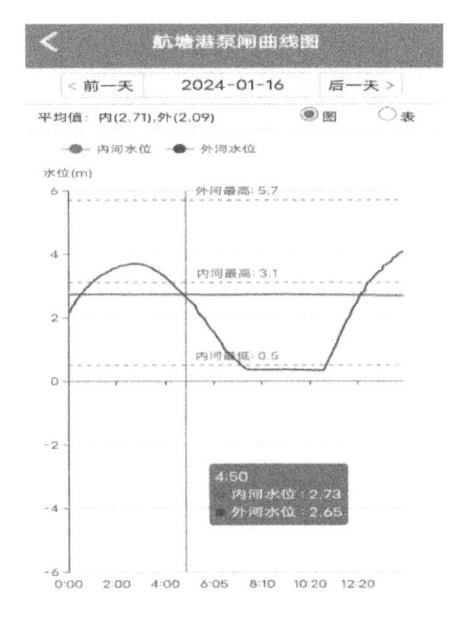

图 2 水闸监测曲线图二

2.2 永磁电机的巡视检查

航塘港泵站水泵主电机采用高压永磁同步电机，永磁电机工作原理即定子线圈通电后产生旋转磁场，转子跟随定子产生的旋转磁场旋转，实现机电能量转换。永磁电机的磁场是由高强度磁性材料建立的永久磁场，利用磁引力拉动永磁转子跟随定子产生的旋转磁场同步旋转，从而实现机电能量转换。

航塘港泵站目前是上海第一座采用永磁电机的大型排涝泵站，主电机电压等级为10 kV、额定功率为900 kW，电机配套采用高压变频器启动。高压变频器可以调节主机泵转速并能收集电机数据后处理，还可以根据设备的特性进行自学习，实现不同工况下动态响应迅捷、无级调速方便，设计较为先进。

运行养护人员在日常的巡查工作中需了解掌握相关巡视重点，确保设备完好。要根据重点设备的特性有针对性地进行巡检，永磁电机巡检重点见表1。

表1 永磁电机巡检重点

项目	巡视要求
永磁电机	检查电机的外壳是否有裂缝或变形，是否有漏油现象
	检查电机的冷却系统是否正常运行，以确保电机正常散热
	定期检查接线端子：检查接线盒接线螺栓（螺母）是否松动，螺栓（螺母）是否有缺陷，必要时更换。定期检查各固定部分螺栓（螺母）和接地线；检查接地螺栓，端盖与轴承内外盖紧固螺栓等安装情况
	转子轴承是否正常，是否有异响或发热、轴承卡阻现象
	定子绕组是否正常，是否有短路或断路现象。如果发现问题，需要及时进行维修。检查定子铁芯是否正常，是否有变形或损伤。如果发现问题，需要及时更换
	在巡检过程中，还需要对电机的绝缘性能进行检查。检查绕组的绝缘是否正常，是否存在漏电现象。如果发现问题，需要及时更换绕组或进行维修。另外，还要检查绕组和外壳之间的绝缘情况，以确保电机的安全运行
	远程对电机的电气性能进行检查需检查电机的电流、电压、功率因数等参数是否正常。如果参数异常，需要检查电机控制系统是否出现故障

2.3 重要设备的维修养护

航塘港泵闸工程共设平面闸门15扇，具体为8扇泵站出水口快速闸门、4扇泵站进水口闸门、3扇节制闸工作闸门。泵闸设有2套液压启闭机，其中一套液压站一控七（控制3扇节制闸及泵闸内河侧4扇检修门），另一套液压站一控八（控制泵闸外河侧4扇出水流道工作闸门及4扇事故闸门）。

航塘港泵闸工程建筑物主体结构所处环境类别多为三类、四类或五类环境，泵闸厂房室内结构为二类环境，因此在维修养护工作中，需加强对液压设备的维修养护工作。在维修养护时，对重要设施设备所处环境制订维修工作计划，具体见表2。

表 2 航塘港泵闸液压设备维养重点

	维养内容		维养内容
室外	外表面有无生锈（油缸端盖螺丝、底脚螺丝有无腐蚀、变形、缺失），活塞杆有无腐蚀、磨损、变形	室内	干燥机有无变色，定期更换
	检查液压油缸、液压管路接头处有无渗漏，定期更换密封件		检查油箱上阀件有无渗漏
	运行时有无振动、爬坡、卡阻以及是否同步运行		定期更换液压油管
	油箱上阀件有无渗漏		每年检测一次油品，每年两次滤油，保证油质
	机架定期加固		电机绝缘检测
	闸门有无损坏（牺牲阳极、牺牲镁极）		控制柜保持清洁，显示正常

2.4 安全生产工作

安全管理无小事，泵闸运维安全管理也要像建设工程那样受到重视，要绷紧安全弦，泵闸内外一样重视，要努力做到泵闸运维安全的长效管理。泵闸除了要做好本身设施设备的日常运行维护外，也要注意泵闸周边环境的安全状况，特别是巡视中发现的汽车超载和河边钓鱼等问题，应采取切实可行的措施杜绝安全隐患。

3 结论及展望

本文以航塘港泵闸为例对标准化养护工作进行了分析，对现场的重点养护工作的难点提出了对策建议，可供日后泵闸运行养护工作参考，当然还需要进一步搜集数据并进行系统科学的分析，增加对实践工作的指导。

参考文献

[1] 航塘港南延伸整治工程初步设计报告[R].2019.
[2] 陆明丽,郭楚.变频驱动永磁电机在低速泵中的应用[J].上海水务,2012(12):55-58.

上海市灌溉试验站现状和发展趋势探讨

居艳阳

(上海市水利管理事务中心〈上海市河湖管理事务中心〉,上海 200002)

摘　要:灌溉试验是水利建设与管理的一项重要基础性工作。自20世纪80年代开展灌溉试验工作以来,上海市灌溉试验工作取得了一定的成绩,然而新时期灌溉试验工作面临的形势严峻,灌溉试验工作进展缓慢。本文阐述了上海市灌溉试验发展历程,梳理了当前灌溉试验站的发展现状,总结了当前灌溉试验工作中存在的基础设施薄弱、数字化水平低、科研力量和经费不足以及创新力不够等突出问题,在此基础上提出加强经费保障、升级改造、数字化提升、创新机制和人才结构优化的发展方向,为下一步灌溉试验工作提供参考。

关键词:新形势;灌溉试验站;升级改造;数字化

0　引言

灌溉试验是水利建设与管理的一项重要基础性工作,不仅是实行科学灌溉、推进农业用水管理制度最基本的要求,也对降低面源污染、改善水环境有着十分重要的意义和作用。

国家历来重视灌溉试验工作。2011年、2012年中央一号文件中均提出要强化水利基础研究和技术开发,加强灌溉试验专业化服务组织的要求。2015年6月,《水利部关于印发全国灌溉试验站网建设规划的通知》(水农〔2015〕239号)中提出,加强全国灌溉试验站网建设与管理,强化农田水利基础保障和科技支撑,促进农业灌溉科学高效用水。2022年以来,水利部办公厅先后印发了《水利部办公厅关于印发2022年农村水利水电工作要点的通知》《水利部办公厅关于加强农业用水管理大力推进节水灌溉的通知》等文件,要求加强灌溉试验工作。我国曾几次规模化开展了灌溉试验工作,取得了一大批阶段性成果,对一定时期的农田灌排工程建设、灌溉用水管理及农业生产发展起到了重要的促进作用。

灌溉试验工作开展到今天,面临着新的任务、新的挑战,特别是机构改革后,农田水利建设管理、农田高效节水灌溉等职责划转到农业农村部,水利部门在一定程度上对灌溉试验的重视度不足,这一基础性研究工作的支撑力度和重视程度受到了不同程度的削弱。研究当前形势下灌溉试验站助力,对水利行业发展的新路径具有极其重要的意义。

1　上海市灌溉试验发展情况

1.1　发展历程

上海灌溉试验工作是全国灌溉试验工作的重要组成部分,在上海水利现代化建设中具

作者简介:居艳阳(1992—　　),女,工程师,硕士,主要从事水利科技发展和信息化工作。

有重要的支撑作用。上海市历史上曾有佘山、青浦、嘉定、闵行和浦东5个试验站(点),取得过大量科研成果和工程参数与基础资料,在上海市不同时期的水利工程建设中起到重要作用。上海市的灌溉试验工作按照社会经济发展的需要,分为下列几个发展阶段。

第一阶段,1987—1991年,围绕粮田生产现代化开展灌溉试验工作。结合粮田生产现代化,以泵站自动化控制试点为突破口,建立合理的灌溉制度,实行计划用水、科学用水,开展了以稻、麦为主的作物需水量及产量对比试验。

第二阶段,1992—1997年,围绕城郊型农业开展灌溉试验工作。结合"三高"粮田建设,为促进粮食生产,蔬菜稳定供应,农田的现代化建设,为水资源的合理利用,区域水量平衡,水利工程的规划设计提供科学依据。重点开展作物排灌参数实验和灌溉排水新技术研究。

第三阶段,1998—2000年,围绕现代农业园区建设开展灌溉试验工作。结合经济建设及产业结构调整,开展以蔬菜为主的作物耗水量、耗水规律试验研究。

第四阶段,2001年以后围绕现代化建设开展灌溉试验工作。开展了以雨水利用为主的作物耗水量和耗水规律的研究、无公害农作物灌溉技术研究。2005年以后,聚焦水环境恶化问题开展了面源污染防控和治理技术研究。

1.2 灌溉站基本情况

上海目前保留下来尚在运转的灌溉试验站包括上海市青浦区水利技术推广站和上海市松江(佘山)农田水利试验站。根据水土资源条件、农业灌溉特点,结合相关农业规划,上述两站均属于全国灌溉试验网划分的长江中下游区。

松江站成立于1984年,2003年被确定为水利部灌溉试验上海市中心站,2015年又被规划为重点站。松江站基础试验区域内设置了地面气象观测场、水分蒸发实验场、作物需水量实验场及水量均衡实验场、大型径流实验场、土壤含水量观测点和地下水位观测点等试验观测系统,观测项目达数十种。

青浦站正式成立于1989年,2003年被确定为水利部灌溉试验上海市重点站,2015年又被规划为中心站。青浦站由练塘和香花两个试验基地组成,两基地相辅相成,各有特色。练塘基地建成于2008年,占地16亩,以经济作物灌溉试验为主,主要试验设施有气象场、旱作大测坑、水生小测坑、玻璃温室大棚、作物试验小区、灌溉排水设施和管理房等。香花基地建成于1989年,占地20.5亩,以水稻等粮食作物的灌溉试验为主,主要试验设施有气象场、测坑、水稻试验小区、蔬菜试验小区、灌溉排水设施、管理房等。近两年,练塘基地已基本完成升级改造,香花基地的升级改造项目也已立项。

1.3 开展工作和主要成效

1.3.1 灌溉试验基础数据采集

松江站、青浦站作为全国灌溉试验站网建设规划的上海市灌溉试验中心站、重点站,一是承担全国灌溉试验总站的数据采集上报和协作研究任务,完成气象信息、地下水、水稻等粮食作物灌溉试验基础数据的监测和采集工作,为上海市指定农业用水总量控制、农业灌溉定额、用水效率指标和农田灌溉规划等提供数据支撑;二是随着上海现代都市农业的发展,针对上海特色农业的经济作物开展灌溉试验数据采集工作,主要采集茭白、叶类蔬菜、茄果类蔬菜等常见经济作物的灌溉量以及相应的农业气象数据,为制定上海市都市农业的灌溉定额服务。

1.3.2 研究成果

依托试验基地基础设施,结合农田灌溉生产时间及水利发展的现实需求,开展了多方面试验研究工作,一是农业基础灌溉研究,主要开展作物需水量、灌溉制度和高效节水的研究;二是灌溉排水技术研究,主要开展了灌排技术、节水高效灌溉等研究;三是农村水资源合理利用和保护技术的研究,主要开展了种植业退水口生态治理、氮磷削减技术等研究。研究成果在地区、部门推广应用,取得了良好的社会效益和经济效益,为上海市现代化水利建设作出了贡献。此外,两站积极加强科研交流宣传,与武汉大学、上海交通大学、华东师范大学等高校进行科研协作,成为培养研究生和科研技术人员的重要农田水利教学和科学试验基地。

2 存在问题

2.1 基础设施薄弱

两站建成时间久远,一方面试验场地规划布置较久远,存在布置不合理、配置标准低等问题。基础试验观测系统仅能承担传统灌溉试验工作,研究内容较单一,难以匹配新形势新要求,限制了科研方向的转型和研究内容的拓展。另一方面设施设备老旧破损严重,大部分设施设备已持续运行使用了十多年,出现了核心试验设施测坑漏水、传感器老化、数据采集装置破损等严重影响试验正常开展的问题,且由于监测设备和手段落后,大部分观测以人工为主,导致工作效率低下,试验数据的准确性、可靠性难以保证。目前,青浦站练塘基地已基本完成改造,而香花基地和松江基地的升级改造也迫在眉睫。

2.2 数字化水平较低

除青浦站练塘基地改造后,配置了灌溉试验自动化采集数据管理模块,基本实现了数据自动采集、传输、集中管理和数据分析功能外,整体数字化水平仍较低,数据自动化采集水平和连续性不够,数据分析大多由人工处理,导致工作效率和数据质量较低。同时,长期以来试验站的数据资料以纸质为主,部分试验数据开展了电子化整理,但试验站基础数据库建设仍缺位,数据信息不能形成有效的互联、互通、互享,无法凸显数据信息的价值,与水利高质量发展相背离。

2.3 科研力量和经费保障不足

两站均存在缺乏高素质、专业化的技术骨干团队和新老交替衔接不顺畅等问题,主要参与灌溉试验工作的均只有2~3名技术人员,人才队伍十分薄弱。同时经费短缺,试验站建设投资、运行管理经费和科研经费等难以落实,无法满足其研究项目和试验所需,尤其是科研合作和课题开展受限,科技成果的转化和服务实施难度也较大。

2.4 科技创新和成果转化乏力

近几年,灌溉试验工作开展了一些探索,但由于缺乏创新未能取得理想的效果。在试验研究上只注重灌溉技术的探索,忽视了上海水利行业发展方向的科技创新。在成果转化方面,由于小型农田水利建设和管理职能已全部移交给了农委部门,而试验站仍然隶属于水务部门,传统的节水灌溉试验成果没有了成果推广平台,使得灌溉试验基础作用发挥不够,缺乏成果推广。

3 对策和建议

3.1 以经费落实保障站网运行

健全资金保障体系,通过财政专项立项,解决灌溉试验站的建设、升级改造和日常运行费用,保障试验站的正常运行。加强政府主导投入,推进部门沟通协调,逐步建立灌溉试验专项试验经费制度。同时进一步拓展资金渠道,制定相关激励政策,强化科研合作,吸纳社会资本参与。

3.2 以升级改造提升工作质效

针对灌溉站基础设施薄弱等问题,科学合理地开展升级改造工作,推动提质增效。升级改造尤其要重视科学规划和布局,结合未来发展重点做好顶层设计,优化试验场地布置并更新仪器设备,引进先进设备,不断提升灌溉试验工作能力,助力试验站实现从仅承担传统灌溉试验任务向水利行业多领域研究拓展的转变。同时要进一步提升试验基地运维管理市场化水平,制定养护管理方案,明确养护管理单位的工作任务,加强对设施设备的日常监管,提高设备使用率和观测稳定性。

3.3 以数字化提升现代化管理水平

立足灌溉试验工作与现代信息技术的深度融合,建设智能感知、智能控制、智能应用体系,强化资源整合和信息共享,实现对试验站智能化、高效化和精准化的管理,提高灌溉试验研究手段的现代化水平。构建灌溉感知网络,对数据进行自动化采集和传输,并对数据质量进行持续反馈、跟踪、报告和修复,实现对灌溉全生命周期的自动监测和调控;构建灌溉数据中心,加强试验数据的归集、汇聚、治理和应用,深化跨部门、跨层级数据共享机制,提升试验数据和试验成果的生命力;结合云计算和大数据分析,强化数据智能分析和模型推演,充分发挥灌溉试验数据辅助决策的能力;通过远程控制和遥控系统,实现对灌溉站的运程操作、控制和多级协同管理。

3.4 以创新机制促进成果转化

一是探索试验站合作模式。深化产教融合发展的共建模式,充分利用科研院校的专业技术力量建立研学试验基地、开展试验项目;着力打造"产学研一体"的新发展模式,深化与高校、科研院所以及水利、农业部门的合作研究、协同创新,在试验站建设、资源共享、合作研究、学术交流等方面深入合作,积极将成果转化为服务水利发展的生产力;联合建立科研专家小组,营造良好的科技创新环境,共同谋划申报研究项目,促进课题研究开展和科技成果转化落地。二是创新研究内容。积极拓宽研究领域,密切配合水利行业的中心工作和任务,着力在面源污染、水生态修复、水土保持等方面拓展研究内容,开展能够解决水环境治理突出问题的科学研究,以适应水利行业的形势变化和发展。

3.5 以人才结构优化促进可持续发展

加强灌溉试验科研队伍建设,为提供高水平的技术服务打下良好的人才基础。一是加大科技人才的引进力度,采取有效的激励措施。二是开展相关从业人员的基本理论知识及试验技能培训,邀请行业技术专家、已退休灌溉试验老专家等传授专业技术和经验,全面提高基层试验人员从事试验研究与开展技术服务的能力。三是发挥科研专家小组的力量,加强技术交流,推动专业技术人才的培养。

4 结语

新形势下,应充分认识到灌溉试验工作的重要性,通过加强经费保障、升级改造、数字化提升、创新机制和人才结构优化等一系列措施,提高灌溉研究水平,拓展发展路径,使其既能适应市场经济要求,又能满足新形势下技术体系和管理水平的要求,不断助力水利行业高质量发展。

参考文献

[1] 中华人民共和国水利部.全国灌溉试验站网建设规划[Z].北京:中华人民共和国水利部,2015.
[2] 陈文清,林利群.新时期灌溉试验工作面临的形势与任务[C]//福建省水利学会,福建省水利厅专家委员会.节水型社会建设的理论与实践——福建省科协第七届学术年会水利分会论文集,2007:80-85.
[3] 李新建.节水型社会建设中要加强节水灌溉基础研究[J].中国水利,2018(6):34-35.
[4] 李亚龙,袁念念,范琳琳,等.浅谈灌溉试验站建设与运行管理[J].长江科学院院报,2018,35(9):154-158.
[5] 马传波,陈丹.节水灌溉示范区中心试验站综合信息化技术研究与设计[J].水利规划与设计,2016(5):93-97.
[6] 李志军,蔡焕杰,胡笑涛,等.陕西省节水灌溉试验研究存在问题与建议[J].陕西水利,2014(6):159-160.
[7] 杨宗国,孙所英,崔璇,等.浅谈灌区信息化管理建设的重要性及效益评价[J].节水灌溉,2007(2):72-73.
[8] 龙喜平.水利灌溉试验存在的问题及对策[J].农业科技与信息,2021(12):99-100.
[9] 李京蔚.关于哈尔滨市灌溉试验站工作的调查研究[J].水利科技与经济,2020,26(7):47-49.
[10] 谢文辉.信息化条件下灌溉试验站长效运行机制的探索[J].陕西水利,2018(S1):76-77+80.
[11] 杨朝瀚,解文静,徐向广.海河流域灌溉试验站网发展与思考[J].中国水利,2018(9):45-47.
[12] 王红英,朱泳璋.浅析灌溉试验站在农田水利科技推广中的作用[J].南方农机,2023,54(14):170-172.
[13] 孙雪琦,张立志,路雯宇.山东省灌溉试验站网发展存在的问题及对策[J].山东水利,2022(8):87-88.
[14] 汤建熙,刘敏昊,任瑞英,等.江苏省灌溉试验站网建设的发展与探索[J].江苏水利,2014(12):5-6.
[15] 侯振军,史超群.新形势下灌溉试验工作的发展趋势和前景[J].四川水泥,2018(2):283.

防汛与水资源调度

浅析上海市青浦区圩区防洪除涝现状及面临困难

许 强

(上海市青浦区香花桥水务管理所,上海 201700)

摘 要:上海市青浦区地处太湖流域上游来水下泄进入上海的门户位置,也是太湖流域地势最低处之一,境内河网密布,水面率高,防汛压力突出。经过多年建设,青浦区基本形成了相对完整的防洪除涝工程体系,而圩区水利设施的建设和运行是保障防洪除涝的最小单元,体现了城市的精细化管理和民生保障的能力。本文分析了上海市青浦区圩区设施基础、管理现状,提出了面临的困难,以期为圩区建设和运行调度提供借鉴。

关键词:圩区;防汛;现状;困难

1 总体情况

上海市青浦区地势低平,是太湖流域地势最低处之一,境内河网密布,水面率高,受下游潮水、上游来水、本地降雨多重影响,防汛压力突出。为解决区域除涝问题,将区域高程较低的连片洼地设置成圩区,区域除涝便成为圩区防汛的最主要工作。上海市青浦区防洪除涝主要采取控制片、圩区"两级控制、两级排水"方式。

1.1 圩区基础设施设备现状

全区涉及青松片、太北片、太南片、商榻片、浦南西片五大水利控制片。青浦区总计建有123个现状圩区,圩区排涝控制面积403.8 km^2,圩堤总长度约608 km,建成圩区水利设施824座,泵排能力776.71 m^3/s。各圩区单独控制水位,一般控制在2.1～2.8 m。青浦区圩区堤顶高程范围为2.40～4.78 m,平均高程达到3.73 m。圩区护岸类型可分为自然土坡、木桩及浆砌块石等。多数为加固与自然相结合,部分圩区可达到加固岸线全覆盖化,有些圩区则为自然土坡未进行加固。河道边坡比一般为1∶2.5,少数1∶1。水利设施机电设备使用年限大部分在15年之内,部分年限大于15年的设备老旧,在防汛时容易出现电机烧坏、闸门启闭异常等问题,影响防洪除涝的安全。

1.2 圩区管理调度现状

1.2.1 责任主体

圩区水利设施管理调度的责任主体为各镇人民政府(街道办事处),具体管理工作一般由街镇农业(社区)发展服务中心承担,主要包括落实管养队伍,编制年度养护计划并组织实施。目前,上海市青浦区圩区水利设施全部实行市场化运行维护,由专业第三方企业进行维护和运行调度。

作者简介:许强(1971—),男,工程师,本科,现工作于上海市青浦区香花桥水务管理所,长期从事水利设施管理工作。

1.2.2 资金来源

圩区水利设施管理调度的资金按照事权财权划分,理应由管理调度的责任主体——各街镇承担,但考虑到防洪除涝是重要的社会民生保障工作,市、区两级财政给予约50%的财政配套资金。上海市青浦区圩区水利设施管理调度的资金主要由市、区、镇三级财政承担,涉及街道办事处的由市、区二级财政全额承担。

1.2.3 分级监管

建立了市、区、镇三级监管及行业指导体系。圩区的维修养护与管理调度工作主要由区水务、区财政等相关职能部门组成区级考核小组,通过日常督查、专项检查、年终考核等多种方式开展监管。同时,市水务、市财政等部门对区级管理工作也进行监督和指导。

1.2.4 制定预案

每年根据上级防汛主管部门要求及自身实际情况,修订和完善防汛抗台应急预案、应急抢险预案、水资源调度方案等运行调度预案,为处置紧急情况做好保障。

1.2.5 管护标准

上海市水务局出台了《上海市水闸维修养护技术规程》《上海市水利泵站维修养护技术规程》等技术规程,青浦区水务局编制了《青浦区水利设施养护维修手册》《青浦区水利设施运行管理手册》等指导手册,以安全生产标准化、运行操作规范化、检查养护常态化、水闸调度智能化、教育培训全员化为目标,规范圩区水利设施的养护维修和运行管理,基本实现技术标准化、专业化。

1.2.6 运行实效

圩区水利设施的运行调度主要按照《青浦区水资源调度(防汛调度)实施细则(试行)》执行,但在实际运行调度中,青浦区圩区水利设施面广量大,涉及圩区众多,日常实行活水畅流调度,有降雨或预警时实施预降水位和动力排水。各圩区控制水位不一,在执行防洪除涝任务时,运行调度仍以保障圩区自身防洪除涝安全为首要任务。

2 青浦区圩区防洪除涝能力现状

在现状123个圩区中,对其中118个圩区在规划中进行了除涝能力评估(部分圩区因撤圩、圩区边界调整等原因未参与评估),有43个圩区除涝能力达到20年一遇的标准,占比36.44%。有29个圩区除涝能力处于10~20年一遇,占比24.58%。有22个圩区除涝能力处于5~10年一遇,占比18.64%,有24个圩区除涝能力小于5年一遇,占比20.34%,详见表1。

表1 上海市青浦区现状圩区除涝能力统计表

除涝能力	20年一遇	10~20年一遇	5~10年一遇	5年一遇	总计
圩区数量(个)	43	29	22	24	118
占比(%)	36.44	24.58	18.64	20.34	100

按照《上海市圩区规划(2023—2035年)》要求,全市圩区采用20年和30年一遇治涝标准,即主城区和五个新城重点地区等重要地区按30年一遇、其他地区按20年一遇最大24 h面雨量,1963年9月设计暴雨雨型及相应同步潮型,24 h排除,不受涝[1]。以此标准来看,

上海市青浦区圩区防洪除涝达标率仅约三分之一,除涝能力不足或成为保障城市正常运行的重要瓶颈。

3 圩区防洪除涝面临的困难

3.1 部分圩区边界尚未封闭

梳理分析现状圩区的布局时发现,目前尚有部分圩区存在边界不封闭的情况,主要集中在青松大控制片。边界不封闭的圩区在面对洪水威胁时,难以有效阻挡外部水流的侵入。这种情况下,一旦上游来水增加或本地区发生强降雨,圩区内的水位就可能迅速上升,由于缺乏完整的封闭系统,既难以阻挡外水入侵,同时圩区的内涝也难以通过泵站等设施有效排出,增加了圩区内部排水的难度,使圩区防洪除涝功能降低或丧失,给圩区内居民带来严重影响。圩区边界未封闭,圩区内河道和外河存在沟通的情况,在实际运行调度过程中,已实际上"破圩",失去了设置圩区的意义。

3.2 河道水体调蓄库容不足

近年来青浦区中小河道整治力度较大,但受限于资金、土地等方面的原因,圩区内部河道水面率增加不明显,部分圩区仍存在现状水面率低于规划水面率的情况。青浦区东部城镇化率较高的地区中,有个别圩区存在这种现象,因城市建设和地产开发造成河道水系调整,圩区当地河道水体调蓄库容不足,在暴雨或连续降雨的情况下,圩区将面临除涝压力。同时,随着城市建设活动和农业大棚的搭设,圩区下垫面情况发生相应改变,导致不透水下垫面增加迅速,制约了土壤自然渗透对暴雨洪水的削减作用。在暴雨发生时,雨水无法有效渗透到地下,而是在地表形成径流,增加了内涝的风险。

3.3 部分圩区除涝动力不足

近年来各圩区的排涝动力虽增加明显,但部分圩区尚未达到规划排涝动力的要求,再加上已建的排涝设施存在老化、建设标准低等问题,圩区总体排涝能力不足。将圩区排涝动力现状与《青浦区水利规划(2022—2035年)》中圩区规划动力对比可知,尚有31个圩区存在动力不足的情况,动力差距总约59个流量,其中居民聚集程度较高的夏阳街道、盈浦街道、香花桥街道因圩区规划调整,动力不达标情况相对突出。动力不达标意味着无法在关键时刻提供足够的动力来驱动泵站或其他排水设施,这将导致排水速度减慢,在紧急情况下可能导致错过最佳排水时机,无法及时排除积水,增加了内涝发生的风险。

3.4 部分圩区圩堤高程达不到设防要求

圩堤和口门设施是形成封闭圩区的重要组成部分,是抵御外河高水位的屏障。部分圩区在历年建设过程中对圩堤的重视度不够,欠缺圩堤封闭性的考量,当流域水位或水利片区内水位过高,发生漫堤现象时,外水大量侵入,圩区排涝体系面临失效的风险。2021年受台风"烟花"影响,青松片青浦南门站平历史最高纪录,达到3.78 m,超出警戒水位0.58 m。台风期间,朱家角保卫圩区、工业园区东圩等圩区均受淹严重,受淹主要原因为外河水位过高,圩区边界河道堤防高程不足,外河水位漫过河道。

3.5 圩区设施机电设备老化严重,缺乏备用电源

青浦圩区实施运行年限超过20年的占比达三分之一,其中多数机电设备老化,在防汛

时,容易出现水泵电机烧坏、闸门启闭运行故障等问题,影响防洪除涝效果。目前圩区泵站及水闸基本采用单回路电源供电方式,泵站未设置备用泵,缺乏备用供电电源。泵站是圩区防洪除涝的重要组成部分,泵站的正常运行是圩区防洪除涝安全的重要保障。多年来运行实践表明,电气故障是无法限制在某个范围内的。防汛时,若供电电源故障停电或水泵出现故障无法正常工作,将引起圩区内大面积洪涝。

3.6 致涝气象频发,面临超标工况运行

台风、梅雨、突发性强暴雨,以及相伴而生的高潮位、流域洪水的叠加效应,使圩区运行工况发生改变,超标准工况时有发生,承载压力大大增加。外河潮位超警戒线,水利片排涝不畅,水位上升,圩区内部排水能力不足或发生漫堤现象。外河高水位持续时间长,又大大削弱了区域涝水在落潮期间乘潮自排的能力,延长了预降内河水位历时,缩短了可排涝时间,降低了排涝效率,"因洪致涝"问题更为突出,增大了青浦地区的内涝风险。

3.7 各级防汛设施运行调度机制有待优化

水利控制片和圩区因管理责任主体不同、建成排涝动力不同,存在片圩调度矛盾。同时,片圩联合调度机制不健全,特别是防汛调度时,圩区仅有预降30 cm的要求,但当控制片面平均水位超警戒水位后,无相应的对片内圩区限制排涝机制,导致圩区、控制片水位同步过快上涨,造成极大防汛压力。例如,青松片涉及青浦区就有98个圩区,圩区内排动力总计570.92 m^3/s,而青松片现有动力仅305 m^3/s(涉及青浦口门仅160 m^3/s),若圩区全力排涝,则完全无法控制片内水位。2021年"烟花"台风期间,青浦南门站从警戒水位3.20 m快速升至3.78 m,超出警戒水位0.58 m,但此时大部分圩区均在控制水位以下。为了避免片圩调度矛盾,亟须制定防汛调度时片圩联合调度方案,深化细化现有调度机制,设置圩区排水限制,提升片区、圩区预降和排涝效率,保障防汛安全。

4 上海市青浦区圩区监管管理未来展望

4.1 圩区规划方面

水利片区及圩区调度矛盾突出:在低洼水利片内不断建圩强排,致使圩区泵站排涝能力不断增大,远超水利片外围泵站排涝能力,造成暴雨期间圩外河道水位快速上升,甚至导致原来水利片内地势较高不需建圩的区域受涝。未来应进一步优化圩区规划,改变原来针对受涝区域不断规划建设小圩区的思路,提高站位,放眼全局,自上而下,进一步落地城市及水利控制片规划,加快水利片防洪除涝能力达标建设。圩区规划应加快拆圩并圩,减少意义不大的水利控制口门,既保障区域安全,又进一步促进活水畅流。

4.2 圩区建设方面

青浦区水务局《青浦区水利规划(2022—2035年)》已经获批。"十四五"期间,青浦区将进一步加快水利控制片和圩区河道堤防、河网水系、泵闸设施全面达标建设,对现有圩区进行合理拆并,优化圩区布局。青浦区圩区从现状的123个调整为95个,青松片从98个调整为76个,太南片从9个调整为3个[2],旨在减少圩区数量,提高圩区的规模和效率,进一步提升控制片与圩区防洪与除涝能力。同时,城市核心区域应将综合防灾减灾体系纳入圩区建设。圩区的建设将不再局限于单一的防洪除涝,而是构建一个综合的防灾减灾体系,包括

洪水预警系统、应急避难所建设、灾害风险评估和教育等,全面提升圩区居民的灾害防控能力。

4.3 圩区调度方面

在保证圩区水位可控和堤防安全的前提下,有动力及条件的片边圩区可以共同参与大控制预降和排涝。同时优化控制片、圩区两级调度方案,综合大控制和圩区水位情况进行联调,依托数据监测,及时开展多级联合调度方案研究,促进片、圩联动调度,实现"两级控制、两级排水、联合调度",更好地保障城市的正常运行。

参考文献

［1］上海市水务局.上海市圩区规划(2023—2035年)［Z］.2024.
［2］青浦区水务局.青浦区水利规划(2022—2035年)［Z］.2022.
［3］陈长太.上海内涝气象特征及成灾原因分析[J].中国水利,2018(5):37-39.
［4］李学峰,陈长太.上海大都市圈洪涝灾害共防策略研究[J].中国水利,2021(15):49-51.

长江口南槽水道近期水沙时空分布及输移特征

付 桂[1,2]，汤 宇[1,2]

(1. 上海航鸿工程管理有限公司 上海 200137；
2. 交通运输部长江口航道管理局 上海 200003)

摘 要：基于南槽水道洪枯季水文、泥沙、底质资料，对比分析 2019 年、2020 年南槽水沙时空分布特征、南槽水沙输移特征、底质分布特征等。结果表明：(1) 南槽纵向水沙时空分布特征呈现如下规律：流速总体呈"上大下小"特征，涨潮期间，中上段流速洪季小于枯季，口外段洪季大于枯季；落潮期间，洪季大于枯季；含沙量总体呈"中间大、两头小"特征，洪季含沙量峰值明显，枯季沿程相对平均；南槽拦门沙段近底没有极高浓度，峰值出现在涨、落急前后。(2) 南槽水沙输移呈现以下特征：南槽涨潮出现高含沙量历时长，输移距离远，落潮相对历时较短，距离近；南槽低流速期含沙量呈明显的双峰分布；拦门沙河段两侧边滩的横向输沙相对较小，悬沙运动以纵向为主；南槽拦门沙上断面南侧落潮输沙占优，北侧涨潮输沙占优；拦门沙下断面南侧涨潮输沙占优，北侧落潮输沙占优；南槽下段和口外区域存在向陆的净水量和净输沙。研究成果可为后续南槽航道回淤分析及南槽航道一期工程整治效果后评价等提供借鉴和参考。

关键词：长江口；南槽航道；水沙；时空分布；输移

长江口南槽航道位于长江口南槽河段，上起南北槽分流口圆圆沙灯船，下至口外南槽灯船，河段总长约 86 km(图 1)。2015 年以来，南槽主槽及江亚北槽普遍呈冲刷态势，南槽上段深槽不断向下延伸。同期，江亚南沙 5 m 以浅沙体上部淤积，中部冲刷、窜沟发育展宽，尾部淤积下延、贴近南槽航道；九段沙中下沙体南沿冲刷、5 m 窜沟冲刷发展，沙尾滩面略有淤积；南汇东滩除局部近堤区域有所淤积外，基本呈冲刷态势。长江口南槽航道一期工程前人工航道尺度 5.5 m(当地理论最低潮面，下同)×250 m(水深航宽)。为进一步提升长江口航道总体通过能力，优化长江口航道通航结构和通航环境，满足长江口持续增长的海运需求，"十三五"时期经交通运输部批准，长江口南槽航道治理一期工程于 2018 年 12 月底开工，2020 年 6 月通过交工验收并投入试运行[1]。工程后南槽地形年冲淤幅度总体较工程前的冲淤变化幅度有所减弱，主槽沿程总体呈微弱的冲淤变化。江亚南沙护滩堤建成后，江亚南沙头部窜沟淤积萎缩，淤积幅度达到 0.5 m 以上，原冲刷发展不利态势得到明显遏制；江亚北槽仍然维持。南槽 6 m 航道回淤时空特征主要表现为：洪季期间回淤量大，航道沿程 S5～S8 疏浚单元为回淤主要集中区，且航槽北侧最大[2-3]。本文开展长江口南槽航道水沙时空分布及输移特征研究，成果可为后续分析南槽航道回淤时空分布特征、回淤泥沙主要来源、南槽航道一期工程整治效果后评价等研究提供参考。

作者简介：付桂(1981—)，男，正高级工程师，硕士，从事港航工程，电子邮箱 glss456@163.com。

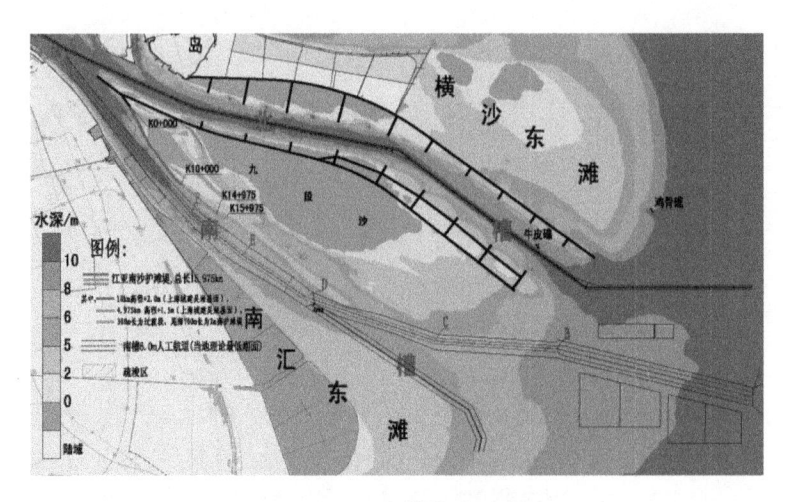

图1 长江口南槽航道示意图

1 资料来源及研究方法

资料来源于交通运输部长江口航道管理局,主要包括2019年8月(南槽一期工程前)、2020年2月、2022年7—8月(南槽一期工程前)南槽水道水文、泥沙及底质观测资料。水文泥沙观测共布置有20条固定垂线(图2)。其中,观测站位NCH1～NCH9沿南槽主槽纵向分布,JY1～JY5分布在江亚南沙头部窜沟及江亚北槽区域,JC1～JC2位于浦东机场沿岸区域,DT1～DT2位于南汇东滩区域,南槽口内垂线A2001,南槽口外垂线A2002。此外,还包括近底50 cm高度处位于航道北侧江亚南沙沙尾附近的座底架(NCT1N、NCT3a和NCT2N)。

基于上述实测数据,通过Excel、Auto CAD和Surfer等软件,对南槽水道洪枯季水文、泥沙、底质资料进行统计和绘图,分析得出南槽水沙时空分布特征、南槽水沙输移特征、底质分布特征等。

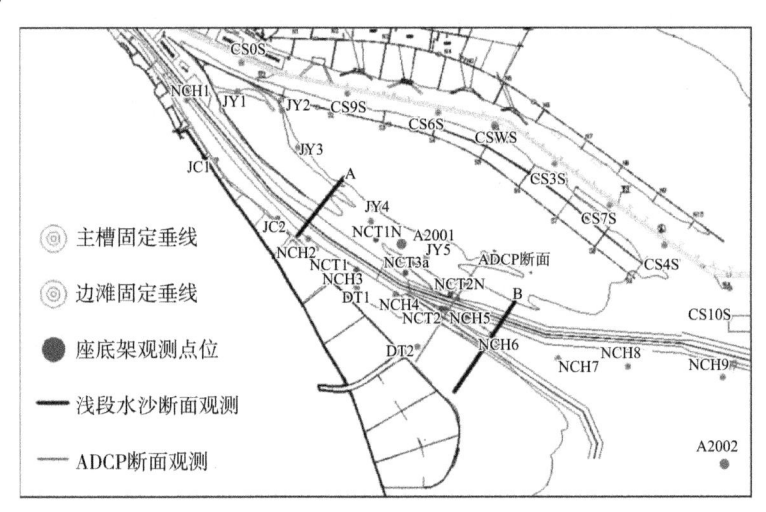

图2 南槽观测站位示意图

2 南槽水沙时空分布特征

2.1 南槽水流动力分布特征

以2020年洪季大潮水文测验为例(图3),南槽中上段主槽、江亚南沙头部窜沟及江亚北槽、南汇东滩沿岸垂线受地形约束影响,往复流性质明显,涨、落潮流的流向与主流的走向基本一致;下段至口外NCH8垂线及以外旋转流特征逐渐明显。

南槽主槽沿程整体表现为上段流速强于中下段,其中,落潮期"上大下小"现象更为明显。以2020年洪季大潮期间为例,上段(NCH1～NCH2)落潮平均流速在1.18～1.40 m/s,中下段不超过1.15 m/s;涨潮期在NCH1最大,中下段差异较小。

枯季南槽沿程平均流速分布特征和洪季较为接近,同样呈"上大下小"现象,落潮流速整体大于涨潮流速。2020年洪、枯季相比,涨潮期间,中上段流速洪季小于枯季,口外段洪季大于枯季,各垂线相差幅度在0.04～0.29 m/s;落潮期间,沿程流速普遍洪季大于枯季,各垂线相差幅度在0.01～0.13 m/s。对于一期航道S1～S14单元落潮流速洪、枯季差异大于涨潮流速差异。

总体来看,南槽主槽涨、落潮动力在大潮期间表现为明显的"上大下小"特征。南槽一期工程前后,南槽涨、落潮垂线平均流速沿程分布没有明显变化。

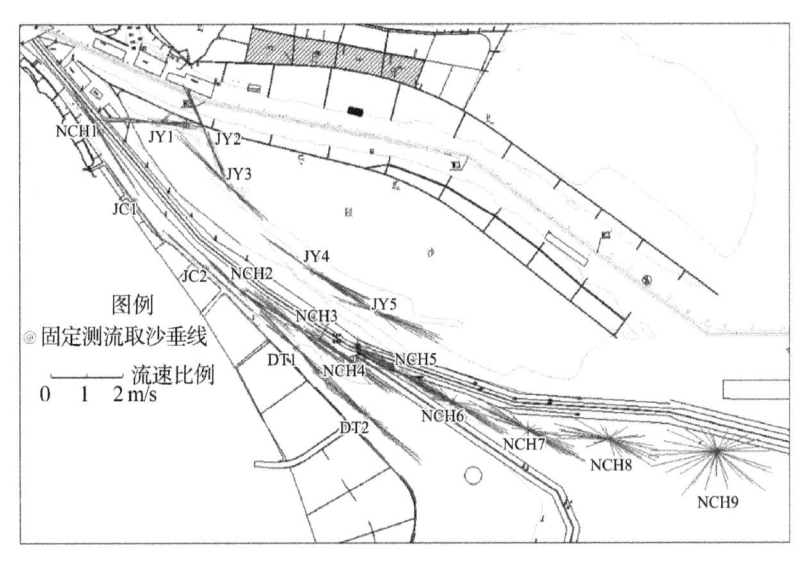

图3 2020年洪季大潮南槽平均流矢图

2.2 南槽含沙量分布特征

南槽一期工程前后,南槽主槽洪季大潮含沙量分布总体呈现"中间大、两头小"的分布特征(图4)。南槽中段高含沙量区段涨潮垂线平均含沙量总体高于落潮。以2020年8月水文测验为例,中上段(NCH2～NCH6)涨、落潮平均含沙量均在0.70 kg/m³以上,上段(NCH1)和口外段(NCH8～NCH9)涨、落潮平均含沙量均不超过0.70 kg/m³,涨、落潮峰值都出现在NCH4垂线处,分别为1.62 kg/m³和1.39 kg/m³。

2020年枯季大潮时段,南槽主槽沿程含沙量同样存在"中间大、两头小"特征,中上段(NCH2～NCH6)涨、落潮平均含沙量稍高于上段(NCH1)和口外段(NCH8～NCH9),但沿程差异相对较小。沿程涨、落潮平均含沙量峰值均出现在NCH3垂线,较洪季更偏上游,分别为1.00 kg/m³和0.87 kg/m³。

总体来看,南槽主槽大潮涨、落潮含沙量沿程分布在大潮期间表现为明显的"中间大、两头小"特征,洪季沿程峰值更大。南槽一期工程对南槽主槽内悬沙分别特征的影响并不显著。南槽拦门沙河段正常天气大潮近底平均含沙量在1.03～2.55 kg/m³,没有出现极高浓度含沙量。

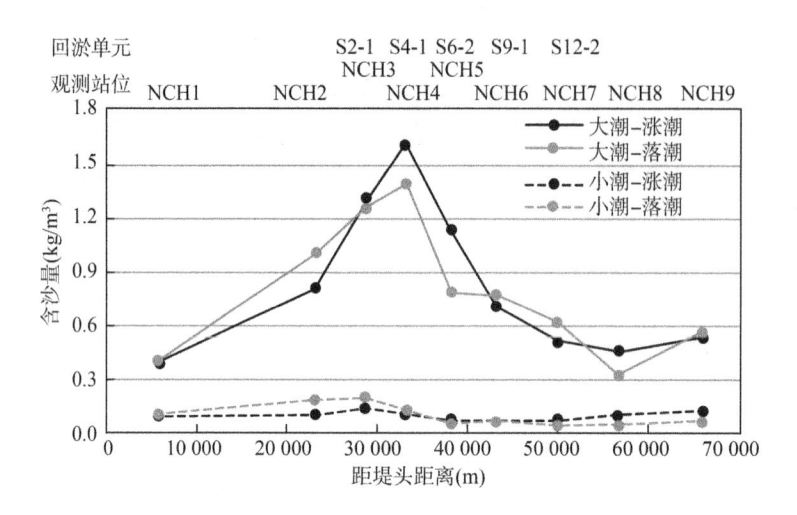

图4 2020年洪季南槽大、小潮平均含沙量沿程分布

2.3 南槽水沙垂向分布

从涨、落潮平均流流速的垂向分布来看,南槽主槽中上段(NCH1～NCH6)落潮流速垂向整体大于涨潮,落潮期表、底层流速差异也大于涨潮期;主槽中下段至口外(NCH7～NCH9)垂向,涨潮流速逐渐大于落潮流速,且涨潮期表底层流速差要大于落潮期。

从涨、落潮平均含沙量的垂向分布来看,洪季大潮期间,南槽主槽在中段(NCH3～NCH5)含沙量垂向分布差异较为显著,表层含沙量均不超过0.80 kg/m³,底层含沙量可达2～3 kg/m³,但垂向含沙量梯度较为均匀,没有在近底层出现极高浓度含沙量。枯季大潮期间,含沙量垂向分布特征在沿程的差异较小,表层含沙量不超过0.80 kg/m³,底层含沙量普遍不超过1.50 kg/m³。总体来看,南槽主槽含沙量的垂向差异在洪、枯季大潮期间较为显著,但含沙量垂向梯度分布较为均匀。

3 南槽水沙输移特征

3.1 南槽滩槽水沙输移特征

3.1.1 主槽整体余流余沙向海输移

南槽余流的垂向分布(余流反映一个潮周期内水体的净输运方向和速度)和优势流的分布基本一致。优势流和余流垂向分布特征较为接近,洪季时段受落潮主导,呈落潮优势,余流净向下游;枯季大潮时段也表现为落潮主导,枯季小潮时段,主槽上段和中下段表层受落潮流控制,呈落潮优势,余流指向下游,中下段水体底层呈涨潮优势,余流净向上游,呈明显的纵向环流结构。

南槽主槽沿程优势沙和余沙受水动力和悬沙浓度分布的共同影响,在洪、枯季大潮时段以落潮优势沙为主,余沙整体主要表现为自陆向海输移;在小潮时段,南槽中上段仍以落潮优势沙为主,余沙向海,中下段及口外段表现为涨潮优势沙,水体下层有较为明显的余沙向陆输移。

3.1.2 南槽涨潮出现高含沙量历时长,输移距离远

南槽涨潮过程中,底层高含沙量($>2\ kg/m^3$)从下段的NCH7垂线出现,随着涨潮过程向上游输移。由于南槽喇叭口的纵向河槽形态,涨潮流速在上段更强,高含沙量在5 h后可输移至近27 km以上的NCH2垂线底层,然后逐渐沉降。落潮过程中,底层高含沙量($>2\ kg/m^3$)在纵向上主要集中于南槽中段的NCH4~NCH6垂线,落潮水流在下游开敞河道逐渐扩散,流速降低,挟沙能力减弱,故高含沙量沿主槽输移距离相对较短。

3.1.3 南槽低流速期沿程差异较小,低流速期含沙量呈双峰分布

2020年洪、枯季,南槽沿程涨转落低流速期(底层流速$<0.5\ m/s$)历时均显著长于落转涨低流速期历时。在沿程分布上,洪、枯季涨转落低流速期历时均在拦门沙段S1~S14较大,上段NCH1和口外段NCH9较小;落转涨低流速期历时上段最小,沿程逐步增加,洪、枯季分别在NCH8和NCH9最大。

从低流速期含沙量分布的总体特征来看,南槽洪季低流速期沿程底层含沙量呈明显的双峰分布,涨转落时含沙量峰值在NCH2垂线处,落转涨时含沙量峰值在NCH5垂线附近,与南槽航道回淤集中的区域具有一定的对应关系。从低流速历时和低流速含沙量角度看,南槽沿程低流速期历时与低流速期含沙量并没有很好的对应关系,低流速期底层高含沙量的分布主要是涨、落急时刻高含沙量随潮流向上、下游输移的结果。

3.1.4 拦门沙河段滩槽水沙交换以纵向输移形式

整体来看,江亚北槽、九段沙一侧边滩的流态基本保持稳定,主要呈地形影响下的往复流形态;主槽中、上段受地形约束影响,呈明显的往复流形态,涨、落潮流的流向与主流的走向基本一致;主槽下段至口门外随着河道展宽,旋转流特性逐步显现;南汇东滩一侧观测位置处于南槽河段的中段,流态基本呈和主槽一致的往复流形态。

对南槽中下段河槽来说,涨、落潮流向表现为顺时针旋转,即流向在涨转落时偏北,落转涨时偏南。从表、底层水流运动上看,南槽中下段涨潮时段表层偏南,底层偏北;落潮时段整体偏南。从横向的滩槽关系来看,江亚北槽、九段沙及南汇东滩两侧边滩向主槽中的横向水流运动不明显。

从单宽输沙率的角度看(图5),在纵向上,南槽浑浊带区域含沙量较高,输沙率显著高于上、下游段;在横向上,南槽主槽及南汇东滩输沙率显著高于江亚北槽。由于南槽拦门沙段水流整体呈往复流运动,故在高含沙量区段,观测到的南槽滩槽间泥沙横向输移并不显著。

(a) 涨急　　　　　　　　　　　　　(b) 落急

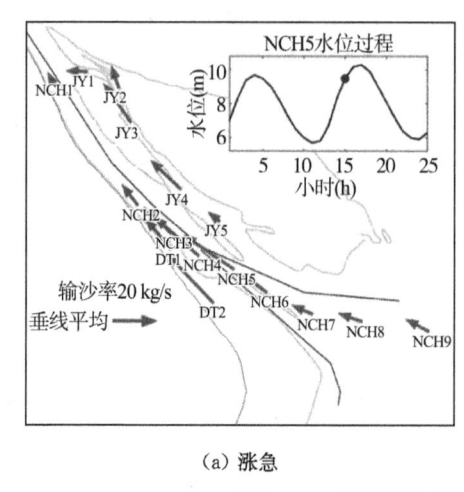

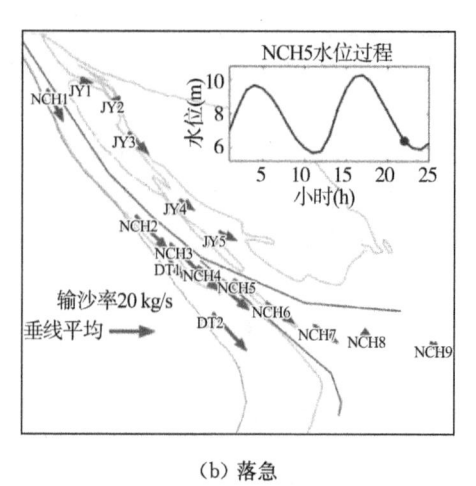

图 5　2020 年洪季南槽河段滩槽单宽输沙率图

3.1.5　南槽拦门沙上断面南侧主槽落潮输沙占优，下断面南侧涨潮输沙占优

根据南槽 2020 年 8 月江亚南沙沙尾位置（NCH5 附近）ADCP 横断面的观测结果，北侧涨潮沟的涨流速大于南槽主槽；落潮流速在断面上的横向分布则较为均匀。在时间相位上，北侧涨潮沟和南槽主槽没有明显的差异。从 2020 年洪季南槽 A、B 断面的水、沙观测结果来看，靠南槽上段的 A 断面动力更强，A 断面南侧落潮流速显著大于涨潮（落、涨最大为 1.83 m/s），北侧涨潮流速显著大于落潮（落、涨最小为 0.61 m/s）；B 断面全断面表现为落潮流速大于涨潮。A 断面南侧落潮流显著占优，北侧涨潮流显著占优；B 断面涨、落潮优势不明显，南侧涨潮流占优，中段及北侧落潮流占优。

从单宽沙通量的角度来看，A 断面涨潮单宽沙通量总体表现为南侧大于北侧，落潮单宽潮通量同样总体表现为南侧大于北侧。B 断面涨潮单宽沙通量总体表现为南侧大于北侧，落潮单宽潮通量同样总体表现为南侧大于北侧。A 断面南侧落潮输沙显著占优，北侧涨潮输沙显著占优；B 断面南侧涨潮输沙占优，中段及北侧落潮输沙占优。

总体来看，南槽拦门沙上断面南侧落潮输沙占优，北侧涨潮输沙占优；拦门沙下断面南侧涨潮输沙占优，北侧落潮输沙占优。

3.1.6　江亚南沙沙尾落潮流向自西向东跨越沙尾，使沙尾下延偏东走向

在近底 50 cm 高度处，位于航道北侧江亚南沙沙尾附近的座底架（NCT1N、NCT3a 和 NCT2N）涨潮输水、输沙方向分别在 290°～299°和 288°～301°，而沙脊的走向向上游为 304°，这表明座底架观测位置的涨潮水、沙均呈现出跨越沙脊自北向南运动的特征；落潮时期，三个测点的输水、输沙方向分别在 109°～121°和 109°～122°，落潮水沙运动均呈现出跨越沙脊 124°走向，自南向北运动的特征。其中，位于江亚南沙沙尾末端的 NCT2N 近底水沙在落潮期间，部分水沙向航道回淤最为集中的 S4～S6 单元运动，同时也促进了江亚南沙沙尾向东侧的偏移运动。

尽管南槽沿程滩槽各固定垂线的水沙输移特征表明，南槽内的水沙运动以纵向为主，横向的输水、输沙分量较小，但江亚南沙沙尾段近底的水沙输移特征表明，南槽中段随着河槽宽度的增大，在落潮过程中存在着明显的由南槽主槽向北侧江亚北槽涨潮槽的分流；在涨

潮过程中,存在着自江亚北槽跨越江亚南沙沙脊向南槽主槽内汇聚的水沙通量。这条斜向跨越江亚南沙沙脊的水沙输移路线,在涨潮过程中会促进南槽主槽中上段高含沙量的形成,在落潮过程中会增加江亚北槽涨潮槽内的流量,对南槽主航道的维持造成潜在的不利影响。

3.2 南槽与口外水沙输移交换特征

3.2.1 南槽口外底质整体偏细,具有"夏储冬输"的季节性特征

受动力强度和物源的双重影响,长江口区表层沉积物分布表现出很大空间变化特征,拦门沙区域整体比口内和口外区域偏细。根据2015—2017年长江口及临近海域大范围同步的底质采样分析,长江口表层沉积物的中值粒径范围在 $6\sim230~\mu m$,平均中值粒径为 $50~\mu m$。北港口门附近和南槽中下段部分河道内中值粒径也较高,大部分在 $65\sim80~\mu m$。而在南槽口外泥质区的邻近海域,表层沉积物中值粒径显著偏低,仅为 $7~\mu m$ 左右。在南槽出口处,表层沉积物中值粒径小,砂组分仅有4%,粉砂和黏土组分共占据95%以上。

前人众多研究表明[4],长江口南北槽口外存在一个细颗粒泥沙沉积物质的泥质区,其空间位置在南北槽口外 $10\sim30~m$ 水深区域,正好是长江口与杭州湾过渡区域。该区域的床面泥沙以粉砂和黏土质粉砂为主,且含水量高,表明其固结程度低。另外,通过多种方法得到的这一泥质区的沉积速率达 $5~mm/a$,高于口内和外海区域。该区域的底部悬沙和床面泥沙粒径组成高度相似,表明悬沙沉积和近底再悬浮过程的频繁发生。既往研究也显示该区域泥沙存在"夏储冬输"的季节性特征,即洪季(夏季)河流来沙丰富,向口外输沙,并沉积在口门及泥质区,冬季时在北风浪及沿岸流作用下,泥质区悬浮强烈,由此引起泥沙的再次起动和输移。南槽口外区域是长江口与杭州湾之间水体交换的过渡区域,也是海相沉积泥沙再次进入长江口的连接区域。

3.2.2 南槽口外净水通量向陆,使得泥沙净向口内输移

根据南槽口内外两个固定垂线2020年7月21—22日(大潮)及25—26日(小潮)的观测,观测前7天大通流量 $70~900\sim74~600~m^3/s$,南槽口内和口外垂线在大小潮期间流向差异明显。口内由于河道束缚,以往复流为主。口外河道放宽,同时杭州湾流影响使得流向分散,呈旋转流。口内垂线(A2001)的表层最大流速在大潮和小潮期间分别为 $2.12~m/s$ 和 $1.23~m/s$,口外垂线(A2002)分别为 $2.01~m/s$ 和 $1.12~m/s$。口内垂线大、小潮的垂线最大流速更大。大潮口内外垂向平均浓度则分别为 $0.47~kg/m^3$ 和 $0.21~kg/m^3$,小潮期间南槽口内外垂向平均悬沙浓度分别为 $0.11~kg/m^3$ 和 $0.06~kg/m^3$,大潮垂线平均悬沙浓度可达小潮的3~4倍,口内含沙量水平高于口外。

从净输移结果来看(图6),大潮期间口外的底层输沙指向口内,单宽输沙量为 $0.18~kg/(m^2 \cdot s)$,小潮期间南槽内外底层及垂向输沙方向分别指向九段沙及口内方向,单宽输沙量分别为 $0.01~kg/(m^2 \cdot s)$ 和 $0.07~kg/(m^2 \cdot s)$。结合1982年7月、2013年7月和2014年1月的历史数据来看,南槽口外一定范围内,底层输沙整体呈向口内输移为主,存在向口内供沙的趋势。

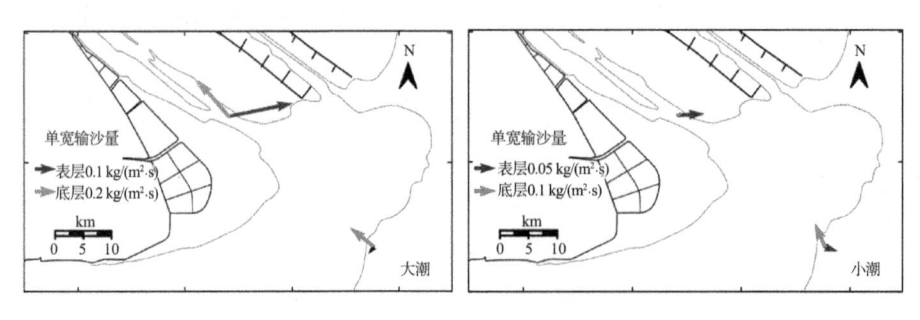

图6 2020年7月南槽口净输沙示意图

3.3 南槽河床质分布特征

根据2017—2020年南槽河床质历次采样绘制长江口表层沉积物类型空间分布图(图7),结果表明:南槽河床质总体呈"中上段北粗南细,下段两侧粗、中间细"分布。具体来看,南槽中上段(大治河口以上)北侧主槽、江亚南沙、江亚北槽、九段沙,下段(大治河口以下)主槽两侧的南汇东滩和九段沙沙尾的河床质相对较粗,以粗粉砂、极细砂和细砂为主;其余区域河床质总体较细,以中粉砂、细粉砂为主。

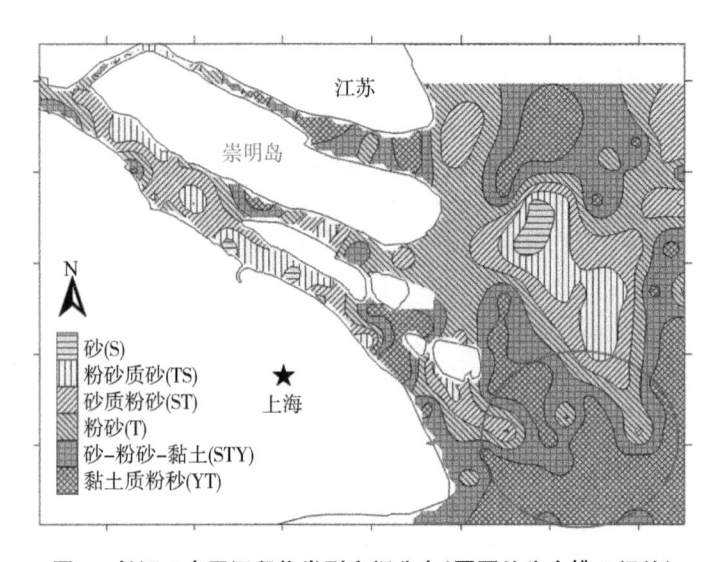

图7 长江口表层沉积物类型空间分布(圆圈处为南槽口门处)

4 结语

(1)南槽纵向水沙时空分布特征规律如下:流速总体呈"上大下小"特征,涨潮期间,中上段流速洪季小于枯季,口外段洪季大于枯季;落潮期间,洪季大于枯季;含沙量总体呈"中间大、两头小"特征,洪季纵向涨、落潮峰值均在NCH4,洪季含沙量峰值明显,枯季沿程相对平均;南槽拦门沙段近底没有极高浓度,以近底50 cm高度为例,含沙量水平在0.50～7.02 kg/m³,峰值出现在涨、落急前后。

(2)南槽水沙输移呈现以下特征:南槽涨潮出现高含沙量历时长,输移距离远,落潮相对历时较短,距离近;南槽低流速期含沙量呈明显的双峰分布,涨转落底层含沙量峰值集中在 NCH2 垂线,落转涨含沙量峰值在 NCH5 垂线(S6-2 单元);拦门沙河段两侧边滩的横向输沙相对较小,悬沙运动以纵向为主;南槽拦门沙上断面南侧落潮输沙占优,北侧涨潮输沙占优;拦门沙下断面南侧涨潮输沙占优,北侧落潮输沙占优;南槽下段和口外区域存在向陆的净水量和净输沙。

参考文献

[1] 交通运输部天津水运工程科学研究院.长江口南槽航道治理一期工程实施效果评价报告[R].2021.
[2] 王珍珍,刘杰.南槽航道治理一期工程 6.0 m 航道基建期回淤分布及原因初析[J].中国水运,2021(11):100-102.
[3] 赵德招,储华军.长江口南槽航道治理一期工程基建性疏浚特点分析[J].水运工程,2021(6):97-103.
[4] 中交上海航道勘察设计研究院有限公司.长江口南槽航道治理一期工程航道回淤特征及维护对策研究总报告[R].2021.

平原感潮河网地区活水畅流调度实践与思考
——以松江区为例

姜勇志

(上海市松江区水务管理所,上海 201600)

摘 要:水质是河湖的生命线。水质的好坏,是活水畅流调度工作质量高低的直接体现,也是水环境治理成果大小的终极体现。为深入打好碧水保卫战,持续提升水环境面貌,本文以松江区河湖水系及水利设施为研究背景,分析了当前调度工作存在的问题,提出了增加区域水系流动性、改善河道水质的解决对策。实践成效可为其他平原感潮河网地区水环境提升提供借鉴。

关键词:平原感潮河网;活水畅流;水质改善;水环境

松江区位于上海市郊西南,东与闵行和奉贤交界,南与金山毗邻,西部和北部与青浦接壤,总面积604.67 km²。松江地属平原感潮河网地区,河道受下游潮水、上游来水及地面径流等三重影响,水量充沛,流向复杂。在经济迅速发展和人口不断增多的新形势下,入河污染物也在逐渐增多,河道流动性差、水体黑臭与水质反复等问题愈发突出。众多学者[1-4]研究发现,平原感潮河网地区通过活水畅流调度可以实现调活水体、改善水质、增加河道容量的效果。柳杨等[5]采用数模计算和物理试验相结合的方法研究常州市运北主城区水环境开展畅流活水方案。董亮等[6]通过构建水质耦合模型研究了畅流活水对太湖流域平原河网的影响。各地研究均表明活水畅流是改善河道水系流动性的重要举措之一。

本文以上海市松江区为例,基于现状水系、圩区情况及水利设施建设情况等,通过深入系统开展活水畅流调度研究,提出了存在的问题及对策建议,分享了主要经验做法及取得成效,以期为平原感潮河网地区水环境提升提供参考。

1 背景情况

1.1 河网水系概况

根据《2023年上海市河道(湖泊)报告》,松江区各类河道1 653条段,总长度2 031.20 km,河湖总面积51.58 km²,河湖水面率8.52%。其中市管河道7条,长度87.76 km;区管河湖79条(个),长度约370.70 km;镇管河道389条,长度746.89 km;村级河道866条,长度648.55 km;其他河道312条,长度177.30 km。

1.2 河道流量情况

对于"一江三支"等骨干河道,通过黄浦江干流松浦大桥断面测量得出,2022年平均净

作者简介:姜勇志(1995—),男,助理工程师,硕士,主要从事水利建设与管理工作,电子邮箱:990978310@qq.com。

泄流量为 573 m³/s,年净引排水总量为 180.7 亿 m³。对于区管河道,通过青松水利控制片油墩港闸内站测量得出,2022 年平均流量为 30.7 m³/s,年净引排水总量为 4.786 亿 m³。对于镇村级河道,通过测量得出,2022 年平均每座圩区泵闸流量为 0.6 m³/s,年净引排总量为 0.189 亿 m³。

1.3　圩区及水闸概况

经过近年来圩区调整,松江区共建圩区 85 个,控制面积 80.3 万亩(占总面积 88.53%),圩区平均排涝模数为每平方公里 2.24 m³/s。在工程建设方面,大控制片内已建市管水利枢纽 1 处;区管水利枢纽 5 处、船闸 5 座,排涝泵站 17 座 48 台套,动力 6 943 kW,排涝流量 129.3 m³/s。在水闸设施方面,目前全区水利设施共 760 余座,按工程类型分,其中泵闸 641 座、节制闸 108 座等。

1.4　防汛调度现状

松江分处 4 个水利片区,分别为青松片、太南片、浦南东片、浦南西片(敞开片)。

青松片活水畅流调度常规方式为每日大引大排,即每天引一潮,排一潮,遇高温橙色及以上预警,每天引二潮排二潮。该片面平均控制水位为汛期 2.4~2.9 m、非汛期 2.5~3.0 m。

太南片活水畅流调度常规方式为"北引南排",主要从泖河—斜塘中引水,南排至圆泄泾。该片面平均控制水位为汛期 2.1~2.7 m、非汛期 2.2~2.7 m。

浦南东片活水畅流调度常规方式为"北引南排",即黄浦江沿线水闸只引不排,杭州湾沿线水闸只排不引。该片面平均控制水位为汛期 2.4~2.8 m、非汛期 2.5~2.9 m。

浦南西片根据太湖流域综合治理规划,属杭嘉湖洪、涝水东泄的通道地区,故划为敞开片。它不仅承担着本地区的引排水任务,又与红旗塘一起承泄上游来水,向东排入黄浦江。该片活水畅流调度主要通过每个圩区的调度来实现,平均控制水位为汛期 2.1~2.9 m、非汛期 2.2~3.0 m。

2　存在问题

2.1　调度方案需进一步优化

活水畅流调度工作具有多目标性,在满足人民生命财产安全和日常生产生活需要的基础上,还需兼顾生态需水量,要寻找到活水畅流调度综合效益的最佳平衡点往往比较困难。现有方案大多缺乏技术支撑和科学管理依据,尚未对最佳调度的方式、频次、控制条件、效果等进行全面系统研究。各街镇在方案制定过程中更加注重自己范围内的防汛安全、生产生活、水环境质量等,更多依靠经验决定,缺乏全局观念,容易形成各自为政的局面,导致现有方案始终存在局限。

2.2　监管制度需进一步完善

日常检查主要关注设施设备、安全防护、环境卫生等硬件设施方面的内容,年终考核时更侧重于防汛期间的到岗到位和除涝情况,缺乏对圩区调度是否按要求执行的针对性考核,导致在实际操作过程中存在部分泵闸管理人员未按时到岗或未按要求进行调度的现象,调度方案执行不到位,影响活水畅流调度工作实效。

2.3 专业化水平需进一步提高

目前松江区圩区泵闸的管理相应比较原始,管理措施也比较单一。加之泵闸运行操作人员平均年龄偏大,文化水平较低,工作热情和积极性不高,工作效率和纪律性欠佳,对活水畅流调度工作的重要性认识不充分,容易造成调度方案执行不到位的情况,与其承担的区域性水资源调度管理职责无法匹配。

3 对策建议

经过近两年活水畅流专项调度,虽然松江区河道水系流动性得到了进一步提升,河道水质改善效果比较明显,但由于存在上述问题,全区水利设施未能充分发挥出水资源联合调度效能,活水畅流调度工作仍有较大的进步空间。为此,笔者为后续进一步做好活水畅流精细化管理提出以下建议。

3.1 优化调水方案,增强方案全面性

组织开展活水畅流调度方案行业评审,要求制定适合本圩区的"一圩区一方案",组织行业专家对各圩区的清水来源、调度方式、引排频次、控制水位、水质效果等进行全面系统优化。一是加强各街镇调度工作管理单位之间的沟通协调,打破区域壁垒,树立全局意识,消除本位主义,及时沟通引排水方向,上下游联动,互相支持,紧密配合,不断完善优化现有方案。二是随着水文监测数据的不断完善,科技水平的不断提高,可以建立全区河网动力模型和水质模型,进一步深化、细化、量化分析相关成果,研究不同工况条件下调水方式的最佳组合,以求得技术上可行、经济上合理、调度上灵活安全、可操作性和适应性均强的方案。

3.2 完善管理制度,加强行业监管

松江区圩区泵闸设施点多面散,管理要求正在逐步提高,建立一套适宜的管理考核制度是确保活水畅流调度执行效果的重要保证。一是完善泵闸管理考核办法,将活水畅流调度执行情况列入泵闸养护管理考核,弥补原先缺乏针对性考核的不足。二是加大监管考核力度,采用月度检查、季度考核和年度考核的方式不定期对街镇泵闸管理情况开展检查,最终考核结果按得分高低排名和通报,并对考核不合格的街镇扣除相应年度补助资金。三是发挥群众力量,要求各街镇泵闸管理单位主动公开调度方案和信息,接受群众监督,每被群众举报一次,经核查确认后,在考核评分中进行扣分。

3.3 加强人员管理,提高业务能力

泵闸管理人员的专业水平、业务能力,直接影响着活水畅流调度工作的执行效果,因此,要在加强人员管理、提高业务能力上下功夫。一是采用岗位培训、师徒带教等形式,提高职工的技能水平,提高突发情况的应急处置能力。二是逐步提高管理人员的准入门槛,新进人员必须通过相应的管理素质测试后才能上岗。三是通过在全区开展创先进、树典型的活动,加大各街镇泵闸管理人员的荣誉感和责任感教育,加大调水工作的宣传力度,打造一支工作作风踏实负责、运行管理规范有序的泵闸管理队伍。

3.4 加强基础设施建设,强化防洪除涝能力

进一步加强韧性城市基础设施建设,推进重大水利项目规划建设。一是配合市级部门

推进油墩港水利枢纽除险加固及黄浦江中上游堤防防洪能力提升工程建设。二是进行斜塘、俞塘泵闸提升等圩区改造工程，切实提高圩区防洪除涝能力。三是加快雨污排水管网改造和建设，推进易积水小区改造，进一步提升区域排水能力，保障城市安全运行。近几年，共完成188条"黑臭"河道和490条劣Ⅴ类河道整治，完成"消黑除劣"阶段性目标任务。

3.5 建立群闸联控系统，实时信息化监管

依托松江区现有"智慧水务"系统，改善泵、闸、河、堤防设施信息精细化管理模式。一是定期对系统数据进行检查，实现平台实时监控，实行信息化监管"一江三支""西部防洪"等沿江泵闸的活水畅流调度情况，充分发挥水利设施智能化和精细化的管理优势。二是同步开展圩区数字孪生建设工作，逐渐实现全区泵闸标准化全覆盖，实现水务管理区域网格化、内容数字化、部件和事件处置精细化，推进活水畅流调度工作再上新台阶。

4 主要经验做法及成效

4.1 主要经验做法

松江区水务部门积极组织相关区级部门对各街镇活水畅流调度方案逐一进行行业评审，要求各泵闸管理单位结合圩区实际，在区级调度方案基础上制定适合本圩区活水畅流调度的"一圩区一方案"，对方案中调度引排水方向、设施运行频率、控制水位及出口河道等指标严格审查，并要求方案完善后报送至行业部门进行报备管理。该做法规范统一了水资源调度方案模板（表1、图1），形成了《上海市松江区活水畅流专项调度方案》。在保障城市防汛排水安全的前提下，统筹考虑了活水畅流、水资源利用、水生态环境改善等综合功能的关系，全区河道水质改善较为明显。

对于处于各街镇行政区域交界且水质较差的河道，要求制定交界河道联合调度方案。如南张泾河作为交界河道横跨三个街镇，各街镇活水畅流调度指令不统一，造成调水效能不高，水质不稳定。通过召开调度协调推进会，制定了南张泾河专属活水畅流调度方案，统一调度指令，建立常态化的工作联动机制，实现了从"治差水"向"保好水"的转变。

表1 黑鱼洞圩区主要引排水泵闸实施细则表

序号	水闸名称	外河名称	运行频率（汛期）	运行频率（非汛期）	控制水位(m) 汛期 最低	汛期 最高	非汛期 最低	非汛期 最高
1	花鲢河泵闸	洞泾港	每日引水	长期开启	2.2	2.7	2.2	2.8
2	南张泾泵闸	砖新河	每日排水	长期开启	2.2	2.7	2.2	2.8
3	茂盛河西泵闸	洞泾港	每日引水	长期开启	2.2	2.7	2.2	2.8
4	茂盛河东水闸	洋浜河	每日引水	长期开启	2.2	2.7	2.2	2.8
5	沈塔浜泵闸	砖新河	按需引排	长期开启	2.2	2.7	2.2	2.8
6	中心村景观河泵闸	砖新河	每日排水	长期开启	2.2	2.7	2.2	2.8
7	六和庵水闸	南张泾河	每日引水	长期开启	2.2	2.7	2.2	2.8

备注：遇台风、暴雨等灾害气候时按防汛应急预案执行；遇高温天气引二排二。

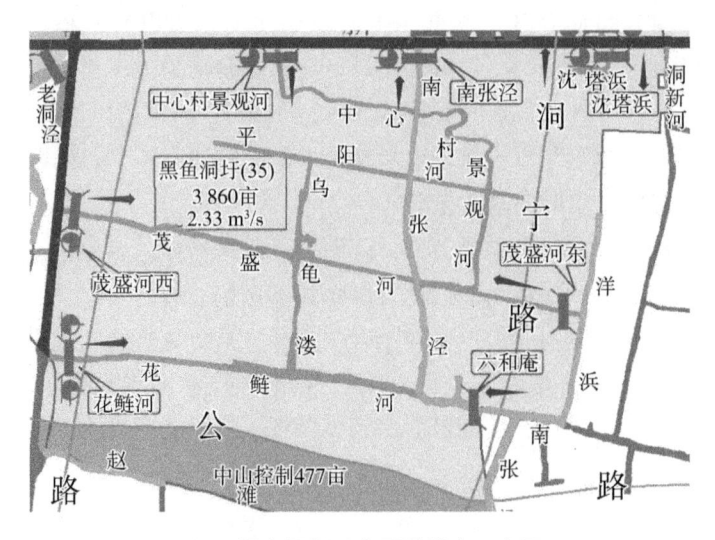

图 1　黑鱼洞圩区主要引排水示意图

4.2　主要成效

在前期"消黑除劣"等河道集中连片治理基础上，根据行业评审后的调度方案实施活水畅流后，松江区各街镇河道水质有大幅好转，好水比例（优于Ⅲ类）从 2021 年的 68.5% 到 2022 年的 87.3%，再到如今的 93.9%，详见表 2。根据《松江区河湖水质状况月报》，2023 年 1—12 月累计均值评价，507 个镇管及以上河湖监测断面中优于Ⅲ类的有 476 个，断面占比 93.9%，超过市考核松江指标 18.3%，好水比例位列全市前列；Ⅳ类 30 个，断面占比 5.9%；Ⅴ类 1 个，断面占比 0.2%；无劣Ⅴ类。

表 2　松江区近 3 年 1—12 月份市区镇管河湖监测断面水质均值类别统计

年份	总断面数 数量（个）	优于Ⅲ类断面 数量（个）	比例（%）	Ⅳ类断面 数量（个）	比例（%）	Ⅴ类断面 数量（个）	比例（%）	备注
2021	504	345	68.5	158	31.3	1	0.2	部分河道水质反复，存在劣Ⅴ类
2022	504	440	87.3	63	12.5	1	0.2	无劣Ⅴ类
2023	507	476	93.9	30	5.9	1	0.2	无劣Ⅴ类

5　结语

在新时代治水方针的大背景下，我们更要秉承"以水质论英雄"的治水观，发挥泵、闸、河协同联动作用，精准赋能活水畅流专项调度，力争实现"一潮水通百江"这一奔腾畅流景象。平原感潮河网地区通过结合潮汐合理调度、引入骨干河道优质水源等方式，达到增强区域水系流动性、提高水体自净能力的效果，从而稳步改善河道水质，提高水环境整体面貌。本文以上海市松江区为例，主要针对平原感潮河网地区活水畅流调度工作进行研究与探讨，提出管理上的改进建议，希望能对类似地区水环境提升工作有一定的借鉴与启发。

参考文献

[1] XIA J,ZHAI X Y,et al. Systematic solutions and modeling on eco-water and its allocation applied to urban river restoration:case study in Beijing,China[J]. Ecohydrology and Hydrobiology,2014,14(1):39-54.

[2] 谢忱,丁瑞,杨帆,等.平原城市感潮河网水环境改善方案研究——以上海市淀北片为例[J].水利规划与设计,2020,(12):9-16.

[3] 王超,卫臻,张磊,等.平原河网区调水改善水环境实验研究[J].河海大学学报(自然科学版),2005,33(2):136-138.

[4] 陈庆江,丁瑞,赵海.平原河网区活水畅流对水动力和水质的改善效果[J].水利水电科技进展,2020,40(3):8-13.

[5] 柳杨,范子武,谢忱,等.常州市运北主城区畅流活水方案设计与现场验证[J].水利水运工程学报,2019(5):10-17.

[6] 董亮,俞芳琴,刘俊,等.太湖流域锡澄片主城区畅流活水方案研究[J].中国农村水利水电,2020(1):48-51+57.

黄浦江苏州河滨江贯通对堤防设施岸段分类与界定的影响

鲍毅铭

(上海市堤防泵闸建设运行中心,上海 200080)

摘　要：上海位于长江三角洲冲积平原入海口,是我国重要的经济、金融、贸易与航运中心,具有重要的全球影响力。黄浦江和苏州河作为穿城而过的两条主要河道,承担了本市航运、排洪、旅游、生产及生活用水等综合功能。随着黄浦江、苏州河两岸功能定位的不断提升,研究探讨滨江贯通对黄浦江、苏州河两岸堤防设施岸段的分类与界定的影响,有助于沿岸各堤防设施管理单位进一步细化堤防日常管理要求,强化堤防设施养护责任,确保本市防汛安全。

关键词：堤防设施；分类；管理

1　研究背景

黄浦江、苏州河(以下简称"一江一河")都为上海的母亲河,自 1843 年开埠至今,"一江一河"两岸高度发达,沿岸企事业单位众多。为持续加强两岸堤防设施管理,上海市水务局于 2010 年、2014 年分别出台了《上海市黄浦江和苏州河堤防设施管理规定》《关于进一步加强本市黄浦江和苏州河堤防设施管理意见》,进一步明确了堤防设施岸段的分类、养护责任及经费保障等相关工作要求。近年来,随着本市《黄浦江沿岸地区建设规划(2018—2035年)》《苏州河沿岸地区建设规划(2018—2035 年)》的出台及"一江一河"两岸贯通工程的深入推进,对堤防设施的日常管理提出了更高的要求,因此有必要结合新情况对"一江一河"两岸堤防设施岸段的分类和界定方式做进一步探讨。

2　堤防设施岸段的分类和界定

根据《上海市黄浦江和苏州河堤防设施管理规定》第二十条"堤防设施岸段的分类和界定"的规定,堤防设施包括公用岸段堤防设施和专用岸段堤防设施,专用岸段堤防设施包括经营性专用岸段堤防设施和非经营性专用岸段堤防设施。

3　堤防设施岸段分类的基本情况

3.1　堤防设施岸段分类

根据 2023 年度"一江一河"两岸堤防设施岸段分类统计数据,本市黄浦江(含上游四支流：太浦河、拦路港、红旗塘、大泖港)堤防两岸共有 1 709 个岸段,岸线总长约 479.13 km。

作者简介：鲍毅铭(1984—　)，男，工程师，本科，研究方向为堤防日常管理，电子邮箱：17448750202@qq.com。

其中公用岸段915段,岸段全长约271 km;经营性专用岸段313段,岸段全长约79.5 km;非经营性专用岸段481段,岸段全长约128.63 km。

苏州河堤防(河口—省界)两岸共有332个岸段,岸线总长约125.72 km。其中公用岸段293段,岸段全长约119.2 km;经营性专用岸段11段,岸段全长约2.13 km;非经营性专用岸段28段,岸段全长度约4.39 km。

3.2 专用岸段单位类型

3.2.1 非经营性专用岸段对应的岸段类型

民生单位:水厂、电厂、学校、敬老院、菜场、油库、公园绿地、排水泵站及桥梁隧道等岸段单位。

国防单位:武警、部队及边防出入境检查站等。

政府职能部门:水上公安、绿化和市容管理局、海事、派出所及街道办事处等。

居民区。

3.2.2 经营性专用岸段对应的岸段类型

轮渡公司、游艇(游轮)码头、装卸作业码头及船舶修理厂等。

4 堤防设施岸段分类在长效管理中的主要作用

4.1 堤防日常管理基础数据统计的依据

堤防设施为典型线性工程,"一江一河"两岸共涉及堤防长度约604.85 km,沿岸企事业单位众多,情况复杂。堤防岸段的分类对准确描述堤防位置、确定岸段范围、落实堤防设施养护责任及日常管理措施都起到重要作用。

4.2 堤防设施维护管理项目补助资金测算的依据

根据《上海市黄浦江和苏州河堤防设施管理规定》第十六条"经费保障"的规定,公用岸段、非经营性专用岸段堤防设施的养护工作、专项维修、应急抢险费用由市承担。经营性专用岸段堤防设施的养护工作、专项维修、应急抢险费用由所在单位承担。

4.3 养护责任书签订与变更的依据

依据堤防管理工作要求,不同的堤防岸段在通过界定明确自身岸段类型或岸段单位发生变更后,都应与相关堤防管理单位(部门)签订《上海市堤防设施养护责任书》(以下简称养护责任书)。

4.4 落实养护工作职责的依据

各堤防管理单位(部门)根据堤防岸段分类的结果开展相关管理工作。公用岸段单位养护责任由岸段所在区水务局(建管委)负责,具体工作由各堤防管理单位(部门)承担;非经营性专用岸段单位应当配合各堤防管理单位(部门),承担相应的堤防设施养护责任;经营性专用岸段单位则自行承担相关养护责任。

4.5 施工方案行政许可办理的必要条件

根据本市水务部门行政许可办理的工作要求,签订《上海市黄浦江和苏州河堤防管理(保护)范围内施工防汛安全责任书》(以下简称防汛责任书)是办理"河道管理范围内建设项目施工方案审批"的必要条件之一。

4.6 堤防标准化管理和评价工作的基础条件

根据市水务局标准化管理的实施方案及评价细则的要求，2025年底前，"一江一河"堤防基本实现标准化管理。各堤防管理单位（部门）依据上述通知要求，结合自身实际情况，在编制及落实堤防标准化工作计划过程中，以堤防岸段分类结果为依据，逐段推进电工标准化管理和评价工作。

4.7 危险源辨识与风险评价的条件

根据水利部堤防运行危险源辨识与风险评价的工作要求，各堤防管理单位（部门）在对所辖行政区内堤防设施开展评价过程中，普遍将堤防岸段分类结果作为评价工作岸段划分的依据。

5 滨江贯通前后给堤防设施岸段分类和界定带来的变化

滨江贯通前，除公用岸段外，"一江一河"堤防两岸各单位均为封闭式管理，彼此间有围墙分隔，岸线不对外开放，公众无法直接到达。在此基础上，堤防设施岸段分类相对明确，各堤防管理单位（部门）根据签订的养护责任书，落实相关养护责任，确保防汛安全。

滨江贯通后，贯通区域内沿岸单位陆续搬迁或出让，原单位围墙打开，公众可直抵滨江沿岸，极大提升了市民的幸福感，但对"一江一河"沿岸堤防设施岸段分类和界定工作提出了更高的要求。

5.1 土地权属对堤防设施岸段分类的争议

滨江贯通后，原非经营性专用岸段单位将原滨江土地提供给当地政府，在土地权属并未发生变更的情况下，作为滨江贯通使用，堤防及周边附属设施的日常管理、巡查、养护、经营均由当地政府负责，原岸段单位已不再参与堤防设施的任何工作。因而该类岸段是作为公用岸段管理，还是作为专用岸段管理存在争议。

5.2 防汛通道闸门养护责任落实存在争议

非经营性专用岸段所在岸线涉及的防汛闸门，本着"谁使用，谁负责"的原则，由岸段单位自行负责闸门的日常养护、维修、启闭等工作，并落实相关经费。在滨江贯通过程中，沿岸单位在保留土地权属的前提下，将土地提供给当地政府，作为滨江贯通使用。因而，拥有该滨江土地权属的岸段单位提出，不应由岸段单位继续履行原通道闸门养护、维修及启闭等职责，贯通岸段应统一纳入政府部门统一管理，岸段单位不再承担堤防设施养护责任。

5.3 码头单位养护责任范围存在争议

经营性专用岸段养护责任单位在滨江贯通后，大部分单位的土地政府进行了收储，转为公用岸段或非经营性专用岸段进行管理，但滨江沿线仍有部分游艇码头、轮渡公司等经营性专用岸段存在。为满足贯通需要，该类型岸段都进行了开放式改造，拆除了原有的企业围墙，市民可直抵码头边缘（主要涉及游艇或游轮码头）或利用保留的滨江建筑，从建筑结构上方进行跨越式贯通（主要涉及轮渡站）。因而有部分经营性专用岸段养护责任单位提出，经营性专用岸段的养护责任范围不应按照占用岸线长度作为签订养护责任书的依据，应按岸线使用许可证批复的岸线长度来签订养护责任书。

6 对策及工作建议

6.1 完善法律法规,提升堤防管理效能

根据现阶段滨江管理的需求与特点,结合世界级滨水区功能定位、堤防标准化管理要求,加强顶层设计,加快推进现行堤防设施管理相关法律法规、规章制度的修订,本着"权责对等,谁使用,谁负责"的原则,根据新形势下堤防管理需求,进一步明确堤防设施岸段分类和界定的要求,保障堤防设施岸段养护责任落实。

6.2 增加财政投入,减少堤防安全风险

在进一步落实堤防设施养护责任的基础上,结合堤防专项改造或滨江贯通景观提升等工程性措施,对现有防汛通道闸门存在的合理性进行梳理。在保证市民通行与堤防设施管理需求的前提下,结合堤防专项维修改造、应急抢险及滨江景观提升等工程契机,封闭或合并部分防汛闸门,减少防汛安全隐患风险点,提升防汛工作效能。同时进一步明确贯通区域内闸门日常养护主体与防汛责任,减少管理"扯皮"带来的防汛风险。

6.3 依托数据平台,完善堤防基础信息

依托大数据平台,开展工作交流与对接,会同与堤防管理相关的其他单位交换管理数据,及时掌握堤防陆域侧土地产权与岸线使用许可证情况等相关信息,为堤防设施岸段的分类与界定提供基础信息保证。

6.4 加强队伍建设,强化堤防行业宣传

利用"世界水日""中国水周"等契机,积极开展宣传活动。通过活动,搭建宣传平台,联合各堤防管理单位(部门)、爱堤护堤志愿者、巡查、养护队伍,结合自身工作内容和特点,向堤防沿线岸段单位宣传相关法律、法规,进一步宣传堤防日常管理的重要性,增强岸段单位爱堤护堤意识。

太北片活水畅流调度方案优化研究

刘 密,冯湘凝,浦旸炯

(上海市青浦区河湖管理事务中心,上海 201799)

摘 要:以太北片区域为例,在活水畅流调度总体原则及方案框架下,为切实提升区域水环境面貌、增强水体流动、改善水质指标,对太北片的活水畅流方案进行调查研究和分析评估,提出可操作性的优化调度方案,并根据监测断面水质情况,对优化后的方案进行评价和进一步改进。按优化后的方案开展活水畅流调度后显示,太北片内的监测断面水质指标有一定幅度改善,说明优化的方案是科学可行的。后期可以根据改善断面的数量、空间分布、改善程度和具体实施调度的时间,进一步挖掘优化和提升的空间。

关键词:活水畅流;调度管理;优化调度;水质改善

根据《上海市水利控制片水资源调度方案》及《青浦区水资源调度(防汛调度)实施细则(试行)》,立足"依托两江、科学引排、分片调度、定向有序"的水资源调度总体布局,量化、优化水利片的调度方案,规范和加强水资源调度管理,提出防汛安全保障和活水畅流的目标。按照构建干净的、流动的、美丽的现代河网体系,建设人民满意的生态美丽幸福河湖,稳定提升区域水环境质量、推进区域治水畅流活水的思路,坚持优化管理、注重效益的原则,科学合理制定区域活水畅流方案。青浦区位于黄浦江上游地区,拦路港—泖河的高潮位低、潮差小,淀山湖的水位相对较低,片内常水位又较高,从拦路港—泖河、淀山湖的引水量十分有限。以太北片区域为研究对象,分析该片区水资源调度现状,评估其调度效果,并探索增强区域水体流动性,改善监测断面主要水质指标,提出该区域活水畅流的优化方案。

1 太北片概况

太北片位于太浦河以北、淀山湖以南、拦路港以西,是上海 14 个水利分片之一,控制总面积 92.53 km²,圩区控制面积 42.38 km²,片内地势高低差明显,西部大部分为高田,地面高程在 3.5~4.2 m,个别地块达 4.5 m,东部低荡田在 2.2~2.8 m。片内河网密布,湖荡众多,现状河湖水面率 18.08%,河网调蓄能力强。由"七湖一河"组成的"蓝色珠链"区域,是上海湖泊水系中最具原生态特质的区域,水面积约 8 km²,水面率高达 25%,水质总体达到 Ⅱ 类水标准。太北片主要涉及青浦区金泽镇和练塘镇部分区域,两镇常住人口约 9.42 万(《青浦统计年鉴—2023》),属长三角一体化示范区先行启动区,区域内有沪苏湖高铁、地铁十七号线延伸段、长三角示范区线、"水乡客厅""蓝色珠链"等在建项目,区域防汛安保和水环境要求都较高。

作者简介:刘密(1990—),工程师,本科,从事水利工程建设与管理工作,电子邮箱:liumi2010@126.com。

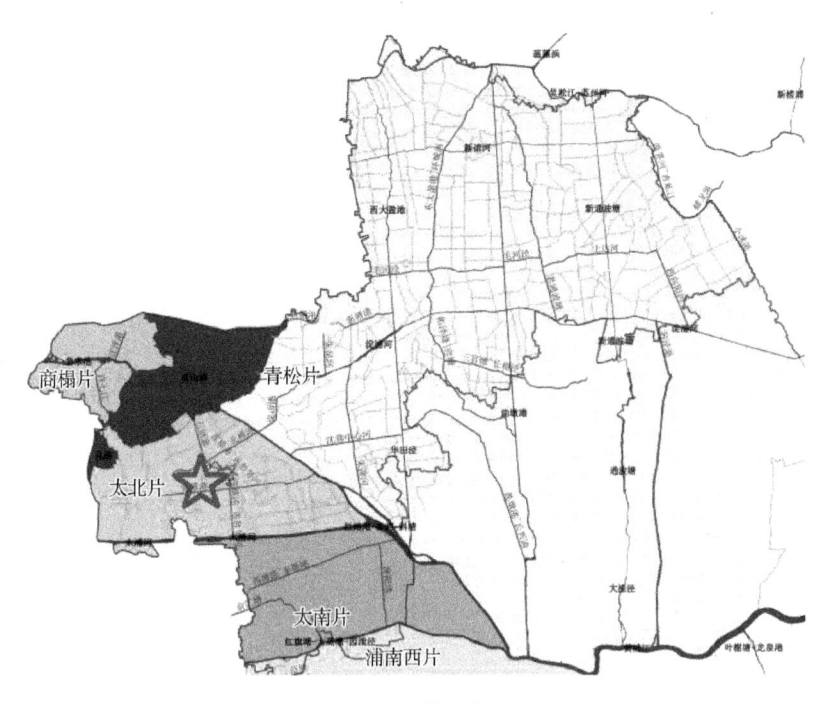

图 1 太北片区位图

2 活水畅流方案

2.1 现行方案

根据《上海市水利控制片水资源调度方案》《青浦区水资源调度(防汛调度)实施细则(试行)》,太北片活水畅流调度常规方式以保持水体自然流动为主。太北片河网水系图见图2。太北片面平均水位控制代表站为莲盛站,面平均控制水位:汛期 2.40~2.90 m、非汛期 2.50~3.00 m。太浦河北岸沿线水闸日常以敞开为主,防汛调度期间,当外河水位高于内河水位时,关闭闸门。

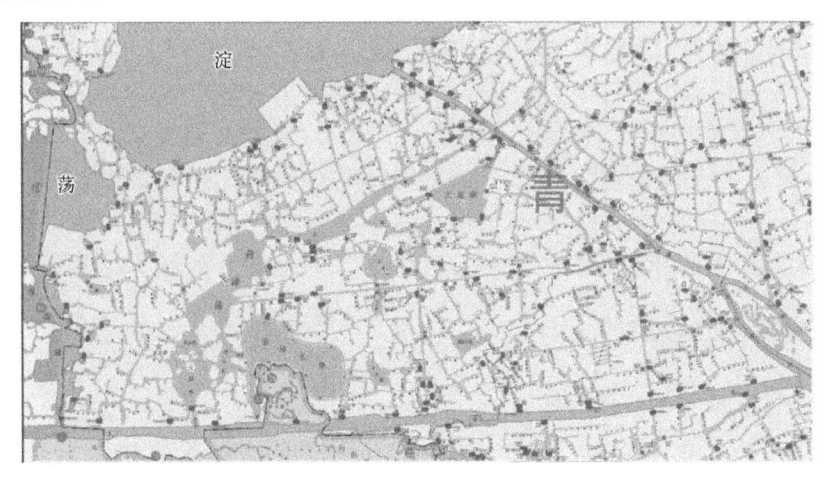

图 2 太北片河网水系图

对于太北片区域,选取商榻站、金泽站分别作为淀山湖—拦路港、太浦河的水位代表点,莲盛站为太北片内部水位代表点。以2022年10月为例,太北片片内、外水位情况。如图3所示。莲盛站为太北片内部点,受感潮影响弱,水位在2.64~3.03 m之间波动。太浦河水位(金泽站)在2.56~3.33 m之间波动,受感潮影响较强烈,每日高潮时段,太浦河水位高于片内河道水位;低潮时段,低于片内河道水位。淀山湖水位(商榻站)受感潮影响弱,在2.70~3.26 m之间波动,大部分时间高于片内河道水位,其余时间与片内河道水位基本持平。

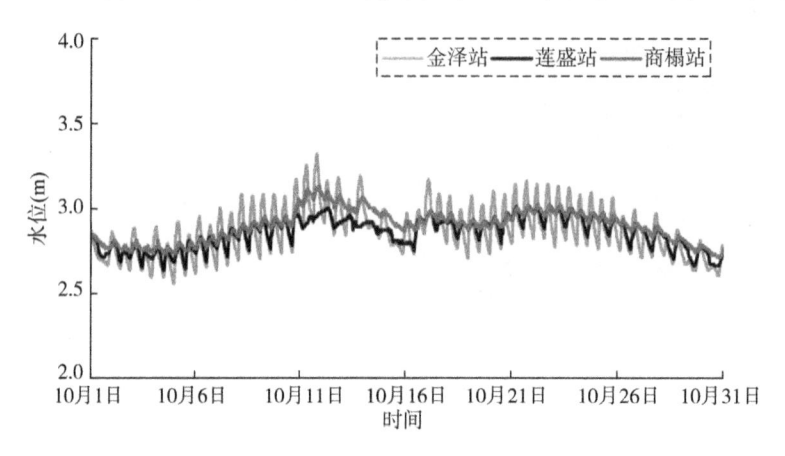

图3 太北片片内、外水位情况

太北片区域水质本底较好,但在现状太北片敞开为主、自引自排的模式下,流量观测结果显示,片区内河道流向均随潮位变化,无论是东西向河道还是南北向河道,均呈往复流动趋势,片区内河道流量整体较小,水动力一般,这对活水畅流的目标,即增强水体流动性、促进区域水质稳定及改善不利。

2.2 优化方案

为充分完成太北片区域水体置换,改善水环境面貌,根据太北片区位及外河潮位变化特点,且以太浦河水质在区域外河(主要是拦路港、淀山湖、太浦河)中基本为最优的前提下,提出太北片区域充分利用一线口门调度,实现区域定向引排、最大限度实现区域水体置换目标的优化方案。即太浦河沿线引水(必要时拦路港沿线也参与引水),淀山湖、拦路港沿线排水(若排水慢,太浦河沿线也参与排水),引排方式为先排后引,优化方案示意见图4。

排水时尽可能排到最低,引水时尽可能引到最高(汛期不超过2.9 m,非汛期不超过3.0 m),充分完成区域水体置换。引水到最高时,太浦河、拦路港沿线水闸关闭。太北片调度期间,片内圩区引排方向与片区引排方向一致。实施优化调度方案后,从氨氮、总磷两个主要指标对太北片优化调度方案进行评价。

3 优化方案的实践及成效

3.1 8月调度及水质指标变化情况

7月30日开始排水,水位降至2.33 m,31日从太浦河引水,水位升至2.5 m,静置后进行水质监测。在此期间,由于片内水位较低,片内圩区处于敞开状态。

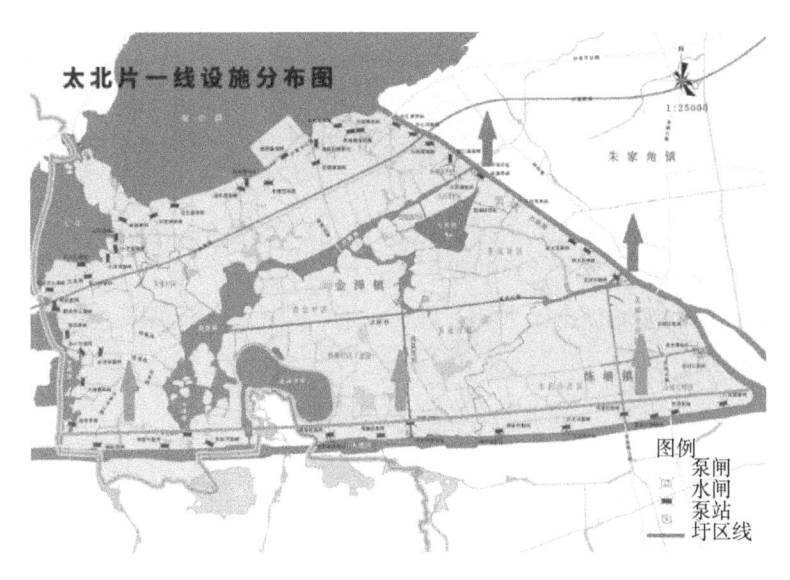

图4 太北片活水畅流优化方案示意图

太北片监测断面28个(河道18个,湖泊10个)。将氨氮与总磷指标与7月监测数据对比,两个指标环比均改善断面14个,有一个指标改善的断面11个,两个指标无改善的断面3个。8月优化调度后与7月份水质指标对比见表1。8月两个指标改善明显的河道断面集中在距太浦河较近区域,改善不明显断面集中在太北片中、东部区域。

表1 8月优化调度后与7月份水质指标对比

时间	Ⅱ~Ⅲ类(个)	Ⅳ类(个)	Ⅴ类(个)	平均氨氮(mg/L)	氨氮环比7月	平均总磷(mg/L)	总磷环比7月
7月	13	6	9	0.26	—	0.133	—
8月	15	11	2	0.20	-23.1%	0.127	-4.5%

3.2 9月调度及水质指标变化情况

太北片9月3日开始排水,水位降至2.60 m,4日从太浦河及拦路港引水,水位升至2.83 m,然后排至2.63 m,5日水质监测。在此期间,由于片内水位较低,片内圩区处于敞开状态。

将氨氮与总磷指标与7月监测数据对比,两个指标环比均改善断面9个,有一个指标改善的断面16个,两个指标无改善的断面3个。9月优化调度后与7月份水质指标对比见表2。9月改善明显的区域主要为沿太浦河区域,改善不明显断面集中在北横港"蓝色珠链"沿线,主要由于北横港"蓝色珠链"区域水质本底较好,已达到Ⅱ类。

表2 9月优化调度后与7月份水质指标对比

时间	Ⅱ~Ⅲ类(个)	Ⅳ类(个)	Ⅴ类(个)	平均氨氮(mg/L)	氨氮环比7月	平均总磷(mg/L)	总磷环比7月
7月	13	6	9	0.26	—	0.133	—
9月	13	7	8	0.21	-19.2%	0.150	12.8%

3.3 10月调度及水质指标变化情况

太北片10月8日开始排水,水位降至2.69 m,9日从太浦河、拦路港引水,水位升至2.83 m,然后小排至2.70 m,10日水质监测。在此期间,由于片内水位较低,片内圩区处于敞开状态。

将氨氮与总磷指标与7月监测数据对比,两个指标环比均改善断面10个,有一个指标改善的断面17个,两个指标无改善的断面1个。10月优化调度后与7月份水质指标对比见表3。10月改善明显的区域仍为沿太浦河区域,改善不明显断面集中在北横港"蓝色珠链"沿线,主要由于北横港"蓝色珠链"区域水质本底较好,已达到Ⅱ类。

表3 10月优化调度后与7月份水质指标对比

时间	Ⅱ~Ⅲ类(个)	Ⅳ类(个)	Ⅴ类(个)	平均氨氮(mg/L)	氨氮环比7月	平均总磷(mg/L)	总磷环比7月
7月	13	6	9	0.26	—	0.133	—
10月	17	10	1	0.18	−30.8%	0.097	−27.1%

3.4 对比分析

8月、9月、10月份连续三个月按优化后的方案开展活水畅流调度后,根据监测断面氨氮、总磷两个主要指标变化,较同年7月太北片内的监测断面水质均有一定幅度改善,现与2022年同期比较,比对结果见表4。

表4 优化调度后与往年同期水质指标对比

年份	时间	Ⅱ~Ⅲ类(个)	Ⅳ类(个)	Ⅴ类(个)	平均氨氮(mg/L)	氨氮同比	平均总磷(mg/L)	总磷同比
2022	7月	17	6	5	0.28	—	0.114	—
2022	8月	11	12	5	0.22	—	0.100	—
2022	9月	15	7	6	0.29	—	0.129	—
2022	10月	13	10	5	0.28	—	0.117	—
2023	7月	13	6	9	0.26	−7.1%	0.133	16.7%
2023	8月	15	11	2	0.20	−9.1%	0.127	27.0%
2023	9月	13	7	8	0.21	−27.6%	0.150	16.3%
2023	10月	17	10	1	0.18	−35.7%	0.097	−17.1%

相较于2022年同期来看,氨氮指标改善较明显,总磷指标未改善。分析总磷未改善的原因,可能是疫情封控导致春耕、渔业等农业生产活动减少,区域总磷输入较少,故2022年上半年总磷偏低。总体来说,针对太北片区域活水畅流方案的优化调度试验,对探索改善监测断面水质指标、增强水体流动性有一定的积极意义。

4 结语

太北片区域活水畅流调度优化方案经分析研究并试验后,监测断面的水质变化情况,说明优化的方案是科学可行的。后期可以增加试验次数以积累经验,根据改善断面的数量、空间分布、改善程度和具体实施调度的时间,进一步挖掘区域水质及水体流动性优化和提升的空间。

参考文献

[1] 阮仁良.平原河网地区水资源调度改善水质的机理和实践研究——以上海市水资源引清调度为例[D].上海:华东师范大学,2003.
[2] 徐贵泉,陈长太,唐迎洲,等.上海市水资源调度现状的分析评估[J].水资源保护,2013(1):51-54.
[3] 徐贵泉,陈长太,唐迎洲.上海市分片水资源调度方案优化[J].水资源保护,2013(6):80-84.
[4] 何斌,金鹏飞,羊丹.上海市水资源调度现状与思考[J].中国水利,2015(3):25-26.
[5] 陈庆江,丁瑞,赵海.平原河网区活水畅流对水动力和水质的改善效果[J].水利水电科技进展,2020,40(3):8-13.

圩区除涝能力及片圩联调初步研究

刘 密，褚 帅

（上海市青浦区河湖管理事务中心，上海 201799）

摘 要：片圩调度不协同主要表现在，片内圩区预降到位后，一旦开始降雨，圩区持续开泵排涝，且排涝时机、时长、动力无限制，没有充分发挥圩区调蓄的作用。本文选取达到除涝标准、规划水面率及有水位雨量监测的 3 个典型圩区，计算和验证圩区的排涝能力和不同强度的降雨条件下圩区水位的变化。最终证明在一定降雨条件下，圩区完成预降后不一定要持续排涝，目的是充分利用圩区调蓄能力，缓排、少排、错峰排，初步研究片圩协同调度，减少片内圩外河道水位上涨过快的压力。

关键词：防汛调度；协同调度；圩区预降；圩区调蓄

1 研究对象

青松片（青浦部分）片内圩区达 97 个，片内圩区排涝总动力为一线外排总动力的 2.5 倍之多。根据现行防汛调度方案，若启动 IV、III、II 级应急响应，圩区的调度规则均是预降 30 cm 及以上（见表 1）。

表 1 青浦区水利控制片及圩区防汛调度基本要求表　　　　　　　　　　　　　　　单位：个

应急响应等级	调度方式	水利控制片	控制片汛期预降内河水位控制要求(m)	片内圩区预降要求
IV级响应（蓝色）	引水口门暂停引水，排水口门正常排水	青松片	≤2.55	控制水位基础上预降不少于 30 cm
		太北片	≤2.55	
III级响应（黄色）	引水口门停止引水并视情况改引为排，排水口门加大力度全力排水	青松片	≤2.45	
		太北片	≤2.45	
II级响应（橙色）	引水口门改引为排，所有泵闸全力排水	青松片	≤2.35	
		太北片	≤2.35	

1.1 圩区选择

青浦区现有 122 个圩区，其中青松片圩区 97 个。根据《青浦区水利规划（2022—2035年）》，青松片达到 20 年一遇除涝标准的圩区共有 31 个，达到规划水面率的圩区共有 50 个，有水位监测的圩区共有 75 个，有雨量监测的圩区共有 21 个（见表 2）。

作者简介：刘密（1990— ），工程师，本科，从事水利工程建设与管理工作，电子邮箱：liumi2010@126.com。

表 2　圩区选取标准　　　　　　　　　　　　　　　　　　　　　　　　　　　　　单位:个

标准	①20年一遇除涝标准	②达到规划水面率	③有水位监测	④有雨量监测	同时满足①②③④	同时满足①②③
总圩区数量	44	70	96	26	6	18
青松片圩区	31	50	75	21	1	10

全区同时满足以上四个选项的圩区共有6个(商榻片港南圩区、港北圩区、淀西圩区,太北片东北圩区、西南圩区,青松片西北片圩区),其中青松片仅有1个,即盈浦街道西北片圩区,样本太少,不便研究。

考虑到雨量站总体分布较少,后期选定圩区后可以参照就近雨量站数据。同时满足前三项要求,即20年一遇除涝标准、达到规划水面率、有水位监测的圩区共有18个,其中青松片有10个(见表3)。

表 3　初步筛选的圩区

序号	圩区名称	圩区面积(km²)	水面率(%)	控制水位(m)	备注
1	和睦圩区	2.26	10.33	2.4	实际控制水位低
2	和西西圩区	0.78	4.72	2.4	圩区面积小,控制水位低
3	西南圩区	6.60	12.39	2.8	混合圩区
4	长朱圩区	3.43	5.19	2.6	实际控制水位较低
5	圩楼圩区	0.41	4.10	2.8	圩区面积小
6	西北片圩区	5.61	7.86	2.9	城镇圩区
7	郏一圩区	2.44	5.08	2.6	实际控制水位较低
8	西洋淀圩区	1.09	5.63	2.8	圩区线不封闭
9	沈巷圩区	3.73	6.62	2.8	混合圩区
10	沙家埭圩区	2.67	8.26	2.8	圩区有150 m堤防薄弱段

考虑到其中有些圩区控制面积小,控制水位低,经综合考虑,最终选定3个圩区:徐泾镇西南圩区、盈浦街道西北片圩区、朱家角镇沈巷圩区。圩区类型分别为混合圩区、城镇圩区、混合圩区。

1.2　圩区资料

选定圩区后,进一步收集梳理圩区资料,如圩内河道基础信息、河网水系沟通情况、河道断面信息、下垫面条件、排口信息等。

3个圩区共涉及52条河道,利用圩区水系图、圩区堤防调查报告、"一河一档"、河长办水体航片等资料梳理出圩内河道数量、长度、面积等基础信息(见表4)。

通过圩区堤防调查报告内河道坡比资料,结合低洼圩区、河道整治、小流域等工程项目内涉及圩内河道基本只有规划断面情况,故本次计算圩内河道均采用规划断面。

表 4　圩内河道基础信息

序号	圩区名称	圩内河道名称	堤防报告 长度(km)	堤防报告 河道坡比	"一河一档" 长度(km)	"一河一档" 口宽(m)	河长办航片 长度(km)	河长办航片 面积(km²)
1		徐泾砖窑泾	2.45	1∶2.5	2.35	18	2.45	0.044 1
2		泗安桥河	0.99	1∶2.5	—	—	0.66	0.010 4
3		新泾桥港	0.62	1∶2.0	0.65	18	0.62	0.008 8
4		宅外火车浜	0.31	1∶2.5	0.21	17	0.31	0.005 2
5		金云黄泥浜	1.14	1∶2.5	—	—	1.14	0.015 1
6		大横楼浜	0.50	1∶2.5	—	—	0.50	0.007 7
7		徐泾西河泾	0.96	1∶2.5	—	—	0.96	0.024 0
8		金云姚家浜	0.19	1∶2.5	—	—	0.19	0.002 3
9		小横楼浜	0.26	1∶2.5	—	—	0.26	0.004 1
10		张浦泾	1.76	1∶2.0	1.70	18	1.76	0.029 9
11		西库港	0.49	1∶2.5	—	—	0.49	0.007 8
12		谢家圩新开河	1.35	1∶2.5	1.71	16	1.35	0.024 2
13		金云杨家浜	1.83	1∶2.5	—	—	1.83	0.039 1
14	西南圩	宅外新开河	0.44	1∶2.5	0.50	16	0.44	0.007 2
15		王家石桥浜	0.87	1∶2.5	—	—	0.87	0.013 3
16		前明盛家浜	1.02	1∶2.5	—	—	1.01	0.016 3
17		小横泖	1.14	1∶2.5	1.20	16	1.14	0.023 4
18		金云金泾港	1.42	1∶2.5	—	—	1.42	0.027 0
19		东金泾港	0.22	1∶2.5	—	—	0.22	0.002 6
20		杨家浜斗河	0.27	1∶2.5	—	—	0.27	0.003 9
21		前明新村浜	0.12	1∶2.5	—	—	0.12	0.001 7
22		漏泥浜	0.53	1∶2.5	0.50	16	0.53	0.006 7
23		泥塘泾	0.28	1∶2.5	—	—	0.28	0.004 6
24		徐泾蒋家浜	0.30	1∶2.5	—	—	0.30	0.004 5
25		环路河	0.93	1∶2.5	—	—	0.93	0.011 5
26		纵河	0.19	1∶2.5	—	—	0.19	0.003 3
27		金云王家浜	0.58	1∶2.5	—	—	0.58	0.008 0
28		徐泾砖窑泾浜	—	1∶2.5	—	—	0.25	0.003 1
29		老西大盈港	2.08	—	2.10	21	2.08	0.071 6
30		杨泾江	3.09	—	—	18	3.09	0.077 4
31	西北片	庵浜河	1.30	1∶2.5	1.00	24	1.30	0.020 7
32		老毛河泾	1.49	1∶2.5	1.50	13	1.49	0.026 1
33		张倪家浜	0.90	1∶2.5	0.90	17	0.90	0.012 5
34		孟家溇	0.48	1∶2.5	0.40	35	0.48	0.012 7

续表

序号	圩区名称	圩内河道名称	堤防报告 长度(km)	堤防报告 河道坡比	"一河一档" 长度(km)	"一河一档" 口宽(m)	河长办航片 长度(km)	河长办航片 面积(km²)
35	西北片	漕港引水河	1.68	1∶2.5	1.52	23	1.68	0.037 3
36	西北片	朱家浜江	0.38	1∶2.5	0.60	11	0.48	0.006 8
37	西北片	卢湾港	0.84	1∶2.5	—	—	0.84	0.020 6
38	西北片	陆家尖江	0.91	1∶2.5	0.85	14	0.91	0.017 4
39	西北片	三界塘江	0.65	1∶2.5	—	—	0.65	0.019 0
40	西北片	盈浦张家塘	1.62	1∶2.5	2.10	27	1.94	0.070 0
41	沈巷圩	南港江	0.31	—	0.302	20	0.31	0.006 1
42	沈巷圩	沈巷市河	0.91	—	0.906	17	0.91	0.016 9
43	沈巷圩	林浜江	0.47	1∶2.5	—	—	0.47	0.008 6
44	沈巷圩	后浜江	1.14	1∶2.0	1.302	16	1.14	0.015 5
45	沈巷圩	小苏湾江	0.77	1∶2.5	—	—	0.77	0.018 5
46	沈巷圩	江圩村江	0.86	1∶2.5	0.806	11	0.86	0.009 7
47	沈巷圩	沈巷中心支河	0.08	1∶2.5	—	—	0.08	0.000 8
48	沈巷圩	福田庵江	1.61	1∶2.0	—	—	1.61	0.023 7
49	沈巷圩	平潮溇江	0.89	1∶2.5	0.905	18	0.89	0.011 3
50	沈巷圩	小圩果园江	1.32	1∶2.5	—	—	1.32	0.020 2
51	沈巷圩	小浜江	1.45	1∶2.0	—	—	1.50	0.025 8
52	沈巷圩	小圩村江	2.91	1∶1.5	2.301	13	2.99	0.083 9

圩区下垫面条件及其他信息(如城区雨水排口数量、高程等)使用航片影像(图1～图3)及现场走访调查进一步细化。

图1 徐泾镇西南圩区(混合圩区)航片图

图 2　盈浦街道西北片圩区(城镇圩区)航片图

图 3　朱家角镇沈巷圩区(混合圩区)

1.3　槽蓄量计算

利用圩内河道基础数据及断面信息计算圩区控制水位以下 30 cm 的槽蓄量①。

用圩区控制面积、水面率估算圩区控制水位以下 30 cm 的槽蓄量②，并与①对比。计算结果见表 5。

表 5　圩区控制水位以下 30 cm 槽蓄量计算结果

圩区名称	圩区面积(km^2)	水面率(%)	河网密度(km/km^2)	槽蓄量①(万 m^3)	槽蓄量②(万 m^3)	差值(%)
西南圩区	5.32	6.75	3.96	10.334	10.773	4.25
西北片圩区	5.61	7.86	2.82	11.676	13.230	13.31
沈巷圩区	3.73	6.62	3.45	6.960	7.410	6.47

从上述对比计算结果看出,使用圩内所有河道基础信息和直接用现状水面率估算的圩区控制水位以下 30 cm 槽蓄量相差不大,故后续计算圩区水位变化时直接采用现状水面率计算。

2 模拟计算

本文以西南圩区、西北片圩区及沈巷圩区 3 个圩区为研究对象,利用数学模拟推算各圩区预降 30 cm 后降雨与水位上涨关系。

2.1 区域径流系数确定

根据土地利用类型进行下垫面分析,并通过加权平均法推算各圩区综合径流系数。下垫面土地利用类型分为居民地、耕地、城市绿地与水系。各用地类型径流系数如表 6 所示。

表 6 各用地类型径流系数

用地类型	居民地	耕地	城市绿地	水系
径流系数	0.7	0.25	0.25	1

本次模拟通过影像图对各圩区下垫面类型进行初步分析,统计结果如表 7 所示。

表 7 各圩区下垫面面积分类统计

圩区名称	圩区面积(km²)	下垫面面积(km²) 居民地	耕地与城市绿地	水系
西南圩区	6.60	1.59	4.19	0.82
西北片圩区	5.61	4.97	0.20	0.44
沈巷圩区	3.73	2.49	0.99	0.25

由下垫面面积及圩区面积确定各圩区综合径流系数,得出西南圩区综合径流系数为 0.45,西北片圩区综合径流系数为 0.71,沈巷圩区综合径流系数为 0.60。计算方法如下

$$综合径流系数 = \frac{居民地面积}{圩区面积} \times 0.7 + \frac{耕地面积}{圩区面积} \times 0.25 + \frac{城市绿地面积}{圩区面积} \times 0.25 + \frac{水系面积}{圩区面积} \times 1$$

2.2 降雨量与水位上涨关系

圩区降雨后通过各下垫面产汇流造成河道水位上涨。各圩区上涨水位与降雨量关系可由下式得出

$$上涨水位 = \frac{圩区产水量}{圩区面积 \times 水面率 \times 10\,000}$$

$$圩区产水量 = 圩区面积 \times 降雨量 \times 综合径流系数$$

式中:上涨水位,单位为 m;圩区产水量,单位为 m³;圩区面积,单位为 km²;降雨量,单位为 mm。

经统计,各圩区水位上涨与降雨量关系如表 8 所示。

表8　圩区上涨水位与降雨量关系

圩区名称	综合径流系数	降雨量(mm)	圩区产水量(m³)	上涨水位(m)
西南圩区	0.45	30	89 415	0.11
		60	178 830	0.22
		90	268 245	0.33
		120	357 660	0.44
西北片圩区	0.71	30	119 070	0.27
		60	238 140	0.54
		90	357 210	0.81
		120	476 280	1.08
沈巷圩区	0.60	30	67 215	0.27
		60	134 430	0.54
		90	201 645	0.82
		120	268 860	1.09

2.3 排涝时间计算

以降雨前圩区水位为基准,由降雨后圩区产水量与圩区排涝能力计算得出排涝时间。计算公式如下

$$排涝时间 = \frac{圩区产水量}{圩区排涝能力 \times 3\,600}$$

式中:排涝时间,单位为 h;圩区产水量,单位为 m^3;圩区排涝能力,单位为 m^3/s。

经计算,各圩区不同降雨量下排涝时间如表9所示。

表9　圩区排涝时间计算

圩区名称	降雨量(mm)	圩区产水量(m³)	水泵排涝能力(m³/s)	排涝时间(h)
西南圩区	30	89 415	14.4	1.72
	60	178 830	14.4	3.45
	90	268 245	14.4	5.17
	120	357 660	14.4	6.90
西北片圩区	30	119 070	21.3	1.55
	60	238 140	21.3	3.11
	90	357 210	21.3	4.66
	120	476 280	21.3	6.21
沈巷圩区	30	67 215	8.0	2.33
	60	134 430	8.0	4.67
	90	201 645	8.0	7.00
	120	268 860	8.0	9.34

3 试验与验证

走访圩区水闸管理单位及水闸运行单位,进一步了解圩区情况,三方交流确定了试验验证方案。

3.1 圩区排涝能力验证

根据圩区槽蓄量和圩区动力,计算圩区 1 h 理论预降水位(水泵装置效率按 80% 计算),再选定无降雨时间段,验证圩区实际预降能力。验证不同水位条件下的实际排涝能力,包括预降、高水位等几种条件下的排涝能力。

实际试验时可定排涝时间 2~4 h 不等。验证对比见表 10。

表 10 圩区排涝能力验证

圩区名称	圩区面积 (km²)	水面率 (%)	控制水位 (m)	圩区排涝能力(m³/s)	1 h 理论预降水位(m)	1 h 实际预降水位(m)
西南圩区	5.32	6.75	2.8	14.4	0.115	0.10
西北片圩区	5.61	7.86	2.9	21.3	0.139	0.10
沈巷圩区	3.73	6.62	2.8	8.0	0.093	0.09

根据实际预降值与理论值对比,实际预降值略小于计算值,分析原因为水泵装置效率影响。

3.2 降雨条件下圩区水位变化验证

根据计算出的不同降雨条件下圩区水位变化,选取天气预报有降雨的时机,在降雨发生前圩区提前预降,然后待降雨产生后,记录降雨量和圩区实际水位上涨变化情况,并与计算结果对比。试验期间,仅收集到 1 次降雨数值,见表 11。

表 11 不同降雨条件下圩区水位变化验证

圩区名称	圩区面积 (km²)	水面率 (%)	综合径流系数	降雨量 (mm)	水位上涨 (m)	实际降雨量 (mm)	实际水位上涨(m)
西南圩区	5.32	6.75	0.45	30	0.11	20	0.06
西北片圩区	5.61	7.86	0.71	30	0.27	30	0.20
沈巷圩区	3.73	6.62	0.60	30	0.27	20	0.10

由于验证次数过少,且仅收集到 1 次小雨数据,受径流量汇集较少影响,无法根据验证结果评价水位变化与降雨量关系。后续建议验证暴雨、大雨、中小雨等典型降雨的数据,根据计算结果调整径流系数,验证的场次越多,计算结果越准确。

4 结论与应用设想

根据圩区下垫面研究,按照居民地、绿地、耕地、水面占比,率定圩区综合径流系数,按上述方法进行其他圩区排涝能力、圩区降雨量与水位变化关系计算及验证。通过圩区降雨量与水位变化,反推圩区预降后能承受的降雨量,为预警期间特别是控制片内水位达规划除涝水位或水位持续上涨过快时,限制圩区无序排涝,充分发挥圩区调蓄能力,缓排、少排、错峰排,实施片、圩协同调度,缓解片内圩外河道水位上涨过快的压力,提高防汛排涝效率,保证防汛安全具有重要参考意义。

参考文献

[1] 周宏伟,李敏,王同生,等.太湖流域圩区排涝对区域防洪影响分析[J].水利规划与设计,2015(11):1-2+21.

[2] 丁志良,胡子琛,孙凌凯.太湖流域圩区排涝分级调度影响研究[J].水利水电技术(中英文),2023,54(2):10-18.

[3] 张培,刘曙光,钟桂辉,等.嘉兴地区联圩分级调度对圩区排涝及太浦河的影响分析[J].中国农村水利水电,2018(5):78-83.

[4] 王永磊,李振,景雪,等.均匀降雨条件下不同下垫面产汇流特性试验研究[J].中国农村水利水电,2012(2):38-41.

上海"十四五"水安全保障规划形势和对策

秦莉真

(上海市水利管理事务中心〈上海市河湖管理事务中心〉,上海 200002)

摘　要:高质量发展是"十四五"时期经济社会发展的主题词。面对国内经济恢复动能不足、外部环境不确定上升的大背景,需发挥好水利的支撑与保障作用,以水安全保障高质量发展达成"稳中求进、以进促稳、先立后破"的局面。本文以上海市为例,从区域概况、"十四五"水安全保障面临的新要求、新形势和对策措施等方面进行阐述,提出上海市水安全保障的总体策略。

关键词:水安全保障;中国式现代化;高质量发展;上海市

0　引言

近年来,随着全球气候变化和国内城镇化、工业化的快速推进,水资源短缺、水环境恶化、洪涝灾害等新老水问题逐渐暴露,水安全形势严峻。水安全与人类生态系统的可持续发展紧密相关,目前,水安全已被提至我国国家安全战略层面[1]。我国水安全问题可以分为水资源安全、水环境安全、水灾害规避安全和水生态安全四个方面[2]。同时,上海作为超大城市,是发展的引领者,在我国现代化建设中发挥着重要作用[3,4]。本文主要论述上海市水灾害规避安全方面的相关形势与对策。

1　区域概况

1.1　区域特点

上海濒江临海,地处长江三角洲东部冲积平原入海口以及长江流域和太湖流域最下游;地势低平,由东向西略有倾斜,全市平均海拔在 2.19 m;河网密布,全市河道数量约 4.6 万余条[5],属于典型的平原感潮河网地区;降水较丰沛,多集中在汛期,太湖流域和长江流域过境水资源丰沛。这样的特殊地理区位决定了因水而生、依水而兴的上海很容易受到热带气旋(台风)、暴雨、高潮和洪涝等突发性强对流灾害性天气的影响,"三碰头""四碰头"现象时有发生[6],区域防汛减灾形势和格局比较复杂,防汛保安任务较重。

1.2　"十三五"水安全保障主要成效

"十三五"期间,上海市水行政主管部门全面推行河长制,实施严格的水资源管理制度,深入推进水务精细化管理,加快推进防汛设施提标建设和应急保障体系建设,成功抵御 2016 年和 2020 年太湖流域超标准洪水、2018 年连续 4 场台风、2019 年超强台风"利奇马"等多次洪涝灾害的侵袭,守牢城市防汛安全底线。

作者简介:秦莉真(1994—　),女,助理工程师,硕士,主要研究方向为水利管理。

堤防达标有序推进,防洪安全稳定保障。积极推进流域防洪工程。黄浦江上游堤防全面达到规划设防标准,持续推进吴淞江工程,推进太浦河后续工程,推动太浦河"清水走廊"建设。着力实施区域防洪工程。完成大泖港上游河道防洪工程和西部防洪河道的堤防达标建设,区域防洪能力基本达到50年一遇。稳步提升城市防洪能力。通过黄浦江防汛墙达标工程、苏州河中游段堤防达标建设、海塘达标建设以及保滩工程等措施,全市陆域侧和长兴岛公用段海塘防御能力已达到200年一遇,其他地区基本达到100年一遇及以上。

河道整治系统实施,河网调蓄逐步提高。"十三五"以来,结合全市骨干河道布局规划和城市基本生态网络建设,为实现"防汛能力增强、安全底线坚固"的目标,系统推进骨干河网建设,同时持续推进骨干河道断点打通工作,进一步畅通蓝网主脉络,提高河网调蓄能力,保障防洪除涝安全。

泵闸建设稳步开展,除涝能力持续提升。完成第一轮一线和省界水闸安全鉴定规划任务。稳步推进第二轮水闸安全鉴定,针对第一轮已鉴定的32座病险水闸,加快推进实施除险加固工程。稳步开展水利片外围泵闸建设。"十三五"期间完成淀东泵闸、张马泵站、虹口港泵闸等外围泵闸建设,各水利片除涝能力基本达到15~20年一遇。持续推进低洼圩区治理。"十三五"期间,通过圩区改造、排涝泵闸和水(涵)闸更新改造、圩堤加高加固等工程,进一步提高全市圩区除涝设施达标率。

体制机制逐步完善,管理水平不断提高。河长制和湖长制全覆盖,落实各级河长、湖长责任,明确每条河道的治理目标与重点任务。细化完善防汛工作机制。制定出台防汛体系制度性文件,深化建立防汛气象预警会商机制、隐患滚动排查机制等多项工作机制。进一步落实精细化管理。发布《上海市水务海洋精细化管理工作三年行动计划(2018—2020年)》,出台工程建设、水闸精细管理实施意见和河湖长效管理制度。提升信息化监管水平。结合河湖养护App、堤防视频监控系统、水闸泵站自动监测系统、各级水利设施信息平台等信息系统建设,进一步提升管理养护水平。

防汛体系不断健全,应急保障显著加强。建立三级物资储备体系。相继建成松江和崇明排水、隧道等市级防汛物资基地,建成市、区、镇三级防汛仓库三百余个。发展各类专业抢险队伍。成立涵盖水务、住建、交通等各专业千余支上万人的抢险队伍。加强监测预警预报能力。实现水情监测基本全覆盖,升级改造现有水情预报辅助系统,积极探索实时动态预警预报。优化防汛"一网四库"系统。基本建成防汛智能调度体系,为防汛指挥决策提供多元信息和有力的技术支撑。

2 "十四五"水安全保障新要求

党的十八大以来,习近平总书记站在实现中华民族永续发展的战略高度,亲自谋划、亲自部署、亲自推动治水事业,就治水发表了一系列重要讲话、作出了一系列重要指示批示[7,8],形成了科学严谨、逻辑严密、系统完备的理论体系,系统回答了新时代为什么做好治水工作、做好什么样的治水工作、怎样做好治水工作等一系列重大理论和实践问题,为推进新时代治水提供了强大思想武器。

2014年,习近平总书记就保障国家水安全发表重要讲话,明确提出"节水优先、空间均衡、系统治理、两手发力"治水思路,"十六字"治水思路是逻辑严密的治水理论体系,是新发展理念在治水领域的集中体现[7,8]。2016年,习近平总书记指出"保护江河湖泊,事关人民群众福祉,事关中华民族长远发展",并亲自推动大江大河生态保护和系统治理。2019年,习近平总书记在上海杨浦滨江考察时指出"人民城市人民建,人民城市为人民"。2023年,习近平总书记考察上海时再次强调城市建设要坚持以人民为中心。随后,水利部党组书记、部长李国英在调研上海水利工作时强调,要加快谋划构建形成多源一体、连通互济的上海水网体系,确保防洪安全和供水安全。

在习近平总书记的引领下,要始终贯穿"十六字"治水思路主线,推动长江经济带发展、防汛抗旱、河湖长制等工作,扎实推进新阶段水利高质量发展;要积极响应国家"江河战略",沿着总书记亲自擘画国家水网的蓝图全面推行河长制工作,推进长江流域高质量发展;要精准把握上海超大城市水环境治理的特点规律,以满足人民日益增长的优美生态环境需要为目标,聚焦围绕水利主业主责,落实新使命,在水系统治理上下足"绣花"功夫:提供优质水资源,严格水资源管理和保护;聚焦构建宜居水环境,增强基层治水能力;推进水利基础设施建设,提升基层应急处置能力;等等。

当前,中国特色社会主义进入新时代。《上海市城市总体规划(2017—2035年)》提出,要探索高密度超大城市可持续发展的新模式,牢牢守住人口规模、建设用地、生态环境、城市安全四条底线[9],其中"牢牢守住城市生产安全和运行安全底线方面"就是要提高城市应急响应能力和恢复能力。要统筹解决好防汛保障能力不平衡不充分的问题,就要科学研判防汛形势,加强防汛应急管理和风险管理,全面提高综合防范和有效抗御台风暴雨的能力。上海市水务局组织编制的《上海市水网建设规划》要求,到2035年全市水网基本建成,市级水网与国家骨干网互联互通,构建安全韧性的防汛减灾体系,助力防洪保安。

3 "十四五"水安全保障新形势

"十三五"以来,上海市水安全保障建设取得显著成绩,地区防汛安全得到有效保障,全市河网基本形成"有纲有网、能控能调"的水系网络。但是,新发展阶段对现代水系网络的内涵、功能和能级提出新的要求,与总体国家安全观、城市高质量发展、人民城市理念等新要求、新理念相比,水安全保障任务依然艰巨,因此加快构建现代上海水网必要且迫切。

防御能力尚需提升。现状防御能力与2035规划尚有差距。黄浦江高水位出现趋势性抬高[4],黄浦江防汛墙安全超高不足,水闸除险加固尚需加快推进,流域防洪堤防达标率、区域防洪堤防达标率泵闸实施率有待进一步推进。部分岸段堤前滩势持续冲刷。黄浦江上游干流段、拦路港部分岸段墙前淘刷严重,杭州湾北岸、浦东机场东侧、崇明庙港北闸下游段等岸段堤前滩势逐年冲刷。

管养水平有待提高。激励考核需进一步加强。管理养护工作激励和考核、设施长效管理机制尚需进一步落实。市场化养护待全面深入。设施养护的市场机制、管理办法等方面亟须规范和完善。管理养护队伍相对不成熟。专职管理人员较少,专业维养队伍的力量还处于初创培育阶段。智能化管理水平相对较低。未能进一步深化信息共享、资源共用,新材料、新技术、新设备等在设施管理中的应用较少。水利片协同调度有待加强。圩区与水利片联合调度需进一步加快研究。

防汛体系尚需完善。水文地形监测存在不足。对流域及跨省市界河(湖)等监测不足,实时监测和日常监管有待加强,对河床、河势变化等威胁堤防设施安全的河道地形监测存在空白。预报预警能力有待提升。智能感知体系建设尚不完善,信息共享程度需要进一步提升,智能化深度应用中实时采集、大数据分析、智能化调度能力离精准防御要求还有差距。应急抢险能力需要加强。市区防汛应急监测能力有待提升,三级防汛物资储备体系有待进一步完善,基层防汛机构的防汛能力和应急处置能力有待进一步提高。

4 "十四五"水安全保障措施

4.1 工程措施

长期以来,上海坚持聚焦"千里海塘、千里江堤、区域除涝、城镇排水"四道水安全防线,进一步提高水安全保障能力,增强城市"不被淹"的能力和"不怕淹"的韧性,为经济社会正常运行和人民生命财产安全作出积极贡献。但是防汛工程体系仍存在短板,随着水情、工情的变化[4],需要进一步健全除涝体系建设——提升黄浦江防洪(潮)能力、筑牢海塘安全屏障、完善重点河流(河口)防洪减灾体系等。"十四五"期间,重点要加强水安全保障"四道防线"工程体系建设(图1),进一步完善上海市安全韧性的防汛减灾体系。

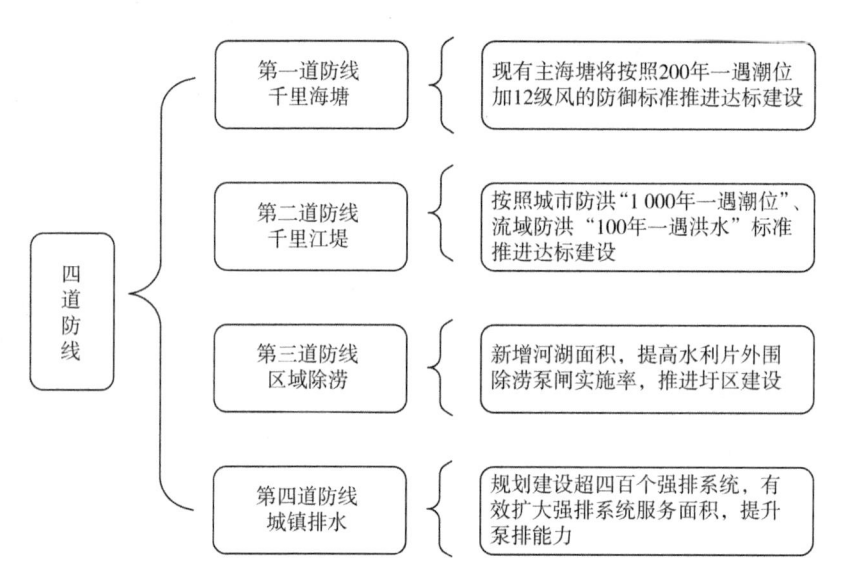

四道防线:

- 第一道防线 千里海塘：现有主海塘将按照200年一遇潮位加12级风的防御标准推进达标建设
- 第二道防线 千里江堤：按照城市防洪"1 000年一遇潮位"、流域防洪"100年一遇洪水"标准推进达标建设
- 第三道防线 区域除涝：新增河湖面积,提高水利片外围除涝泵闸实施率,推进圩区建设
- 第四道防线 城镇排水：规划建设超四百个强排系统,有效扩大强排系统服务面积,提升泵排能力

图1 上海市"四道防线"工程体系建设

加快推进骨干河道整治工程。依据《上海市骨干河道布局规划》、各区骨干河道蓝线专项规划以及航道等相关专业规划,以三鲁河、淀山湖、元荡等骨干河道为重点,推动全市骨干河湖综合整治,进一步提高骨干河道连通性,完善以骨干河道为基础框架的河网水系,提升区域引排水能力,保障区域除涝安全,兼顾改善相邻片区水质。

加快推进水利片外围泵闸建设,全面推进病险水闸除险加固或更新改造。明确事权,按轻重缓急原则有序推进,优先安排建设条件成熟的规划新建泵闸和安全隐患大、对水利片除涝或活水畅流有重要作用的已建水闸,充分发挥工程整体效益,提高区域防洪除涝能力。

加快推进圩区达标建设工程。以全面提升松江、金山、青浦等低洼圩区排涝能力为重点,持续推进低洼圩区达标改造工程建设,加高加固圩堤,更新改造老旧水(泵)闸,进一步提高本市西部低洼圩区抵御洪涝灾害的能力。加强圩区系统化、制度化、标准化管理,逐步实现圩区建管并举、闸堤并重、引排兼顾。加快研究水利片水闸联通联调,提出相对合理的圩区调度方案。

4.2 非工程措施

健全规章制度体系和工作机制。结合机构改革和新形势下管理需求,推动《上海市防汛条例》《上海市水闸管理办法》等相关法律法规文件修订,进一步完善防汛工程隐患排查、巡查制度和灾情险情报告制度,持续修订完善本市防汛预案体系,强化灾情信息报送工作机制,形成"统一指挥、分级负责、条块结合、以块为主"的防汛指挥体系。

加强基础设施监测和安全鉴定。强化河道堤防岸段监测体系建设,做好重要、薄弱岸段监测及日常监测的数据记录与趋势分析。结合规划安排,对照《上海市水闸安全鉴定工作管理办法》《上海市水闸、水利泵站安全鉴定规划(2021—2030年)》的规定,分年度组织开展水利设施安全鉴定工作;对于鉴定发现的隐患,及时通过养护、维修、除险加固等措施消除工程缺陷和安全隐患。

提升管理养护工作能力和水平。进一步细化水利设施管理办法、养护规程以及技术标准,加强专业养护队伍技能培训和职业道德教育。完善出台全市水利设施运行管理检查、监督和考核管理办法,配合智慧水务建设,逐步推行远程控制、无人值守、自动化操作,提高水利设施运行管理信息化、科技化水平。细化各水利片水资源调度细则,加强对水资源调度日常监管,做到科学调度、全面统筹。

完善并加强灾害防御体系建设。深化与相关单位的信息共享机制;完善"四道防线"实时监测,全面推进全市重要水闸泵站、重要圩区防汛设施的在线监测,推进防汛专业网格化系统建设;基本实现监测信息和工程运行调度信息的共享和耦合,初步建立覆盖全面、透彻的防汛智能感知系统;进一步强化预案预警体系、信息保障体系和抢险救援体系建设。

5 总结

党的二十大擘画了全面建设社会主义现代化国家、以中国式现代化全面推进中华民族伟大复兴的宏伟蓝图[10]。中国式现代化对上海的水安全工作提出了新要求。上海市水利工作面临新形势、肩负新使命、承担新任务,要把习近平新时代中国特色社会主义思想转化为推动工作的强大力量,扎实推动水利高质量发展,科学谋划、统筹推进水安全保障措施,为上海加快建设具有世界影响力的社会主义现代化国际大都市[4]提供有力的水安全保障。

参考文献

[1] 周海炜,张蔚怡,王腾,等.政策工具视角下我国水安全政策文本分析三维框架[J].情报杂志,2022,41(9):62-70.

[2] 郭利丹,李琼芳,黄永春.跨境流域水安全共同体内涵解析与实现机制[J].世界经济与政治,2021(4):

61-81+157-158.
[3] 龚正.加快转变超大特大城市发展方式[N].人民日报,2022-12-16(9).
[4] 刘晓涛.中国式现代化视角下超大城市水安全战略思考——以上海市为例[J].中国水利,2023(1):15-17+31.
[5] 史家明,阮仁良,胡险峰,等.2023上海市河道(湖泊)报告[R].上海:上海市水利管理事务中心(上海市河湖管理事务中心),2023.
[6] 王梦江.上海市防汛工作手册[M].上海:复旦大学出版社,2018.
[7] 陈茂山,王建平,夏朋."十六字"治水思路是推动新阶段水利高质量发展的根本遵循[J].水利发展研究,2021,21(9):11-14.
[8] 李国英.推动新阶段水利高质量发展 为全面建设社会主义现代化国家提供水安全保障[J].中国水利,2021(16):1-5.
[9] 上海市人民政府.上海市城市总体规划(2017—2035年)[Z].2018.
[10] 习近平.高举中国特色社会主义伟大旗帜 为全面建设社会主义现代化国家而团结奋斗——在中国共产党第二十次全国代表大会上的报告[M].北京:人民出版社,2022.

基于上海"一江一河"背景的黄浦江堤防监测研究

刘安民

(上海市堤防泵闸建设运行中心,上海 200080)

摘 要:堤防是城市防汛工作中重要的基础设施,开展持续的监测工作是保障堤防安全运行的必要手段。以上海市黄浦江防汛墙为研究对象,通过梳理分析黄浦江防汛墙监测现状,发现不同条件下防汛墙的变化特征,部分岸段出现抬升或沉降等现象。结合已实施的堤防监测项目内容,发现堤防监测工作存在监测依据及标准不足、监测点位布设不全面、监测工作管理机制不完善等问题。为此,基于上海市"一江一河"发展目标,提出了建设堤防长效监测体系可聚焦堤防分级分段、重点监测区域确定、监测基准及点位布设、沉降(垂直)监测研究等方面,以期为上海市堤防运行工作提供参考。

关键词:黄浦江;防汛墙;现状分析;监测体系

0 引言

近年来,受全球性气候变化影响,短历时、强降雨和极端灾害性气候出现的概率加大,城市快速发展导致大量地下空间被开发利用,给城市防汛安全带来了较大的挑战和风险隐患。《上海市国民经济和社会发展第十四个五年规划和二〇三五年远景目标纲要》提出将"一江一河"(指黄浦江和苏州河)建设为世界级滨水区的总目标。黄浦江作为上海市的地标水系,在实际运行中,由于各种环境条件变化影响,部分岸段防汛标准不达标,防汛设施损坏,防汛岸线不封闭,防汛功能脆弱性凸显,这些安全隐患呈逐年增多的趋势[1]。

加快建设堤防监测体系,是保障堤防安全运行的必要条件之一。研究表明,河道处于动态变化过程,一定程度上对堤防的约束边界造成不利影响。推进堤防监测体系研究工作,不仅能促进城市堤防安全风险预警体系建设,也能提高堤防工程建设和运营的技术水平[2]。基于此,针对黄浦江堤防存在的问题,在国家、地方、行业等综合规划、文件要求的指导下,落实"一江一河"长效监测措施,进一步提升上海堤防管理水平,提高防汛减灾能力,保障上海经济社会的可持续发展。

1 黄浦江防汛墙设防标准

黄浦江市区段永久性防汛墙采用黄浦江千年一遇高潮位(1984年批准)设防,为Ⅰ等工程1级水工建筑物。黄浦江上游段防汛墙包括黄浦江上游干流段、拦路港段、红旗塘(上海段)、太浦河(上海段)、大泖港段(北朱泥泾及向阳河向下游至黄浦江干流段)。永久性防汛墙采用50年一遇流域防洪标准设防,为Ⅱ等工程3级水工建筑物。新建或改造永久性防汛墙按2级水工建筑物设计。黄浦江防汛墙设计标高见表1、表2。

作者简介:刘安民(1976—),男,工程师,硕士,主要从事水利工程管理工作,电子邮箱:157030042@qq.com。

表 1 黄浦江市区段防汛墙墙顶标高分界表

序号	起讫地点（浦西）	起讫地点（浦东）	永久性防汛墙 防汛墙设计标高（m，上海吴淞高程）
1	吴淞口—钱家浜	吴淞口—草镇渡口	7.30
2	钱家浜—定海桥	草镇渡口—金桥路	7.20
3	定海桥—苏州河	金桥路—丰和路	7.00
4	苏州河—复兴东路	丰和路—张杨路	6.90
5	复兴东路—日晖港	张杨路—卢浦大桥	6.70
6	日晖港—龙耀路	卢浦大桥—川杨河	6.50
7	龙耀路—张家塘港	川杨河—华夏西路	6.40
8	张家塘港—淀浦河	华夏西路—三林塘港	6.20
9	淀浦河—春申塘	三林塘港—浦闵区界	6.00
10	春申塘—六磊塘	浦闵区界—周浦塘	5.80
11	六磊塘—闵浦大桥	周浦塘—闵浦大桥	5.60
12	闵浦大桥—闸港嘴	闵浦大桥—金汇港	5.50
13	闸港嘴—沪闵路	金汇港—沪杭公路	5.40
14	沪闵路—西荷泾	沪杭公路—千步泾	5.30

表 2 黄浦江上游段防汛墙墙顶标高表

永久性防汛墙	
设防标准	防汛墙设计标高（m，上海吴淞高程）
$P=2\%$	5.24

注：部分岸段为 4.25。

根据监测项目成果分析，黄浦江干流段、拦路港和大泖港的高程区间分别为 4.145～5.568 m、3.950～5.620 m 和 5.010～5.399 m，实测值与设计值相比，部分岸段高程明显低于设防高程。

2 黄浦江防汛墙监测现状

2.1 典型黄浦江防汛墙监测

根据搜集的黄浦江防汛设施建设项目资料，汇总整理形成堤防现状监测表，见表 3。

表 3　堤防现状监测

序号	项目名称	建设内容	布设方法	监测等级	平面监测方法	高程监测方法	监测频率
1	黄浦江上游堤防安全监测体系建设	控制点基准点监测点	防汛墙伸缩缝两侧布设监测钉	《建筑变形测量规范》(JGJ 8—2016)规范中三等沉降观测等级要求	网络RTK	二等水准测量	1次/5年
2	隧道穿越段黄浦江防汛墙沉降、位移测量	控制点基准点监测点	防汛墙伸缩缝两侧布设监测钉	《建筑变形测量规范》(JGJ 8—2016)规范中二等沉降观测等级要求	全站仪极坐标法	二等水准测量	1次/年
3	轨交穿越段黄浦江防汛墙沉降、位移测量	控制点基准点监测点	防汛墙伸缩缝两侧布设监测钉	《建筑变形测量规范》(JGJ 8—2016)规范中二等沉降观测等级要求	全站仪极坐标法	二等水准测量/三角高程	1次/年
4	外滩防汛墙沉降、位移监测	控制点基准点监测点	防汛墙伸缩缝两侧布设监测钉/小棱镜	《建筑变形测量规范》(JGJ 8—2016)规范中二等沉降观测等级要求	全站仪极坐标法	一等水准测量	4次/年
5	黄浦江防汛墙高程测量	控制点基准点监测点	防汛墙伸缩缝两侧布设监测钉	《工程测量标准》(GB 50026—2020)三等垂直位移监测网	—	二等水准测量	1次/年
6	黄浦江上游堤防全断面测量	全断面测量	—	—	网络RTK	网络RTK	2次/年

2.2　典型黄浦江防汛墙监测现状分析

为进一步分析部分防汛墙监测点位沉降特征,选取穿越黄浦江的3个轨交线监测和2个隧道监测点作为典型防汛墙监测。

2.2.1　轨交线防汛墙监测

图1为穿越黄浦江轨交线13号线2021—2022年防汛墙监测段沉降数据。由图1可知,该监测段中沉降区域趋势基本一致,主要分为三部分:第一部分的点位包括S1~S19,范围内的防汛墙沉降或抬升的幅度较小;第二部分的点位包括S20~S25,范围内的防汛墙沉降幅度呈增大趋势,在S24(2021年)、S25(2022年)达到最大值,防汛墙沉降达到15 mm;第三部分的点位包括S26~S37,范围内的防汛墙沉降幅度呈减小趋势。

图2为穿越黄浦江轨交线11号线2021—2022年防汛墙监测段沉降数据。由图2可知,近两年监测段各点的防汛墙变化一致,但防汛墙的位移变化各有差异。2021年该段的防汛墙基本为沉降趋势,沉降位移在3~5 mm;2022年该段的防汛墙基本为抬升趋势(除S13、S15、S16外)。

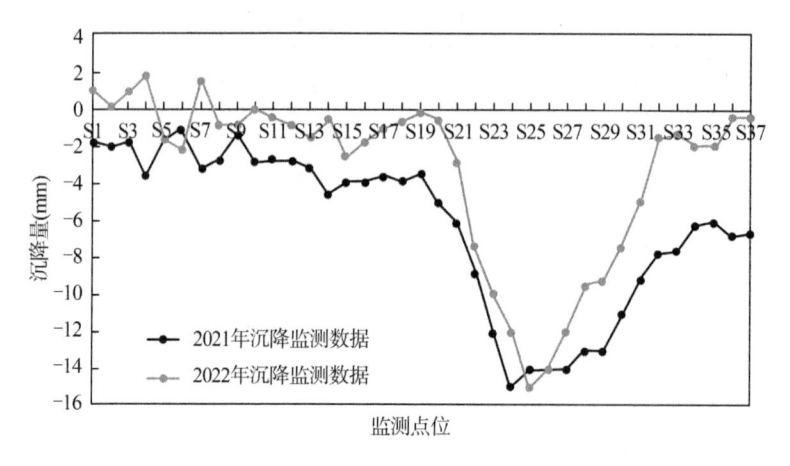

图 1　轨交 13 号线浦东监测点

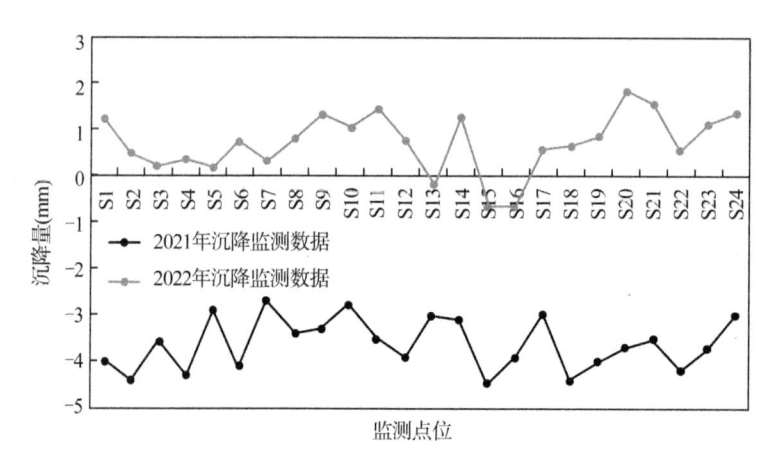

图 2　轨交 11 号线浦西监测点

综上,通过分析上述两个轨交线路的防汛墙监测数据可知,不同轨交线穿越黄浦江对防汛墙的影响各不相同,有的岸段存在抬升趋势,有的岸段整体呈现沉降趋势,也有岸段监测点中既有抬升也有沉降现象。由此可见,不同情形的防汛墙受到的外部影响因素较多,其位移变化不均匀、不稳定。为保证堤防的安全稳定,持续开展此类防汛墙岸段的监测工作是十分有必要的。

2.2.2　隧道防汛墙监测

2022 年隧道穿越段黄浦江防汛墙沉降变化如图 3 所示。由图 3 可知,不同隧道穿越黄浦江对防汛墙的影响各不相同。军工路隧道防汛墙监测段有抬升也有沉降,防汛墙变化范围为 −9.6~3.4 mm;龙耀路隧道防汛墙监测段全段沉降,且波动幅度较大,防汛墙变化范围为 −32~−10.6 mm。针对不同隧道穿越黄浦江防汛墙变化的差异性,根据监测数据可为后续应急处置方案处置提供有力的基础数据支撑。

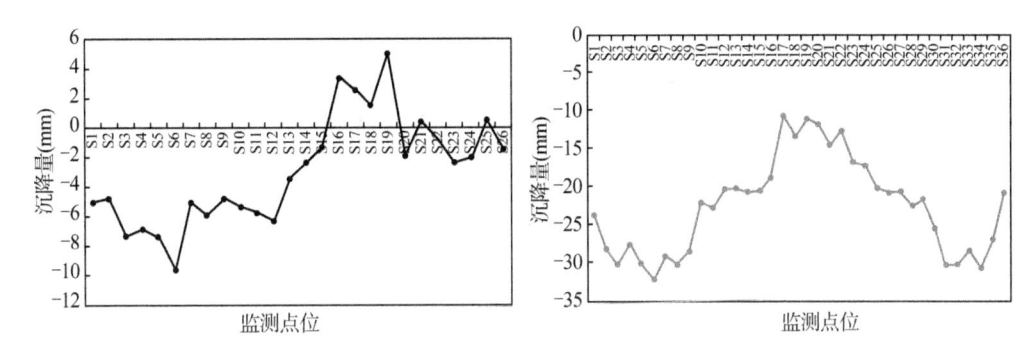

图 3　军工路隧道(左)、龙耀路隧道(右)穿越段黄浦江防汛墙沉降数据

2.2.3　历年堤防监测项目分析

查阅黄浦江两岸堤防监测项目工程资料,发现不同岸段的变化趋势不同。这是由于防汛墙变化受到地质条件、自身的结构特性、外在的荷载环境、穿堤的建筑物等影响。这些影响有些是缓慢的、复杂的、不可见的,必须通过一定的技术手段进行跟踪观测,获得其影响程度、变化过程,通过多源数据综合分析,评估堤防工程的稳定性和安全性。目前虽然已经开展了一些沉降位移观测,但间隔时间较长,难以及时反映出堤防的变化,并且观测项目不全,无法综合反映堤防的运行状态。因此,开展持续的、系统性的堤防工程安全监测势在必行。

3　堤防监测项目存在的主要问题

根据已实施的堤防监测项目,现阶段黄浦江堤防监测运行及管理方面仍存在不足之处,主要集中在监测依据及标准、监测点位布设、监测工作管理机制等三个方面。

3.1　监测依据及标准

就目前而言,大多数堤防监测项目的参数仅通过经验确定,如实施周期、成果报警值,难以准确反映防汛墙变化特征。同时,堤防相关的监测项目的实施单位主体较多,各个实施单位并没有使用相同的标准建设,造成堤防监测项目的监测等级、点位布置、监测方法、监测周期、监测报警值、监测成果等不统一,各个项目无关联性,给堤防监测管理带来了诸多问题。

3.2　监测点位布设

相关的监测项目实施并未与现场的实际情况相结合,如监测点的布置仅考虑单个项目,并未与已有的监测点进行联动,造成各个区域监测数据都存在,但不能作比较、不能反映防汛墙的实际运行情况等。对于跨河桥梁区域,部分堤防监测项目点位监测未覆盖整个区域。

3.3　监测工作管理机制

天津、山东、江苏等地相继发布了适应自身省市发展的堤防长效监测标准,针对布设方法、布设样式、监测方法、数据格式、数据利用进行了有效统筹,规范了管辖范围内的监测项目。上海作为国际化大都市,基于"一江一河"背景的堤防安全运行管理目标,急需建设相应的堤防长效监测体系。

4 措施研究

4.1 统一监测依据及标准

通过梳理已开展堤防监测项目资料,总结同类项目的经验做法,经行业专家、管理部门等讨论明确该类项目的各项参数,如实施周期、报警值等。另外,制定统一的监测标准,便于不同项目实施主体对监测数据进行无差别读取及分析。通过对多个监测项目的关联分析,从全局上判断堤防运行可能存在的不安全因素,以便及时消除各项隐患。

4.2 科学合理布设监测点位

监测布点应满足设计、监测对象的安全稳定、现行相关规范等要求。在监测点位布设方面,监测点应与变形体牢固结合,并选在变形幅度、变形速率大的部位,宜沿防汛墙轴线的平行线布设,结合考虑防汛墙属于刚性,较易变形处为两相邻墙体伸缩缝处,可定常规防汛墙体监测点位(水平/垂直共点)布设于防汛墙顶部伸缩缝两侧。根据往年已开展的防汛墙监测项目工作经验,为便于仪器观测和控制墙体变形范围,点位距伸缩缝 15～30 cm 最佳[4]。同时综合考虑整个体系建设的要求,监测点与全断面测量标识点位统一布设,布设于河道两侧防汛墙墙顶,两点连线大致垂直于河道中心线[3]。

4.3 建立堤防运行长效管理机制

随着极端天气频发,长效管理机制是保障堤防安全运行的重要基础。在堤防运行管理方面,建议加大日常堤防运行隐患排查及监管力度,形成对隧道防汛墙和轨交线防汛墙的常态化监测体系,根据实时的监测数据,及时应对各类突发情况。利用地理信息系统、遥感分析系统等数字化手段进行安全管理,动态更新堤防运行数据,提高堤防工作决策效率。同时,安装视频监控,远程监管堤防运行状态,减少现场人工巡查次数,确保堤防运行安全。

5 结论

通过分析上海市典型防汛墙监测现状可知,由于防汛墙受到的外部影响因素较多,轨交线穿越黄浦江、隧道穿越黄浦江等不同条件对防汛墙的影响各不相同,部分监测岸段出现抬升或沉降等现象。持续开展防汛墙监测工作,及时掌握防汛墙变化情况,是保证堤防安全运行的关键一环。

结合历年堤防监测工程案例分析发现,防汛墙的变化是缓慢的、复杂的和不可见的,需要借助一定的技术手段进行跟踪监测。但在实际工作中,堤防监测项目仍然存在监测依据及标准不足、监测点位布设不全面、监测工作管理机制不完善等问题。因此,为适应上海城市建设高质量发展,满足防汛墙精细化管理的需求,建设适用于上海市高质量城市发展的堤防监测体系尤为重要,可重点集中在堤防分级分段、重点监测区域确定、监测基准及点位布设、沉降(垂直)监测研究等方面,维持水利工程正常运行。

参考文献

[1] 田爱平,朱鹏程.上海黄浦江上游干流段堤防安全风险分析与应对措施[J].中国防汛抗旱,2021,31(8):32-35.

[2] 顾伊娜,孙松,张德友.堤防工程安全监测的必要性探析[J].江苏水利,2021(3):59-61+66.

[3] 鲍毅铭.堤防安全监测体系建设初探[C]// 2023年度"业精杯"科创活动课题成果选编,2023:195-201.

自排地区雨水排水风险评估方法研究
——以平原河网地区典型乡镇集建区为例

陈 缘

(上海市水务规划设计研究院〈上海市海洋规划设计研究院〉,上海 200233)

摘 要: 为科学评估自排地区雨水排水风险,实现科学合理的规划布局,本文从自然禀赋条件和排水设施建设两个维度制定评估方法,实现综合评估。以 A 镇集建区为例,在充分调查分析现状排水设施的基础上,应用该评估方法开展风险评估。同时,对风险等级分布情况进行了空间地理分析并提出相应的工作建议。该评估方法对雨水排水规划编制具有示范效应,评估结果可以为地块的开发建设提供参考。

关键词: 自排地区;排水;风险评估

A 镇地处中纬度,属北亚热带季风区,气候温和湿润,四季分明,雨量丰沛,阳光充足,年平均气温 16.1℃,月平均气温在 4.2℃(1月)~27.8℃(7月)。常年主导风为东南风,年平均风速 3.0 m/s,年平均日照 1 960.7 h,相对湿度 82%,无霜期 234 天。湿、热量资源丰富,适宜各类农作物生长。据气象资料统计,地区年平均降雨量 1 061 mm,平均雨日 134 天。降雨多集中在汛期,6—8月降水占全年的 58.5%,年、月际降水差异较大,年最大降雨 1 546.3 mm(1993年),最小 624.8 mm(1968年),月最大降雨 411.4 mm(1980年8月)。总体地势较低,地面高程主要在 2.9~4.3 m,西部地势相比略高。全镇河流总长度 377.73 km,河网密度为 4.03 km/km^2,共有河流 335 条段,其中市管河流 6 条段,区管河流 5 条段,镇管河流 26 条段,村管河流 298 条段。此外,镇域内还分布有大量水塘、苇塘和断头浜。经量算,镇域水面积总计 11.98 km^2,水面率为 12.76%。

目前,上海正处于城市转型发展的关键时期,经国务院批准的《上海市城市总体规划(2017—2035年)》明确上海以"建设一座追求卓越的全球城市"为目标,坚持"底线约束、内涵发展、弹性适应"的原则,探索高密度超大城市可持续发展的新模式。经调查,A 镇集建区雨水排水管道总长度约为 57.1 km,其中,管径≥600 mm 的雨水管道长度约 27.1 km。按照 1 年一遇设计标准进行评价,建成雨水管道达标率约为 17.4%,A 镇的城镇排水防涝标准亟待提高。同时,长三角一体化示范区提出了"推进一体化发展制度创新、引领长三角创新转型与高质量发展、营建世界级人水共生的新人居典范"的发展愿景。A 镇作为长三角生态绿色一体化示范区的重要组成部分,立足世界眼光、国际标准和中国特色,需要切实践行"生态优先、绿色发展"的理念,按照国家和上海新一轮城市总规对城镇排水的相关要求,摸准现状设施脉搏,为构建引排通畅、水城共融、蓝绿交织的水网空间作支撑指导。

作者简介:陈缘(1990—),女,工程师,硕士,主要从事水务规划科研工作,电子邮箱:357825470@qq.com。

1 现状分析

1.1 设施情况

A镇的发展目标是立足区位、生态、文化等方面的优势,打造为文化特色、村镇发展、生态休闲等方面具有示范意义的小城镇。充分利用其独特的区位交通优势,立足长三角,形成以田园风光、旅游休闲、人文景观为特色的旅游目的地。A镇城市开发边界以内均为城镇工矿用地区,面积为 730 hm²;城市开发边界以外建设用地区域为其他建设用地区,面积为 703 hm²。此外,明确划示城市开发边界以外的基本农田保护区,面积为 5 728 hm²。本次对 A 镇城市开发边界内现状下垫面组成进行了全面统计分析,将地面类型分为屋顶、道路、绿化、水面、小区及其他铺装等五大类(图 1),按不同地面种类的汇水面积和径流系数的加权平均计算,计算得 A 镇城市开发边界平均综合径流系数为 0.50。

图 1　A 镇城市开发边界现状下垫面情况

本文选取 A 镇人口密度高、容易积水的地方进行深入分析(表 1)。通过对下垫面、现状河网水系、雨水排水现状、暴雨积水情况进行全方位深入调查,同时多次踏勘现场,采用无人机进行三维建模,充分了解现状情况。从现状排水标准来看,A 镇集建区达标率较低,高达 73.7% 的雨水管道低于半年一遇的排水标准(表 2);工业区北部区域排水标准相对较高(部分路段达到 3 年一遇),南部区域排水标准较低,普遍未达到半年一遇排水标准。此外,29.1% 的排水管道存在逆坡或错位现象(表 3),主要分布在 15 条道路上。

A 镇老镇区现状高程分析图见图 2。A 镇老镇区现状逆坡雨水管道分布图见图 3。A 镇老镇区无人机三维模型图见图 4。

表1 道路易积水点(路段)位置及主要原因

序号	路名	主要原因
1	道路A	1）排水口出水不畅； 2）排水标准低
2	道路B	地势低
3	道路C	1）学校门前地势较低，雨水汇入雨水管缓慢而造成积水； 2）管道逆坡
4	道路D	1）排水标准低； 2）管道错位、逆坡
5	道路E	
6	道路F	1）排水设施不完善； 2）地势低
7	道路G	
8	道路H	
9	道路I	
10	道路J	
11	道路K	
12	道路L	排水标准低
13	道路M	排水设施不完善
14	道路N	
15	道路O	

表2 A镇集建区现状排水标准统计

达标情况	管道长度(m)	比例(%)
$P<0.5$	29 604	73.7
$0.5\leqslant P<1$	3 555	8.8
$1\leqslant P<3$	2 066	5.1
$P\geqslant 3$	4 953	12.3

注：P 为设计暴雨重现期(年)。

表3 A镇集建区现状逆坡、错位统计

管道情况	管道长度(m)	比例(%)
逆坡	10 481	23.8
错位	1 547	3.5
逆坡、错位	822	1.9
正常	31 251	70.9

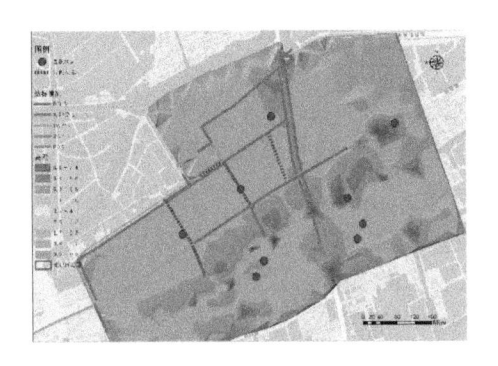

图 2　A 镇老镇区现状高程分析图 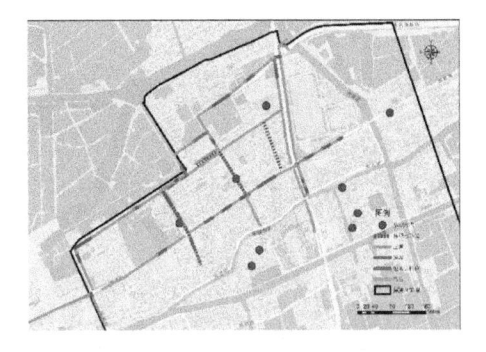　　图 3　A 镇老镇区现状逆坡雨水管道分布图

图 4　A 镇老镇区无人机三维模型图

1.2　存在问题

深入剖析现状，发现存在以下问题：一是现状排水标准与上位规划差距较大，防汛安全保障能力不足。根据《上海市城镇雨水排水规划（2020—2035 年）》，A 镇集建区排水设计标准需要达到 3 年一遇。目前，A 镇集建区仅 12.3% 的现状已建雨水管道设计标准达到 3 年一遇，与上位规划要求有较大差距，现状设施应对灾害性天气能力偏弱，亟需根据上位规划标准提高管道排水能力。二是源头滞、渗、蓄等海绵设施建设不足。目前 A 镇集建区鲜有建设滞、渗、蓄等海绵设施，A 镇位于长三角一体化绿色示范区内，地块建设要跟上长三角先行启动区的步调，融入"绿色、蓝色理念"，小区适当考虑增加绿色调蓄模块，统筹将"海绵城市"相关因素纳入城镇雨水设施规划、建设和管理中，以加快推进"水生态文明"目标的落实。三是管道现状逆坡、错位和破损等结构损坏现象突出，制约已建设施效能发挥。按照设计暴雨重现期 1 年一遇标准进行评价，建成区雨水管道达标率仅为 17.4%。同时现状已建管道存在大量的逆坡或错位现象，工业区内管道错位情况尤其严重，老镇区小区暴雨期间易产生积水，特别是西北区域地块积水严重，需要结合地块更新或道路工程进行雨水管道提标改造。A 镇已建排水设施受制于管道破损、地下水入渗、雨污混接和管道淤积等运行管理问题，现有设施功能不能有效发挥，与排水精细化管理的需求不相适应。

2 评估方法

目前,常用的雨水排水风险评估有两种方式:一是根据推理公式法进行管道能力的计算,但该方法有一定的局限性,缺乏地块高程、下垫面、绿色调蓄等其他因素的考虑;二是通过数学模型法对排水管网系统进行排水能力评估,该评估方法涉及降雨模型、产流模型、汇流模型、管网水动力模型等一系列模型,涵盖了排水系统的多个环节,可以考虑同一降雨事件中降雨强度在不同时间和空间的分布情况,因而可以更加准确地反映地表径流的产生过程和径流流量,但该方法前期数据处理将耗费大量的时间。因此,亟需一种全面易行的评估方法,助力城市防汛排水能力全面提升。

在以往管网模型模拟的过程中,对排距 400~600 m 的自流管段短历时强降雨的评估结果表明:在水位高差 0.8 m 时,只能排放 1 年一遇标准降雨不积水;在水位高差 1 m 时,可排放 2 年一遇标准降雨不积水;在水位高差 1.5 m 时,可排放 3 年一遇标准降雨不积水;河道水位降至水位高差 2.5 m 之后,基本处于自由出流,最大能达到 5 年一遇排水能力。

基于以上的管网模拟经验,得出通过提高排水压差可以提高排水能力,因此,我们从地块排水的自然禀赋条件和雨水排水设施现状两个维度制定评估标准:一是从地块排水的自然禀赋条件考量,按照地块现状地面高程与受纳水体最高除涝控制水位的关系、距离受纳水体的排水距离,划分为低风险、较低风险、中风险、较高风险和高风险共 5 档标准。二是从雨水排水设施现状情况衡量,按照雨水管道规模和达标情况,划分为低风险、中风险、较高风险和高风险共 4 档标准。基于以上两个维度的评估结果再进行综合评估,考虑到当地块高程较高且河网密度较高的情况下,即使排水设施不完善,自排条件仍然较好,即地块的自然禀赋属性和排水设施条件同等重要,因此,两者权重均取 0.5 进行计算,评估标准为:高风险,3~4;较高风险,2~3;中风险,1.25~2;较低风险,1~1.25;低风险,0~1。

地块、道路排水风险评估标准分别见表 4、表 5。

表 4 地块排水风险评估标准

地面高程	排水距离(m)	风险等级	赋值
≤除涝最高水位	—	高风险	4
除涝最高水位~除涝最高水位+0.3 m	—	较高风险	3
除涝最高水位+0.3 m~除涝最高水位+0.8 m	$L \geq 1\,000$	较高风险	3
	$1\,000 \geq L \geq 600$	中风险	2
	<600	较低风险	1.25
≥除涝最高水位+0.8 m	$L \geq 1\,000$	中风险	2
	$1\,000 \geq L \geq 600$	较低风险	1.25
	<600	低风险	1

表 5 道路排水风险评估标准

雨水管达标情况	风险等级	赋值
无排水设施	高风险	4

续表

雨水管达标情况	风险等级	赋值
未达到1年一遇标准	较高风险	3
达到1年一遇标准,但低于3年一遇标准	中风险	2
达到3年一遇标准	低风险	1

3 评估结果

3.1 地块排水风险评估

按照自然禀赋条件进行评估,计算结果表明,约占区域总面积5.9%的地块属于较高及以上风险,0%的地块属于中等风险,约94.1%的地块属于较低及以下风险(表6)。按照表4进行赋值评估得地块总体评估结果为1.24,属于较低风险等级(图5)。

表6 A镇地块排水风险评估汇总表

高程(m)	排水距离(m)	风险等级	比例(%)
≤除涝最高水位	—	高风险	3.63
除涝最高水位~除涝最高水位+0.3	—	较高风险	2.25
除涝最高水位+0.3~除涝最高水位+0.8	$L \geq 1\,000$	较高风险	0
	$1\,000 \geq L \geq 600$	中风险	0
	<600	较低风险	19.51
≥除涝最高水位+0.8	$L \geq 1\,000$	中风险	0
	$1\,000 \geq L \geq 600$	较低风险	0
	<600	低风险	74.62

图5 A镇集建区根据自然禀赋条件风险评估图(核密度)

3.2 排水管道风险评估

按照雨水排水设施现状达标情况进行评估，18.0%的市政道路由于没有排水设施属于高风险，67.7%的排水设施未达到1年一遇标准属于较高风险，4.2%的排水设施达到1年一遇标准，但未达到3年一遇标准属于中风险，10.1%的排水设施达到3年一遇标准属于低风险(表7)。按照表5进行赋值评估得管网总体评估结果为2.94，属于较高风险等级(图6)。评估结果与现状暴雨积水点、积水路段情况基本一致，暴雨积水的主要原因是排水管道逆破、错位以及排水标准低。

表7 A镇市政道路雨水排水管道风险评估汇总表

达标情况	风险等级	比例(%)
无排水设施	高风险	18.0
未达到1年一遇标准	较高风险	67.7
达到1年一遇标准，但低于3年一遇标准	中风险	4.2
达到3年一遇标准	低风险	10.1

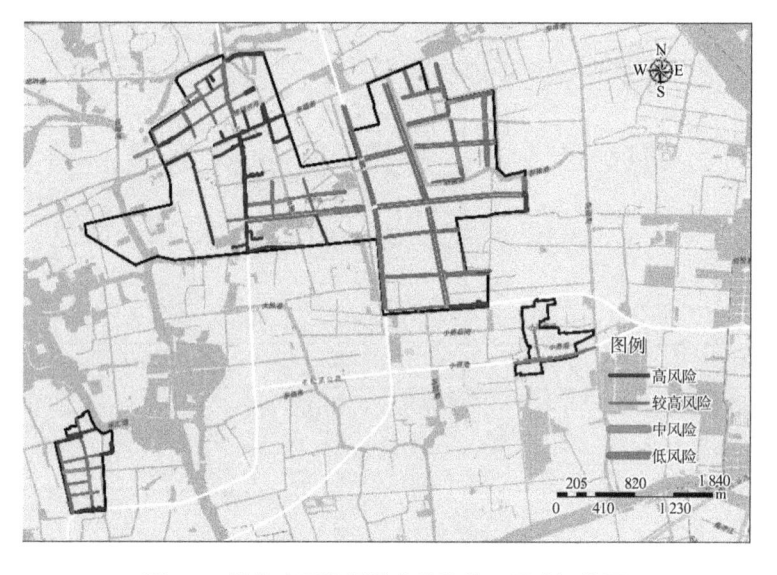

图6 A镇集建区根据排水设施情况风险评估图

3.3 综合风险评估

结合现状用地情况，根据3.2节中排水管道风险评估结果，统计管道对应的服务面积，再结合3.1节中地块排水风险评估结果进行综合评估，计算得该区域总体评估结果为1.19，属于较低风险等级。主要原因是该区域河网密度高，排水条件较好，所以总体风险较低(图7)。风险等级分布情况：①较高风险和高风险区域主要表现为"两低"，即地面高程较低、排水设施建设标准较低。西边地块主要为农田菜地，地块高程较低，现状无排水设施，东边道路主要是现状排水设施建设标准较低，对于该类区域，在无法降低河道除涝控制水位情况下，一般通过提高地面高程和翻排雨水管道来保障区域防汛排水安全。②中风险区域主要是因为排水设施建设标准偏低。主要集中在东部区域,该类型区域应采用翻排雨水管道来保障区域防汛排水安全。③较低风险区域主要是因为地块地面高程偏低。主要集中在中北部区域,该类型区域应采用抬高排水不利点地面高程的方式来保障区域防汛排水安全。④低风险区域排水条件较好,该区域应重点关注排水设施的排水能力建设。

图 7 A 镇集建区排水风险评估汇总图

4 结论与展望

4.1 评估方法的优势

①本次风险评估提出了自排地区通过控制排水压差来提标的新思路,考量现状地面高程与受纳水体最高除涝控制水位的关系、距离受纳水体的排水距离,将地块排水自然条件划分为 5 档风险等级。②本次风险评估突破了传统单一维度对高程、管网能力的分析,分了两个维度,地块的评价标准是高程和排距,管道的评价标准为重现期,并在此评估的基础上,实现了两个维度的统筹考虑,评估结果较全面、可靠。同时,相比数学模型计算,节省了大量的数据前处理时间。③本次风险评估首次利用 GIS 空间地理分析,该方法可以制作任意颗粒度的核密度图,可找准风险高的薄弱区域,为精准规划、精细布局创造条件。

4.2 后续展望

①本次评估考虑了地块高程、排水距离、现状用地和排水管网能力,后续可结合下垫面、调蓄设施等情况作进一步研究,以提高有效评估"绿灰蓝管"等多种措施的实施效果。②本次规划初步探索运用无人机进行三维建模,后续可考虑结合大数据等技术手段,实现管网模型结合,开展地面铺装解析,深入挖掘现状数据背后的意义。这是我们今后不断深入探索的方向。

水生态与水环境

长江口 2015—2020 年河床冲淤演变

汤 宇[1,2]，付 桂[1,2]

(1. 上海航鸿工程管理有限公司，上海 200137；
2. 交通运输部长江口航道管理局，上海 200003)

摘 要：基于 2015—2020 年长江口实测地形数据，对长江口各河段的等深线变化、断面变化、河槽容积和河床冲淤等河床演变要素进行了统计分析。结果表明，2015 年以来北支总体淤积；南支、南港总体冲刷；南港主槽及长兴水道冲刷发展；北港上段主槽"北冲南淤"，深槽北移；北港下段主槽向下游发展。南槽主槽及江亚北槽冲刷，南槽上段深槽下延；北槽延续主槽冲刷、坝田淤积的变化特点，但冲淤幅度趋缓；长江口外海滨段总体冲刷侵蚀态势较此前有所放缓。建议相关部门开展滩涂湿地冲刷防护研究。

关键词：长江口；河槽容积；淤积；冲刷

长江口自徐六泾至口外长江口水文站，全长约 168 km。长江口平面形态呈喇叭形，上段徐六泾河宽 4.6 km，口门处启东嘴(圆陀角风景区)至南汇嘴(观海公园)展宽至 90 km。长江主流在徐六泾以下由崇明岛分为南支和北支，南支在吴淞口以下由长兴岛和横沙岛分为南港和北港，南港以下由江亚南沙和九段沙分为南槽和北槽，使长江口呈三级分汊、四口入海的河势格局，共有北支、北港、北槽和南槽四个入海通道(图 1)。历史上长江口河床冲淤

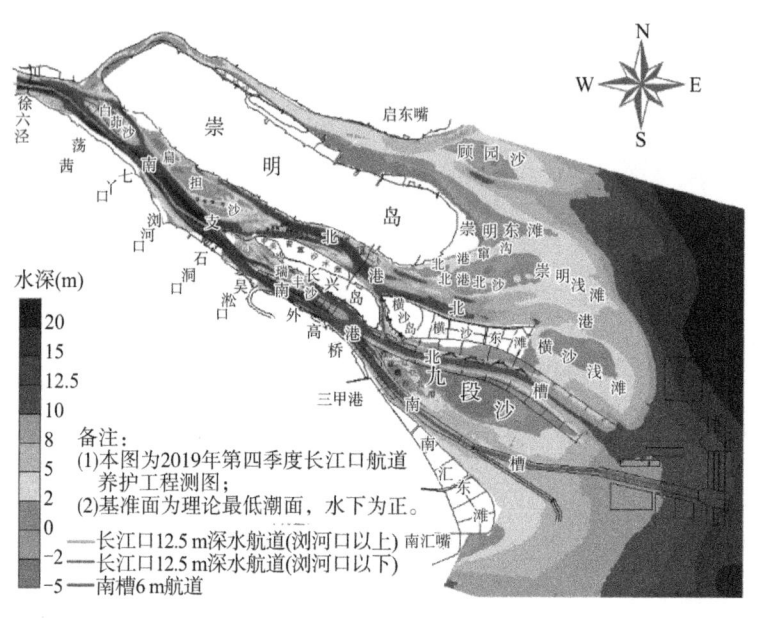

图 1 长江口河势图

作者简介：汤宇(1985—)，男，高级工程师，硕士，从事港航工程管理工作，电子邮箱：glss456@qq.com。

变幅较大,岸滩槽格局易于变动。1998年以来的20多年,随着三峡工程的运行和河口边滩的圈围、江中心滩的守护,人类活动在河口河槽演变中的作用得以增强,长江口"三级分汊、四口入海"的河势格局和各汊道的滩槽格局趋于稳定,没有大的汊道和沙体产生。长江口属大径流、中等潮差河口,潮量巨大。径流和潮流两股动力在时空范围内的复杂变化及相互消长作用,是导致长江口复杂演变的主要原因。多年来,长江口径流量年际间变化平稳,无明显的增加或减少趋势特征[1-2]。20世纪80年代中期之后,径流携带进入长江口的泥沙明显减少,2003年三峡工程蓄水以来流域来沙进一步减少[3],2015—2019年大通站输沙量维持在年均1.12亿t的较低量值[4]。受此影响,长江口口内水体含沙量已明显下降。由于长江口水沙条件的变化,长江口河势发生了较大的变化。

1 资料来源与研究方法

资料来源于交通运输部长江口航道管理局2010—2020年长江口水域实测地形图,主要包括:2015年2月和2019年11月南支地形,2010年2月、2016年11月和2019年11月北支地形,2015年2月和2020年8月南港地形,2015年2月和2020年5月北港地形,2015年2月和2020年8月南北槽地形,2010年8月、2016年8月和2019年11月口外海滨段地形。

基于2010—2020年长江口实测地形数据,通过Auto CAD和Surfer软件,对地形实测数据进行克里金插值,得到规则网格DEM模型。利用该软件的计算模块和绘图模块,对长江口各河段的等深线变化、断面变化、河槽容积和河床冲淤等河床演变要素进行了统计,分析长江口2015—2020年河势冲淤演变特征。

2 近六年各河段冲淤演变

2.1 南支河段

南支河段上起徐六泾,下至吴淞口,全长约70.5 km。河道上接澄通河段,下与南、北港相连。徐六泾处江面宽约5 km,白茆河口以下江面展宽至10 km,七丫口处江面略微收缩,七丫口下游逐渐放宽,至吴淞口江面宽度达17 km。河段上段微弯,下段顺直,平面形态呈喇叭形,自上而下大体可分为南支上段(徐六泾—七丫口)、南支中段(七丫口—浏河口)和南支下段(南北港分汊口)。

南支上段自徐六泾至七丫口,白茆沙和上扁担沙(即七丫口以上)是南支上段的主要沙体。白茆沙将南支上段河道分为南、北水道,南、北水道在七丫口附近又合并为一个主水道。2015—2019年,白茆沙北水道上段南冲北淤,下段整体淤积;南水道上下游冲刷、中段淤积,总体冲刷;白茆沙南、北水道"南强北弱"态势继续增强。

南支中段(七丫口—浏河口)长约12 km,位于白茆沙南北水道汇流点和南北港分流口之间,主要由扁担沙、南支主槽和新桥水道组成。南支中段主槽是落潮流为主的动力条件作用下塑造的河床,主槽涨落潮流路基本一致,水流能量集中,形成深槽,河道顺直微弯。2015—2019年,南支中段总体延续上述变化趋势,但冲淤变化幅度有所减缓(图2)。具体冲淤变化表现为:南支中段主槽"北冲南淤",下扁担沙南沿"上冲下淤";扁担沙滩面总体淤积,同时上扁担沙鸽笼港通道发展南移,下扁担沙新生滩面窜沟进一步冲刷发展。

南支下段(南北港分流口)上承浏河口,下接吴淞口,全长约35 km。该河段多滩多汊,水动力与河势变化较为复杂，历史上是长江口河势变化最为复杂和最不稳定的区域。2015年以来，南北港分流口河床的主要冲淤变化表现为：下扁担沙滩面总体淤积，局部滩面窜沟冲刷发展；下扁担沙沙尾及南侧 5 m 独立沙包"上冲下淤"、不断下延；新浏河沙包冲刷消失；新桥通道总体淤积萎缩，过流不畅；新浏河沙头部上游的南支主槽南侧存在淤积带，对向上延伸段航道 Y4－Y3 段的维护产生一定影响，而宝山水道总体冲刷，航道条件不断改善。

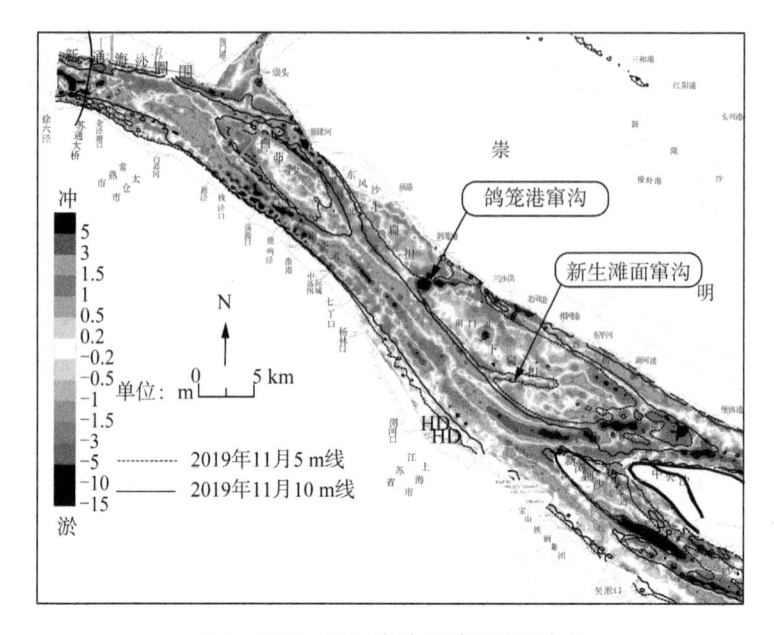

图 2　2015—2019 年南支地形冲淤变化

2.2　北支河段

北支是长江口第一级分汊的北汊，西起崇明岛崇头，东至连兴港，全长约 83 km，河段平面形态弯曲，总体呈喇叭形，主要受涨潮流动力控制，水、沙、盐易倒灌南支，分泄长江径流比例仅在 5% 以下。近几十年来，随着两岸围垦工程（启东边滩围垦、兴隆沙并岸、黄瓜沙堵坝、崇明北湖下游圈围以及崇明北沿边滩围垦等）和护岸工程的实施，北支中下段两侧岸线缩窄，原来显著的喇叭状形态也有所减弱。

2010—2019 年，北支滩槽格局维持稳定，总体延续淤积态势，0 m 河槽容积减少约 0.77 亿 m³。其中，崇明北沿浅滩淤积明显；北支中上段总体冲刷，尤其是新村沙北侧主槽受新村沙整治工程影响较为明显。顾园沙东北侧冲刷、南侧淤积，沙体面积体积变化不大。2016—2019 年，北支中上段微冲，崇明北沿继续有所淤积（图 3）。其间，北支 0 m 河槽容积减少约 0.32 亿 m³。

2.3　南港河段

南港河段上承南北港分流口，下接南北槽，全长约 25 km。南港原为复式河槽，瑞丰沙位于河道中央偏北，其南是南港主槽，其北是长兴水道。2001 年以后，受瑞丰沙人工无序采砂等影响，瑞丰沙中部窜沟发育并持续扩大，沙体中部 8 m 线断开，下沙体持续变小，河槽形态整体由 W 形复式向单一 U 形演变。2015—2020 年，瑞丰沙上沙体南侧滩面冲刷、切滩窜

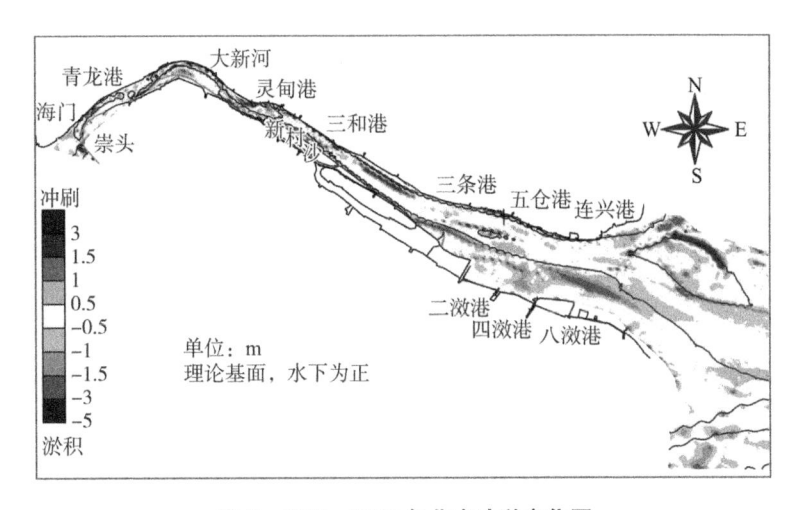

图 3　2016—2019 年北支冲淤变化图

沟发展,其下游的吴淞口锚地水域淤浅,瑞丰沙 8 m 以浅下沙体冲蚀殆尽。同期,南港主槽及长兴水道冲刷发展。

2006 年对采砂活动实施限制以后,瑞丰沙中下沙体主要受自然条件影响,沙体变化趋缓,但总体仍呈冲刷萎缩态势。2015—2020 年,受流域减沙等因素影响,瑞丰沙继续冲蚀,5 m 以浅沙体体积减小约 0.2 亿 m³,减幅近 24%。同期,瑞丰沙上沙体南沿窜沟明显冲刷并向下游延伸,8 m 以浅下沙体冲刷消失(图 4)。

1998 年以来,南港河槽总体呈冲刷发展态势,2010 年之后河槽容积增大趋势较为明显。统计表明,2015—2020 年南港 0 m、5 m 以下河槽容积分别扩大约 1.13 亿 m³ 和 0.92 亿 m³,平均冲深 0.50 m 和 0.43 m。南港河槽容积的增大,亦是对流域来沙减少后南港水体含沙量降低的响应。

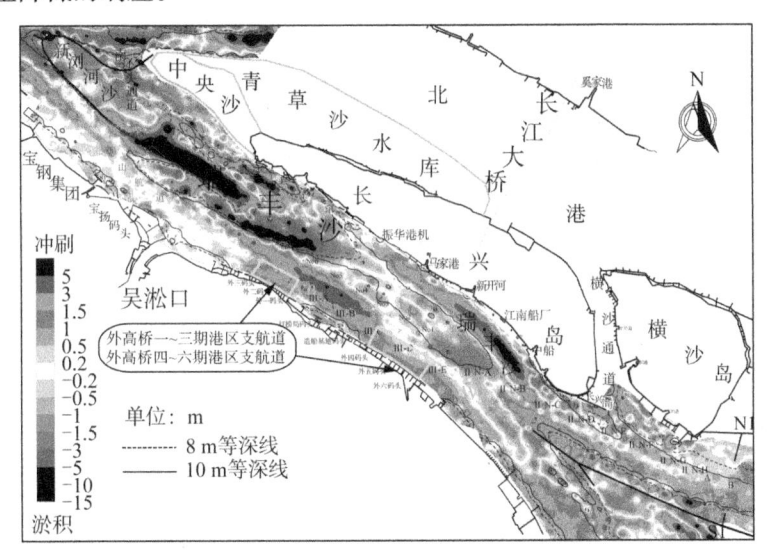

图 4　2015—2020 年南港河段河床冲淤变化

2.4 北港河段

北港河段上承新桥通道、新桥水道，下经拦门沙河段入海，自中央沙沙头至口外10 m等深线长达约90 km，以崇明团结沙水闸、横沙为界，大致可分为北港上段和北港下段，其中北港上段深槽偏北，北港下段深槽偏南。

北港上段南侧发育有青草沙、北侧有堡镇沙，主槽整体呈微弯态势。2010年以来，随着中央沙圈围及青草沙水库工程、新浏河沙护滩及南沙头通道限流潜堤工程、横沙东滩促淤圈围工程等相继建成，北港河段南侧边界稳定性进一步增强。2015—2020年，北港上段主槽"北冲南淤"，深槽北移；青草沙外沙"上冲下淤"，堡镇沙冲刷缩小。

横沙以下的北港下段河槽总体上顺直微弯，平面形态向外海逐渐展宽。2015—2020年，横沙东滩促淤圈围工程北侧近岸冲刷，主槽向下游发展；主槽北侧潮流冲刷下移、促进拦门沙浅淤积。此外，N23护滩潜堤以下的横沙浅滩北沿冲刷明显；北港北沙头部冲刷、中下沙体淤积，北港窜沟总体淤积萎缩（图5）。

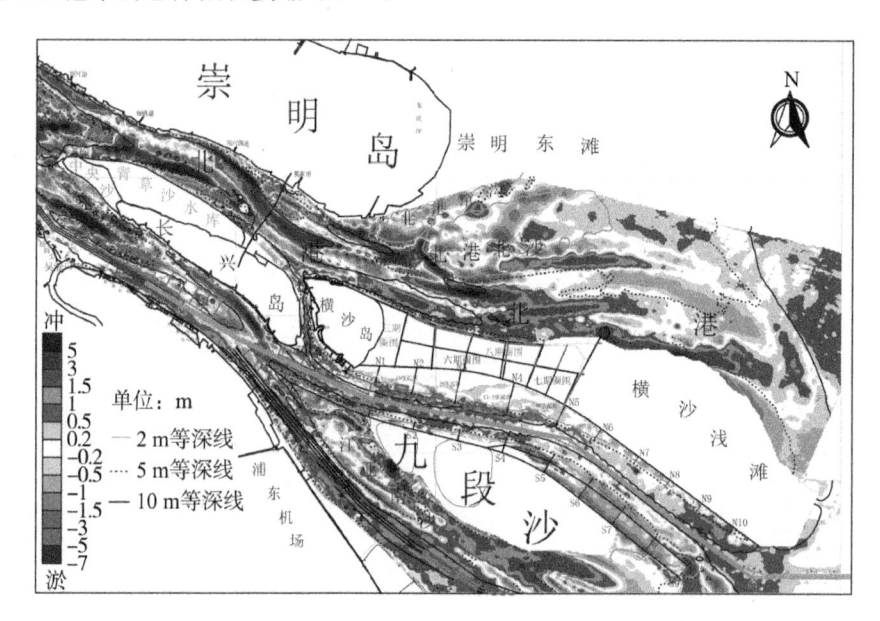

图5　2015—2020年北港河段河床冲淤变化

2.5 南槽河段

南槽位于南港以下，与北槽邻汊，其主槽北侧为江亚南沙、九段沙，南侧为南汇东滩。1998年以来，南槽河床演变主要受长江口深水航道治理工程及南汇东滩围垦工程实施的影响，总体呈上段冲刷、下段淤积和口外冲刷的变化特点。

2015—2020年，南槽主槽及江亚北槽普遍呈冲刷态势，南槽上段深槽不断向下延伸（图6）。同期，江亚南沙5 m以浅沙体上部淤积，中部冲刷、窜沟发育展宽，尾部淤积下延、贴近南槽航道；九段沙中下沙体南沿冲刷、5 m窜沟冲刷发展，沙尾滩面略有淤积；南汇东滩除局部近堤区域有所淤积外，基本呈冲刷态势。

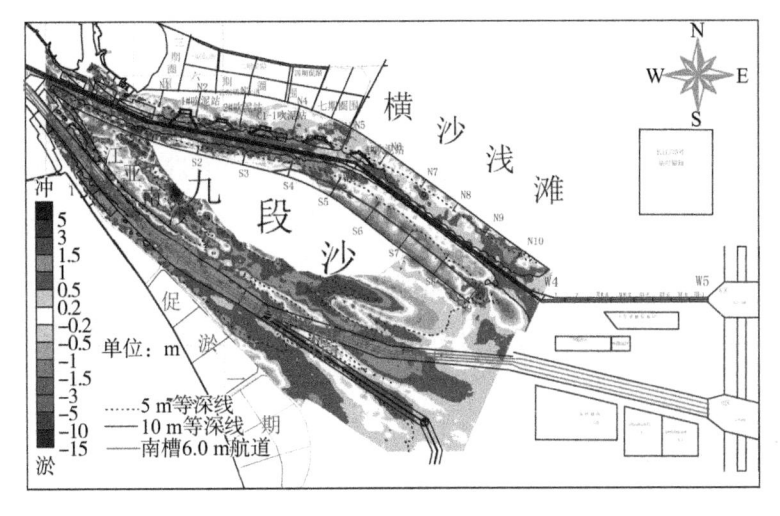

图 6　2015—2020 年南、北槽河床冲淤变化

2.6　北槽河段

北槽位于南港以下、横沙东滩与九段沙之间,其近期变化主要受长江口深水航道治理工程的影响,呈主槽冲刷、坝田淤积的态势。2015 年以来,北槽总体延续主槽冲刷、坝田淤积的变化特点,但冲淤幅度趋缓(图 6)。

2.7　口外海滨段

受流域来沙持续减少、河口含沙量下降影响,长江口口外海滨段总体冲刷,2010—2019 年,年均净冲刷厚度约 5 cm,北支、北港口外及南北槽口外 10 m 等深线内退。2016—2019 年,口外海滨段保持微冲,年均净冲刷厚度约 3 cm,冲刷侵蚀态势较此前有所放缓(图 7)。

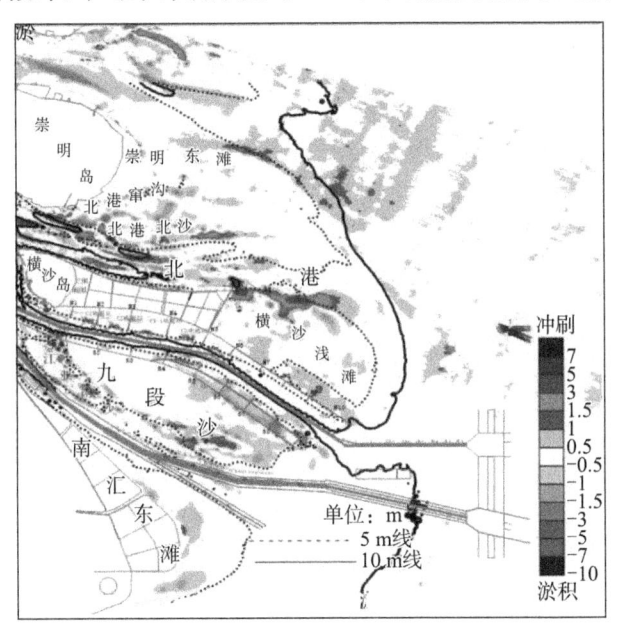

图 7　2016—2019 年口外海滨段河床冲淤变化

3 结语

(1) 2015—2020年,北支总体淤积,南支、南港总体冲刷。南港主槽及长兴水道冲刷发展。北港上段主槽"北冲南淤",深槽北移;北港下段主槽向下游发展。南槽主槽及江亚北槽冲刷,南槽上段深槽下延。北槽延续主槽冲刷、坝田淤积的变化特点,但冲淤幅度趋缓。长江口外海滨段总体冲刷侵蚀态势较此前有所放缓。

(2) 流域减沙对长江口河势演变影响有所显现,河口主要滩涂已面临冲刷态势。为维持河势稳定与保护航道,面对白茆沙、扁担沙南缘、新浏河沙、瑞丰沙、江亚南沙、九段沙南沿、口外滨海段等区域冲刷的不利态势,建议水利、生态环保及航道相关部门加快研究、推进利用长江口航道疏浚土进行滩涂湿地保护修复的相关措施。

参考文献

[1] 左书华,杨春松,付桂,等.长江口入海水沙通量变化及其影响分析[J].海洋地质前沿,2022,38(11):56-64.
[2] 付桂.长江口近期来水来沙量及输沙粒径的变化[J].水运工程,2018(2):105-110.
[3] 付桂.长江口径流来沙量减小对河口含沙量的影响[J].水运工程,2018(5):138-144.
[4] 上海河口海岸科学研究中心.长江口近期河床演变分析[R].2021.

奉贤区生态清洁小流域建设过程中瓶颈问题的研究

张李豪[1]，余 斐[2]

(1. 上海市奉贤区水务局，上海 201499；
2. 上海市奉贤区海塘管理所，上海 201418)

摘 要：本文总结和分析了奉贤区生态清洁小流域项目建设过程中的用地限制、民风民俗、体制机制、其他限制等主要瓶颈问题，并提出相应的对策措施，为本市顺利推进生态清洁小流域建设提供了借鉴。

关键词：国土空间用途管制；全域土地综合治理；部门联动

1 背景介绍

为深入贯彻中央生态文明建设和《关于全面推行河长制的意见》，服务本市乡村振兴战略，切实提升水环境治理水平，建设"幸福河"，2020 年 5 月，上海市河长制办公室发布《关于推进生态清洁小流域建设规划工作的通知》(沪河长办〔2020〕25 号)，并组织制定了《上海市生态清洁小流域建设总体方案》和《上海市生态清洁小流域建设规划与实施方案编制技术指南》。根据总体布局，到 2025 年，以郊区为重点，上海市建成"50＋X"个"河湖通畅、生态健康、清洁美丽、人水和谐"的高品质生态清洁小流域(治理单元)。上海市生态清洁小流域分为 4 种类型：水源保护型、绿色发展型、美丽乡村型、都市宜居型。奉贤区多为美丽乡村型。

2 奉贤区生态清洁小流域治理单元建设情况

根据《上海市生态清洁小流域建设总体方案》有关要求，奉贤区结合本区实际，编制全区生态清洁小流域规划方案及柘林镇、庄行镇、金汇镇、西渡街道、金海街道 5 个近期实施试点区域的实施方案。借助河长制平台，以属地政府为主体，条块结合，统筹协调推进生态清洁小流域建设，因地制宜实施生态修复、水土流失综合治理、面源污染防治、人居环境改善、河道及湖泊整治等建设内容。围绕 5 个试点区域小流域，奉贤区根据实施方案，完成上图工作，对照任务指标，于 2020 年和 2021 年立项 9 个区级水利专项，整治 280 条段 100 km 镇村级河道，现已基本完成，并完成 5 个市级生态清洁小流域示范点创建工作，还有 9 个生态清洁小流域河道整治工程(其中 7 个市级水利专项，2 个区级水利专项)正处于项目报批及施工等不同阶段，计划整治河道 364 条段 198 km。

作者简介：张李豪(1986—)，男，工程师，本科，主要从事水利工程建设管理工作，电子邮箱：zhanglihao031@126.com。
余斐(1986—)，男，工程师，本科，主要从事水利规划建设及水生态保护及水质提升工作，电子邮箱：1046236274@qq.com。

3 研究范围及方法

3.1 生态清洁小流域治理目标和要求

根据《上海市生态清洁小流域建设规划与实施方案编制技术指南》等明确要求,生态清洁小流域治理可通过小流域区域水质、土壤侵蚀强度、林草面积占比、水土流失综合治理程度等11个评价指标评定,具体指标如表1所示。

表1 生态清洁小流域治理效果通过以下11个评价指标

序号	指标类型	指标名称	评价指标(美丽乡村型)
1	水质评价指标	小流域区域水质	Ⅳ类以上
2	水土流失治理评价指标	土壤侵蚀强度	<轻度
3		林草面积占比	≥85%
4		水土流失综合治理程度	≥90%
5	污染控制和治理评价指标	每年化肥使用量	<250 kg/hm^2
6		生活污水处理率(城乡)	≥95%
7		工业废水达标排放率	100%
8		规模养殖污水处理率	畜禽养殖粪污资源化综合利用率≥96%,水产养殖尾水达标排放率≥80%
9		生活垃圾无公害化处理率	100%
10	水系治理评价指标	河湖面积达标率	100%
11		河湖水系生态防护比例	≥75%

生态清洁小流域建设项目计划采取工程建设等手段,使治理单元内的11个评价指标都达到标准。

3.2 研究范围

本次研究范围包括处于报批、在建、完工等不同阶段的生态清洁小流域建设项目9个,涉及庄行镇、金汇镇、柘林镇。

3.3 研究方法

通过深入研究已建成、在建及将建的生态清洁小流域项目,走访调研相关单位、项目现场,梳理建设过程中的瓶颈问题,研究各瓶颈问题对于项目前、中、后全过程建设的具体影响。针对梳理总结出的具体瓶颈问题,找出问题症结所在,结合河湖长制、乡村振兴、林长制工作,有针对性地与规划资源部门对接,研究推动全域土地综合治理,破解中小河道整治项目用地瓶颈;积极与绿化部门研究推进"林水结合",向林地要水面,以水面补林地;探索研究小流域水质、水面率等评价指标与河湖长制水质考核、水面率考核、河道养护企业考核等相结合;加强与农业农村管理部门对接,共同开展农业面源污染治理措施研究。具体问题具体分析,针对每一类瓶颈问题找出相应的破解方法。

4 瓶颈问题梳理总结

但是在研究设计文本、调研项目现场、走访参建单位及属地村居委、全面了解项目从立项至完成阶段的推进情况后,发现项目建设存在瓶颈问题,对11个评价指标的完成产生了不同程度的影响。具体情况如下。

4.1 用地限制

4.1.1 国土空间用途管制

根据《上海市人民政府办公厅转发市规划资源局〈关于本市实施国土空间用途管制加强耕地保护的若干意见〉的通知》(沪府办规〔2020〕19号)及《上海市规划和自然资源局关于印发〈本市国土空间用途管制实施细则(试行)〉的通知》(沪规划资源施〔2021〕16号)的要求,为严守耕地和永久基本农田保护红线,河道整治工程中拓宽和新开河道用地必须完善相关用地手续,其中河口宽大于15 m的河道需办理征地手续,河口宽小于15 m的规划河道办理备案手续,非规划河道不能拓宽和新开。

在本次研究的9个项目364条河道内,涉及规划河道150条段,非规划河道211条段;两端断头河道40条段,一端断头河道166条段;堵坝222个。为提升水动力,改善水质,需进行水系沟通,理论上需要新开河道102条段30.44 km,打通断点222个,实际新开河道17条段4.49 km,其中由于国土空间用途管制原因,70条段19.65 km新开河道、29个断点打通无法实施,对11个评价指标中的水质和河湖水面率影响较大,影响整个治理单元的整治效果。

4.1.2 林地限制

林地与水系物理空间上相距很近,结合比较紧密,较多林地紧邻现状河口线甚至直接生长在现状河道斜坡上,绿容系统认定的林地图斑及造林工程与现状河道管理范围及规划河道蓝线存在较多的重叠。生态清洁小流域建设项目方案落地时不可避免地需要临时或永久占用林地,但是因土地资源紧张及国土空间用途管制的严格执行,林地搬迁相关的还林地较难落实,造成部分整治方案受阻,影响治理单元整治效果。在研究的9个项目中,涉及13条段河道因林地搬迁困难导致最合适的方案无法实施,需要调整方案甚至取消。

4.2 民风民俗限制

生态清洁小流域建设项目整治河道多数为村民宅前屋后河道,村民房屋紧邻河道,设计方案与村民的生活、风俗息息相关,例如河道、桥梁不能对冲房屋,很多房屋房龄久远,施工方案要保证房屋的安全。

实际由于设计方案对于民风民俗考虑不足、施工班组安全文明施工水平参差不齐、不同地域村民对于项目认同程度不同、参加单位及属地村居宣传协调程度不同等,生态清洁小流域建设项目推进过程中,时常出现村民阻挠施工、反对部分建设方案等情况,造成部分设计变更、工期延误、成本提高、部分水系沟通无法实施等结果。在研究的9个项目中,因民风民俗等原因,16条段0.95 km新开河道、28个断点打通无法实施,一定程度上影响了整个治理单元的整治效果。

4.3 体制机制限制

目前推进的生态清洁小流域建设项目基本为水利专项,属于市、区财政对于水利项目支持范围,整治范围、相关标准都参照水利相关规范,但是生态清洁小流域治理11个评价指标中,每年化肥使用量、规模养殖污水处理率、生活垃圾无公害化处理率等指标涉及农业农村委、生态环境局等职能部门，水利专项项目无法也无能力将以上相关整治内容纳入，需要各相关部门联动，改善相关指标，共同推进生态清洁小流域建设。但是，目前各条线工作重心不同，各部门相关整治计划不同步，影响整个治理单元整治建设。

4.4 其他问题限制

生态清洁小流域建设项目主要内容为河道疏浚，新开河道，新建桥梁、水桥、驳岸及绿化，水生态修复等，施工完成并过质保期后，都会移交属地进行管理养护。在后期管理养护过程中，配套资金不到位、村民开荒种菜等原因，造成项目建成的绿化死亡、被侵占，栏杆被破坏，水生态修复设施年久失修等。

5 破解瓶颈问题的意见与建议

5.1 突破用地限制

5.1.1 国土空间用途管制

国土空间用途管制目前是生态清洁小流域治理最大的瓶颈问题，一些断头河无法打通，现状非规划断头河、坑塘水面无法填埋也无法沟通，整治效果有限，严重影响治理效果。

目前，西渡街道正在进行全域土地综合治理的试点。西渡街道生态清洁小流域建设项目结合全域土地综合治理方案，按照实际情况，在保证总体水面率及确保水安全的前提下，调整河道蓝线，填埋非规划且无法打通的断头河及坑塘水面，且不涉及基本农田，突破用地限制，最大限度地保证设计方案的可行性以及整治效果的最大化。建议在后续将进行全域土地综合治理的区域，生态清洁小流域建设项目同步设计、实施，确保整治效果。

同时，建议市行政主管部门优化关于非规划河道的管控方式，在水利专项项目审批过程中，在设计方案保证总体水面率、确保水安全的前提下，一并审批填埋非规划且无法打通的断头河及坑塘水面方案，提高项目推进效率。

5.1.2 打破林地限制

因土地资源紧张、国土空间用途管制，还林地落实困难。根据市委主要领导相关会议的指示精神，建议市相关职能部门加大对于"林水结合"的推进力度，尽快完善、明确"林水结合"中林与水的所有权、使用权等权责范围，向林地要水面，以水面补林地，提高土地利用效率，确保生态清洁小流域治理效果。

5.2 突破民风民俗限制

为确保小流域整治效果最佳方案能够落地，设计单位应在方案设计阶段充分了解当地民风民俗，避免冲突，且采用对村民房屋影响最小的方案；建设单位应加强管理，确保施工班组安全文明施工，确保施工过程中对于村民生活、安全影响最小；行政主管部门、建设单位需联合属地村居委，加强项目宣传，对于有疑惑及疑问的村民主动上门耐心解释，尽最大努力让最优方案落实。

5.3 体制机制创新

在生态清洁小流域治理的11个评价指标中，每年化肥使用量、规模养殖污水处理率、生活垃圾无公害化处理率等指标涉及农业农村委、生态环境局等职能部门。为确保治理工作顺利完成，建议由市、区人民政府同步成立专门的工作领导小组，统筹协调相关职能部门及街镇关于生态清洁小流域治理相关工作推进计划,同步推进,既能减少施工对属地村居民生活的影响,也减少了重复投入。

5.4 其他问题对策

对于建成项目后期管理养护出现的问题,行政主管部门应完善管理机制,建议按照绩效考核结果分配市补养护资金,并督促相关街镇落实配套养护资金。

参考文献

[1] 水利部,农业农村部,国家林业和草原局,等.关于加快推进生态清洁小流域建设的指导意见[Z].水资源开发与管理,2023,9(4):1-2+8.
[2] 蒲朝勇,高媛.生态清洁小流域建设现状与展望[J].中国水土保持,2015(6):7-10.
[3] 王海燕,朱毕生,刘孝盈,等.瑞典生态保护理念对我国生态清洁小流域建设的启示[J].中国水土保持,2018(11):3-5.

我国生态清洁小流域综合整治的探索与思考
——以上海市青浦区重固镇为例

沈　辉，徐俊玲，闵　敏

（上海市青浦区重固水务管理所，上海 201707）

摘　要：生态环境问题是制约我国进入高质量发展阶段的重要问题之一，而生态清洁小流域建设是有效解决我国生态环境问题的重要手段。本文概述了生态清洁小流域综合治理的目标、理念、原则及思路，并以上海市青浦区重固镇小流域为例，分析了该区域的基本情况和存在的主要问题，提出了从河湖水系治理、面源污染治理、水土流失综合治理、生态修复、人居环境改善五个方面开展小流域综合治理的建设思路，并从生态清洁小流域建设前、中、后三个阶段提出了治理管护建议，为我国同类型生态清洁小流域建设提供了参考。

关键词：生态清洁小流域；综合治理；生态修复；管护建议

0　前言

　　生态清洁小流域以水源保护为核心，在传统小流域综合治理的基础上，通过综合规划，将水源保护、生态自然修复、面源污染防治、农村垃圾与污水处理等相结合，形成多目标、多功能、高效益的新型综合治理体系，从生态、自然、系统的理念上更加关注水土资源的保护和可持续性利用、生态环境的改善和人居环境的健康宜居[1-5]。2003 年，北京市率先开展了以水源保护为中心的生态清洁小流域建设试点，从治理概念、理念、思路和方式等方面进行了有益探索[6]。2006 年，水利部在全国 30 个省市遴选了 81 条小流域开展生态清洁小流域建设[7]。2011 年施行的《中华人民共和国水土保持法》中明确提出了对生态清洁小流域建设的要求，随后水利部于 2013 年发布了《生态清洁小流域建设技术导则》[7,8]。2023 年印发的《关于加强新时代水土保持工作的意见》中明确要求大力推进生态清洁小流域建设，推动小流域综合治理与提高农业综合生产能力、发展特色产业、改善农村人居环境等有机结合[7]。生态清洁小流域建设成为生态文明建设和乡村振兴战略的重要组成部分，是坚持尊重自然、顺应自然与保护自然的具体实践[2]。

　　随着《上海市生态清洁小流域建设总体方案》《上海市生态清洁小流域建设规划与实施方案编制技术指南》的正式印发，上海市正式进入了生态清洁小流域建设阶段[3,4,9,10]。根据全市区域主要功能定位的需求，青浦区规划建设 5 个生态清洁小流域，包括水源保护型 3 个（金泽镇、朱家角镇、练塘镇），绿色发展型 2 个（徐泾镇、重固镇）。

　　本文以上海市青浦区重固镇为例，重点分析重固镇水体现状问题，根据生态清洁小流域

作者简介：沈辉（1979—　），男，工程师，硕士，地质工程专业水文水资源方向，从事水利工程建设、河道长效管理等工作，电子邮箱：cgswsgps@163.com。

建设目标,探讨生态清洁小流域河道综合整治方案,为推动我国生态清洁小流域建设提供指导和借鉴。

1 工程概况

重固镇位于上海市青浦城东北,东邻华新镇,南接赵巷镇,西连香花桥街道,北靠白鹤镇,属长江三角洲冲积平原,系太湖流域下游、黄浦江水系上游(图1)。重固镇地势平坦,土地肥沃,河网纵横交错,水源丰富,气候温暖,雨量充沛,降雨季节明显。但因河道弯曲狭窄,排水不畅,且多受黄浦江潮汐和江浙两省的客水下泄影响和入侵,暴雨集中的夏秋季重固镇区域易积水成涝。

近年来,经过消黑、除劣两个阶段的整治,重固镇区域水生态环境得到了明显改善,但仍存在河湖水环境面貌不佳、水质不稳定、雨污水系统不完善等问题。为配合《上海市生态清洁小流域建设总体方案》的实施,对重固镇进行绿色发展型生态清洁小流域建设尤为重要。根据《青浦区重固镇生态清洁小流域建设实施方案》,到2025年,将以全镇作为一个单元,以镇域内河流为脉络,以9个村庄为节点,水域岸线同治,集中连片推进,提升水生态环境,重点打造重固镇生态清洁小流域(图2)。

图1 重固镇区位图　　　图2 生态清洁小流域项目建设时序图

2 小流域现状及存在问题

小流域河道具有面积小、河道短、坡降大等特点,其河道宽度变化明显,河床稳定性较差,冲淤不平衡甚至会形成游荡性河道[11]。因此,对小流域河道进行区域评价有利于后续生态清洁小流域综合治理措施的确定与展开。

生态清洁小流域评价指标是规划、建设和管理的重要指引和依据。参照国内省市先进做法并结合该流域自身情况和特点[4,12],根据《上海市生态清洁小流域建设规划与实施方案编制技术指南》,本次生态清洁小流域评价体系指标包括小流域区域水质、土壤侵蚀强度、林草面积占比、水土流失综合治理程度、年化肥使用量、生活污水处理率、工业废水达标排放率、规模养殖污水处理率、生活垃圾无公害化处理率、河湖面积达标率以及河湖水系生态防护比例 11 个评价指标（见表 1）。

表 1　重固镇生态清洁小流域主要评价指标对比表

指标名称	指标值	指标现状数值	达标分析
小流域区域水质	Ⅳ类及以上	Ⅳ类及以上达标率61%	未达标
土壤侵蚀强度	<轻度	<轻度	达标
林草面积占比	≥85%	87%	达标
水土流失综合治理程度	≥90%	91%	达标
年化肥使用量	<250 kg/hm²	350 kg/hm²	未达标
生活污水处理率	≥95%	≥95%	达标
工业废水达标排放率	100%	100%	达标
规模养殖污水处理率	畜禽养殖粪污资源化综合利用率≥96%，水产养殖尾水达标排放率≥80%	无	达标
生活垃圾无公害化处理率	100%	100%	达标
河湖面积达标率	100%	87%	未达标
河湖水系生态防护比例	≥75%	75.35%	达标

综合文献报告、现场实际踏勘、水体采样数据及污染分析（以 2019 年为现状基准年），重固镇小流域主要存在以下几方面问题。

2.1　河湖治理方面

重固镇河湖面积达标率仅为 87%，与评价指标达标率 100% 有明显差距，区域防洪除涝还存在隐患，河湖水面率有待提高。此外，虽然重固镇河湖水系生态防护比例为 75.35%，略高于评价指标，但局部未整治河道岸坡裸露，仍存在水流侵袭、淘刷而造成边坡失稳的隐患（图 3），需要加强河道生态防护建设。

图 3　重固镇部分河道现状

2.2　面源污染方面

目前重固镇城市面源污染主要为地表径流污染。2018 年，全镇排查出雨污混接点 258

处,其中市政混接点49处、小区混接点128处、企事业单位混接点66处、其他混接点15处。2018年以来,重固镇已经陆续开展了雨污混接改造工作,至2020年,基本完成排查出的混接点改造,但依旧存在未排查到位的情况,仍需进一步调查改造。此外,部分区域内雨、污水管道因建设年代久远,管道材质较差,雨污混接严重,对周边水体造成严重的污染。

过量使用肥料是农村面源污染的主要来源。该镇目前永久基本农田21418.89亩,其中水稻种植10 841亩,蔬菜土地面积2 093.82亩,现状化肥使用量为350 kg/hm², 远超评价指标250 kg/hm², 未被完全利用的化肥随着地表径流汇入河道,造成面源污染COD为4.94 t/a, NH_3-N 为0.49 t/a, TP为0.10 t/a。

2.3 水土保持方面

重固镇属微度侵蚀区,林草面积占比达87%,水土流失综合治理程度为91%,整体满足清洁生态小流域相关评价指标要求。然而,踏勘发现,因未整治、人为养护不当、水位变动区河水冲刷等原因,部分村沟宅河河道周边岸坡裸露(图4),仍存在一定的水土流失风险。

图4 岸坡裸露

2.4 生态方面

重固镇整体水质达标率仅为61%,与生态清洁小流域评价指标有明显差距。现场踏勘发现,部分河道水体较为浑浊,透明度低,河道坡面绿化缺失,且水生动植物覆盖率低、品种单一,不足以形成完整的生产者、消费者、分解者三者健全的食物链系统,水体自净能力不足,无法消除持续的污水入河污染、大气沉降污染、地表径流污染、施肥污染、泥沙流失沉降以及其他外来污染源对水体的影响。

2.5 人居环境方面

目前重固镇已全面完成小区生活垃圾定时定点投放工作,并继续深入推进生活垃圾分类减量,提升垃圾源头分类参与率和分类到位率,加强末端处置,日处理能力为37.5 t,基本实现全镇垃圾日产日清,无公害化处理率为100%。

全镇已完成农村生活污水治理户数2 764户,正在开展治理户数1 084户。虽目前农村生活污水处理率可达95%以上,但仍存在部分农污设施处理标准偏低的问题(表2)。调查表明,目前已建成的农污设施中仍有56座依旧在执行2010年的处理标准,同上海市地方标准《农村生活污水处理设施水污染物排放标准》(DB31/T 1163—2019)有一定的差距,不能满足小流域建设水质指标Ⅳ类水质的要求,亟需提标改造。

表 2 重固镇已建就地处理设施统计表

村名	就地处理设施数量(座)	处理工艺	出水标准	本次措施
徐姚村	15	人工湿地+生物滤池/MBR/A^2O	二级	提标改造
章堰村	9	人工湿地+生物滤池/A^2O	二级	提标改造
中新村	9	人工湿地+生物滤池/A^2O	二级	提标改造
新丰村	21	人工湿地+生物滤池/MBR/A^2O	二级	提标改造
福泉居委	1	A^2O	二级	提标改造
回龙村	8	A^2O	一级 A	维持现状
	1	人工湿地+生物滤池	二级	提标改造

3 综合整治措施

3.1 治理目标

根据生态清洁小流域评价结果可知,目前重固镇小流域区域水质、年化肥使用量及河湖面积达标率三个指标未满足生态清洁小流域标准,亟须开展相关措施进行处理,同时对已达标指标持续维持提升。本工程旨在通过全面规划、综合治理,形成多目标、多功能、高效益的综合防治体系,在河湖水环境改善、水土流失综合治理、农业生产条件改善的基础上,把生态自然修复、水源保护、面源污染控制、人居环境改善、乡村振兴等有机结合起来,将重固镇打造成"河湖通畅、生态健康、清洁美丽、人水和谐"的高品质生态清洁小流域[13,14]。

3.2 治理理念

本工程秉持"生态为先、安全为重、人民为本、文化为魄"的治理理念,以"山水林田湖草"系统治理观为指导[15],围绕创新、协调、绿色、开放、共享的新发展理念对重固镇进行综合治理[16],统筹考虑,短期行动与长期治理相结合,以目前面临的问题为主要目标,在短期行动同时遵循、利用自然规律,通过人工有限度的干扰,辅助河道自然修复水生态系统,使河流恢复其自净能力。实现生态系统构建的长远治理目标。

3.3 治理原则

3.3.1 生态性原则

河道直接影响小流域区域水质状况及水生态环境的良性循环效能,在生态清洁小流域建设过程中需要树立尊重自然、顺应自然、保护自然的理念,充分考虑重固镇区域的生态环境建设,运用先进的人工辅助技术帮助河道自然修复水生态系统[17],使河流恢复自净能力。同时塑造具有观赏性和吸引力的生态水景观,充分利用河道水资源,打造具有特色的水环境空间,凸现生态滨水文化,实现生态系统构建的长远治理目标。

3.3.2 综合性原则

重固镇生态清洁小流域建设需整体规划、综合治理,统筹洪涝灾害防治、水资源利用、水生态环境保护,在保证水体原有功能基础上兼顾河道的防洪排涝、水质净化、生态景观等功能[18],坚持预防保护、生态修复和综合治理并重[6,19],构建长远有效的生态清洁小流域。

3.3.3 协调性原则

生态清洁小流域建设要与水源保护和水生态环境保护规划相协调[2],因地制宜,充分利用小流域内现有骨干河道,加强河湖水系联通,增强各圩区内水力联系,强调其与河道沿线整体风貌相协调、生态景观与周边景观相协调[16]。

3.3.4 技术经济性原则

生态清洁小流域建设过程中需注重节能、节材,立足现实,坚持科技创新,采用新技术、新材料、新设备,优先考虑采用投入成本和运行费用综合相对较低的技术方案,使建设项目富有弹性,能够具备较强的技术经济可行性,适应市场经济的动态发展[16]。

3.4 治理措施

本项目拟从河湖水系治理、面源污染治理、水土流失综合治理、生态修复、人居环境改善等五个方面共同推进重固镇生态清洁小流域建设。

3.4.1 河湖水系治理

水域岸线管理与保护:在完善水利基础设施、提高防汛保安能力的基础上,通过推进河道按规划新开和疏拓,增加水面率,增强水系连通性,实施活水畅流调度,促进水体有序流动。同时强化水域岸线规划管理和岸线资源保护,严格涉河项目审批过程,限制建设项目占用水域,严格按照《中华人民共和国防洪法》《中华人民共和国河道管理条例》等相关法律法规,对违法占用水域岸线等项目进行严肃查处等。

河湖水系生态治理:通过河道综合整治、水系沟通等工程项目,采取生态清淤、生态护岸建设、新开河道、绿化景观提升等工程措施提高区域防洪除涝能力,恢复水体生态功能及自净能力,保护区域清水水源,进一步改善水环境质量和陆域景观风貌[20]。

3.4.2 面源污染治理

城市面源污染防治要以"污染在水里,根源在岸上,关键在排口,核心在管网"为指导。控源截污是面源污染防治的主要手段,包括截污纳管和面源控制两部分内容。其中,截污纳管主要是城市水体沿岸污水排放口、分流制雨水管道初期雨水排放口等永久性工程治理;面源控制主要是对城市初期雨水、冰雪融水、畜禽养殖污水、地表固体废弃物等污染源的控制与治理。通过开展小区雨污分流改造、市政雨污分流改造、污水处理厂提标改造及推进海绵城市建设等工作减少城市面源污染[21],进而达到提升河道水质的目的。

农业面源污染防治:农村面源污染控制策略涉及种植业面源污染管控策略、畜禽养殖业污染管控策略及水产养殖管控策略。重固镇农业面源以水稻为主,无规模化养殖情况,故本工程主要针对种植业面源污染进行管控防治。通过科学性调整农作物茬口布局和化肥使用量,从源头控制农业面源污染;利用生态拦截沟渠对农业面源污染进行过程阻断,有效减少TN、TP等污染物;采用先进有效的人工湿地技术、净化塘技术科学深度处理尾水,对农业面源污染进行末端治理[4],有效减少重固镇小流域农业种植污染源的排入。

3.4.3 水土流失综合治理

水土流失综合治理是预防和治理防治责任范围内的新增水土流失,根据重固镇小流域现状科学制定水土保持相关措施,实现对小流域中水土资源的改良、保护及利用结构的优化[22]。

水源保护区和自然保护区的水土保持治理：加大水源保护区和自然保护区管理建设力度，加强外来入侵生物控制与管理。在水源保护区采取林草生物缓冲带工程措施与生物措施相结合[23]，抓好水源防护林和护岸坡建设，促进植被自然恢复；在自然保护区动态调整保护区边界，通过湿地建设及退化湿地修复，维持湿地生态特征和生态服务功能，维护城市生态安全[24]。

河湖水系水土保持治理：对未列入重点治理区的一般性河道，以土质护坡为主，且考虑生态性能较好的护坡、护底型式，减少降雨径流引起的水土流失现象[25]，同时结合景观生态要求，实施坡面堤顶的植树绿化。重视强化"一面"堤顶范围的水土流失治理，针对自流排水区域，结合生态廊道、乡村振兴、慢行步道等工程建设，充分利用陆域控制范围布置建设乔灌草复合间隔带。

3.4.4 生态修复

重点推进生态公益林建设，大力提高森林覆盖率，改善区域生态环境。科学合理规划农林生态复合区，注重保留原有野生植被，在不违背生态发展的前提下，适当增加外来物种协调各个生物间的生态平衡，提高区域生物多样性，构建稳定生态系统。增设公园绿地，通过科学管理和合理使用有效发挥其在多样性保护和生态环境保护中的作用[26]。

3.4.5 人居环境改善

改善农村人居环境、建设美丽宜居乡村，是我国乡村振兴战略的重要任务之一[27]，也是重固镇生态清洁小流域建设的目标之一。根据生态清洁小流域评价结果，重固镇生活污水处理率与生活垃圾无公害化处理率均已达标，但仍需对部分排放标准偏低的污水处理站进行提标改造，进一步提高污水净化标准，同时根据需要构建农村生活垃圾检测系统。此外，以"无边界"理念为沿河景观风貌提升的策略，消除堤防与腹地的隔阂，打造畅通水岸，整理陆域空间，构建生态人文斑地、滨水休闲廊道，营造健康舒适的水岸空间。

4 结论与建议

随着我国经济社会的高速发展，生态环境问题已经成为制约我国进一步发展的重要问题之一。生态清洁小流域建设是保护我国生态环境、治理生态环境问题的一条切实可行的道路，然而，部分生态清洁小流域实践项目仍存在多个影响实际建设效果的因素。为推动重固镇小流域以及我国其他区域生态清洁小流域的建设，提出以下建议。

4.1 积极与当地乡镇、居民对接沟通

生态清洁小流域建设囊括村庄及农田区域，在工程规划与建设过程中将涉及现有居民生活用品堆砌场所或农田种植区域，建议施工前与当地乡镇、居民积极对接沟通，做好搬迁及补偿工作。

4.2 开展生态清洁小流域常态化评价

对已实施建设内容的相关区域进行常态化生态清洁小流域评价有利于聚焦建设后仍存在的主要问题，从而以此为导向有针对性地进行补充实施治理，有助于生态清洁小流域持续发挥其生态环境保护作用。

4.3 加强小流域水质及水土流失状况动态监测

加强引水河道和排水沟排水时对承泄河道的水质监测,积累水质监测数据报告,掌握带有化肥、农药的排水对排入河道的污染影响情况,同时利用卫星、遥感、无人机等新一代科学技术持续加强对区域水土流失状况的监测[6],从而及时采取相关补救措施,增强生态清洁小流域抵抗外界干扰稳定性。

4.4 实行生态清洁小流域管理责任制

综合治理工程建成后,部分地区存在后续监管不力的情况。建议河道管理部门划分管理范围,建立监督网络,制定管护办法,进一步明确生态清洁小流域监管的主体及职责,对监管不力的部门、个人采取相应的惩罚措施。

参考文献

[1] 毕小刚,杨进怀,李永贵,等.北京市建设生态清洁型小流域的思路与实践[J].中国水土保持,2005(1):18-20.

[2] 封高琦.铜川市耀州区生态清洁小流域建设现状及展望[J].陕西水利,2021(1):222-223+225.

[3] 吴丹.上海生态清洁小流域乡村河道生态建设问题探讨[J].珠江水运,2021(9):90-92.

[4] 王波杰.生态清洁小流域污染物总量及水环境容量研究——以上海市华漕镇为例[J].人民长江,2022(9):8-12.

[5] 朱玉红.城郊生态清洁小流域综合治理实践研究[J].水利技术监督,2023(2):124-127.

[6] 张琳英,刘郓江,郝旭乾,等.新时期对生态清洁小流域建设的思考——以北京市昌平区裕陵小流域为例[J].区域治理,2022(15):80-83.

[7] 安然.加大投入 协同推进 加快开展生态清洁小流域建设——水利部水土保持司有关负责人解读《关于加快推进生态清洁小流域建设的指导意见》[J].中国食品,2023(5):16-18.

[8] 刘宁.认真贯彻中央水利工作会议精神 扎实推进生态清洁型小流域建设[J].中国水土保持,2012(1):1-3+23.

[9] 陈鸣春.崇明生态清洁小流域治理浅析[J].城市道桥与防洪,2022(11):138-140+173.

[10] 顾建,魏琳,刘文娟.上海崇明生态清洁小流域村落水体治理方案研究[J].水利规划与设计,2023(2):14-16+39.

[11] 池大锋.小流域河道治理技术方案的探讨——以晋安区小流域河道治理为例[J].中国农村水利水电,2013(11):24-26+30.

[12] 李双喜,龚旭昇,耿旭,等.鄂西北箭流铺小流域生态清洁程度综合评价[J].人民长江,2022(9):37-42.

[13] 宋玲.中小河流的生态治理技术探究[J].地下水,2021,43(3):284-285.

[14] 刘伟杰,易嘉成.腰路村生态清洁小流域综合整治工程措施及成效[J].小水电,2022(2):25-27+31.

[15] 刘再荣,贺敏华.长水生态清洁小流域建设理念与措施探讨[J].水土保持应用技术,2022(6):19-20.

[16] 罗真行,吕海东.城市河道综合整治工程实践应用——以成都市武侯区为例[J].水电站设计,2023,39(1):49-51+59.

[17] 耿金,张冉冉,杨骋.生态河道整治工程在我国河道环境改造中的应用——以无锡市梁溪区河道水环境综合整治规划为例[J].珠江水运,2020(13):20-21.

[18] 李国志.城市河道生态化综合整治的探索与思考——以双流区白河为例[J].水利科学与寒区工程,

2019(2):88-94.
- [19] 原彩萍.长治市生态清洁小流域治理模式研究——以桥上乡桥后沟小流域为例[J].山西水土保持科技,2021(1):27-29.
- [20] 周言芝.谈新农村河道生态护岸型式及选用[J].工程技术(引文版),2016(12):228.
- [21] 梁燕.构建区域海绵城市建设框架体系的思考与研究[J].进展(科学视界),2022(7):38-40.
- [22] 李小军.水土流失的原因及对策[J].现代化农业,2021(11):25-26.
- [23] 王明玉,王百田.不同水土保持措施对黄土高原小流域年径流和产沙的影响——以平凉纸坊沟为例[J].林业科学,2016,52(8):10-20.
- [24] 朱秀迪,成波,李红清,等.水利工程河湖湿地生态保护修复技术研究进展[J].水利水电快报,2022,43(7):8-14.
- [25] 罗慧芬.曲江区枫湾河治理工程的断面设计与护坡型式研究[J].水利科学与寒区工程,2022,5(9):155-157.
- [26] 余莉莉,王智,郝日明.公园绿地在城市生态环境保护中的作用[J].中国城市林业,2007(5):42-44.
- [27] 贾璟琪,王鑫,魏旺拴.乡村振兴背景下农村人居环境改善路径探析[J].当代经济,2018(23):104-105.

上海市已建水利工程生态水位确定初探

李　琪，毛兴华，陈　澄

(上海市水文总站，上海 200232)

摘　要：已建水利水电工程生态流量核定与保障先行先试工作，是水利部大力推进生态文明建设，兼顾生态环境和水利水电工程良好运行的重要举措。本文以大治河西水利枢纽为研究对象，基于长系列水文资料，采用年最低日均水位频率分析法，得出大治河西水利枢纽生态水位为 2.40 m，并对其合理性进行了分析。本次研究成果将为类似区域水利水电工程生态水位确定提供重要技术支撑。

关键词：大治河；水利枢纽；生态水位；频率计算

0　引言

生态水位是保持河湖生态功能以及控制水资源开发强度的重要指标。针对我国已建水利水电工程数量众多，很多建设年代较早的水利水电工程未明确生态流量泄放要求，调度管理制度不健全，泄放设施和监管措施不完善，生态用水保障历史欠账较多等问题[1]，水利部于 2022 年提出在全国开展已建水利水电工程生态流量核定与保障先行先试工作。

大治河西水利枢纽是上海市浦东片最主要的水利枢纽工程，也是黄浦江最大的引、排水口门。本文以大治河西水利枢纽为研究对象，尝试开展上海市已建水利工程生态水位核定与保障先行先试工作，强化已建水利水电工程生态水位管理，逐步健全监管体系。

1　研究区域河湖水系概况

浦东片北自吴淞口沿海岸线向东，南至杭州湾，西南部与金山、松江两区毗邻，西北沿黄浦江涉及浦东新区、闵行区、奉贤区。由于地处中纬度沿海，气候湿润，四季分明，冬冷夏热，降水充沛。浦东片全片总面积约 1 976.6 km^2，为长江三角洲的冲积平原，区域地势平坦，地面高程大部分在 3.5~4.5 m（上海吴淞高程）。片区内大小河流共 20 606 条，总长 10 437.33 km，河湖面积 185.401 4 km^2，水网密布，河道相互贯通，水量交换频繁，水文情势十分复杂。各种水利工程发达，河渠纵横，灌排泵站星罗棋布，自然河流与人工渠系混流，地表水与地下水相互交换。

大治河属市管主干河道，西起黄浦江，东至长江口，河口宽 102~132 m，长约 42 km，流经惠南镇、新场镇、大团镇、航头镇、宣桥镇、书院镇、老港镇、南汇新城镇等 8 个镇。大治河上主要控制断面为邹家路桥站。根据 1991—2019 年邹家路桥站实测水位资料，邹家路桥站多年平均水位为 2.68 m，历史最高水位为 3.62 m，最低水位为 2.08 m，见表 1。

作者简介：李琪(1986—　)，女，工程师，硕士学位，从事水文分析与评价工作，电子邮箱：swzzlq@126.com。

大治河西闸(闸内)站和邬家路桥站位置示意图见图1。

表1　邬家路桥站多年水位特征值表　　　　　　　　　　　　　　　单位:m

站名	多年平均水位	最高水位	最低水位	最低水位日期
邬家路桥站	2.68	3.62	2.08	2012.8

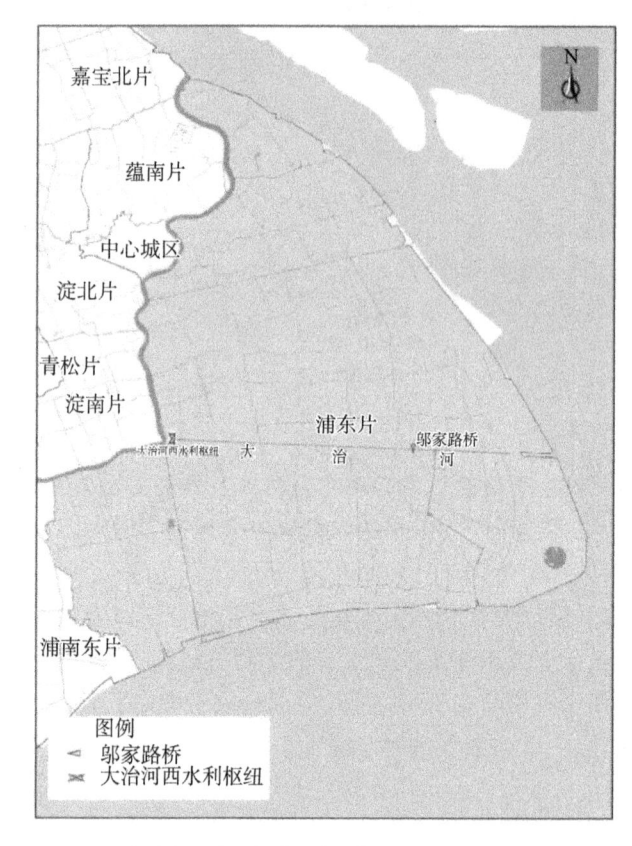

图1　大治河西闸(闸内)站和邬家路桥站位置示意图

2　大治河西水利枢纽特性和生态用水需求分析

2.1　大治河西水利枢纽特性分析

大治河西水利枢纽位于闵行区的浦江镇闸航路,西距黄浦江约800 m,于1977年12月动工建设,1979年12月竣工,由6孔净宽60 m节制闸,以及闸室有效长度300 m、宽度20 m、闸口宽度12 m的通航等级为300 t的船闸组成,闸门均采用平面钢闸门。大治河西水利枢纽具有防汛、水资源调度、通航等综合功能。防汛是第一优先功能,其次是生态水位保障功能,最后是水资源调度功能,特征水位在2.4~3.0 m。

2.2　工程影响河段及保护对象分析

大治河东西两端有2座水闸:大治河西水利枢纽和大治河东闸。大治河西水利枢纽引水是浦东新区主要的边界河道来水之一,大治河东闸主要功能是排水、防汛排涝和挡潮,是浦东新区南部地区主要的排水口门之一。

大治河西水利枢纽为改善新区南部内河水质及除涝减灾等起到了极其重要的作用。经调查,大治河西水利枢纽影响范围内的河道没有生态保护对象。

在浦东新区境内,2022年分布有5个自备水源取水口,涉及5家取水户,取水泵站由取水户自行管理,年许可取水量共71.2万 m^3。5家取水户2022年实际取水量约27.3万 m^3,取水主要用于球场绿化浇灌、混凝土生产等,各取水户近年各年度实际取水量均在许可水量范围内。

2.3 调度运行目标

浦东片水资源调度遵循系统调度、统一指挥、分级负责,片区调度服从流域调度,圩区调度服从片区调度,防汛优先、专项协同的原则。大治河西水利枢纽调度运行主要满足浦东片内重点河道大治河水位不低于2.30 m的生态水位保障目标,同时统筹兼顾片内冬春季农田灌溉、内河航运等水位需求。

3 大治河西水利枢纽生态水位确定

3.1 控制断面确定

大治河西水利枢纽上游有两个水位监测站点:一个是上海市堤防泵闸建设运行中心在大治河西水利枢纽设立的水位计;另一个是闵行区水务局所属的大治河西闸(闸内)国家基本水文站。上海市堤防泵闸建设运行中心的水位计距闸门很近,受闸门开关影响很大,水位曲线毛刺头偏多,因此该站不建议作为大治河西水利枢纽生态水位的控制站。2021年1月大治河西水利枢纽水位计过程线图见图2。

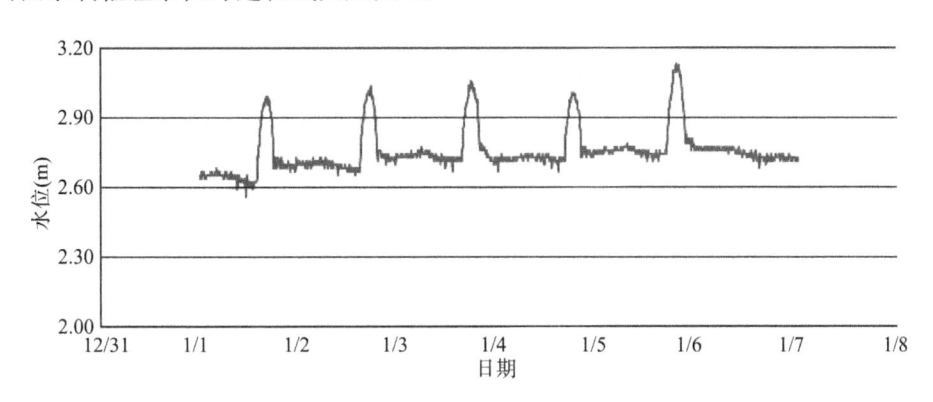

图2 2021年1月大治河西水利枢纽水位计过程线图

大治河西闸(闸内)站位于大治河西水利枢纽上游约213 m,上海市水文总站于1979年1月设立,长期观测大治河西水利枢纽闸内水位,积累水文基础数据。观测项目现有水位、降水、蒸发、水温。该站于2012年获批国家基本水文站,为流域防洪调度、水资源评价和测验防汛提供依据。因此,本次采用大治河西闸(闸内)站作为大治河西闸水利枢纽生态水位确定的控制断面。大治河西闸(闸内)水文站测验断面图见图3。

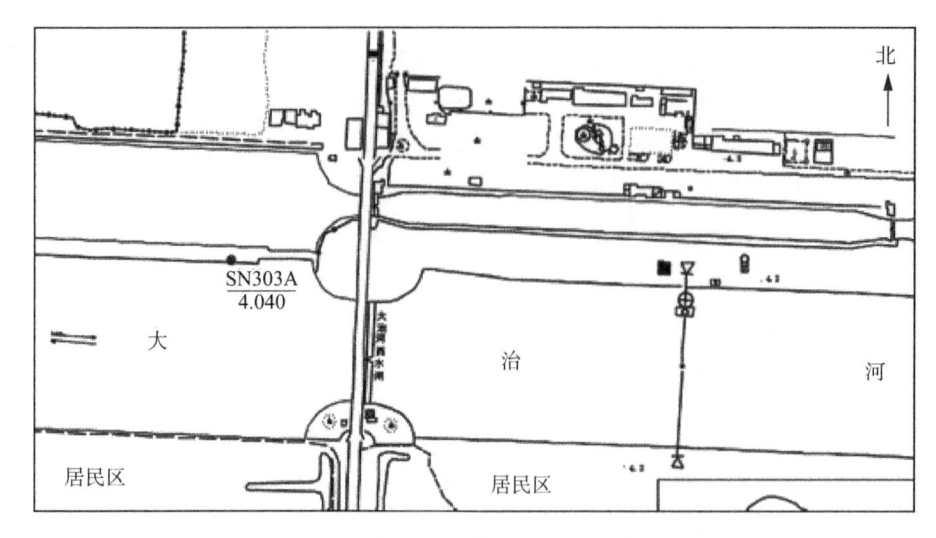

图3 大治河西闸(闸内)水文站测验断面图

3.2 生态水位确定

本次开展大治河西水利枢纽生态水位分析计算,依据上海市重点河道生态水位确定相关经验,采用年最低旬均水位频率分析法开展计算分析。根据大治河西闸(闸内)站1991—2022年水文资料,大治河西闸(闸内)站多年平均水位为2.70 m,最枯旬水位为2.35 m。对1991—2022年32年最低旬均水位采用皮尔逊Ⅲ型曲线排频计算(图4),其中,均值按矩法估计,Cv和Cs的初值按绝对离差和最小为准则得出,然后通过目估适当调整得出结果[2-5]。

经计算分析,$P=90\%$频率对应的大治河西闸(闸内)站生态水位为2.40 m。

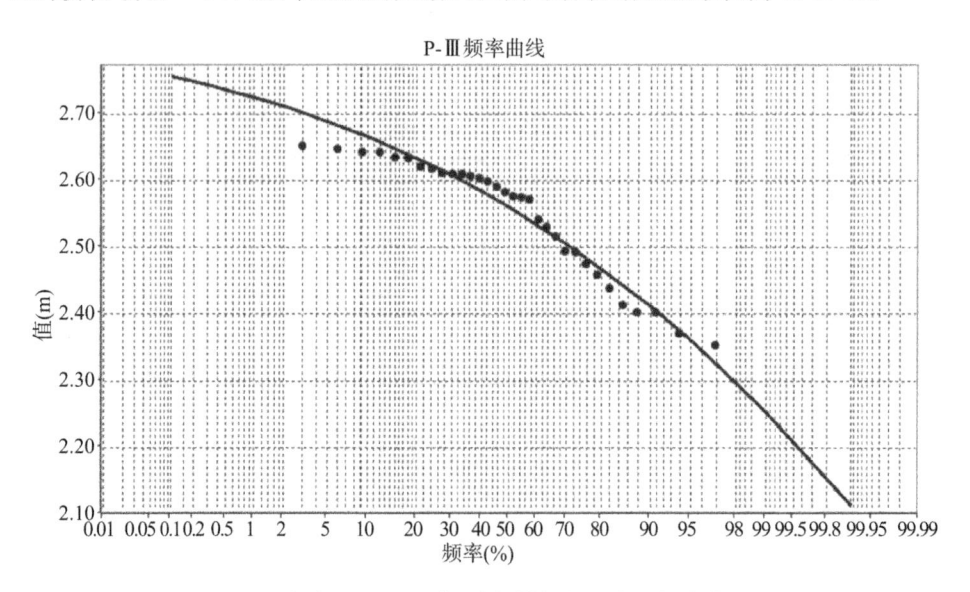

图4 大治河西闸(闸内)站年最低旬均水位频率曲线

4 生态水位目标合理性分析

利用大治河西闸(闸内)站 2018—2022 年 5 年的日均水位,复核大治河西水利枢纽的生态水位 2.40 m(表 2)。通过计算发现,按日历年法分析大治河西闸(闸内)站日平均水位大于生态水位目标值的天数占总评价天数的 100%。

表 2　大治河西闸(闸内)站 2018—2022 年特征水位统计表　　　单位:m

年份	日平均水位	最高日平均水位	最低日平均水位	最低日平均水位出现日期
2018	2.73	2.97	2.43	2018-08-16
2019	2.72	3.01	2.48	2019-08-09
2020	2.75	3.03	2.50	2020-08-04
2021	2.74	3.45	2.40	2021-07-23
2022	2.75	2.97	2.44	2022-09-14

同时,计算 2020—2022 年大治河西闸(闸内)站各月的旬均水位可知,2020 年最低旬均水位为 2.61 m,发生在 1 月上旬;2021 年最低旬均水位为 2.64 m,发生在 1 月下旬;2022 年最低旬均水位为 2.61 m,发生在 6 月下旬,详见表 3,均高于大治河西闸水利枢纽生态水位 2.40 m 目标值。

表 3　大治河西闸(闸内)站 2020—2022 年最低旬均水位统计表　　　单位:m

年份	最低旬均水位	发生时间
2020	2.61	2020 年 1 月上旬
2021	2.64	2021 年 1 月下旬
2022	2.61	2022 年 6 月下旬

2020 年 12 月 30 日,上海市水务局印发了《关于发布本市重点河道生态水位(试行)的通知》(沪水务〔2020〕1134 号)[6],文件中明确浦东新区大治河的生态水位是 2.30 m,邬家路桥站所在的断面是大治河生态水位控制断面。邬家路桥站距大治河西闸(闸内)站约 25.5 km,根据 2005—2022 年水位资料,大治河西闸(闸内)站年平均水位较邬家路桥站高 0.04 m。根据以上计算的大治河西闸(闸内)生态水位 2.40 m,高于 2.34 m,也是合理的。

综上所述,在保证大治河正常取水户的取水情况下,大治河西水利枢纽的生态水位能够满足生态水位的目标需求。另外,《上海市水利控制片水资源调度方案》中提到,浦东片日常调度控制水位为 2.40~2.95 m,能够满足大治河西水利枢纽生态水位 2.40 m 的保障要求。

另外,由于大治河西闸(闸内)水位站位于大治河西水利枢纽西约 213 m 北岸,测验河段系人工开挖,基本水尺上下游 150 m 为闸门,两岸有驳岸。排水时水流稳定,引水时由于断面离闸门较近,水流紊乱(图 5),水位波动也较大,因此建议大治河西水利枢纽生态水位控制断面同时考虑大治河西闸(闸内)站和邬家路桥站。

5 结论

(1) 根据《河湖生态环境需水计算规范》相关要求,参照已有成果,经认真论证和综合考

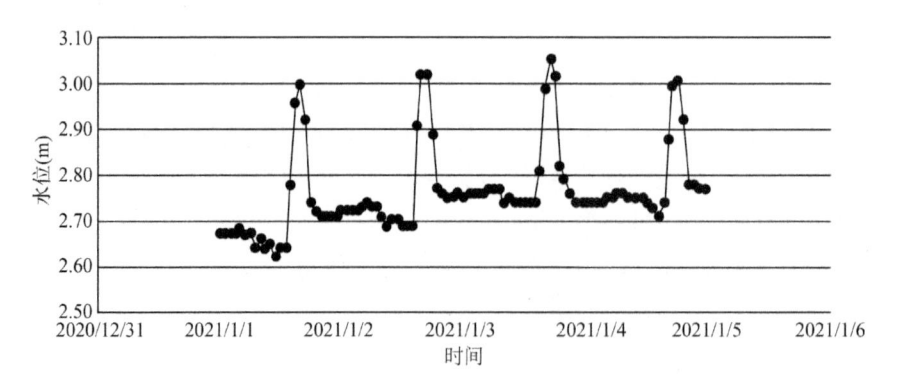

图5　大治河西闸(闸内)水位过程线

虑,本次大治河西水利枢纽的生态水位的确定,采用1991—2022年年最低旬均水位频率分析计算,最终得到大治河西水利枢纽的生态水位保障目标为2.40 m,与大治河的生态水位保障目标是一致性的、协调的。

(2) 本次计算的生态水位值,采用各站2018年以来水位资料进行验证,保障程度都在95%以上,符合技术要求。研究成果将为上海市已建水利水电工程生态水位确定工作提供重要技术支撑。

(3) 引水时,大治河西闸(闸内)断面离闸门较近,水位波动也较大,因此建议大治河西水利枢纽生态水位控制断面同时考虑大治河西闸(闸内)站和邬家路桥站。

(4) 管理部门应综合考虑大治河西水利枢纽的功能定位、调控能力及水量引排条件等,分类施策、精准施策,建立健全工程生态水位保障机制,压实相关单位责任,严格监督管理,强化监测预警,做到目标明确、设施完善、监管到位[7-10]。

参考文献

[1] 水利部.已建水利水电工程生态流量核定与保障先行先试工作方案[Z].2022.
[2] 中华人民共和国水利部.水资源评价导则:SL/T 238—1999[S].北京:中国水利水电出版社,2001.
[3] 中华人民共和国水利部.水资源供需预测分析技术规范:SL 429—2008[S].北京:中国水利水电出版社,2009.
[4] 中华人民共和国水利部.河湖生态环境需水计算规范:SL/Z 712—2014[S].北京:中国水利水电出版社,2014.
[5] 中华人民共和国水利部.河湖生态保护与修复规划导则:SL 709—2015[S].北京:中国水利水电出版社,2015.
[6] 上海市水务局.关于发布本市重点河道生态水位(试行)的通知(沪水务〔2020〕1134号)[Z].2020.
[7] 董哲仁,张晶,赵进勇.生态流量的科学内涵[J].中国水利,2020(15):15-19.
[8] 彭文启.生态流量五个关键问题辨析[J].中国水利,2020(15):20-25.
[9] 刘兆孝,王孟,李斐,等.推进长江生态流量保障工作的思考与建议[J].中国水利,2022(9):42-44+51.
[10] 吴浩云,唐力,秦忠,等.重点河湖生态流量管控下的美丽幸福太湖流域片建设[J].中国水利,2019(20):4-6+10.

祝桥镇绿色发展型生态清洁小流域治理模式探讨

李文浩[1]，颜 磊[1]，曹志辉[2]

(1. 上海顶新工程规划设计有限公司，上海 201315；
2. 中土大地国际建筑设计有限公司，上海 201315)

摘 要：基于祝桥镇河湖特点，及其存在的水土流失和农业面源污染严重、生活污水处理率较低、缺乏系统治理等现状与问题，提出因河施策，分类实施生态治理，雨污分流改造，消减入河口富营养化成分等综合治理措施，探索出一套适用于城镇小流域河湖治理的绿色发展型生态清洁小流域治理新模式，可为全面开展生态清洁小流域建设提供参考，助推上海市绿色发展型生态清洁小流域建设工作。

关键词：生态清洁小流域；生态建设；雨污混接改造；植物缓冲带

在2020年9月浦东新区组织编制《浦东新区生态清洁小流域建设规划》后，通过遴选，祝桥镇入选首批"6+X"个生态清洁小流域(治理单元)中的"X"治理单元。计划分5期实施，其中1～4期为结合生态清洁小流域建设要求功能定位开展建设，第5期为在前4期生态清洁小流域建设的基础上进一步优化完善。绿色发展型生态清洁小流域是以统筹经济发展与河湖保护，以大力发展绿色产业为重点的小流域建设类型。祝桥镇生态清洁小流域建设以振兴乡村产业、激发乡村活力为目标，配合枢纽门户、现代农业及农旅休闲建设，以"航空祝桥·活力滨海"为主题，打造生态、旅游、休闲航空城。

1 祝桥区域概况

一期：计划开展江镇社区北部区域及浦东运河西侧区域。二期：计划开展施湾及祝桥镇核心区域生态清洁小流域建设。三期：计划开展自贸区范围外的东海、盐仓社区及江镇社区南部区域生态清洁小流域建设。四期：计划开展朝阳区域生态清洁小流域建设。五期：计划对前期生态清洁小流域建设进行优化完善。祝桥镇依托合庆郊野公园、田园水乡生态资源、临空特色资源禀赋，结合祝桥农业基础，以稳固农业生产功能、凸显生态保育功能、创新旅游服务功能、激活乡村经济活力为目标，制定产业发展战略，构建"一、三产"联动发展的立体产业结构，总体上构建"北部郊野旅游、西部农旅休闲、中南部智慧农业"的特色产业格局。

祝桥镇小流域治理计划图见图1。

作者简介：李文浩(1992—)，男，山东枣庄人，工程师，本科学历，主要从事水利工程设计与研究。

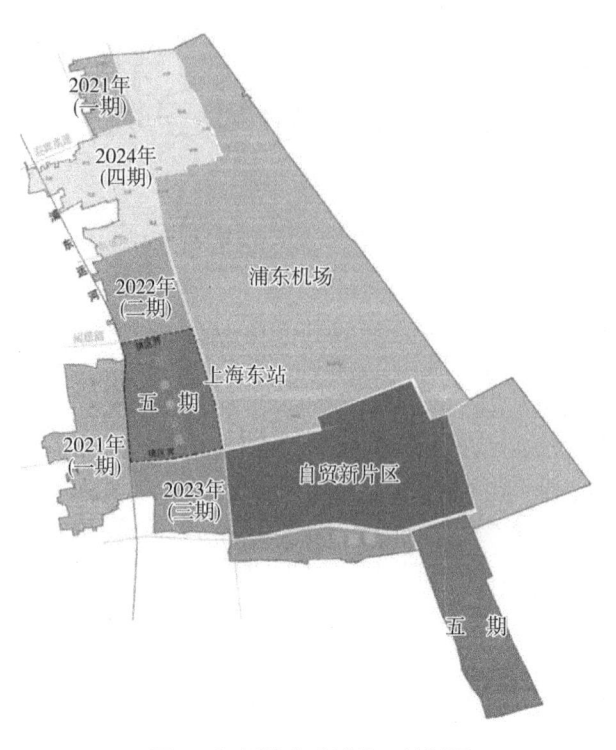

图 1　祝桥镇小流域治理计划图

2　存在问题分析

2.1　水土流失严重

祝桥镇跨越两个地貌单元，即滨海平原地貌类型和河口砂嘴砂岛地貌类型，地貌分界线约在川南奉公路附近。祝桥镇镇域内土质以粉质黏土及砂质粉土为主。该土质较松散，抗冲刷能力差，含水量高、孔隙比大、压缩性高、抗剪强度低，易被水力作用悬空。

2.2　农业面源污染严重

村庄河道主要是地表径流污染，导致部分水质指标不稳定，农田河道主要以农业面源污染及养殖尾水污染为主。据浦东新区农委资料，浦东运河西侧区域农用地合计 6 828 亩，其中现状良田 3 812 亩，果园 487 亩，菜地 2 211 亩，林地 318 亩。大部分区域年平均化肥使用量＞250 kg/hm^2，随着浦东农产品质量安全信用体系建设，农业面源污染可进一步减少。

2.3　生活污水处理率较低

部分小区建设年代久远，建造时按合流制设计，对于雨污合流混接小区的室外雨污混接改造原则上废除原有室外雨污水管道，新建一套污水管道和雨水管道。在管道上按规范要求设置相应设施，便于日后进行检查、清通、检测、养护等。

2.4　小流域治理规划缺乏整体性

河岸主要以插板桩驳岸为主，大部分为自然土坡，沿线绿化分布杂乱，缺少水面景观层次感。河内局部有少量苦草、轮叶黑藻等水生植物。

2.5 预防保护和监督执法不到位

部分区域内缺少相应抑制措施，水生植物未及时收割，出现泛生现象，夏季茂密遮盖水面，造成富氧能力下降，冬季腐烂，形成内源污染。

3 措施体系

3.1 治理模式

3.1.1 "三区一网一廊"治理模式

针对祝桥镇镇域面积较大，依据土地利用现状和城区村庄（居住区）、农林分布区、道路、水系的分布，将祝桥镇生态清洁小流域划分为城镇生态区、村居生态区、农林生态区、生态清洁水网、河岸滨水空间生态廊，即"三区一网一廊"。其建设的核心思想是构建清洁生态的城市区、村居区及农林区，并通过水网将三个区域系统有机地联系在一起，水岸同治协同发展，同时对河岸滨水空间进行系统构建，完善河道多种功能，按照整体化、集约化、模块化思路建设。

3.1.2 特色指标治理模式

祝桥镇生态清洁小流域建设在完成小流域指标的基础上，进一步深化特色指标建设，以小流域为抓手，结合区级下发指标及镇域特色资源，聚焦"乡村振兴建设发展"，制定祝桥镇生态清洁小流域特色指标，建设"1、5、10、40、100、230"工程，详见表1。

表1 评价指标及划分

建设内容	祝桥镇建设目标	区级下发要求
集中连片示范区（个）	1	
人居环境模范村（个）	5	
特色河长制工作站（个）	10	7
星级示范河道（条）	40	37
滨河慢行步道（km）	100	96
最美幸福河道（条）	230	224

3.1.3 雨污混接改造治理模式

因地制宜地实施阳台雨水立管改造或设置楼宇雨污水分流装置及水封井等设施。对实施内部雨污分流的小区，废除原出户管、化粪池及原雨污合流的管道，重新建设小区雨、污水管道及污水格栅池等设施。

(1) 室外雨污水管道改造见图2、图3。

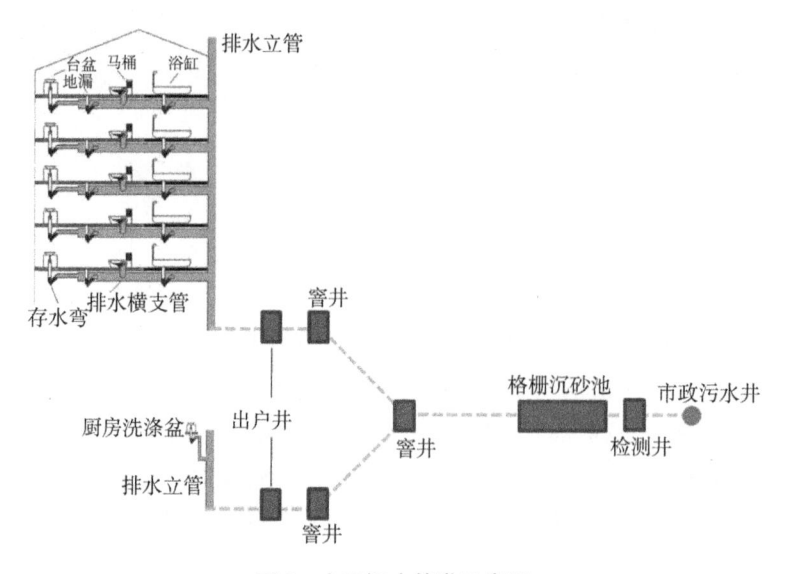

图2 小区污水管道示意图

图3 小区雨水管道示意图

(2) 阳台雨污分流改造。针对现状小区阳台仅有一根雨污合流立管，立管未做雨污分流，原有立管为塑料或铸铁材质，存在破损、锈蚀、渗漏现象的实际情况，每单元新建2根De110 UPVC雨水立管，对现状2根雨污合流立管进行改造，保留作为阳台废水立管，原合流立管拆除，顶端加通气管，下端设置水封井，雨污水立管分别纳入小区雨污水管道。

阳台新增雨污水立管改造示意图见图4。

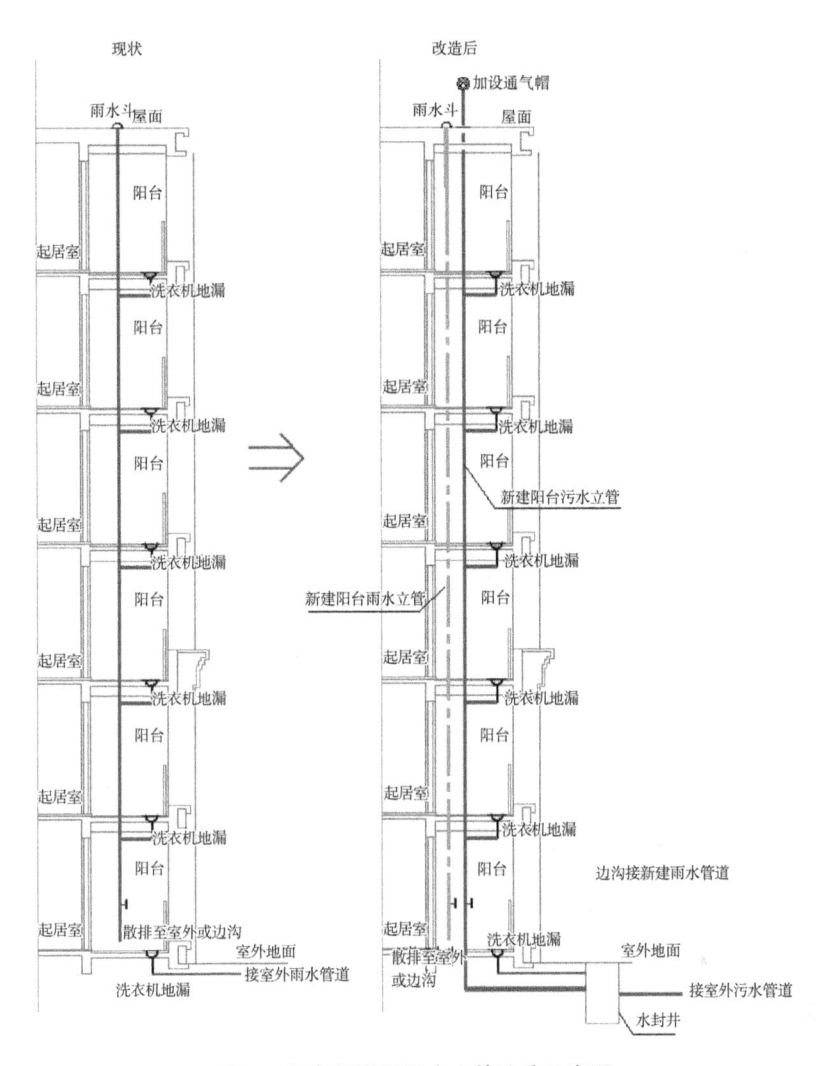

图 4　阳台新增雨污水立管改造示意图

3.1.4　高标准农田、高标准蔬菜治理模式

根据《祝桥镇高标准农田空间规划（2021—2030）》，祝桥镇共涉及10个村15个灌区，总面积为4 376亩（新增建设1 738亩，提质改造2 638亩）。其中计划2021—2025年实施项目8个，总面积2 421亩（新增建设1 507亩，提质改造914亩），2026—2030年实施项目7个，总面积1 955亩。主要工程内容为新建灌溉泵站、新建灌溉干支管、新建尾水处理设施等，实现稻田排水原位快速处理的目的，稻田排水的固体悬浮物经过净化装置处理后，净化率达到50%，总氮和总磷的净化率>30%。农业废弃物的减量效果可以达到70%~80%；实现有机废弃物病原菌的高效灭杀；肥料品质达到农业农村部《有机肥料》（NY/T 525—2012）要求；实现垃圾发酵液自动抽排，能耗降低30%；UV光解除臭，保持处理间环境清洁、无异味。

高标准蔬菜基地示意图见图5。

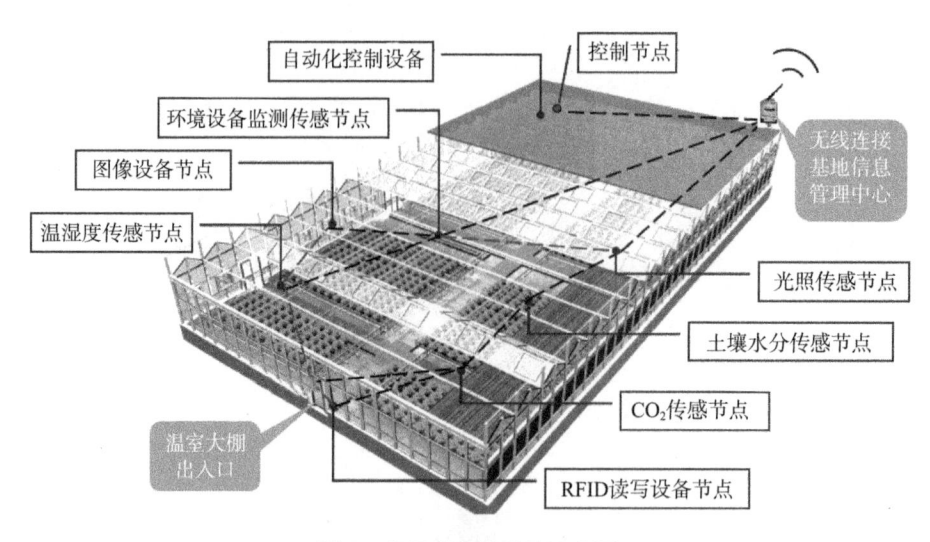

图 5　高标准蔬菜基地示意图

3.2　防治体系

3.2.1　河湖综合防治

对村庄内与村民联系密切、现状无护岸的河道进行疏浚,岸坡采用护岸加固的方式扩大过流断面、增加水深、增大水环境容量,改善水质,营造自然生态水环境。现状已建运行良好护岸的河道,有条件的地方进行柔化改建,适当种植水生植物,进一步消减河道污染并提升生态护岸比例;农田段的无冲刷的河道以岸坡平整为主,适当补种斜坡绿化、挺水植物及沉水植物,以进一步消减河道污染、改善水域环境、保持引排水通畅为主要目的。

3.2.2　水土流失生态治理

在小流域水土保持综合治理的过程中,各项具体措施能够加大水土资源的保护力度,提高水土资源的科学利用程度,使得水土资源与社会发展两方面能够实现和谐统一。在农业发展的过程中,加强水资源的二次利用,对于改善土壤结构也具有重要意义。在农业生产的过程中,引入先进的生产技术,提高土地的利用率,及时恢复与改善被破坏的土壤,使得土壤结构趋于优良,不但有助于农作物的生长,还能够为各种绿色植被的生长创造有利的环境,实现经济发展与生态环境保护工作的双赢。

3.2.3　人居环境综合整治

在河道整治的同时实施相应的生态绿化措施,使堤岸整洁,绿树掩映,增强祝桥地区河道的生态景观性,创造水清、岸绿、人与自然和谐共生的环境,提高附近居民的生活水平。在小流域水土保持综合治理的过程中,生态环境得到了显著改善,水土资源的利用与开发更为科学,水土流失的现象得到了有效遏制,农业生产所面对的各项条件有了明显改观。在综合治理小流域水土流失的过程中,水土资源能够被合理地利用。

3.2.4　面源污染治理

提高农业综合生产能力的同时减少农业面源污染,在高标准农田改造建设时,构建沟渠净化系统,通过设计生态土沟,加大沟渠宽度,并在沟渠两岸种植能吸附污染物的水生植物,营造植被缓冲带。利用人工湿地净化措施,通过分解者的自净能力将排入水中的污染物分解,并对重金属元素进行吸收。关于生态有机肥,结合区域高标准农田建设,对区域农田排水口尾水进行处理,增加种植绿肥面积,冬季深翻及增施有机肥。

3.3 技术路线

生态清洁小流域治理以河道为主脉,通过河道生态脉络建设,构建流域排水的最后一道屏障。通过合理构建河道断面及陆域空间布局,创建河流空间的河漫滩和生态交换空间;通过生态清淤、生态护岸建设、水生动植物群落恢复与重建、陆域水土流失防护系统与地表径流入河缓冲带建设等措施,提高岸、坡的水土保持能力,恢复水体生态功能及自净能力,保护区域清水水源。技术路线见图6。

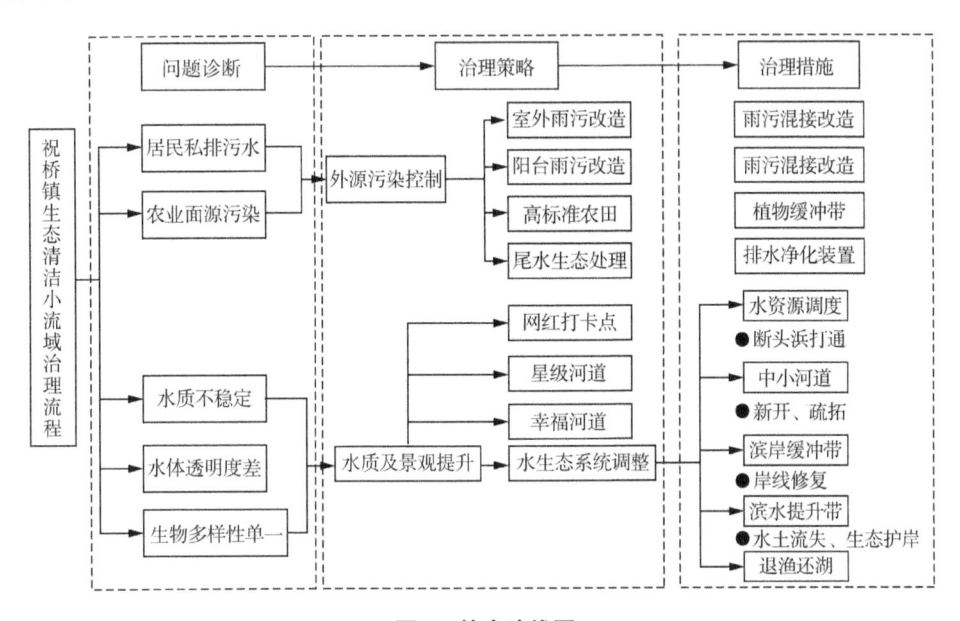

图 6 技术路线图

3.4 考核标准

根据前期调查及数据整理,祝桥镇生态清洁小流域实施区域主要存在问题为河道水质不稳定、现状河湖生态防护比例未达标、水体透明度及生物多样性未达到指标要求。通过持续推进面源污染治理、水土保持工作,加强农村生活污水管网养护,确保已达标指标持续满足生态清洁小流域要求。同时针对前期调查不达标情况,结合祝桥镇生态清洁小流域建设任务分解及部门分工,各项措施并进,确保相关指标达到生态清洁小流域建设要求,见表2。

表 2 各项指标完成情况表

序号	指标类型	指标名称	指标要求	2021年完成指标情况	2022年完成指标情况
1	水质评价指标	小流域区域水质	Ⅳ类及以上	Ⅳ类及以上	Ⅳ类及以上
2	水土流失治理评价指标	土壤侵蚀强度	<轻度	<轻度	<轻度
3		林草面积占比	>85%	93%	94%
4		水土流失综合治理程度	>90%	>90%	>90%

续表

序号	指标类型	指标名称	指标要求	2021年完成指标情况	2022年完成指标情况
5	污染控制和治理评价指标	每年化肥使用量	<250 kg/hm²	240 kg/hm²	240 kg/hm²
6		生活污水处理率（城乡）	≥95%	100%	100%
7		工业废水达标排放率	100%	100%	100%
8		规模化养殖污水处理率	畜禽养殖粪污资源化综合利用率≥96%，水产养殖尾水达标排放率≥80%	无畜禽养殖、水产养殖	无畜禽养殖、水产养殖
9		生活垃圾无公害化处理率	100%	100%	100%
10	水系治理评价指标	河湖面积达标率	100%	100%	100%
11		河湖生态防护比例	≥75%	91.3%	89.6%
12	祝桥镇特色指标	星级河道	40条	8条	4条
13		幸福河道	230条	50条	10条
14		慢行步道	100 km	12 km	10.4 km
15		网红打卡点	12个	3个	2个
16		河长工作站	10个	3个	1个

4 建设成效

2020年以来，祝桥镇完成一期治理单元，二期正在实施，三期正在批复，治理水土流失面积46.8 km²，共建成生态星级示范河道8条，最美幸福河道70条，网红打卡点5个，初步形成了新营、营前、星光、祝西、卫民、立新等一批生态清洁小流域村庄，同时也建成了星光村等一批美丽乡村示范村，取得了良好的生态效益、经济效益和社会效益。治理单元内的水质不仅得到明显改善，地表水全部达到Ⅳ类及以上标准，而且水土流失也得到有效控制，保护了生物多样性，提高了河道周边环境质量。景观农业、零污染果蔬栽培等生态绿色产业的发展，带动了当地村镇经济的发展和人民生活水平的提高。区域特色指标完成情况见表3。

表3 区域特色指标完成情况

建设内容	祝桥镇建设目标	一期(完成)	二期(完成)	三期(实施中)	区级下发要求
集中连片示范区(个)	1				
人居环境模范村(个)	5	1	1	1	
特色河长制工作站(个)	10	3	1	2	7
星级示范河道(条)	40	8	4	10	37
滨河慢行步道(km)	100	12	10	15	96

续表

建设内容	祝桥镇建设目标	一期(完成)	二期(完成)	三期(实施中)	区级下发要求
最美幸福河道(条)	230	50	10	30	224
网红打卡点(个)	12	3	2	2	

5 建议

祝桥镇生态清洁小流域的建设对区域内增强防洪除涝能力、加强水土保持、改善水环境、提高河道生态景观效果均有积极作用。在小流域水土保持综合治理的过程中，各地政府发挥主导作用，积极推广各种典型的综合治理开发建设经验，结合自身所在区域的具体状况，构建起独特的治理模式与经济发展模式。各地在发展的过程中应从自身的优势出发，着重打造特色产业，如依托生态化发展模式打造绿色农业。这样不仅能满足市场需求，获得经济利益，实现本地区的经济发展，而且能提高本地居民的生活水平。在发展农村产业经济的过程中，应不断引进新的管理技术，完善各项治理措施，优化当地的生态环境，实现生态环境保护与经济发展的双赢。

参考文献

[1] 刘正茂.基于上海市生态清洁小流域建设的思考[J].净水技术,2021,40(S2):55-60.
[2] 蒲朝勇.推动新阶段水土保持高质量发展的思路与举措[J].中国水利,2022(7):6-8.
[3] 乔殿新,王力,郭莹莹.论新阶段水土保持生态清洁小流域发展[J].中国水利,2020(14):34-37.
[4] 刘震.扎实推进水土保持生态清洁小流域建设[J].中国水土保持,2010(1):5-6+13.

关于上海市农村生活污水就地处理设施出水水质抽测结果与提标改造的分析与思考

翁晏呈

(上海市水利管理事务中心〈上海市河湖管理事务中心〉,上海 200002)

摘　要:上海市自2007年开展农村生活污水治理试点工作以来,建设了4 000余座农村生活污水就地处理设施,其中不乏大量运行超过10年的老旧设施,亟须开展设施提标改造。本文根据2023年农村生活污水就地处理设施出水水质抽测结果,结合上海市农村生活污水治理现状展开分析与思考,为设施提标改造工作提供参考依据。

关键词:农村地区;生活污水;就地处理设施;A/A/O;生物滤池

上海市自2007年开展农村生活污水治理试点工作以来,已进行了十多年的探索,建成了一大批农村生活污水就地处理设施。农村地区生活污水治理覆盖率已超过90%,极大减少了入河污染物的排放,提升了农村人居环境。

截至2023年,全市共有就地处理设施4 152座,其中逾1 000座设施已运行超过10年,出现工艺落后、设备老化等问题,进而导致设施无法正常运行,出水水质无法达到现行标准。为此,上海市发布了《上海市农村生活污水治理提标增效行动方案(2021—2025年)》,分类、分批推进老旧设施提标改造。本文对2023年农村生活污水就地处理设施出水水质抽测结果进行分析,为提标改造的工艺选择、处理设施的运维养护提供依据。

1　上海市农村生活污水就地处理设施建设发展过程

1.1　探索阶段:2007—2009年

2007年,在闵行、宝山等地区开展农村生活污水治理试点工作,2009年在郊区面上展开。这一阶段,财政资金并不充裕,出水水质标准尚未出台,故主要采用了土壤渗滤等所需建设资金较少的生态型工艺。2010年,《上海市农村生活污水处理工程出水水质暂行规定》(1.0版)正式出台,确定了化学需氧量(COD)、五日生化需氧量(BOD)、氨氮(NH_3-N)、总磷(TP)4项指标作为出水限值标准,处理设施的建设得到初步规范,进入下一个阶段。

1.2　初步发展:2010—2016年

2010年,随着1.0版水质规定的出台,上海市全面展开农村生活污水治理,一方面资金投入加大,另一方面土地资源紧张,主流工艺由占地面积较大的生态型逐步转向生物型,如生物滤池、接触氧化等。2017年,《上海市农村生活污水处理设施出水水质规定(试行)》

作者简介:翁晏呈(1994—　　),男,助理工程师,本科学历,专业为环境工程,电子邮箱:15021314540@163.com。

(2.0版)出台,将4项指标增加到了7项,设施建设得到进一步规范。

1.3 全面推进:2017年至今

2017年以来,农村生活污水治理工作被连续纳入市政府实施项目,得到前所未有的关注,就地处理设施建设工作也快速推进。全市4 000余座设施形成了六大主流工艺:土壤渗滤、人工湿地、接触氧化、A/A/O(厌氧/缺氧/好氧活性污泥法)、MBR、生物滤池。为进一步规范就地处理设施建设与管理,2.0版出水标准升级为了地标——《农村生活污水处理设施水污染排放标准》(3.0版),确定了化学需氧量、氨氮、总磷、总氮(TN)、悬浮物(SS)、阴离子表面活性剂(LAS)、动植物油和pH值8项指标作为出水限值标准,具体指标较1.0版有较大提高。3.0版标准根据出水是否排入符合《地表水环境质量标准》(GB 3838—2002)地表水III类环境功能及以上水域,将出水指标分为一级A和一级B,具体指标及检测方法见表1。

表1 农村生活污水处理设施水污染排放标准及检测方法

序号	控制项目名称	一级A标准	一级B标准	检测方法
1	pH(无量纲)	6~9	6~9	玻璃电极法
2	化学需氧量(CODcr)	50 mg/L	60 mg/L	重铬酸钾法
3	悬浮物(SS)	10 mg/L	20 mg/L	重量法
4	氨氮	8 mg/L	15 mg/L	纳氏试剂分光光度法、蒸馏-中和滴定法
5	总氮(以N计)	15 mg/L	25 mg/L	气相分子吸收光谱法
6	总磷(以P计)	1 mg/L	2 mg/L	钼酸铵分光光度法
7	阴离子表面活性剂(LAS)	0.5 mg/L	1.0 mg/L	亚甲蓝分光光度法
8	动植物油	1 mg/L	3 mg/L	红外分光光度法

2 上海市农村生活污水处理就地设施水质抽测结果分析

2023年上海市共有就地处理设施4 152座,市水文总站对其中2 510座设施开展了水质抽测,按照3.0版地标评价,其中2 354座设施出水水质达标,总体达标率为93.8%。

2.1 按采样时间划分

本年度采样分为4次,分别于3月、6月、9月和11月开展,具体抽测情况见表2。

表2 不同采样时间水质抽测情况

月份	3月	6月	9月	11月
监测数量(座)	618	602	678	612
达标数量(座)	582	557	644	571
达标率(%)	94.2	92.5	95.0	93.3

由表2可见,各月份水质达标率基本稳定,季节对设施出水水质结果影响不大。

2.2 按运行年限划分

根据农村生活污水处理设施运维经验,10年左右设施设备易出现运行问题,故按照设施运行年限,将设施划分为15年(含)以上、10(含)~15年和10年以下,各类设施水质抽测情况见表3。

表3 不同运行年限设施水质抽测情况

设施建设时间	15年(含)以上	10(含)~15年	10年以下
监测数量(座)	26	399	2 085
达标数量(座)	23	370	1 961
达标率(%)	88.5	92.7	94.1

由表3可见,运行10年以下的设施出水水质较为稳定,运行10年以上的设施出水水质达标率下滑,运行15年及以上的设施难以保证出水水质稳定达标。

2.3 按处理工艺划分

按设施主体工艺划分为六大工艺,各工艺水质抽测情况见表4。

表4 不同工艺类型水质抽测情况

工艺类型	土壤渗滤	人工湿地	MBR	A/A/O	接触氧化	生物滤池
监测数量(座)	28	15	1 096	791	150	430
达标数量(座)	25	12	1 003	774	127	413
达标率(%)	89.3	80.0	91.5	97.9	84.7	96.0

由表4可见,六大工艺中,土壤渗滤、人工湿地和接触氧化三类工艺水质达标率未达到90%,A/A/O和生物滤池两种工艺达标率最高。土壤渗滤、人工湿地和接触氧化工艺在现行地标下出水已不能稳定达标,而MBR作为剩余三种工艺中达标率最低的工艺,运维养护成本较高,性价比较低。生物滤池和A/A/O工艺各有优劣,生物滤池养护成本更低,A/A/O占地面积更小。

2.4 按处理能力划分

按设施日处理能力划分为50 t(含)以上设施、20(含)~50 t设施和20 t以下设施,各类型设施水质抽测情况见表5。

表5 不同日处理能力水质抽测情况

日处理能力(t/d)	50(含)以上	20(含)~50	20以下
监测数量(座)	758	1 593	159
达标数量(座)	718	1 490	146
达标率(%)	94.7	93.5	91.8

由表5可见,设施日处理能力越大,水质达标率相对越高。农村地区区别于城市地区,老人居多,户均用水量小,且周末节假日有探亲子女,水量波动大,小型设施易发生微生物死

亡等情况。而收纳农户更多的设施对抗水量波动能力更强,故日处理能力更高的设施水质达标率相对更高。

2.5 按超标因子划分

根据3.0版出水标准,设施出水水质共有8项控制标准:pH、COD、SS、NH$_3$-N、TN、TP、LAS及动植物油。全年监测过程中,有6项指标出现过超标,分别为COD、SS、NH$_3$-N、TN、TP、动植物油。具体情况见表6及图1。

表6 不同因子超标情况

超标因子	监测数量(座)	超标数量(座)	超标率(%)
COD	2 510	3	0.1
SS	2 510	24	1.0
NH$_3$-N	2 510	15	0.6
TN	2 510	74	2.9
TP	2 510	94	3.7
动植物油	2 510	5	0.2

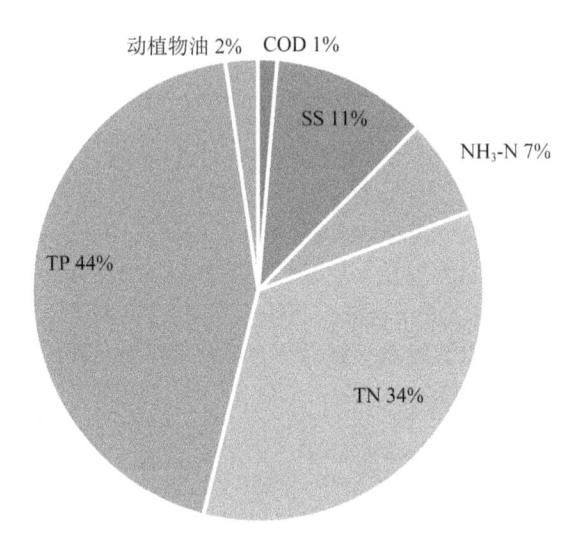

图1 不同因子超标占比情况

由表6、图1可见,总磷、总氮超标占水质超标的绝大多数。其中总磷去除一直是污水处理中的难点,尽管生物法可以在一定程度上削减污水中的总磷,但往往仍需依靠添加除磷剂或是增加组合工艺方能使出水达标。老旧设施大多是单体工艺,也没有设置除磷剂添加环节,故总磷超标率高。总氮超标设施几乎全为MBR设施,氨氮达标而总氮超标多为缺氧段溶解氧过高影响了生物反硝化。

3 结论

由上述分析可知,对农村生活污水就地处理设施出水水质影响较大的因素有运行年限、处理工艺、处理能力等。运行达15年的设施出水达标率仅为88.5%,故开展设施提标改造对保护农村地区水环境有很大必要和意义。而运行10~15年的设施出水水质达标率仍有92.7%,故开展提标改造时应对设施开展评估,对水质不能稳定达标、设施设备老化损坏的设施优先开展改造,对水质尚能稳定达标的设施,应加强养护。在各类处理工艺中,水质达标率最高的两种工艺是生物滤池和A/A/O。考虑到农村地区普遍运维养护水平不高,运维资金短缺,故在提标改造过程中可首选运维更简单、成本更低的生物滤池工艺,而在建设设施土地不足的情况下,可选择占地面积更小的A/A/O工艺。由于农村地区总用水量小、日用水量波动大,故提标改造时可根据实际情况和建设成本归并部分设施,建设收纳农户更多、日处理能力更大的设施,以抵抗水量波动引起的微生物死亡等情况。针对TP和TN两大占绝对多数的超标因子,可选择于主体工艺后增设组合工艺如人工湿地等,或添加自动加药装置,适量投加化学除磷剂和碳源,以提高设施出水水质。

本文所得结论仅根据出水水质一项指标提出,可作为设施提标改造的参考依据,当然还需结合设施建设成本、运维成本、运维难度、生态效益等多方面开展综合评估,并充分考虑污水资源化利用的可能性,以更好、更生态地开展设施提标改造工作。

参考文献

[1] 胡昕晔,翁晏呈,黄彰奕.上海农村生活污水治理现状与发展的思考[J].水利建设与管理,2021,41(1):73-76.
[2] 吴伟峰,洪宏,胡昕晔.上海农村生活污水处理的实践与思考[J].中国水利,2018(5):42-44.
[3] 苏鸿洋.中国村镇分散生活污水处理技术现状[J].给水排水,2015(S1):197-201.
[4] 马琳,贺锋.我国农村生活污水组合处理技术研究进展[J].水处理技术,2014,40(10):1-5.
[5] 范赛.给排水污水处理技术问题及处理措施[J].江苏建材,2023(6):106-107.

生态治溪技术和措施研究

王弘元

（上海市堤防泵闸建设运行中心，上海 200080）

摘　要：随着经济和社会的不断发展，生态水利的科学化建设理念逐渐深入人心。对于溪流治理，不仅要满足人口集中区域的防洪排涝要求，而且要兼具景观性和生态性。本文以天台县始丰溪综合治理工程为例，遵循生态治溪的设计理念，研究分析其治理技术和措施，为同类型生态治溪工程提供参考。

关键词：生态治理；生态护岸；始丰溪

0 引言

随着经济社会的快速发展和生态环境意识的不断增强，生态水利的概念也逐步发展和深入，生态水利是人类社会发展到生态文明时代水资源利用的一种新途径和方式，以尊重和维护生态环境为主旨，开发水利，发展经济，为人类社会可持续发展服务[1]。

由于地形环境特殊，目前我国大部分溪流在治理中多以防洪修复为主，往往是对其进行渠化、硬化，护岸结构形式上也多以坚固、耐久的硬质护岸为主。随着传统治理方式建设成本高、人工痕迹重、生态平衡破坏、景观协调性差等弊端逐渐显露[2]，生态治溪技术的研究和应用具有重要的现实意义。始丰溪是天台县最大的溪流，也是天台的"母亲河"，贯穿该县85%的区域面积，绵延横陈于城乡之间。本文以始丰溪综合治理工程为例，遵循生态治溪的设计理念，在满足防洪排涝安全、抗侵蚀冲刷的基础上，根据始丰溪的溪流特点和水文条件，通过河道形态自然化、护岸结构生态化等设计，促进水生态修复和人水和谐，将始丰溪打造为满足良性循环和可持续利用的水利体系，从而为生态治溪技术的应用实践提供参考。

1 工程现状及问题

始丰溪综合治理工程选址跨始丰溪两岸，东至始丰二桥，西至新104国道，北至规划玉龙路，南至规划滨溪南路，综合治理全长约为2 890 m，见图1。工程保护范围主要以始丰新城区为主，是一项以水利为主，涉及景观、环保、交通、市政等诸多方面的水利综合治理工程。

从河道横剖面设计角度分析，全线分成上游河段、下游河段进行分段治理。上游段（自新104国道大桥至其下游1.5 km段）以疏导为主，枯水期主槽过流，丰水期滩地行洪，基本保持原有河道自然风貌；下游段（自始丰二桥至其上游1.4 km段）以堤岸防护为主，在原有河岸堤防基础上作适当拓宽改建。

作者简介：王弘元（1991— ），男，工程师，硕士，主要从事水利工程设计工作。

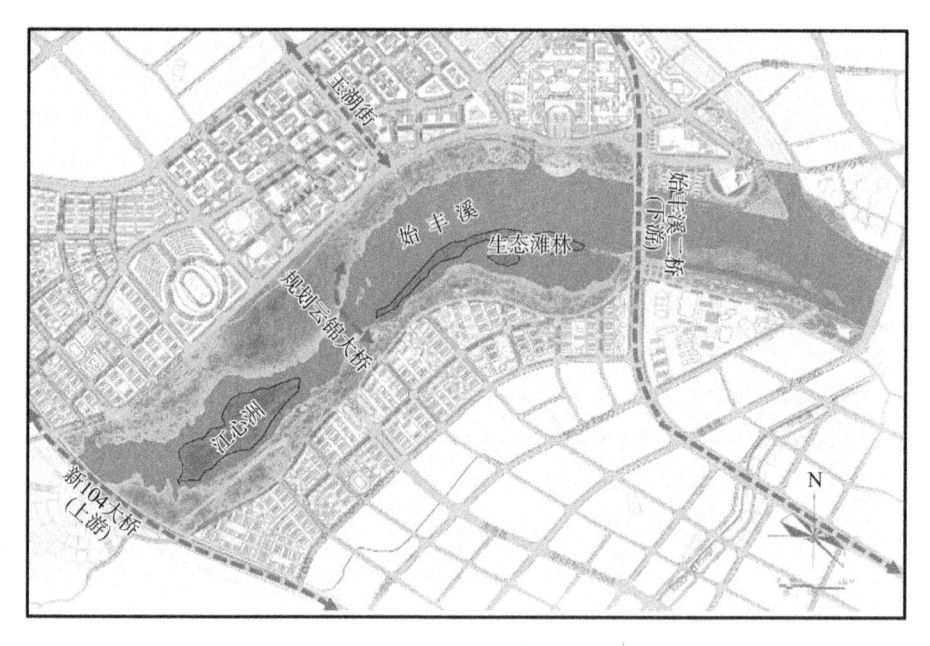

图 1　工程平面布置图

本工程河段现状存在的生态问题主要有：

（1）上游河段由于无序采砂，河道自然形态（见图2）、水质和生物多样性等均遭到破坏，岸滩、河床的稳定性下降，导致泥沙及采砂后的弃料在洪水的作用下极易冲向下游、淤塞河道，覆盖与侵蚀下游植被，且由于堤防标准较低，特别是堤脚防冲、高滩岸坡均为原生态岸坡，河岸防侵蚀稳定性差。

（2）下游河段北岸为直立式浆砌块石防洪墙（见图3），阻断了河流与堤岸的水、气、土的沟通，破坏了生态多样性。且下游河段受始丰三桥下游拦水堰坝影响，河床常年处于水下，高程变化较小，原河道内的自然沙洲、滩地、湿地消失，河面上各种鸟类基本消失[3]。

图 2　采砂后的裸露边坡　　**图 3　已完建直立式堤防**

2　溪流形态修复

2.1　修复溪流纵向形态

尽量保持河道自然蜿蜒的形态，保证溪流的连续性和多样性。尤其是上游河段，基本保持现状自然形态和走向,不采取裁弯取直等人为处理痕迹明显的措施,在原直立防洪墙堤脚前高滩地开辟出一块亲水平台或景观坡地,形成自然多样的水边环境。

2.2 构建河床横断面

按照"堵疏结合、蓄泄并重"的城市防洪治水理念[4],修复河床横断面,拓宽洪水出路,还溪流空间。

(1) 河道拓宽。对始丰二桥上游的规划设有溢流口的始丰溪南岸水南老堤,因取消修建蓄水活动堰坝和取消设置溢流口给防洪排涝安全带来一定的威胁,因此对河道适当拓宽,增大过流断面以满足调蓄洪水的要求。

(2) 构建多层次的复式断面形态。完全不同于原来的渠化河道断面,将50年一遇南北防洪堤之间堤线距离拉大至500～700 m,在此基础上构建复式断面,局部设计高低滩地调洪削峰,洪水期高水位时允许滩地被淹没,常水位时期可以利用高滩地作为城市公共开放空间[5]。

2.3 河床型式多样化

传统的治理方式通常将河床挖至统一的高程,破坏了河床的自然形态。按照生态治溪的理念,根据不同河段的实际情况设计深潭、浅滩、沙洲等多样化的河床形式,创造时快时慢、时动时静的溪流形态。对于上游河段主要保持自然形态,保护水生环境和生物多样性;对于人工挖砂弃料堆积形成的沙洲、浅滩,进行挖除以维持河床的自然状态,避免下冲淤塞河道;对于部分被无规律采挖的沙洲,进行适当的护滩处理以维持沙洲稳定;对于下游完全丧失沙洲的河段,修建生态滩林以营造多样化的水生环境。

3 生态护岸设计

护岸设计应在满足防洪排涝安全、抗侵蚀冲刷的基础上,兼具景观绿化和生态性的功能。

3.1 堤脚防冲设计

上游河段因无序采砂,采砂后随意堆放废料,使河道纵向形态、河床形态、岸坡形态均发生改变,岸滩、河床的稳定性下降,导致泥沙及采砂后的废料在洪水的作用下极易冲向下游、淤塞河道。为此,对上游河段的现状边滩及江心洲采用防冲护滩堤进行防护,护滩堤结构宜采用整体性好、防冲能力强的挡墙结构。

岸线平直段护岸冲刷深度,按下式计算

$$h_s = H_0 \times \left[\left(\frac{U_{cp}}{U_c}\right)^n - 1\right]$$

式中:h_s——局部冲刷深度(m);

H_0——冲刷处水深(m);

U_{cp}——断面近岸垂线平均流速(m/s);

U_c——河床面上允许不冲流速(m/s);

n——与防护岸在平面上的形状有关,一般取 $n=1/4 \sim 1/6$。

岸线平直段护岸冲刷深度计算成果见表1和表2。

表1 岸线平直段防洪堤脚冲刷高程计算成果表

项目	新104大桥	非拓宽范围		云锦大桥(规划)	河道拓宽范围				
	0+000	0+400	0+700	1+200	1+400	1+600	1+900	2+100	2+300
沿程各断面流速(m/s)	1.64	1.56	1.67	2.46	2.69	2.01	2.1	1.79	1.72
一般冲刷深度(m)	0.69	0.58	0.68	1.34	1.43	0.89	0.97	0.71	0.66
局部冲刷流速(m/s)	1.97	1.87	2.00	2.95	3.23	2.41	2.65	2.36	2.27
局部冲刷深度(m)	1.04	0.88	1.10	1.77	1.80	1.15	1.24	1.22	1.19

表2 岸线平直段防洪堤脚冲刷高程计算成果表

项目	县政府	拓宽区	始丰二桥
	2+600	2+800	2+900
沿程各断面流速(m/s)	1.54	1.71	2.26
一般冲刷深度(m)	0.49	0.65	1.10
局部冲刷流速(m/s)	2.03	2.26	2.98
局部冲刷深度(m)	1.23	1.31	1.44

防冲保护一般有水平防护、垂直防护、水平与垂直结合防护三种。根据本工程特点，综合考虑局部冲刷深度和一般冲刷深度计算成果，本阶段拟定上游段采用柔性护岸结合墙前护坦的防冲保护方式，下游段采用硬质护岸结合墙前护坦的防冲保护方式，局部防冲保护与景观相结合，增设天然河卵石护滩。

3.2 生态护岸型式选择

生态护岸应采用生态亲和性较好的护岸材料，尽量采用当地材料（河卵石等）、当地植物等，通过植物护坡和复合护坡等生态护坡技术[6]，增强护岸生态景观的完整性。

3.2.1 格宾石笼网箱和雷诺护垫

格宾石笼网箱一般是正方形或长方形结构，更多应用于直立式河道护岸结构，采用层层叠放的方式保证结构的稳定；雷诺护垫常用于河道底部护坡、保护河床防止冲刷、路基边坡护坡等处，一般铺设在河道斜坡上[7]。

3.2.2 植生袋

植生袋又名绿化袋、植草袋，由无纺布和遮阳网制作而成，具有抗紫外线性能优、耐用性长、透水和透气性强等优点。通过正三角堆叠方式将"植生袋＋连接扣＋植被种植"三者紧密联系，构成了3D水土保持护坡植生绿化系统。植生袋保土渗水的功能既减小了边坡的静水压力，又提供了植被生长的有利条件，而后期发达的植物根系穿透生态袋扎入边坡泥土增强了边坡的稳固性[8]。

3.2.3 加筋麦克垫

加筋麦克垫生态护坡是一种新型的生态护坡技术，由六边形双绞合钢丝网面和三维抽丝聚合物材料组成,具有较强的抗侵蚀、抗冲刷、抗拉性能[9],可实现水与土体的自然交换,为植被的生长提供了较好的条件,适用于河道、公路、铁路、市政景观等边坡稳定工程。

3.3 生态护岸断面设计

根据本工程河段实际情况,结合不同位置的河道冲刷计算,考虑分河段、分河岸选定相应生态护岸防护型式。

3.3.1 北岸下游段(玉湖街至始丰二桥)

新建防洪堤复合式结构,由新建防洪堤、一级平台、拆低后的老墙组成,直立式老墙及墙后地坪均降至50.5 m高程,直立式老墙后侧70~90 m布置50年一遇新防洪堤,直立式老墙墙前按现状保留,见图4。

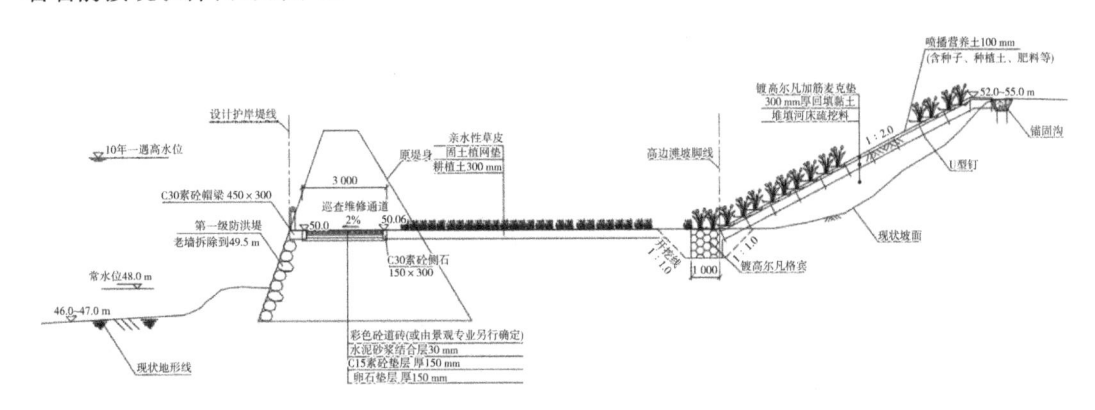

图 4 北岸下游段(玉湖街至始丰二桥)设计断面图

3.3.2 北岸上游河段护岸

根据河道现状,采取河道护岸与防洪堤分离的布置形式。本段河道为有放坡空间的一般地质河段,河道护岸采用复式斜坡护岸方案,设计河底高程按现状高程47.0~48.0 m,护岸一级平台(宽度5~8 m,其中步道宽度取3 m)顶高程50.0 m,护岸二级平台顶高程52.0~55.0 m(结合现状高边滩顶高程),护岸一、二级边坡采用雷诺护垫柔性边坡结构,边坡坡比均为1:2.0,见图5。

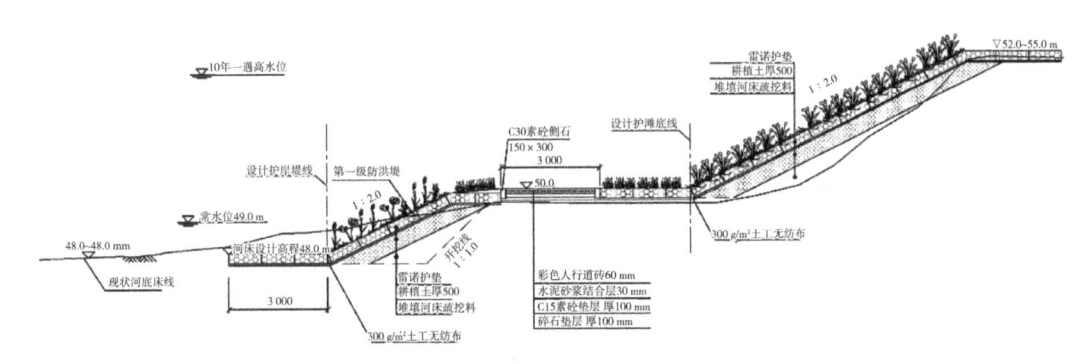

图 5 北岸上游河段护岸设计断面图

3.3.3 南岸上游河段护岸

本段河道为有放坡空间的一般地质河段,河道护岸采用复式斜坡护岸方案,设计河底高程按现状高程 47.0～48.0 m,护岸一级平台(宽度 5～8 m,其中步道宽度取 3 m)顶高程 50.0 m,护岸二级平台顶高程 52.0～55.0 m(结合现状高边滩顶高程),护岸一级边坡采用石笼护砌结构结合植生袋植被护坡,一级边坡坡比为 1∶2.0,二级边坡坡比为 1∶2.0,采用加筋麦克垫柔性边坡结构,见图 6。

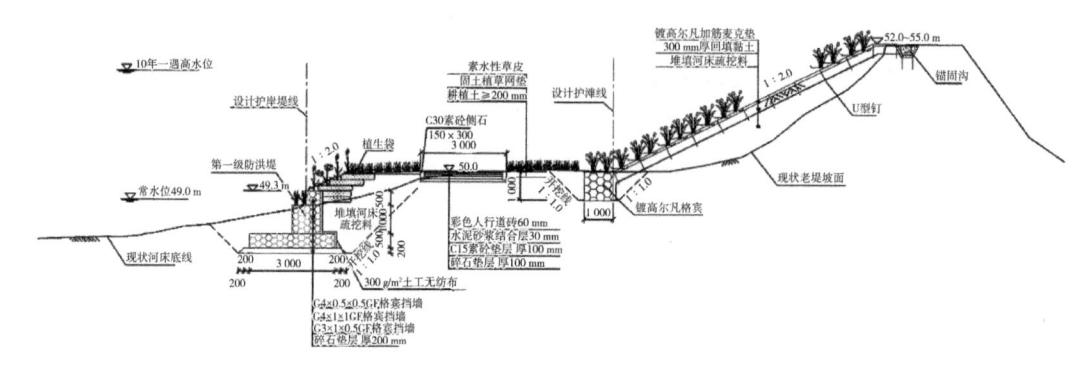

图 6　南岸上游河段护岸设计断面图

3.3.4　南岸下游河段护岸

南岸下游河段护岸均为拓宽河道区的新建护岸。河床底标高 46.0～46.5 m,水深 1.5～2.0 m,可确保小型游船通航要求。护岸顶侧设亲水步道,亲水步道外侧至岸坡范围设置景观绿化带,增加河道岸边景观的层次感与丰富感,并丰富游人的亲水体验。亲水步道临河侧设 2.0～2.5 m 高浆砌块石挡墙结构,并在挡墙临水侧局部堆砌景观石,该处理方式既可确保挡墙结构的稳定,同时又增加河道的滨水生态景观。河底标高自 46.0 m 渐变抬高至 46.5 m,可适当种植挺水类植物,在营造河道生态环境的同时也起到降解水体有机污染物、净化水质的作用,见图 7。

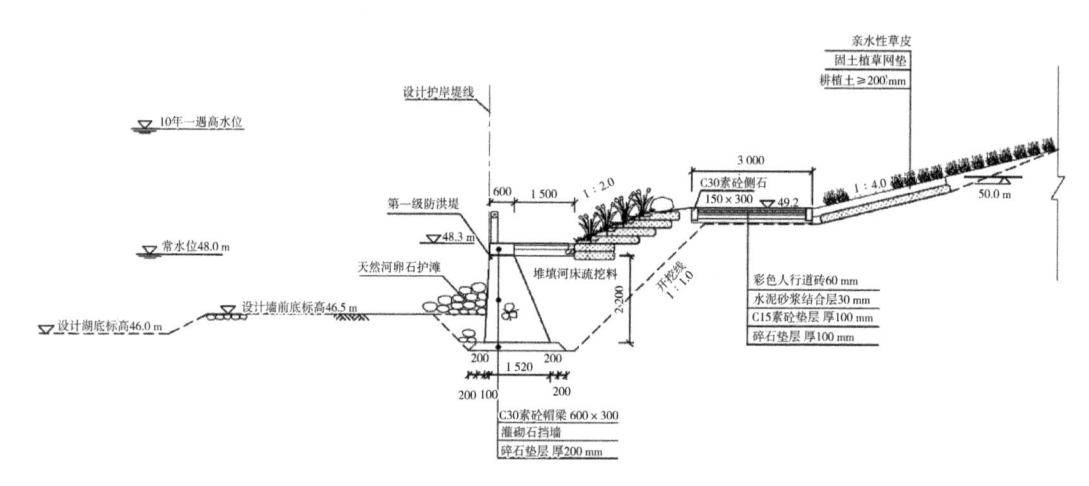

图 7　南岸下游河段护岸设计断面图

4　生态滩林保护区设计

为营造多样的水生环境,拟在下游完全丧失沙洲的河段保护性修建 4 座生态滩林保护区,充分利用自然净化河流水体。

生态滩林保护区四周采用柔性挡墙(合金网装卵石笼)作防冲保护,中间填河床疏挖出来的砂卵石,面层填筑耕植土厚 50 cm,生态滩林四周、面层种植水生、湿生植物,尽量采用当地生命力强、固土能力强的芒、茅等野生种类,见图 8。

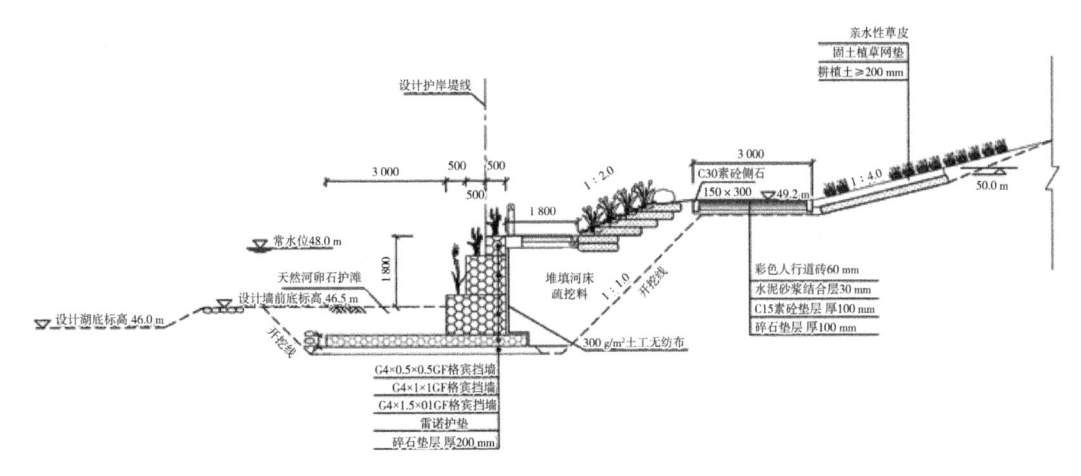

图 8　生态滩林设计断面图

5　生态治理植物选择

5.1　植物选择的原则

河道两岸的植物选择,不仅要考虑景观绿化效果,而且要考虑植物耐旱、耐湿、耐瘠薄、根系发达、固土能力强等水土保持功能[10]。

(1) 应重点选择当地植物种类,形成与原河道内植物群落亲和性较强、相互促进和制约的良好机制。

(2) 优先选择有利于固堤护坡、净化水质、改善土壤的植物。

(3) 植物配置应兼具景观效果和生态服务功能,物种间应生态位互补,上下有层次,以多年生草本为主体,适量种植乔木,设计洪水位以上可适当种植灌木。

5.2　植物配置

根据不同区域的水位情况,选取合适的植物种类,并在此基础上配置些观赏性强的植物、花草。

(1) 在常水位以下位置,通常选择配置沉水植物,如水车前、眼子草、金鱼藻之类。

(2) 在靠近水位线的浅水河床位置,可配置一些由高到矮的挺水植物,如当地野生的菖蒲、芦苇、水烛、石菖蒲等。

(3) 在常水位与洪水位之间位置,可选择配置湿生植物,如香根草、芒、黄菖蒲、蝴蝶花、银叶柳、水团花、细叶水杨梅、小叶蚊母树等,河道弯段、流速较大的河段以种植根系特别发达、固土能力特别强的植物为主,适当点缀种植其他湿生植物,以丰富景观效果。

(4) 在洪水位以上的位置,可选择配置中生植物,如垂柳、桂花、女贞、香樟、海棠、广玉兰、湿地松、月季、棕榈等[11]。

6 结语

溪流的生态化治理是溪流治理的方向,其治理目标不再仅仅是防洪排涝,而是在满足基本功能的基础上,让河道回归自然本身。从形态、水质、景观平衡和生态平衡等方面着手,结合先进的治理技术和方法,修复河道的自然形态,构建完整多样的河道水生态系统,从而达到水土保持、水质净化、生态系统修复和景观提升等目的。

参考文献

[1] 邓铭江,黄强,畅建霞,等.广义生态水利的内涵及其过程与维度[J].水科学进展,2020,31(5):775-792.

[2] 陈彤.生态护坡在内河航道整治工程中的应用研究[J].中国水运(下半月),2014,14(4):281-282+290.

[3] 马小明.县级河水流域生态治理的探索——以天台县始丰溪为例[J].农家科技(下旬刊),2016(4):419.

[4] 刘晓涛.城市河流治理规划若干问题的探讨[J].水利规划与设计,2001(3):28-33.

[5] 范晓敏.始丰溪生态治理的宏观背景、现实基础和途径探索[J].建筑工程技术与设计,2015(15):2232,2228.

[6] 范昕然,王海琳.植物型生态护坡在河道治理中的应用[J].水运工程,2023(S2):15-19.

[7] 王海滨,吴庆霞,刘兆辉,等.雷诺护垫与格宾石笼在河道整治工程中的应用[J].人民黄河,2021,43(S1):23-26.

[8] 王柯.路基坡面生态防护技术研究[D].成都:西南交通大学,2019.

[9] 何旭东,阮凡,李军,等.加筋麦克垫生态护坡在岩质边坡绿化中的应用[J].能源与环境,2019(1):91-93.

[10] 林青皓,陈科平.生态护坡技术的应用及植物群落的配置[J].河南科技,2018(16):158-160.

[11] 赫晓磊.山丘区生态河道设计方法研究[D].扬州:扬州大学,2008.

水利科技与信息化

机载激光雷达滩涂潮间带实测点云滤波方法研究
——以长江口崇明东滩为例

罗 成

(上海航鸿工程管理有限公司,上海 200137)

摘 要:本文针对机载 LiDAR 扫描获得的滩涂区域点云数据中存在草丛植被、树木和房屋等非地面点需要精确过滤问题,采用布料模拟算法,选取长江口崇明东滩潮间带作为试验区域,分析了区域内不同地物类型的特征,并开展定性和定量滤波实验验证。结果表明,布料模拟滤波法在长江口崇明东滩滩涂实验区内滤波结果的 kappa 系数均值为 96.94%,能够较好剔除点云中的非地面点,更适用于潮间带区域高精度地形的反演,最后通过插值得到整个研究区高精度 DEM 数据,对滩涂潮间带高精度地形的快速反演具有重要意义。

关键词:机载激光雷达;滩涂潮间带;LiDAR 点云;布料模拟滤波;数字高程模型

0 引言

滩涂潮间带是指在平均大潮最高水位和最低水位之间的海岸区域[1]。它是最多样化的海洋栖息地,包括潮汐泥滩、珊瑚礁和潮滩等地形[2]。滩涂潮间带在生态系统平衡和生物多样性以及防御风暴潮和维持海岸线稳定等方面发挥着重要作用[3-4]。因此,对滩涂潮间带区域进行高精度的地形地貌特征反演具有极其重要的意义。

机载激光雷达技术以其高精度、高密度、高效率、平台灵活等优点,在潮间带滩涂区域的高精度地形测量中得到广泛应用[5-6]。利用机载的平台优势,可获得潮间带区域内的植被、房屋、桥梁等物体高精度的点云数据。因此为了获取高精度的滩涂潮间带高程信息,需要选取合适的滤波算法对 LiDAR 点云数据中的非地面点数据进行剔除[7-8]。目前对于滩涂区域内地形的提取,通常采用半自动与人工相结合的方式。张荣华等[9]针对激光雷达点云高密度、高精度的特点,采用自动和人工方法结合进行精细分类,剔除地面上的建筑物、植被、水体等物体,从而获得宁波市高精度滩涂资源信息。楼燕敏等[10]先通过滤波算法分类出裸地面点,再利用手工编辑的方式对分类出的地面点进行精细化处理,所获得 DEM 的高程精度为±0.25 m。李全荣等[11]将 LiDAR 扫描回波强度数据进行距离效应改正,根据改正后的强度数据实现潮间带区域植被点云的高效快速滤除,但其滤波的精度有待进一步提高。

传统半自动和人工结合的方式存在工作效率低,当实验区域面积较大时需耗费大量的人力和时间等问题,为快速获取潮间带区域高精度的地面高程信息,本文利用布料模拟滤波算法(Cloth Simulation Filter, CSF)。该算法以一种"自上而下"的策略逐步逼近地面点,相

作者简介:罗成(1981—),男,工程师,本科,主要从事海洋及工程测绘技术研究,电子邮箱:lqdn36@163.com。

较于传统的滤波算法,该算法的滤波参数人为设置较少,且在不同的地形场景中参数一致性较好[12]。

本文选取长江口崇明东滩北六滧典型滩涂潮间带区域开展点云滤波实验,对比坡度滤波法[13]与布料模拟滤波法在该区域的实验结果。研究成果对于学者建立滩涂潮间带区域高精度的 DEM 具有较好的借鉴意义。

1 布料模拟滤波算法

1.1 基本原理

布料模拟滤波的基本思想是假设一块布随着重力自由下落,如果布料极其柔软可以贴在地面上,则布料的最终形状是数字表面模型[14](Digital Surface Model,DSM)。基于此思想,若将获取的点云数据进行倒置,将布料赋予刚性特点,则布料的最终形状就是数字高程模型[15](Digital Elevation Model, DEM)。

1.2 基于布料模拟滤波算法的滩涂地面点云提取流程

利用 CSF 算法进行滩涂地面点云提取的基本流程如图 1 所示。具体步骤为:(1)利用第三方的软件工具将滩涂 LiDAR 点云中的异常点剔除。(2)将滩涂点云按照高程进行倒置。(3)设置网格大小,初始化布料网格。(4)进行投影,查找布料点在 LiDAR 点云中的最近点,其高程记为 H_1。(5)分别计算布料点在重力以及内力作用下的位移位置,记录其高程 H_2,并与 H_1 进行比较。如果 $H_1 < H_2$,则将该点位置不动。(6)在指定的迭代次数以及高度变化阈值内重复(5)的过程。(7)计算布料点与对应点云的距离,通过设定的阈值进行地面和地物点的区分。

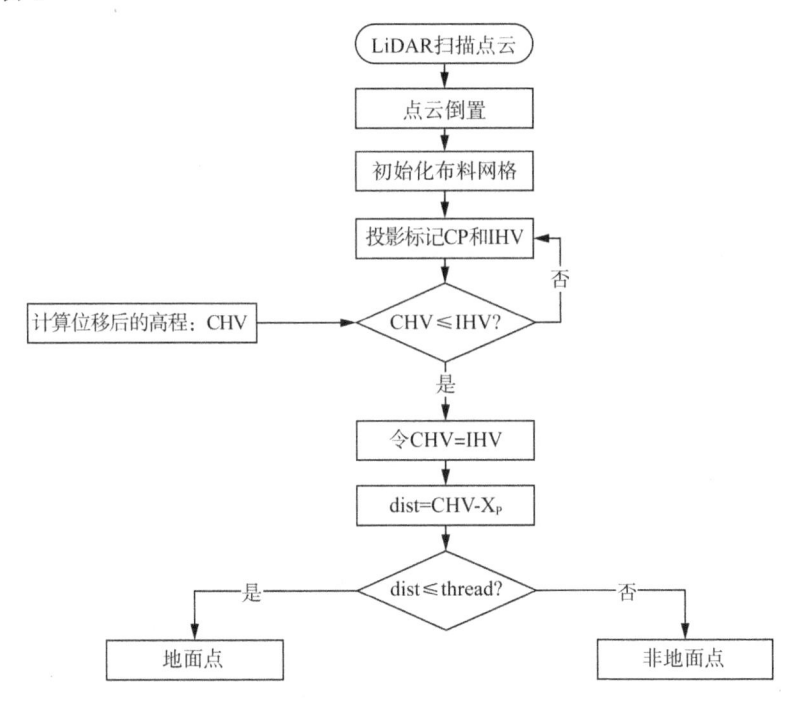

图 1 布料模拟滤波算法流程图

1.3 滤波结果精度评价

采用布料模拟滤波法对潮间带典型实验区域开展滤波实现结果的定量和定性分析。定性分析主要通过人工判读方法,对比观察滤波前后差异,然后判别出非地面点是否得到完全的剔除,以及有没有存在过度滤波的现象,并判断保留下的地面点是否与真实地表形态相符合。定量分析采用国际摄影测量与遥感学会提出的误差评判标准[16]:T.Ⅰ类误差、T.Ⅱ类误差和T.E总误差。

$$T.Ⅰ = \frac{b}{a+b}, T.Ⅱ = \frac{c}{c+d} \tag{1}$$

$$T.E = \frac{b+c}{a+b+c+d} \tag{2}$$

式中,T.Ⅰ为第一类误差,表示将真实地面点错分为非地面点的误差情况;T.Ⅱ为第二类误差,表示将真实的非地面点错分为地面点的误差情况;T.E为总误差,是第一类误差与第二类误差的总和。a为滤波后得到地面点正确分类为地面点的数量,b为将地面点错误分类为非地面点的数量,c为将滤波后得到的地面点错误分类为地面点的数量,d为将非地面点正确分类为非地面点的数量[17]。

本文利用人工判读的方式,结合谷歌地球卫星影像和实地拍摄的照片数据进行目视解译,得到手动滤波分类后的数据作为参考。此外,为了更好地分析不同滤波方法的去噪效果,将 kappa 系数应用于滤波结果的定量分析中。Kappa 系数通常被用于描述方法分类的精度,取值在 0~1 之间,kappa 系数越接近于1,则表明方法的分类精度越高[18]。

2 实例验证

2.1 实验区与数据源

采用上海市崇明岛东滩北六淤滩涂潮间带区域作为研究对象。崇明东滩南北濒临长江口,处于长江入海口核心位置,是我国规模最大、最为典型的河口型潮汐滩涂湿地之一[19]。实验飞行区域主要为潮间带的中上位置,如图2所示。区域内的草丛植被类型主要以互花米草为主,人造堤坝附近分布着一些防风林,同时还包括受潮水侵蚀形成的光滩裸地等地物类型[17]。除此之外,该区域内还分布着一些房屋、桥梁、公路、护波堤等人造建筑。除人工道路和堤岸旁存在一定坡度,区域内的整体地形变化较为平缓。

实验数据采用机载双频激光雷达系统获取,系统搭载在直升机的飞行平台上。激光雷达系统扫描频率为 5 000 kHz,水平探测精度为 0.26 m,测深精度为 0.23 m[20]。同时系统采用 1 064 nm 和 532 nm 的双波工作模式,能够有效获得实验区域内地面及水下点云数据。实验数据的采集时间为 2019 年 8 月 20 日,飞行高度为 400 m,飞行速度为 160 km/h,点云密度为 11.06 pt/m^2,区域内点云的最大高差为 23.47 m。

分别选取上海崇明岛东滩北六淤的房屋、树木和植被三种典型区域开展点云的滤波实验,如图2所示。草丛植被区域内的地物类型主要以互花米草等植物为主导,而人工建造的道路旁可以看到一些零散分布的高大树木。此外,道路旁的草丛植被之间存在具有一定坡度的斜坡地形,且道路左侧的坡度要大于右侧。高大树木的区域内,树木的分布较为密集,同时在其周围的平地上零散分布着一些低矮植被,树木的平均高度较高,与周围区域存在明显的高低落差。低矮的房屋区域内房屋零散分布于河道旁,高度较低且与周围植被的高度差异小。濒临河道的地形的坡度变化较大,在房屋的周围零散分布着草丛植被与沙滩。

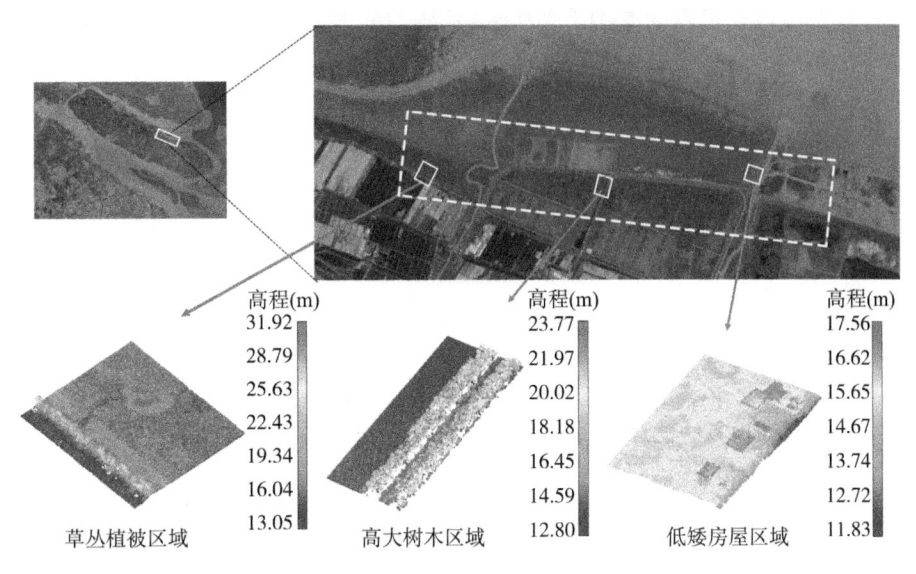

图 2　崇明北六滧实验区

2.2　实验结果与分析

本文利用坡度滤波法和布料模拟滤波法分别对崇明东滩三种典型的地物类型区域进行滤波实验,图 3 和图 4 所示分别为两种方法滤波后保留下的地面点云示意图。

2.2.1　房屋区域

如图 3(a)和图 4(a)所示,由于河道与低矮房屋区域地形的坡度及高度变化较大,两种滤波方法在河道旁的斜坡处将一些地面点误判为非地面点进行剔除,使得 T.Ⅰ 误差多集中于河道附近。布料模拟滤波法的 T.Ⅱ 误差多出现于低矮房屋的边缘以及一些草丛植被密集的地方,而坡度滤波在该区域的 T.Ⅱ 误差较大。虽然有效剔除房屋周围的大部分植被,但由于斜坡地形坡度影响,较为明显地看到在屋顶的中间,仍有部分点云被误判为地面点云保留下来,造成在该区域较大的 T.Ⅱ 误差。

2.2.2　草丛植被区域

图 3(b)和图 4(b)分别为草丛植被区域布料模拟滤波和坡度滤波的 T.Ⅰ 和 T.Ⅱ 误差的分布图。在该区域两种方法均能够有效滤除道路两旁的高大树木,并能够较好地保留道路两旁斜坡的地形形态特征。并且两种滤波方法在该区域的 T.Ⅰ 分布较小,大多位于密集的草丛植被处。而在草丛植被覆盖密集的地方,由于 LiDAR 接收到的地面点信息较少,且地形也略高于周围,因此两种滤波方法在此处将部分非地面的植被点误判为地面点保留下来,造成 T.Ⅱ 误差。由于区域内的地形存在坡度变化,受单一坡度阈值的影响,草丛植被密集处的 T.Ⅱ 误差分布明显多于布料滤波法,同时道路旁的斜坡处也零散分布着 T.Ⅱ 误差。

2.2.3 树木区域

树木区域布料模拟滤波与坡度滤波的误差分布结果分别如图 3(c)和图 4(c)所示。从两幅图中能够直观看出两种滤波方法均能够有效滤除平地旁分布密集的高大树木，T.Ⅱ 误差的分布较少。但存在过度滤波的现象，将临近树木的部分地面点误判为非地面点剔除，使得 T.Ⅰ 误差的分布相较于 T.Ⅱ 误差更为明显。在坡度滤波的误差分布图中，T.Ⅱ 误差零散分布于林地和部分平地区域，而 T.Ⅰ 误差主要分布于密集的树木区域。

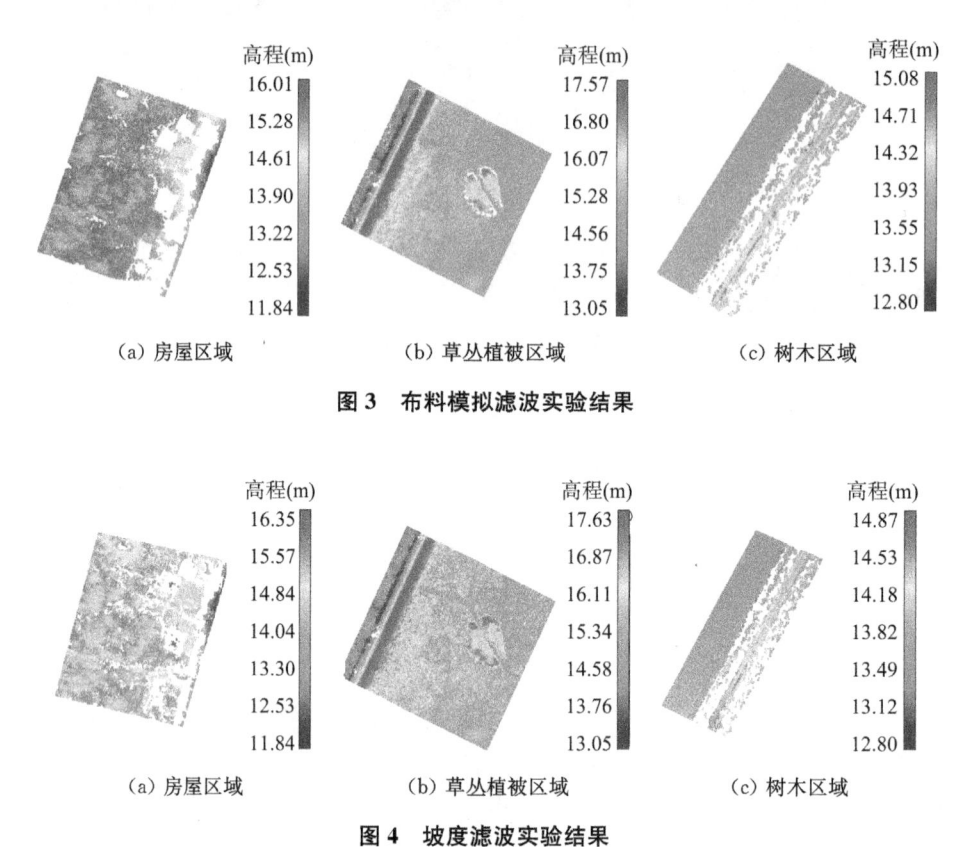

（a）房屋区域　　　　　（b）草丛植被区域　　　　（c）树木区域

图 3　布料模拟滤波实验结果

（a）房屋区域　　　　　（b）草丛植被区域　　　　（c）树木区域

图 4　坡度滤波实验结果

2.3　点云滤波精度评价

利用人工判读的方法得到的参考数据作为实验区的地面真实点云，通过 T.Ⅰ、T.Ⅱ、T.E 以及 Kappa 对布料模拟滤波和坡度滤波的结果进行定性评价。

表 1 为崇明东滩北六滧典型区域滤波精度评价的结果。从表 1 中可看出在北六滧 3 个典型潮间带区域的滤波实验中，布料模拟滤波的 T.E 误差分别为 2.10%、0.80% 和 0.78%，Kappa 系数分别为 94.60%、98.10% 和 98.11%，均值为 96.94%。坡度滤波的 T.E 误差分别为 3.20%、0.90% 和 0.93%，Kappa 系数分别为 93.40%、96.30% 和 97.74%，其均值为 95.81%。通过对比可知在不同实验区域，布料模拟滤波法的滤波精度均优于坡度滤波算法，表明布料模拟滤波算法具有较强的鲁棒性，更适用于地物类型多样的潮间带区域地面点云的提取。

表 1　崇明东滩北六滧典型区域滤波精度评价　　　　　　　　　单位：%

滤波方法	实验区域	T.Ⅰ	T.Ⅱ	T.E	Kappa
布料模拟滤波法	房屋区域	2.40	2.70	2.10	94.60
	草丛植被区域	0.40	1.70	0.80	98.10
	树木区域	0.88	0.53	0.78	98.11
坡度滤波法	房屋区域	1.90	4.90	3.20	93.40
	草丛植被区域	0.14	4.20	0.90	96.30
	树木区域	0.64	1.65	0.93	97.74

2.4　实验区 DEM 生成

通过以上分析，使用布料模拟滤波法对去除噪声后的原始点云进行滤波处理，并通过插值方法生成了潮间带区域的数字高程模型（DEM）。在插值算法中，常用的方法包括克里金插值法、反距离权重插值法和自然邻近插值法。这里选择了克里金插值法，因为它既考虑了点之间的距离，又考虑了空间中的自相关性。为了建立 DEM，设置网格间距为 0.5 m。生成的崇明东滩潮间带区域的 DEM 结果如图 5 所示。从图中可以观察到，崇明东滩潮间带区域的地形变化较小。最高点位于人工修建的道路上，高程为 18.53 m；最低点靠近河道附近，高程为 11.61 m。此外，通过图中框选区域，我们能够清晰地辨别出一些潮池和潮沟的形态特征。

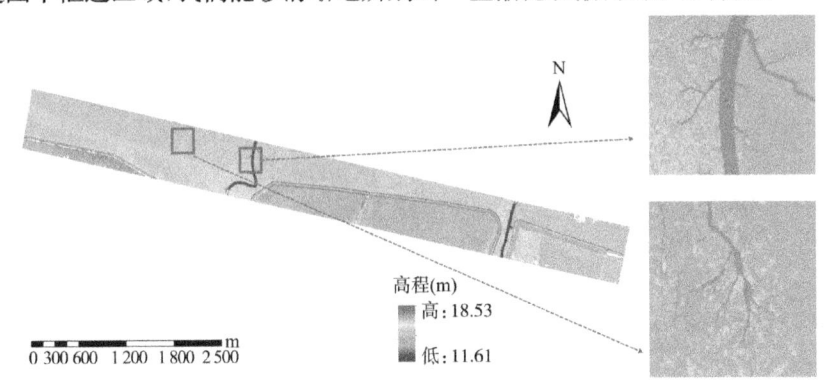

图 5　崇明东滩北六滧实验区 DEM

3　结束语

本文以崇明东滩北六滧滩涂潮间带研究区域为例，选取研究区内房屋、草丛植被和树木三种典型的地物类型，开展布料模拟滤波法的点云滤波实验，同时采用传统的坡度滤波法进行对比分析。最终实验结果表明，布料模拟滤波法能有效剔除区域内的非地面点，滤波的精度更高，适用于潮间带区域高精度 DEM 构建，并且在不同类型区域的参数适应性较强。但在一些坡度变化较大以及植被点云密集的地方，布料模拟滤波法会造成一些误判，后续可开展结合其他传感器数据（如高分辨率影像、激光雷达数据等），进行多源数据融合，提高地物类型的识别和地形信息的获取等方面的研究，进一步提升布料模拟滤波法在潮间带实验区点云的滤波精度。

参考文献

[1] SOUTHWARD A J. The zonation of plants and animals on rocky sea shores[J]. Biological Reviews, 1958, 33(2):137-177.

[2] BANKS S A, POSSINGHAM H P, SKILLETER G A. Intertidal habitat conservation: identifying conservation targets in the absence of detailed biological information[J]. Aquatic Conservation: Marine and Freshwater Ecosystems, 2005, 15(3):271-288.

[3] 冯晓珂,吕沛娴,张卡,等.面向滩涂 DEM 构建的机载 LiDAR 点云滤波方法[J].测绘通报,2023(7):58-62.

[4] 张勇勇.多源数据融合在滩涂地形测量中的应用[J].工程勘察,2021,49(11):67-71.

[5] 刘帅,栾奎峰,谭凯,等.基于无人机 LiDAR 点云的多类型植被覆盖滩涂地形滤波[J].遥感技术与应用,2021,36(6):1272-1283.

[6] 曲直.机载雷达航测技术在滩涂大面域测绘中的应用研究[J].测绘与空间地理信息,2023,46(4):57-60.

[7] 郭忠磊,滕惠忠,申家双,等.滩涂机载 LiDAR 点云数据滤波方法研究[J].海洋测绘,2019,39(4):49-52.

[8] 文学东,李俊峰,林昀.机载 LiDAR 在高精度滩涂 DEM 制作中的关键技术分析[J].测绘通报,2019(6):92-95.

[9] 张荣华,林昀.基于机载激光雷达的滩涂测绘关键技术研究[J].测绘工程,2015,24(1):33-35.

[10] 楼燕敏,吴迪.机载 LiDAR 技术在浙江省滩涂海岸测量中的应用研究[J].测绘通报,2012(12):47-50+58.

[11] 李全荣,刘亮.基于 LiDAR 回波强度数据的潮间带植被滤波方法[J].海洋测绘,2019,39(4):14-17.

[12] ZHANG W M, QI J B, WAN P, et al. An Easy-to-use airborne LiDAR data filtering method based on cloth simulation[J]. Remote Sensing, 2016, 8(6):501.

[13] VOSSELMAN G. Slope based filtering of laser altimetry data[M]. Amsterdam: International Archives of Photogrammetry and Remote Sensing. 2000:935-942.

[14] 王鹏,辛佩康,刘寅,等.基于改进布料模拟滤波算法的施工场地倾斜摄影点云地面提取[J].测绘通报,2023(10):85-90+110.

[15] 李特.布料模拟滤波方法在铁路勘测 LiDAR 中的应用[J].铁道勘察,2020,46(5):13-17.

[16] SITHOLE G, VOSSELMAN G. Experimental comparison of filter algorithms for bare-earth extraction from airborne laser scanning point clouds[J]. ISPRS Journal of Photogrammetry and Remote Sensing, 2004, 59(1-2):85-101.

[17] 张昆宁.基于轻小型光子计数激光雷达的海岛及浅海地形测量关键技术研究[D].上海:上海海洋大学,2022.

[18] COHEN J. A Coefficient of agreement for nominal scales[J]. Educational and Psychological Measurement, 1960, 20(20):37-46.

[19] 王世明,陈家明,杨荣荣,等.崇明东滩湿地植被分布对沉积物暗碳固定的影响[J].上海海洋大学学报,2023,32(4):741-749.

[20] 贺岩,胡善江,陈卫标,等.国产机载双频激光雷达探测技术研究进展[J].激光与光电子学进展,2018,55(8):7-17.

数字孪生泵闸运行调度智慧平台建设研究

刘林华[1],李丹娇[2]

(1. 上海市青浦区华新水务管理所,上海 201708;
2. 爱立信(中国)通信有限公司上海分公司,上海 200335)

摘　要:数字孪生技术与泵闸工程运行调度相融合,推动水利工程运行管理智能化,满足工程精准调度需求。本文通过信息基础设施、数据库系统、视频监控系统、运行监测控制系统、水文测报系统、水质监测系统和安全监测预警系统建设水利感知网,分析以运用 AI 模型、水利专业模型为核心的泵闸调度平台的主要功能,探索建立可复制、能共享的基层泵闸运行调度智慧平台,为加快水利高质量发展提供助力。

关键词:数字孪生;泵闸工程;运行调度;智慧平台;智慧水利

智慧水利建设是推动水利高质量发展的重要途径,是水利数字化、网络化、智能化的着力点和落脚点[1]。泵闸工程运行调度智能化转型是智慧水利建设的必要之举。目前,上海市已形成 14 个水利片分片格局,建成圩区 304 个,圩区泵闸工程(水闸、泵站、涵闸)占全市总量的 76%,主要集中在郊区,其中仅青浦区圩区数就占全市的 40%,但工程管理水平与智能化要求之间仍有一定差距[2-3]。以青浦区华新镇为例,有青松水利大控制片泵闸工程 12 个,圩区泵闸工程 38 个,仅大控制片泵闸工程在区级层面建有泵闸监控系统,镇级层面缺乏自主、全面、完整的系统,更无综合调度平台,基层泵闸日常运行管理仍是传统的、原始的办法,智能化水平较低,与水利高质量发展要求不相匹配。

数字孪生作为新一代信息技术,正加快与水利行业融合,成为推动智慧水利建设的核心和关键[1]。水利部已出台了数字孪生流域、数字孪生水网、数字孪生水利工程建设等技术文件及相关规范,为数字孪生技术应用提供了指南。利用数字孪生、大数据、物联网、人工智能技术,赋能泵闸工程运行调度,建立以镇为单元的综合调度平台,符合青浦区长三角数字干线建设战略布局和智慧水务发展目标,有利于积累底层数据,提高治理数字化、运行智能化水平,加快推进基层智慧水务建设。

1 平台组建

1.1 总体框架

泵闸运行调度智慧平台由数字孪生模拟仿真、智慧调度业务应用、安全监测预警、信息基础设施和静态数据库等部分组成。平台以数字孪生模拟仿真为核心,以信息基础设施及数据库为基础,利用水利感知系统、网络通信等技术手段进行数字化模拟,充分运用物联网、虚拟仿真、人工智能技术进行虚拟映射和智能化。安全监测预警系统是平台的一道安全防

作者简介:刘林华(1987—),男,高级工程师,硕士,从事水利工程建设与管理工作,电子邮箱:121370249@qq.com。

线,起到超阈值预警、业务预演及预案启动等功能。

泵闸运行调度智慧平台总体框架见图1。

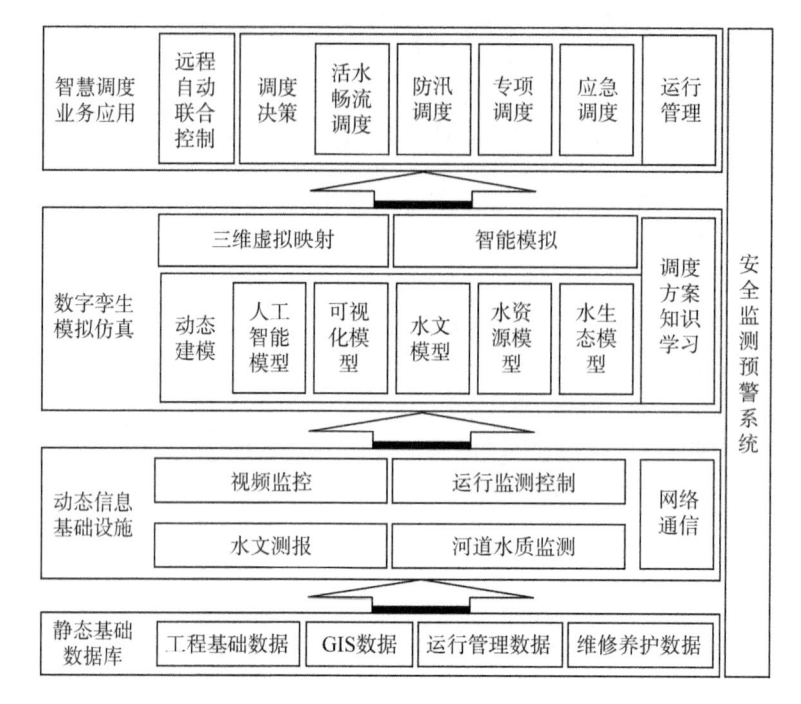

图1 泵闸运行调度智慧平台总体框架

1.2 技术路线

本研究从信息基础设施及其信息系统建设入手,运用数字孪生技术实现泵闸工程及其"小流域"三维虚拟映射,通过物联网、人工智能技术进行远程自主控制、调度决策优化。按照模块化、标准化、可共享原则,打造可复制的基层泵闸工程运行调度智慧平台,快速实现水利工程调度数字化、智能化,为上级层次应用夯实数据底座。技术路线图见图2。

2 系统设计

2.1 信息基础设施

信息基础设施主要包括水利新基建、水利监测设备和通信网络三个部分。按照规范配套建设数字展示智慧中心、数据中心机房、值班室,配置各类监测监控显示设备,优化软硬件配置,实现数据的集中存储、管理和共享,建设调度决策指挥中心。安装水文、水质、闸位、视频等监测监控设备及感应仪器,获取实时监测数据,构建水利感知网。按照安全、可靠、经济的原则,组建安全稳定的局域网,并将水利业务网同工控网进行有效隔离。网络通信采用有线与无线相结合的方式,在重要控制系统、关键接口采用有线通信,一般重要、距离偏远、不经济的条件下采用无线通信。所有信息基础设施监测感知设备建立统一的、标准的通信接口,具备扩展性和兼容性。

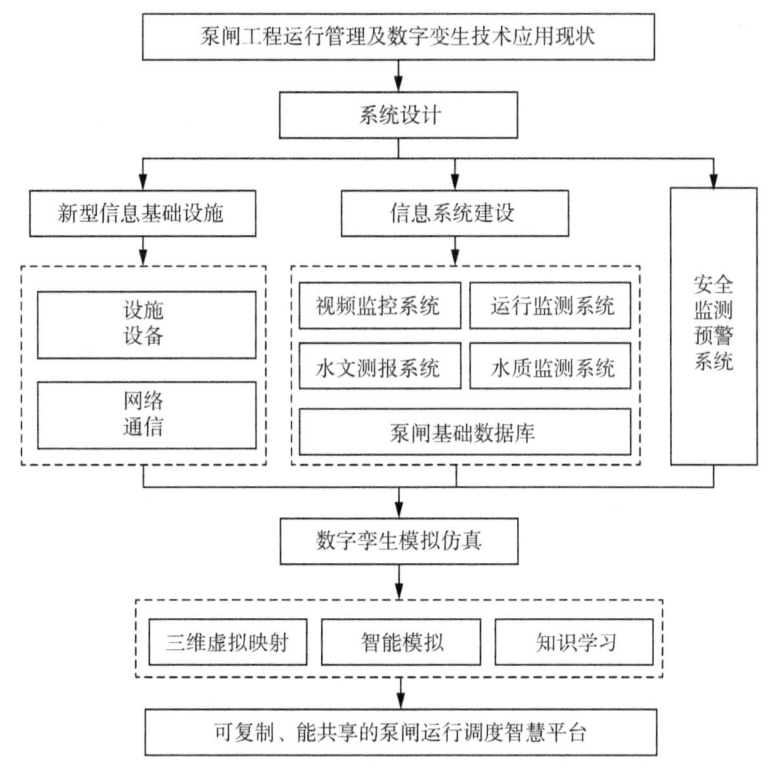

图 2 技术路线图

2.2 工程数据库

完善泵闸场站及其"小流域"基础数据,建立水利工程数据库[4]。夯实水利工程基础数据,收集工程所在位置及高程、圩区及河道规模、设施规模及类型、水闸和泵站等基本信息。动态存储和高效利用监测数据,建立稳定的数据存储系统和数据可视化平台。以地理空间信息数据为基础,按照统一的时空基准,有效利用遥测、GIS、DEM、BIM 等手段,获得三维空间数据[5]。积累工程运行管理数据,包括泵闸维修养护记录、工程运行记录,以及管理单位、运行养护单位及其有关人员信息。优化数据组织结构,加强数据标准化规范化存储,建立能够读取和调用文本、图片、视频、CAD 及其他格式文件的数据系统。适时扩充存储资源,加强 AI 算力,建立专属水利云资源,进一步落实数据共享,增强数据安全性和稳定性。

2.3 智能视频监控

泵闸视频监控能够直观呈现设施运行状态,通过视频信号采集、传输、调取,在智慧中心中控大屏在线观看,或查询历史数据,进一步辅助远程控制、运行调度和工程管理。通过视觉算法和 AI 技术的结合,视频信号经过计算机视觉技术处理分析后,智能视频监控系统能够实现闸区控制室入侵检测、闸门移动追踪录像和水面漂浮物报警提示等功能[6]。根据工程需要,在泵闸工程闸门两侧、泵站进出水口、闸区控制室安装智能摄像头,选择合适机位并进行编号,确保视频画面无遮挡,视频图像易查询。

2.4 运行监测控制

机械设备运行状态数据,是工程智能化控制的基础。通过监测工程运行电流电压及开关状态,获取设施运行数据,促进运行管理数字化。安装闸位仪、电量仪等检测设备,配置智能传感装置,将闸门、水泵启闭感应信号实时传输入网。利用PLC控制技术,管理人员在平台输入参数值,下达调度指令,即可远程控制闸门或水泵的启闭。将地区汛情、水位、水质变化数据和数字孪生模拟仿真相结合,设定自动调度规则,智能启动防汛调度、专项调度和畅流活水调度,增强调度自主性和科学性。

2.5 水文自动测报

建立水文自动测报网,发挥水文行业"尖兵"作用,实时监测区域水位、雨量、流量等数据,为智能控制提供基础支撑。监测数据入库处理后,显示实时水雨情,同时支持历史数据查询、数据批量导出。此外,系统可以精准绘制分片区分析图表,自动建立趋势图分析,增强调度针对性。在现有水文测站点基础上增设部分网点,准确掌握低洼地区的水文情况。新设监测网点接入现有测报数据,建立全流域、全方位、全时段水文监测预测报警系统,为数字孪生泵闸运行调度提供数据支撑,实现水资源优化调度和管理。

2.6 水质自动监测

结合水文监测网点,考虑重要区域和水质反复河道,部署安装水质自动监测设备,完成水质采样、检测、分析和数据传输。基于物联网、大数据等先进技术手段,将透明度、pH值、DO、COD_{Mn}、总氮、总磷、氨氮等常见水质指标数据与平台对接后,进行数据清洗、集成、变换、规约等预处理,获得准确数据。利用水质分析预测专业模型与人工智能模型,对河道水质指标进行趋势分析,来预测水质变化情况。河道水质超标或预测即将超标的,发出警示,综合分析适时开展水资源调度,并通报河道管理部门。

2.7 安全监测预警

2.7.1 系统安全

网络和数据安全是平台稳定运行的保证。除了加强硬件设备防护外,建立网络安全体系,积极采用主流成熟系统,及时完成系统更新和软件升级,保障各类系统和软件的安全稳定。设置边界端口防火墙,在实时控制区与过程监控区建立隔离,采用数据传输加密技术,保障网络和数据安全。分级管控用户调度权限,动态生成平台登录口令,落实身份验证和实名制,保障用户端安全。

2.7.2 监测预警

利用已建立的水利感知网,将河道警戒水位、超标水质指标作为报警阈值,一方面超阈值发出监测预警,另一方面建立预测模型进行预测预警,改变调度滞后和被动局面。同时,接入部门预警预报信息,接到预警或响应指令,自动发出预警信号弹窗,并短信发送至管理和运行人员。运用人工智能图像处理、特征提取、模式识别等技术手段,对视频监控系统进行结构化分析,快速分辨出视频图像中非法入侵、水面漂浮物等异常现象,作出预警并自动通知相关维护人员到场处理[7]。建立工程设备安全风险预警,探索感知设备智能分析和故障告警。

3 功能应用设计

3.1 规模化复制推广

数字技术与水利工程实体深度融合,搭建数实融合共享平台,赋能水利工程运行管理,推进智慧水利建设驶入快车道。坚持模块化、标准化,按照"标准统一、互为融通、共享共用"水利智能业务系统构建原则,建成标准化设计、智能化运行、规模化推广的泵闸运行调度平台[8]。以一个基层乡镇为试点单元,探索优化系统配置,在成熟时,规模化复制推广至有需求的乡镇,加快基层水利治理数字化、智能化步伐。

3.2 数字化模拟推演

运用数字孪生技术建设水利工程数字孪生体,以数字模拟和模型计算形成数字化模拟推演,实现工程调度预演推优和综合服务展示功能。在大数据、智能学习技术支持下,通过水位趋势分析、水质预测模型等水利专业建模工具,对泵闸工程和区域河道水文水质发展态势进行评估、推演,对调度方案实施后效果进行快速预演,智能推荐最优方案。以GIS、设计图纸和实测数据为基础,通过BIM技术进行三维建模,利用可视化模型进行图像渲染,将水闸及其流域物理现实同步映射到虚拟数字空间,实现由实到虚的镜像可视化表达[9]。平台可以直观展示三维数字场景,提供在线查询、视频会商以及调度综合展示。

3.3 智慧化调度决策

智慧调度是平台的核心,通过监测预报、预警分析、调度预演、预案优化,建立具有"四预"功能的自主化调度平台。以PLC技术为核心的自动化控制系统,可以实现水闸、泵站的远程自动联合控制。平台发出预警,或接收到防指防汛预警信息,自主启动应急响应和防汛调度预案,及时发送响应信息至有关人员,并开展防汛调度。对突发水质恶化超出规定范围、水质指标预测超限的情况,及时启动水资源专项保障调度。同时,平台能够依据区、镇级调度指令,开展应急调度。

结合智能视频监控,通过图像处理、移动侦测、模式识别等智能识别技术,对闸门周边非法入侵、泵站进水口拥堵水流不畅进行智能识别,发出告警并暂停运行。采用神经网络、决策树等人工智能算法,加强调度方案知识学习,不断优化水资源调度方案,提高泵闸工程运行调度科学性。在专业知识积累、调度场景学习和调度方案优化的基础上,融合实时监测数据和视频监控,实现平台运行调度自主化、智能化。

4 结语

以水利感知网为基础,运用数字孪生、大数据、AI等技术建立基层泵闸工程运行调度智慧平台,不断积累底层数据,实现基层"小流域"水资源调度科学化和智能化,加强模块化和标准化设计,实现平台共享属性,以利于复制推广。以一个镇为试点单元,探索和完善各项系统功能,加强模型研发,优化技术方案,提高预报、预测、预警及预案的科学性和准确性,为水资源调度决策指挥提供科学指导。

参考文献

[1] 刘志雨.提升数字孪生流域建设"四预"能力[J].中国水利,2022(20):11-13.
[2] 上海市水利管理事务中心(上海市河湖管理事务中心).2022年度上海市水闸设施年报[R].2022.
[3] 陈长太,李学峰.上海市防洪除涝工程管理现状与对策分析[J].水利建设与管理,2021,41(12):49-53.
[4] 曾国雄,何林华,唐宗仁,等.以统一数据底板构建标准锚定数字孪生流域建设目标[J].中国水利,2022(20):38-41.
[5] 詹全忠,陈真玄,张潮,等.《数字孪生水利工程建设技术导则(试行)》解析[J].水利信息化,2022(4):1-5.
[6] 张夏,张洋.智能视频监控技术在水利枢纽工程中的应用[J].海河水利,2022(3):83-86+109.
[7] 徐小平,王璐,丁乾.水库型生活用水水源地供水工程信息化建设方案研究[J].水利信息化,2022(1):76-81+87.
[8] 李国英.加快建设数字孪生流域 提升国家水安全保障能力[J].中国水利,2022(20):1.
[9] 陈翠,安觅,董家贤,等.基于BIM的水闸数字孪生平台设计与应用研究[J].水利技术监督,2022(3):43-46.

上海市水利工程安全质量监督信息化的几点思考

段敏伟

(上海市宝山区水务建设工程安全质量监督管理站,上海 201999)

摘　要:本文介绍了我国水利工程质量监督信息化的建设开发及应用现状,结合在实际应用"上海市水务建设工程安全质量监督管理系统"过程中遇到的若干问题,从增强水利监督便捷性、发挥效能方面提出思考和优化建议,为后期系统升级优化作有益尝试提供参考。

关键词:上海市;水利工程;安全质量;监督;信息化

0　前言

2023年全国水利工作会议指出,我国水利基础设施建设实现重大进展,2022年全年完成水利建设投资历史性地迈上万亿元台阶[1]。不断加大的投资建设力度和高品质、高质量、高标准的建设要求给水利工程建设全过程监管带来全新考验;我国农田水利工程项目数量也不断攀升,但当下农田水利工程项目建设和管理过程中的信息化水平相对较低[2]。同时,信息化技术和信息化平台建设工程浩大,信息化技术更新迭代迅速,但资金投入不足和管理制度不完善等因素严重阻碍了信息化技术在水利工程管理中的应用[3]。

为贯彻落实水利部党组关于大力推进智慧水利建设决策部署,水利部印发了《2022年推进智慧水利建设水资源管理工作要点》《2023年水利建设工程质量监督和项目稽察工作要点》,提出按照"需求牵引、应用至上、数字赋能、提升能力"的要求,研究管理全流程和全要素的数字化可行性,构建数据底板,推动水利工程质量监督管理信息系统建设,加快地区"互联网＋监督"平台建设和运用推广[4]。近年来,由于信息技术的快速蓬勃发展,越来越多信息化手段应用于水利工程监督,其中"互联网＋监管"、移动化办公模式为水利工程规范管理行为、强化过程监督、提升监督效能、健全管理体系提供了很好的解决方案,使安全质量监督工作从传统的、手工的纸质化模式转向信息化、数字化、智能化、移动化模式发展,解决了以往主要监督履职过程资料大多以手写记录、纸质化档案带来的易破损、丢失、管理难等问题[5],而且信息化以精准数据进一步推进安全质量监管,提升点、线、面精准防控能力水平,可为全面落实水利安全生产风险"六项机制"(查找、研判、预警、防范、处置、责任)打下良好基础。

1　国内开发及应用现状

近年来,国内各省市在水利工程监督方面积极运用科技信息化手段。如江苏省水利工程质量监督中心站会同浙江省水利河口研究院,于2019年6月启动研制江苏省水利工程质

作者简介:段敏伟(1987—　),男,硕士研究生,从事水务建设工程安全质量监督工作,邮箱:duanminwei@163.com。

量监督管理信息系统,并于同年10月在江苏省、市、县三级质量监督机构全面投入使用,取得了良好效果,并全国5个省、直辖市获得推广应用[6];内蒙古搭建了全自治区水利工程质量监督信息化建设发展框架体系,基本实现质量监督业务线上办理、数据统计分析、资料查询归档、移动终端办公等核心功能,可满足自治区、市、县三级质量监督机构使用[7];天津市水务工程建设管理信息系统开发较早,2014年便投入应用,其中水务工程建设管理业务模块包括项目法人组建、开工备案、工程质量等级核定、竣工验收、诚信体系与信息公开管理、水务一张图等功能[8];河南省水利水电工程建设质量监测站研发了"水利工程质量监督管理系统软件"[9];杭州市全面使用了水利工程质量安全监督移动工作平台;海南省水务厅建设与管理防御处也正在研发质量监督App[10];《兰州市水利建设工程质量安全监督管理信息化系统建设项目实施方案》于2023年8月获得兰州市发改委批复[11],系统开发建设工作同步启动。

上海市水务局以落实全流程、全要素管理理念开发了"上海市水务建设工程安全质量监督系统"(Web版本,以下简称该系统)及安质监通App[12],于2018年投入使用,在2022年完成了一次全面升级迭代,系统操作更加流畅,模块功能得到进一步增强,包括水利工程的在线受理、开工备案、日常监督、质量核备、行业管理、智慧监管、项目总览等功能,基本实现对水利工程建设"查、认、改、罚"全过程管理。其中以建筑信息模型(Building Information Modeling,简称BIM)和地理信息系统(Geographic Information System,简称GIS)为基础架构突出了智慧监管,包括视频监控、视频语音点名、人脸识别考勤等特色功能,为本市水利工程建设安全和质量保障提供了有效依据,同时以结构化数据为基础,支撑起大数据分析。目前,该系统在市中心站、宝山站、浦东站、临港站等十个监督机构及参建单位获得广泛使用,实现了监管的全程性、可溯性、预警性、可视性,有效破解了因上海地区水利工程数量多、规模小、分布广带来的监管难题,有力保证了本市水利工程建设的监督监管,大幅提升了监督效能。总体来说,全国各省市都在积极利用"互联网+"技术提高行政办事效率,有效缓解人力、物力、财力、交通等多方面因素给水利工程监督带来的困扰。

2 思考及优化建议

笔者在工程实际监督过程中,对使用"上海市水务建设工程安全质量监督管理系统"的过程中遇到的若干问题进行了梳理总结,提出一些粗浅想法,并采用文献资料法和调查研究法收集先进实践做法,希望为后期系统升级优化作有益性尝试并提供参考。

2.1 加强信息共享,打破信息孤岛

对于某一水利工程,该系统收录的工程信息翔实,包括工程概况、受监信息、开工备案、监督检查、行政措施、监督检测、划分核备、重大危险源、隐患排查、问题统计分析等。由于水利工程建设项目具有其自身的特殊性,参建单位多,除项目总承包单位,还有专业分包、劳务分包单位,涉及工程管理人员情况、农民工用工情况、安全生产标准化评分等信息,无法从监督系统直接获取。另外,对于工程农民工工资保证金备案、工伤保险、安全生产责任险等险种缴纳情况也是日常监督检查重点。如果能加强不同部门、不同单位、不同环节之间的信息共享互通,打通水务监督系统与上海市建设市场信息服务平台、智慧水务平台、人社部门相关平台、银行保险机构相关平台的数据接口,打破信息孤岛,可进一步实现安全质量监督管理动态化、便捷化、高效化。

2.2 丰富系统功能模块,加强系统扩展性

目前该系统未开发档案管理模块,水利工程项目的档案管理依旧采用传统的纸质档案管理模式,存在档案存储占用空间大、手工管理费时费力、档案容易损坏丢失、管理效率低等问题。为有效缓解纸质档案管理压力,改善管理过程中存在的问题和缺陷,可考虑加快开发工程数字化图纸和安全质量监督电子档案功能,可自动完成档案搜集、建立、归档、检索,准确地记录和保存施工各个阶段的相关信息,并且通过设置权限减少逆操作,使档案管理工作更加严谨和规范。条件允许的话,还可增加虚拟档案室功能,实现在线预览电子档案,保持电子档案与事务档案柜所存储档案、编号的一致,进一步提高文档管理、查阅的效率。同时,考虑增加在线专业学习模块,整合技术规范、课件、视频和外部资源等,将在线学习与线下常规性学习相结合,进一步提升水务监督系统干部职工的业务素质和专业技能。

2.3 强化数据分析,挖掘数据价值的深度和广度

目前该系统已经提供了灵活查询和"安全质量管理"多图表功能,但多维度报表生成和输出 Excel 功能暂未涉及,如单一项目的综合信息报表导出、不同项目关键信息横向对比汇总等。多维度报表生成及输出功能,不仅有利于节省人工导出的时间,而且对于全面掌握所有项目信息也是至关重要的。另外,系统多年运行也为大数据分析积累了大量基础数据,针对监督检查的规范标准较多,修订频率较快,增设 AI 助手模块,为监督管理人员履职提供智能辅助;基于监督记录的不断累积,挖掘隐患问题数据价值的深度和广度,为进一步完善风险管理功能、风险预警功能和政策决策提供数据支撑,从而助力差别化管理。

2.4 推进 BIM 等技术探索试点应用,促进水利工程数字化转型

上海市水务局印发了《推进建筑信息模型技术(BIM)水务应用第二轮三年行动计划(2021—2023 年)》的通知,要求探索研究基于 BIM 的水务工程数字化监管技术路线,研究建设水务工程"一网统管"数字化底版框架,推动以 BIM 为基础的水务工程监管平台建设,促进水务工程数字化转型。其中,BIM+基坑变形监测、BIM+倾斜摄影技术在张泾河南延伸整治工程项目上得到探索试点;BIM+监督记录、BIM+质量验评在吴淞江工程(上海段)新川沙河段泵闸枢纽工程获得推广,BIM+应用为本市其他水利工程的实施提供了经验参考,进一步提升水利行业加快 BIM 技术全面应用的意识,推进上海水利 BIM 技术应用形成高质量发展的新格局。

另外,全国水利工作会议提出要加快建设数字孪生流域和数字孪生工程,强化预报、预警、预演、预案功能。吴淞江工程(上海段)新川沙泵闸枢纽工程作为数字孪生流域建设全国试点项目,也是上海市唯一一个数字孪生流域建设先行先试项目,在理念、技术、监管三个方面创新探索,为本市其他大型水利工程早日试点运用"数字孪生"等前瞻性技术提供了可复制经验。在数据前端采集技术方面,加强数据前端采集运用的集成化研究,目前试点和运用有智能头盔、手持单兵设备、无人机等辅助手段,为快速响应的实现提供基础。

2.5 加大系统培训交流力度,助力系统顶层设计优化

笔者在监督过程中,遇到参建单位咨询一些关于该系统的使用问题,如项目报监、项目划分结构树的生成及划分变更、人脸考勤设备开启及Ⅰ类人员(项目经理、总监、安全员)的录入及变更、每周隐患排查上报操作问题等,都反映出参建单位人员对系统功能和操作方法的了解不够深入。水利工程类别涵盖面广、考核要求越来越细、技术问题处理复杂,且参建

单位多、人员流动性较大，致使统筹协调难度增大。为确保水利工程质量监督系统正常运行，发挥出系统更大效能，有必要定期组织对市区两级监督机构和人员，尤其是新入职的监督员及行业各参建单位的培训，共同交流在系统使用过程中遇到的常见问题及新问题，为系统顶层设计提供措施意见。另外，新升级的安质监通App在功能上有大幅提升，涵盖项目报监、项目监督、考勤统计、项目综合信息查询、待办事项等模块，可提供现场拍照取证、在线录入监督记录及在线审阅、审批等一些实用功能，为移动办公提供了技术支持，但应用普及度不高，有必要进一步加强手机App的推广运用。

3 结语

上海市正处于全面推进水利高质量发展的新时期，近年来，面对水利建设规模不断扩大、工程监督任务逐年加重、工程安全质量形势愈加严峻复杂等新形势，传统工程管理技术已无法满足当前管理要求，加快转变监督工作方式，全面开启信息化、智能化管理模式势在必行。但是，水利工程安全质量监督信息化、智能化之路漫长而曲折，唯有通过多探索、多实践、多运用，加大信息化建设资金投入，积极对接前沿信息技术，在稳定性、安全性、实用性、高效性等方面继续深耕，全力推进数字化赋能水利工程监督，打造出高质量、高标准、高水平的水利工程监督系统，不断提升水利工程建设与管理信息化、智能化水平，为上海市水利工程建设能力提升提供有效支撑。

参考文献

[1] 新华网.2023年全国水利工作会议在京召开[EB/OL].(2023-01-16)[2024-03-30].http://www.news.cn/politics/2023-01/16/c_1129291418.htm.

[2] 任超.农田水利工程中信息化技术的利用分析[J].中华建设,2023(9):28-30.

[3] 郭杰.信息化技术在水利工程管理中的应用[J].工程技术研究,2023,8(13):162-164.

[4] 常兴,王孟强,刘刚,等.小型水利工程质量监督信息化系统思考与设计[J].水利技术监督,2022(10):4-6+20.

[5] 卢雅婷.新发展阶段广州市水务工程质量安全政府监督工作浅析[J].水利技术监督,2022(10):21-23+32.

[6] 马志华,肖志远,王朝俊,等.江苏省水利工程质量监督信息化建设研究与应用[J].水利发展研究,2022,22(7):72-76.

[7] 国晓宁.水利工程质量监督信息化建设初步构想[J].内蒙古水利,2023(4):66-67.

[8] 吴昊,夏中华.天津市水务工程建设管理领域信息化新技术应用研究[J].海河水利,2018(5):66-68.

[9] 白建峰,王相谦,孙丽娟.水利工程质量监督信息化智能化的几点思考[J].水利建设与管理,2021,41(8):73-77.

[10] 李俊.海南省水务工程质量监督工作的几点思考[J].水利发展研究,2020,20(9):64-65+68.

[11] 关于兰州市水利建设工程质量安全监督管理信息化系统建设项目实施方案的批复[EB/OL].(2023-11-03)[2024-03-30].http://fgw.lanzhou.gov.cn/art/2023/11/3/art_4950_1284739.html.

[12] 上海市水务局.上海强化科技引领 提升水务工程建设与管理信息化水平[J].中国水利,2020(24):150-153.

BIM技术在河道整治工程中的应用

李 亮

(上海市嘉定区水利管理所,上海 201800)

摘 要:本文以横沥综合整治工程(嘉定城河—伊宁路)为例,以BIM技术解决工程中施工面域广、工作面狭窄、专业多、工序复杂、施工班组多、管理难度大等难点问题,从专业建模、漫游动画、进度模拟、施工工艺模拟等方面介绍BIM技术在河道整治工程中的应用和所发挥的作用,为其他河道工程使用BIM技术提供借鉴。

关键词:BIM技术;河道整治;进度模拟;施工工艺模拟

0 前言

BIM是以三维模型数字技术为基础,实现项目各种相关信息的可视化,指导工程的实施、管理等。BIM的特点主要包括可视化、协调性、模拟性、优化性和全生命周期性,可以通过真实性模拟和可视化来更好地沟通,以便让项目各方了解工期、现场实时情况、成本和环境影响等项目基本信息。BIM的应用已经逐渐普及,全球众多国家都在推广BIM技术,并且在一定程度上影响了所涉及行业的发展。

河道整治工程为线性工程,涉及点多面广,通过BIM技术可对项目实施节点、过程管理重点等进行优化调整、精细化管理。在河道整治工程中,BIM技术可以在规划设计和施工管理阶段发挥作用。在规划设计阶段,BIM技术可以创建三维模型,可视化地呈现河道整治工程的规划设计。在施工管理阶段,BIM技术可以创建工程的数字化模型,并在模型中充实数据,施工方可以按模型施工,并利用模型进行工程量的统计和施工进度的监控。

总之,BIM技术在河道整治工程中的应用可以提高工程的效率和质量,同时也可以提高工程的管理水平。本文以横沥综合整治工程(嘉定城河—伊宁路)(以下简称"本工程")为例,介绍BIM技术在河道整治工程中的应用。

1 项目概况

横沥是嘉定区的重要河道,由南至北贯穿嘉定区,沿途连接娄塘集镇、嘉宝科技小镇、菊园新区北水湾、嘉定老城区、新城远香湖区域、马陆镇以及南翔古猗园及双塔历史风貌街区。"十四五"期间,嘉定将重点推进实施横沥沿线区域重点段的绿道贯通和景观提升工程,形成水绿景、文产城为一体的水岸文脉样板,将优化升级嘉定新城、老城双城联动发展的核心区段,打造生态提升、产城融合、活力汇聚、古今文化交织的先行示范段,同时为横沥两岸居民

作者简介:李亮(1988—),男,工程师,学士学位,研究方向为工程管理,电子邮箱:549630898@qq.com。

提供适合游憩活动的绿地空间。

横沥水岸文脉景观提升及贯通工程将对横沥(南水关—伊宁路)段岸上进行景观提升。为使水岸协调,进一步提升水景观,配合嘉定新城基础设施建设,改善横沥、嘉定城河河道水环境,清除河道淤积,消除护岸安全隐患,提高区域防洪除涝能力,对嘉定城河(南大街—博乐路段)南岸及横沥(嘉定城河—伊宁路段)进行河道综合治理。工程涉及整治河段总长4.05 km,其中横沥拟整治嘉定城河—伊宁路段,共计3.62 km;嘉定城河拟整治南大街—博乐路段南岸,共计0.43 km。

主要工程内容包括新(改)建护岸、防汛通道、桥梁工程、绿化工程、亲水平台及栈道等,工程建设和管理面临着施工面域广、工作面狭窄、专业多、工序复杂、施工班组多、管理难度大等难点问题。

2 BIM应对措施

2.1 模拟场地,全景认知

本工程施工区域面广、部分施工工作面狭窄造成现场施工部署及组织管理的难度增加,因此合理的施工部署、施工工区的划分和现场组织管理确保工期、施工质量是本工程的重点、难点。

BIM应对措施:基于BIM可视化的特点,按照施工图纸进行虚拟建造和模拟,将河道场地全部还原(图1),并以进度管理为主线,将BIM模型与工期和成本进行数据对接,用三维动画的方式进行进度模拟,为进度计划的进一步优化和调整提供参考。

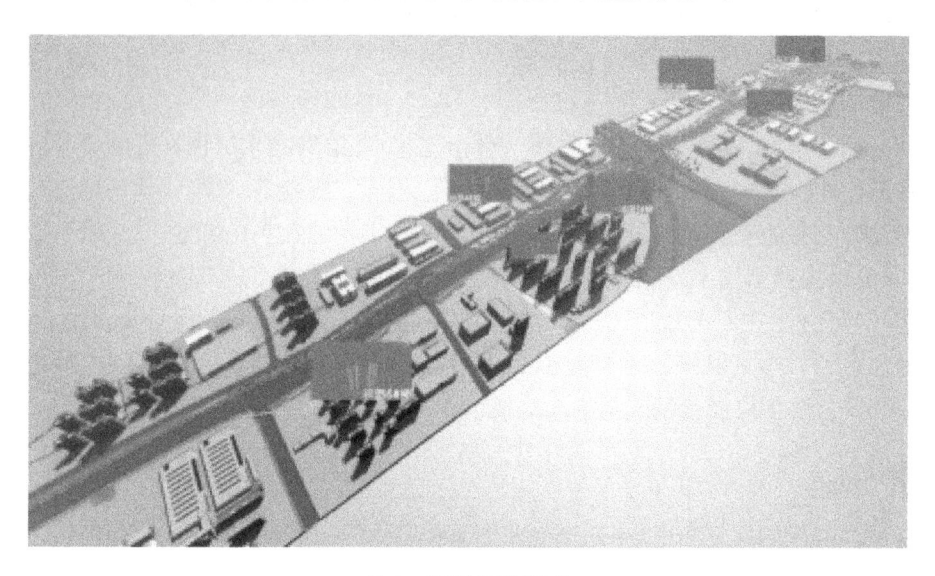

图1 河道场地还原

2.2 虚拟漫游,可视化操作

本工程专业多,涉及水利工程、市政道路及桥梁、景观、绿化等。管理技术要求高,并且各专业配合好坏也直接影响到工程进度与效果。

通过全专业建模的方式,将项目中的道路、桥梁、绿化、防护、防汛通道等模型全部创建,并虚拟漫游。多角度、多方位地展示建成后的效果,有利于班组提高对河道治理后的认识,并利用 BIM 技术将桥梁施工工艺做成可视化模拟动画(图 2),提高工人对方案的熟悉程度,降低操作失误率。

图 2 嘉定城河桥施工模拟

2.3 规范流程,培训激励

本工程设计的多班组协调施工,施工部位分散,管理难度大。针对这些问题,主要是制定 BIM 操作规范,明确班组成员在 BIM 应用中的职责和操作流程。这可以确保 BIM 技术在班组工作中得到正确和有效的应用。开展 BIM 技术的培训和教育,提高班组成员的 BIM 应用能力和水平。设立奖励机制,激励班组成员积极学习和应用 BIM 技术。这可以提高班组成员的 BIM 应用积极性,推动 BIM 技术在班组工作中的普及和应用。

嘉罗公路—福海路模型图见图 3。

图 3 嘉罗公路—福海路模型图

3 BIM实施策划

3.1 软件配置

根据项目实际需求,本项目采用Revit等来进行BIM技术应用的实施,具体软件配置参考表1。

表1 BIM技术应用软件配置

软件类别	软件名称	主要用途
建模软件	Revit	建筑、结构、机电建模
动画软件	Lumion	漫游动画制作
应用软件	Fuzor	项目进度模拟
应用软件	3Dmax	创建施工模拟动画

3.2 流程梳理

在水利工程前期根据项目特点、项目组织方式和项目应用模式等,组织编制项目BIM工作流程。根据BIM工作流程,按照数据收集、专项应用信息模型创建、模型检查、模型应用、成果展现等步骤实施。

项目BIM工作流程包含下列内容:

(1) BIM应用目标;
(2) 根据合约要求明确应用点和应用深度;
(3) 选择适合的软件工具和硬件环境;
(4) 确定人员组织架构;
(5) 编制BIM应用流程(表2);
(6) 提交最终成果。

表2 BIM全过程应用流程

BIM建模	模型应用	施工应用
河道建模	基础应用	漫游展示
桥梁建模	基础应用	进度管理
绿化布置	基础应用	施工模拟

4 施工阶段BIM综合应用

4.1 专业建模

通过规划的标准确保模型的成果,建立BIM建模标准、实施流程,根据项目BIM实施方案,确定项目基点,统一构件命名、构件拆分原则、建模行为规范进行模型的创建。

桥梁、防汛通道、亲水平台及栈道、绿化、护岸模型见图4～图8。

图4　桥梁模型

图5　防汛通道模型

图6　亲水平台及栈道模型

图7　绿化模型

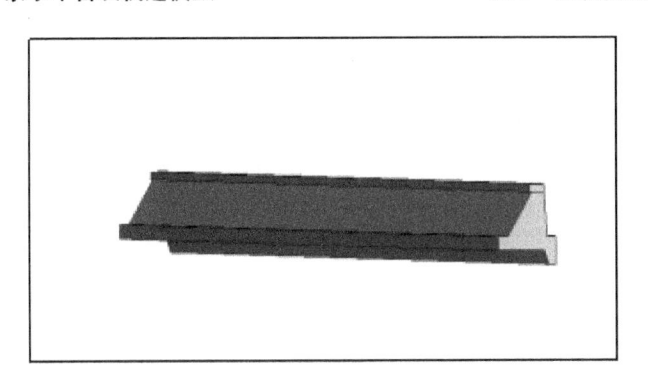

图8　护岸模型

4.2　漫游动画

横沥河道项目覆盖范围广、结构型式较为复杂,涉及土方、新(改)建护岸、防汛通道、桥梁以及绿化等多专业。虚拟仿真漫游的主要目的是利用 BIM 软件模拟建筑物的三维空间(图9),通过漫游、动画的形式提供身临其境的视觉、空间感受,及时发现不易察觉的设计缺陷或问题,减少由于事先规划不周全而造成的损失,有利于施工与管理人员对设计图纸进行审核和了解现场情况,有利于工程快速有效地实施。

4.3　进度模拟

以创建的 BIM 模型为基础,以进度管理为主线,将 BIM 模型与工期和成本进行数据对接,充分利用 BIM 技术的可视化特点,模拟总体进度方案,并录制模拟动画,协助项目管理者管理现场的施工进度、工程质量,为进度计划的进一步优化和调整提供参考。

在项目进度模拟中,BIM 进度模拟包含以下内容(图10):

图9 河道漫游动画部分节点展示图

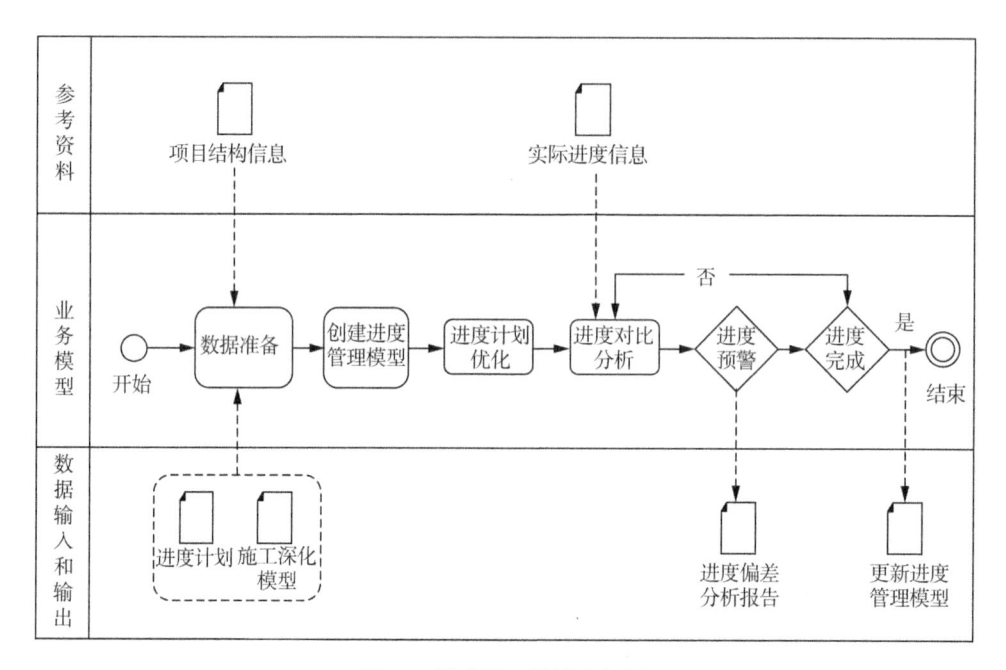

图10 进度管理模拟流程图

（1）进度计划编制；
（2）进度计划优化；
（3）形象进度可视化；
（4）实际进度和计划进度跟踪对比分析；

(5)进度预警;

(6)进度偏差分析;

(7)进度计划调整。

在进度模拟 BIM 应用中,可基于进度计划及施工模型创建进度管理模型,进行进度优化,基于进度管理模型和实际进度信息完成进度对比分析,也可基于偏差分析结果调整进度。

在创建进度管理模型(图 11~图 14)时,应根据进度计划对导入的施工深化模型进行拆分或合并处理,并将模型与进度计划进行关联。

在进度管理模型的基础上宜计算各计划节点的工程量,并在模型中附加工程量信息,并关联定额信息。

进度管理模型在施工模型基础上,附加或关联进度计划、实际进度等信息。

图 11　整体进度模拟

图 12　桥梁进度模拟

图 13　栈道进度模拟

图 14　防汛通道进度模拟

4.4　施工工艺模拟

河道项目施工中的现场条件、施工顺序、复杂节点、技术重难点、安全类专项方案、危险性较大分部分项工程、新技术、新工艺等应用施工工艺模拟。

在施工工艺模拟 BIM 应用中,可基于施工组织模型和施工图创建施工工艺模型,并将施工工艺信息与模型关联,输出资源配置计划、施工进度计划等,指导模型创建、视频制作、文档编制和方案交底。施工工艺模拟流程图见图 15。

针对横沥项目工程重要节点难点的施工技术方案进行方案或施工模拟,例如嘉定河桥的施工模拟(图 16~图 18),利用 BIM 软件建立能够真实表达施工方案意图的三维数字模型,对方案中的工法工艺进行全方位、交互式的直观展示。通过 BIM 虚拟仿真环境,定义施

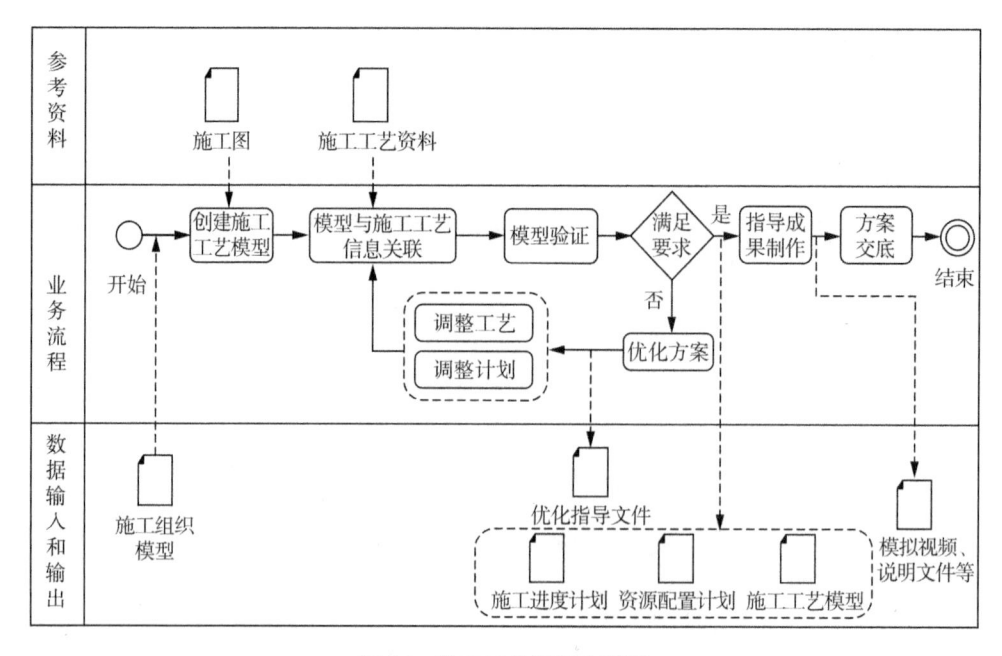

图 15　施工工艺模拟流程图

工方案的工序逻辑及工艺、工法的仿真模拟,以推演施工方案的工序协调、工艺工法的合理性,验证、优化施工方案的技术可行性及经济可行性。将施工方案的三维设计、推演模拟结果、装配式构件、设备施工工艺流程、工法,以动画等方式展示施工方案模型,对现场施工班组进行可视化技术交底。施工工艺模拟前明确模型范围,根据模拟任务调整模型,并满足下列要求:

图 16　钻孔灌注桩施工模拟　　　图 17　桥台施工模拟

图 18　钢箱梁架设施工模拟

(1) 模拟过程涉及空间碰撞时,应确保足够的模型细度及工作面;
(2) 模拟过程涉及与其他施工工序交叉时,应保证各工序的时间逻辑关系合理。

此项工艺的使用,减少了现场施工人员因对施工工艺不熟悉导致的返工,提高了施工效率,保证了施工质量。

4.5 重点部位漫游展示

通过三维漫游展示了未来党建中心和上海绕城高速建成后的效果(图19、图20)。展现了横沥河道治理后的效果,通过结合防噪、护林需求贯通提升高架下方绿地,并且体现未来党建政务资源服务一体化有序高效的场所精神,打造一个让群众想来、爱来、盼来、还来的未来坊活动阵地。

图 19 未来坊段效果展示

图 20 上海绕城高速效果展示

5 结论

横沥综合整治工程(嘉定城河—伊宁路)河道治理达到了预期效果,形成了水绿景、文产城为一体的水岸文脉样板,优化升级了嘉定新城、老城双城联动发展的核心区段,打造了生态提升、产城融合、活力汇聚、古今文化交织的先行示范段,实现了市民可进入、可游憩,绘就了流光溢彩的民生画卷。在此过程中,BIM技术发挥了重要作用:施工阶段BIM技术优化了施工管理,加快了施工进度,缩短了施工工期;漫游的展示有利于施工与管理人员对设计图纸进行审核和了解现场情况,使工程快速有效地实施;施工方案的模拟,使施工人员对施工的流程和操作有了更加详细的认识,降低了施工的难度;进度模拟协助项目管理者管理现场的施工进度。

一体化泵闸在圩区改造项目中应用的探索

陈雷威

（上海市金山区水利管理所，上海 201599）

摘　要：金山区新农南圩、新农北圩等圩区内大部分水闸建于20世纪八九十年代，泵闸上部建筑建设标准较低，泵闸运行年代久远，区域防洪排水形势严峻，实施圩区改造工程，完善区域防洪排涝体系，保障区域防洪安全成为当下的迫切需求。近年来，为保证粮食安全，严守18亿亩耕地红线，国家出台了《全国国土空间规划纲要（2021—2035年）》等最严格土地管理制度。圩区改造项目的建设在一定程度上受土地政策变化等因素的影响无法及时实施。因此，探索一体化泵闸在圩区改造项目中的应用，对于减少耕地的占用、加快圩区改造达标、提升区域防洪除涝能力有着重要意义。

关键词：一体化泵闸；圩区建设

1　研究背景

1.1　金山区圩区改造基本情况

金山区共有圩区33个。2005年8月，受"麦莎""卡努"等台风的影响，金山区大部分圩区受到洪涝灾害，人民的生命和财产安全受到严重影响。因此，金山区水务局自2006年起分年推进廊下镇中联、中丰圩和山塘新建圩、枫泾镇新元北圩、吕巷镇夹漏圩、廊下镇庄家圩、工业区新泾联圩、张堰镇高桥圩、亭林镇曹家圩、朱泾镇的镇区联圩等多个圩区改造项目，持续提高区域防洪除涝能力。2020年，金山区新农北圩圩区改造工程等多个圩区改造项目立项，但项目的实施滞后，致使部分圩区尚未达标。属地政府通过增设临时泵，实施低洼区域堤防加固加高工程应对台风暴雨天气，但圩区改造项目的实施依然迫在眉睫。

1.2　原因分析

1.2.1　土地政策的变化

2020年，国务院办公厅发布《国务院办公厅关于坚决制止耕地"非农化"行为的通知》（国办发明电〔2020〕24号）、上海市人民政府发布《关于本市实施国土空间用途管制加强耕地保护的若干意见》（沪府办规〔2020〕19号），明确中小河道建设等项目占用耕地需按照要求落实补划。经与相关部门沟通，确定拟建水闸所处河道宽度为15 m及以下的，可通过办理土地备案手续落实补划。2022年10月，相关部门明确新建水闸如果完全落地于相应河道蓝线范围内，可根据蓝线规划、圩区规划等规划办理项目建设用地手续。项目建设用地手续涉及土地测绘、用地预审与选址、征地公告、农转用手续办理、征地结案、土地划拨手续办理等多个流程，加之部分手续办理存在前置条件、"三调"图斑的更迭，项目建

作者简介：陈雷威（1996—　），男，助理工程师，学士，主要从事河道综合整治等工作，电子邮箱：952046974@qq.com。

设用地手续的办理从申报用地预审到取得项目建设用地规划许可证通常需七个月以上，办理周期较长。

1.2.2 相关规划无法及时更新

办理建设用地手续需以河道蓝线规划或圩区规划为依据，但部分蓝线规划或圩区规划与实际建设需求不符，致使建设用地手续无法办理。而河道蓝线规划的变更从属地政府主持修编到水务部门审批再到录入规资部门系统所需时间较长，规划的补充和更新无法跟上圩区建设的需求。

1.2.3 部分圩区改造项目所需征地费用较高

办理建设用地手续需向相关部门缴纳征地补偿费、劳动力安置补偿费、房屋补偿费、建设用地规费等费用，上述费用通常由属地政府承担。若圩区改造项目建设范围内涉及耕地面积大、房屋及其他征收物多，将产生高额的征地费用，致使属地政府或其他相关部门无法及时缴纳，造成建设用地手续办理滞后。

综上所述，圩区改造项目在开始建设前需做大量前期工作，涉及部门多、手续杂、流程长，极大影响了圩区改造项目建设的及时性。2022年12月14日，上海市规划和自然资源局发布《关于印发〈上海市土地管理、监测、执法协同工作方案〉的通知》（沪规划资源调〔2022〕488号），明确涉及陆域的水工建筑用地，应办理相关用地手续；全部位于水面范围内的涉水类建设项目，调查为建设用地（水工建筑用地），无需办理建设用地手续。传统的水闸因管理区域和进场道路等实际需要，通常建设范围内涉及陆域，需办理建设用地手续。而一体化泵闸有结构紧凑、占地面积小的优点，可减少对耕地的占用，很多情况下避免了建设用地手续的办理。因此，探索一体化泵闸在圩区改造项目中的应用，对于圩区改造项目的推进有着十分重要且深远的意义。

2 一体化泵闸的优势

2.1 一体化泵闸简介

一体化泵闸是一种创新性的引排功能建筑物，它是将水泵和闸门合二为一的装置，通常由电机驱动水泵、闸门和启闭机等装置组成，通过液压缸或电动缸来操纵启闭闸门。考虑不同河宽及流量的设计要求，闸门与水泵的配置型式有一闸一泵和一闸两泵两种。根据设计要求及不同工况，闸门泵的安装形式有卧式、立式和液压缸三种。一体化泵闸主要有两种工作模式：重力自排模式和水泵强排模式。在重力自排模式下，一体化泵闸系统处于非工作状态，闸门打开，水泵不运行，水体自然连通，重力自排；水泵强排模式下可以进行双向泵送，满足内河内部的补水换水，以及内河往外河泵送的防洪排涝需求。

重力自排模式和水泵强排模式示意图分别见图1、图2。

2.2 一体化泵闸与传统泵闸的区别

传统泵闸通常采用非对称布置形式，即水闸与泵站结合，闸门设置在河流断面方向中间，泵房设置在水闸旁。通常情况下，传统泵闸的拦水闸面积较小，当不需要注水工作时，泵室不能通过水，导致河内外的水交换效率较低。此外，传统泵闸存在建设面积大、建设周期长、经济成本高等缺点。而一体化泵闸装置是将泵站与隔水闸组合为一体的泵站，泵闸可以作为隔水结构代替传统的闸,可以为泵提供支撑。传统泵闸和一体化泵闸效果图分别见图3、图4。

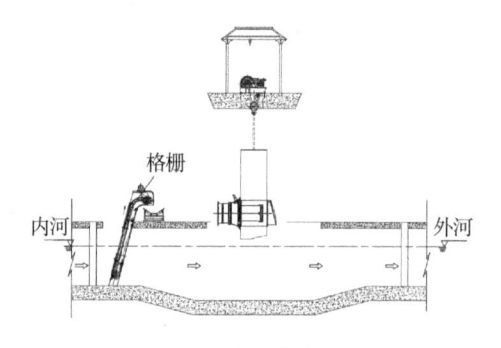

图1　重力自排模式示意图

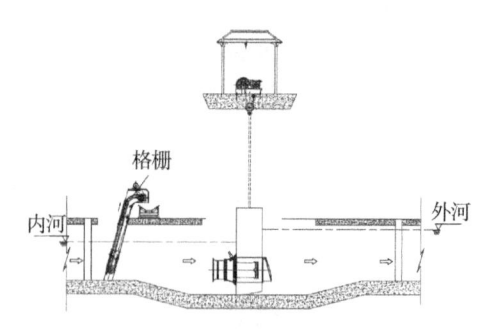

图2　水泵强排模式示意图

图3　传统泵闸效果图

图4　一体化泵闸效果图

2.3　传统泵闸和一体化泵闸优劣分析

一体化泵闸的水泵布置在闸门上,不需要建设固定的泵房,使闸门与泵房结合成整体装置,大大提高了河流的注水能力,显著提高了河道水体的活力,具有传统泵闸所不具备的占地面积小、工程周期短、装卸简便、自动控制、水交换效率高等优点,可以显著降低建设成本、土地成本、改造成本。

2.3.1　排涝能力

传统泵闸的闸门和泵站是分开的,且泵站会占用一小部分河道,造成过水断面变小,对河流的自然流通、水体交换能力等均造成了一定的影响,不利于河道排涝;而一体化泵闸的闸门和泵是一体的,闸门开启后,内外河之间河道截面相同,水系直接联通,不影响水体的自然流动及排涝等作业,具有更强的排涝能力,且可以兼顾"雨天排涝"和"晴天补水"。

2.3.2　装卸与检修

传统泵闸涉及的设备和零部件较多,各类设备和零部件由不同供应商提供,可能导致设备无法及时安装,工期延长。同时,这将导致在检修时起吊和检修设备需要独立配备,增加维护成本。而一体化泵闸全套设备可由设备供应商预先调试,现场直接安装,从而缩短施工周期。泵闸建成后,可由设备供应商定期派专人进行维修养护,避免设备供应商过多,检修困难的情况,降低了维护成本。

2.3.3 管理效率

现今,部分传统泵闸仍未实现智能化和远程控制,闸门和水泵的启动和关闭需要根据流域内的水位与水质进行人工调节管理,管理成本较高。而一体化泵闸通常配备有智能化系统和设备,闸门和水泵可根据水位、水质等信息自动开启和关闭,实现无人值守,提高运维管理的便利性。此外,还可以通过远程控制,实现圩区内河流的联排。

2.3.4 占地面积

一体化泵闸结构紧凑,且可以利用河道本身的调蓄空间,相较于传统泵闸占地面积较小,通常可节约30%以上占地面积。以某公司的某一实际案例为例,采用一体化泵闸的建设方案,泵闸占地面积由传统泵闸的157 m²减小至65 m²,减少了约58.6%的占地面积。

2.3.5 建设、运维投资

泵闸的建设投资一般包括建筑工程投资、设备投资、征地投资等。相比于传统泵闸,一体化泵闸建筑工程内容相对较少,占地面积较小,建筑工程投资和征地投资相对较小。运维投资方面,相比于传统泵闸,一体化泵闸因其高度集成化、智能化、自动化,日常运行维护费用较低。以某公司某一实际案例为例,采用一体化泵闸的建设方案,建筑工程投资由600万元减少至300万元,减少50%,年运行维护成本由20万元减少至10万元,减少50%,极大降低了泵闸建设和运维投资。

一体化泵闸与传统泵闸优劣对比见表1。

表1 一体化泵闸与传统泵闸优劣对比[1-2]

对比内容	传统泵闸	一体化泵闸
占地面积	通常泵房和闸门并排设置,占地面积大	水泵和闸门合二为一,无需另建泵房,占地面积小
建设投资	因建筑面积较大,建设成本、征地成本、翻建改造成本较高	无需建房,结构紧凑,建设成本、征地成本、翻建改造成本较低
施工周期	建筑内容多、设备多,施工周期长	无需建设泵房、闸室,可整体吊装,施工周期短
排涝能力	泵房占用了部分河道,且闸门过水断面小,降低了排涝效率	水泵安装于闸门上,开启闸门后,内外河道完全相通,没有阻挡,抗洪排涝效率较高
经济性	系统运行阻力损失较大,运行效率较低,经济性较差	系统运行阻力损失较小,运行效率高,经济性较好
装卸与检修	闸门和水泵单独安装,如需检修更换需分别拆卸、起吊	可整体安装、拆卸、吊装和检修
管理效率	通常需要人工操作和控制,管理效率较低	可实现自动化控制和智能联动监控,管理效率较高

3 一体化泵闸在圩区项目中应用的设想

3.1 一体化泵闸在国内外应用的实践

国外对一体化泵闸的设计研究应用起步较早,荷兰是最早应用一体化泵闸的国家之一,在阿姆斯特丹解决莱茵河洪涝问题中一体化泵闸发挥了显著作用。日本早在20世纪90年代已经参与一体化泵闸的设计制造和应用,经过近30年的发展积累了丰富的经验[2]。

2008年,我国成功生产了第一台闸门泵,设计流量2.5 m³/s,设计扬程40 kPa,水泵电机功率150 kW。近年来,一体化泵闸在防洪排涝领域的应用逐渐成熟。2018年,在广州市新塘镇新塘大围加固工程中,一体化泵闸替代传统闸站在西涌水闸改建工程中实现了排内涝挡外潮的作用,闸口尺寸为 4.5 m×4.5 m,设计流量为 1.0 m³/s[2]。2021年,江苏省无锡市新吴区永安桥套闸扩建工程应用一体化泵闸对永安桥泵闸进行提标改造,闸门采用卷扬上拉型式,闸口规格 5.0 m×5.7 m,设计流量 10 m³/s,装机容量 132 kW。

3.2 一体化泵闸在金山区圩区改造项目中应用的设想

为在保证圩区排涝能力的同时缩短圩区改造项目实施周期,建议探索一体化泵闸在圩区改造项目中的应用。以金山区共和新圩、全渔圩区改造项目中亭北北新河泵闸为例,依据相关规划和工程可行性研究报告,亭北北新河泵闸拟翻建为闸孔净宽4米、泵站流量2 m³/s 的泵闸,可采用 4 m 口宽闸门,设计流量 1 m³/s 潜水泵,装机容量 75kW,卷扬启闭机 2×100 kN 的一体化双泵单闸的设计。一体化泵闸纵断面、平面布置示意图分别见图5、图6。

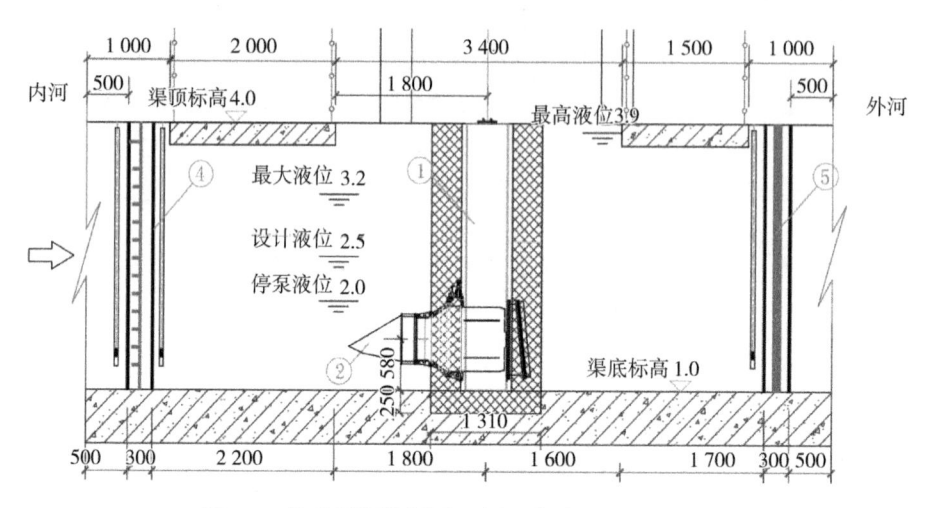

图 5 一体化泵闸纵断面示意图(标高:m;尺寸:mm)

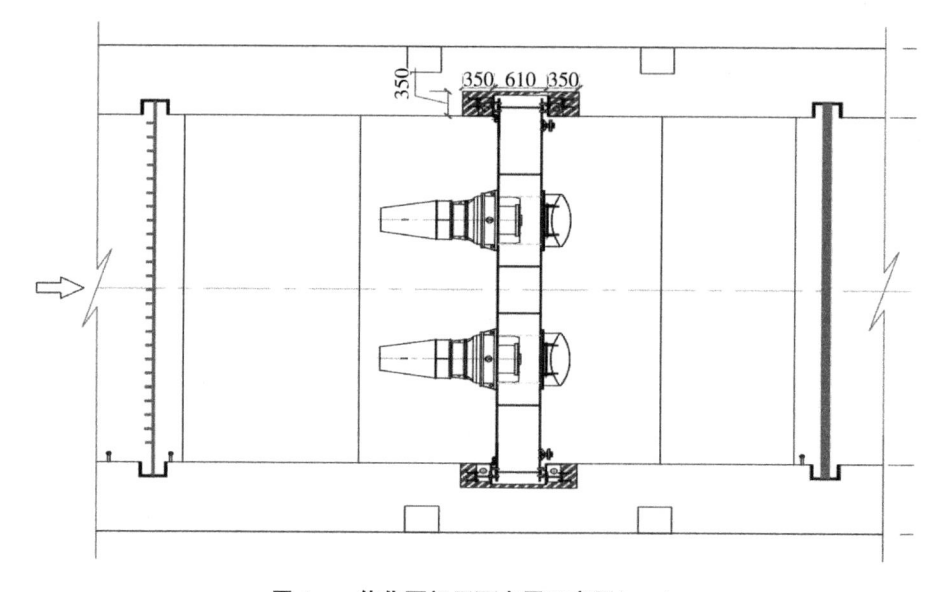

图 6 一体化泵闸平面布置示意图(mm)

一体化泵闸可装设PLC控制系统,实现对泵站的自动化控制。PLC控制系统可以对水泵、阀门、电机等各种设备进行控制,并对泵站的运行数据进行记录和分析,为设备的维护和管理提供数据支持,提高泵站的自动化水平和管理水平,减少人力成本。泵闸的排涝模式为外河水位低时,开闸自流,外河水位高于内河时,关闭闸门启动水泵进行强排。该设计在保证排涝流量、满足排涝需求的同时,提高水交换率,减少占地,避免征地,缩短施工周期。

4 结束语

本文通过分析上海市金山区圩区改造项目目前遇到的困难,结合当前日益成熟的一体化泵闸技术,提出了一个具有可操作性、可实施性、可应用性的设想。相较于传统闸站,一体化泵闸系统保留了原有的防洪排涝功能,同时具有投资金额小、建设周期短、占地面积小、水交换率高、系统集成化程度高等优点。随着金山区圩区改造项目的深入推进,地方政府对圩区排涝能力提升的需求越来越强烈,而一体化泵闸适用于水闸的新建和老闸的翻建,其应用可以加快圩区改造达标,提升区域防洪除涝能力,改善区域水环境,及时满足人民群众生活生产需要,保障人民群众生命财产安全。因此,一体化泵闸在圩区改造项目中具有独特的应用价值,值得研究探索。

参考文献

[1] 戴林军,郝晓伟,陈胜.一体化泵闸技术在杭嘉湖圩区中的应用研究[J].浙江水利科技,2022,50(4):94-96+102.
[2] 陈静,汉京超,周娟娟,等.一体化泵闸的发展及应用研究[J].中国给水排水,2023,39(18):49-54.

小口径市政排水管道中的微型顶管技术应用

舒海涛

（上海嘉定水务工程设计有限公司，上海 201800）

摘　要：在大口径市政排水管道工程中，顶管技术被广泛应用，但对于复杂情况下的小口径管道却无法适用，若采用定向牵引（拖拉管）施工，则存在管线走向误差大、施工标高精度低等问题。本文通过对微型顶管原理的论述，结合工程实例，介绍了微型顶管技术在小口径市政排水工程中的应用，并总结了微型顶管技术的技术要点、工艺特点等。

关键词：顶管；小口径排水管道；微型顶管

0　前言

近年来，随着城市现代化的高速发展，地下管网也快速建设，而受交通、河道、地质及周边环境等因素影响，市政排水管道的施工难度越来越大。在一般的小口径市政排水工程中，管道主要采用开槽埋管或定向牵引（拖拉管）施工方法。开槽埋管施工是最常规的施工方法，但施工工期较长，且对地下管线、交通通行、道路整齐等都有较大的影响；定向牵引（拖拉管）施工是另一种使用较多的施工工艺，但存在标高误差大等问题。微型顶管技术作为新型的施工工艺，具有占地面积小、对周围环境影响较小、施工便利和对地面交通影响小等优势，可以很好地弥补现有常规技术的不足[1]。本文结合实际工程案例，对微型顶管技术在小口径市政排水工程中的应用进行介绍，并总结微型顶管技术的技术要点、工艺特点等。

1　微型顶管工艺介绍

顶管技术是根据盾构施工发展而来的非开挖地下管道施工技术，是常用的市政非开挖施工方式的一种。它主要依靠顶管机主顶液压泵站、油缸推力（长距离顶管中间需增加中继间），将管道从工作井推进至接收井内，在不需要对地面进行开挖的前提下，就能够穿越道路、河道、建构筑物及各种地下管线等障碍物，从而达到管道敷设的目的。

微型顶管是近年发展起来的一种新型顶管施工工艺，常用的顶管方式为地箭式顶管或二次工法顶管。该工艺在施工过程中，首先利用液压装置将前导管按照设计轨迹推进贯通，然后以前导管为引导，在前导管末端连接出土潜盾机或简易机头及预铺管节同步顶进[2]，最终将管道按设计要求铺设完成。微型顶管技术目前根据顶管所在土质分为标准地箭式微型顶管和改良地箭式微型顶管；当顶管所在土质的标准贯入击数＜15 时，一般采用改良地箭

作者简介：舒海涛（1989—　　），男，工程师，本科，主要从事市政排水工程设计，电子邮箱：18616735181@163.com。

式微型顶管；当顶管所在土质的标准贯入击数≥15时，一般采用标准地箭式微型顶管。相较于标准地箭式微型顶管，改良地箭式微型顶管适用的土质孔隙比较大、地基承载力较小，因此改良地箭式微型顶管的机头可以采用普通机头，在顶管机头顶进的过程中，通过对土体挤压形成通道，而不需要排土。

微型顶管在施工过程中具有施工场地小、管线精度高、施工速度快等特点。该工艺的优势和缺点如表1所示。

表1　微型顶管的优势与缺点表

优点	管道精度高，使用经纬仪激光制导，满足管道设计敷设坡度要求，误差可以控制在±3 cm内
	顶进速度快，单段施工不超过两天，土层越软，施工速度越快
	施工占地面积小，对周边环境、交通等影响小
	顶管时采用挤压的方式，无需扩孔，没有沉降隐患
缺点	管道材质限制较多，通常施工使用的管材为钢筋混凝土管、玻璃钢夹砂管、球墨铸铁管以及树脂混凝土管，一般每节1 m
	单段顶距小于常规大口径管道顶管距离，不宜大于100 m

2　工程实例分析

2.1　工程简介

本工程为嘉定区某项目外部市政配套项目，为将项目地块内污水收集纳入已建污水管网，需新建污水管。施工地点周边为主要交通通道及河道，道路下管线复杂，已建污水管网在河道对岸，新建污水管需穿越河道，施工条件复杂，尤其是穿越河道比较困难。根据现场条件，若采用定向牵引（拖拉管）施工，存在引导段造斜距离不够、施工精度不高等问题；采用围堰开槽的施工方法，由于该河道为通航河道，河道较宽，河道管理部门不允许截流，且为保证倒虹管深度，岸上部分的倒虹管段开挖深度较深，围护范围大，费用也高。因此，对现有管道施工方法进行综合比较和分析后，决定在过河段采用微型顶管的方式施工，其他管段采用开槽施工的方式。

2.1.1　地质条件

根据本工程岩土工程勘察报告，该工程顶管段位于淤泥质黏土层，该层含有机质，夹砂质粉土，土质不均匀，切面稍有光泽，摇振反应无，干强度中等，韧性中等，状态流塑，压缩性高，其地基承载力特征值$f_{ak}=55$ kPa。

2.1.2　管道平面布置

本次工程微型顶管共涉及过河倒虹管DN500共计75 m，起点管底标高-3.5 m，终点管底标高-3.6 m，具体布置如图1所示。

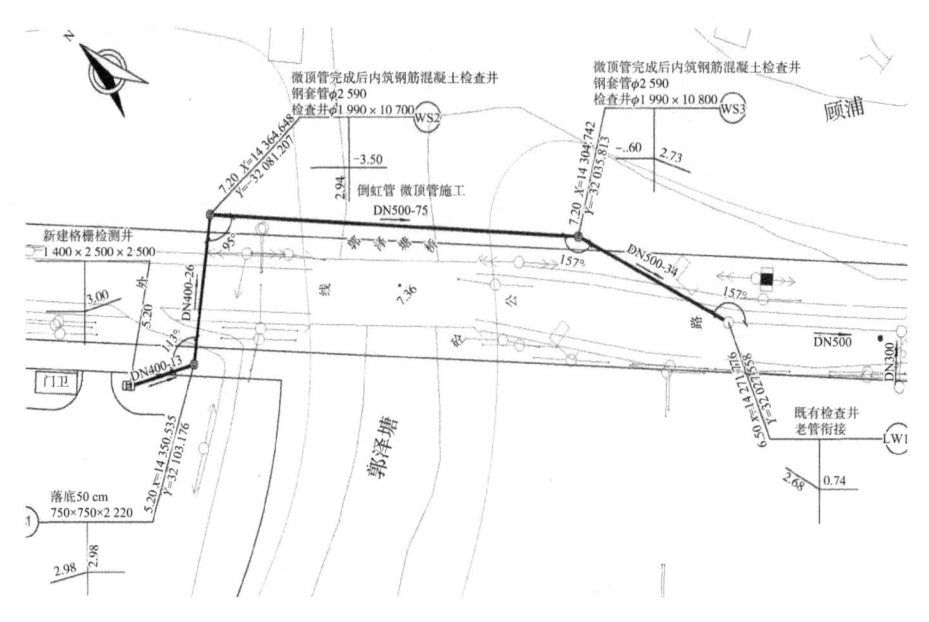

图 1　管道平面布置图(标高:m;尺寸:mm)

2.1.3　过河方案对比

本次管道过河施工方案有围堰开槽施工、定向牵引(拖拉管)施工以及微型顶管施工三个方案,各方案对比如表 2 所示。

表 2　施工方案对比表

施工方法	围堰开槽施工法	拖拉管施工法	微型顶管法
施工工艺	一般	一般	较复杂
施工环境影响(卫生、噪声、震动)	很大	小	小
施工地质影响(下沉、开裂等)	小	小	很小
占用施工场地、空间	很大	一般	小
施工围护费用	大	一般	一般
泥浆、淤泥处理量	较大	小	很小
施工速度	一般	较快	较快
施工质量效果	好	一般	好
施工造价	高	低	较低
路面恢复费用	大	微小	微小
管道成形效果	好	偏差大,难控制	好
施工安全性	一般	好	好

根据上述对比,微型顶管与其他两个施工方案相比,具有施工安全、施工影响小、施工质量高等优点,能满足设计及建设要求,因此本次工程施工方案选择微型顶管法。

2.1.4　顶力计算

根据《给水排水工程顶管技术规程》(CECS 246∶2008)及《给水排水管道工程施工及验

收规范》(GB 50268—2008),管道在顶进时阻力可按照下述公式计算

$$F = \pi D_0 L f_k + N_f$$

$$N_f = \frac{\pi}{4} D_g^2 (1-e) R$$

式中:F 为顶管总顶力,kN;D_0 为管道外径,取值为 0.6 m;D_g 为顶进机头外径,取值为 0.69 m;L 为顶距,取值为 75 m;f_k 为管道外壁与土单位面积的平均阻力,施工过程中不考虑触变泥浆减阻,取值为 10 kN/m²;N_f 为顶管机的迎面阻力,kN;e 为开口率,取值 0.2;R 为挤压阻力,取值 500 kN/m²。

综上,计算得顶进阻力为 1 413 kN,迎面阻力为 149.5 kN,预测总顶力 F = 1 413 kN + 149.5 kN = 1 562.5 kN。

2.1.5 顶管推进设备选择

目前,市场上常用的微型顶管推进设备有两种,具体产品参数如表3所示。

表3 常用微型顶管推进设备产品参数

项目	推进Ⅰ型	推进台Ⅱ型
尺寸(mm)	1 950×1 200×850	1 450×1 200×850
重量(kg)	2 250	1 550
推进行程(mm)	630×2(两段式推进)	400×2(两段式推进)
推进速度(mm/min)	1 800~5 500	1 800~5 500
油压缸推力(kN)	800×2	525×2
旋转马达扭力(kg/m)	850	600
旋转马达回转数(r/min)	20~50	20~50

根据顶管总顶力的计算,选择Ⅰ型设备作为本次顶管推进设备。

2.1.6 顶管工作井及接收井设计

工作井及接收井选用钢护筒支护,钢护筒内径 2 590 mm,厚度 20 mm。坑底以下 1 m 范围内采用 C20 素砼封底,坑底以下 1~6 m 范围内压密注浆加固土体。

2.1.7 检查井设计

检查井采用钢筋混凝土材质,为减少模板制模,直接以钢护筒为外模,在钢护筒内浇筑钢筋混凝土检查井,检查井井壁厚 300 mm,内径为 1 990 mm。

2.2 施工工艺流程

2.2.1 制作工作井及止水措施

工作井及接收井采用钢护筒围护,钢护筒直径 2 590 mm,施工采用 2590 型摇管机及摇管法进行工作井和接收井施工。施工时,钢护筒的下端先切割预制成锯齿状,齿深为 10 cm,上部的钢护筒分节制作,每节钢护筒的长度 2.0 m,钢护筒之间连接采用焊接的方式。摇管机将钢护筒压进至需要的设计标高,然后挖掘机将钢护筒内的土挖出,挖土结束后,尽快浇筑混凝土底板进行封底。同时,为防止地下泥水压力过大,在开孔时涌入井内,在

管道开孔处上下 2 m 范围内进行注浆加固。工作井制作示意图如图 2 所示。

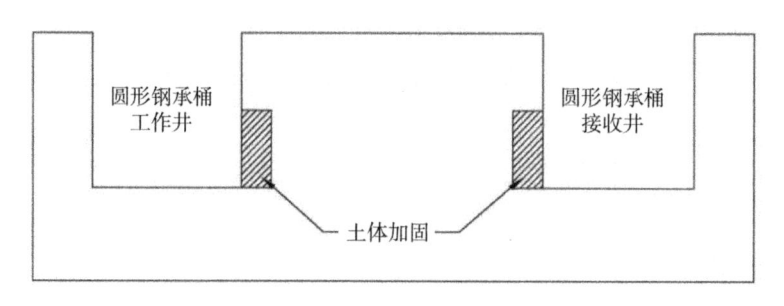

图 2　工作井制作示意图

2.2.2　定线测量

按照设计图纸,将需要铺设的管道中线在工作井内进行测放,根据设计管道的中心线安装顶管推进机台的底座及机台,并安装激光经纬仪。定线测量示意图如图 3 所示。

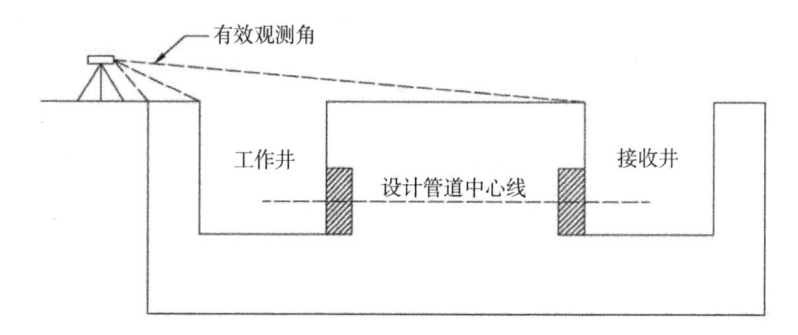

图 3　定线测量示意图

2.2.3　顶管设备安装

在顶管工作井安装顶管设备时,底座与底板之间应预留约 50 cm 的空间,避免在顶管过程中部分泥沙和地下水影响到顶管设备。同时,为保证顶管推进机的稳定,推进台后背与弧形钢护筒井壁之间的空隙采用三角铁焊接加固,以保证推进工作台顶进过程中的稳定性[3]。顶管设备安装示意图如图 4 所示。

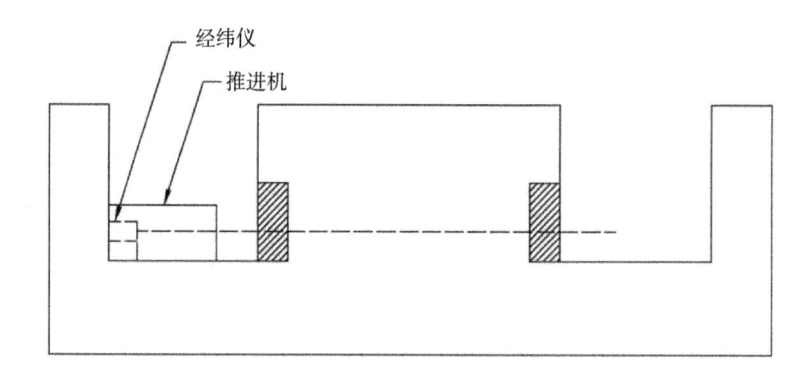

图 4　顶管设备安装示意图

顶管井中经纬仪需与管道设计中心线一致。当经纬仪目镜十字斜面中心偏离中心位置,应及时调整箭头来进行纠偏。

2.2.4 前导管顶进及抽换内管

前导管由内管和外管构成。内管最前端为导向钻头(单段外径有效尺寸,89 mm×550 mm),后端为先导管(单段外径有效尺寸,89 mm×750 mm),通过导向钻头的斜面调整行进方向。

为了对设计管道顶进方向进一步扩孔,当导向管根据激光经纬仪设定的坡度顶进至接收井后,卸下斜面箭头,内管更换为外管黑管(单段外径有效尺寸,219 mm×800 mm),然后锁定方向顶进内推黑管。前导管顶进示意图如图5所示。

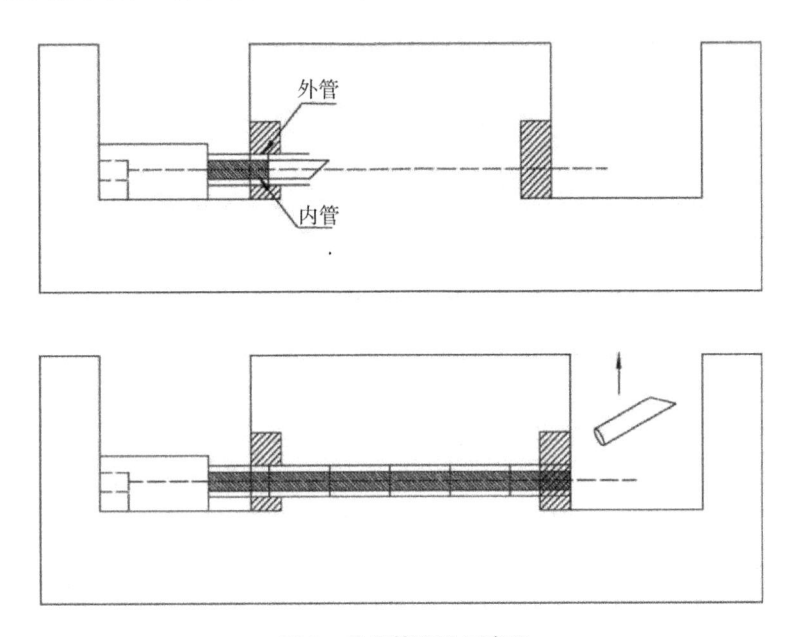

图5 前导管顶进示意图

2.2.5 安装扩孔切削头管道顶进

当内推黑管顶进至微型顶管接收井后,将前导管的内管抽出并同时跟进螺旋输送管,完成后在微型顶管工作井内安装扩孔机头(机头尺寸,690 mm×905 mm);本次设计管道在安装扩孔机头后,沿之前内推黑管的顶进轨迹逐节顶进至接收井内,前导管(导向管和内推黑管)在接收井内逐节拆除[3]。管道顶进示意图如图6所示。

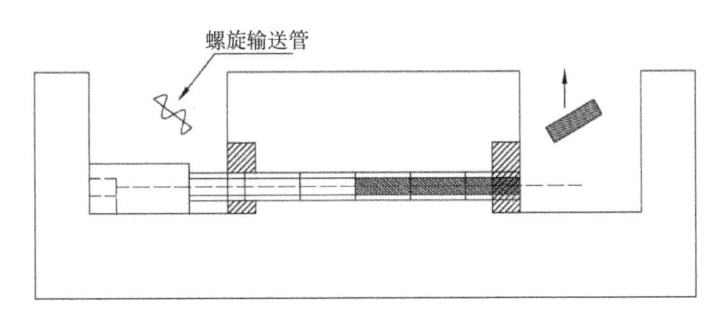

图6 管道顶进示意图

2.2.6 顶管完成拆除设备及浇筑检查井

顶管完成后(图7),钢护筒先不拆除,根据设计图纸在顶管工作井以及接收井的钢护筒内浇筑钢筋砼检查井。为便于钢护筒的拔出,在检查井浇筑到管顶以上 500 mm 时,对钢护筒先进行切割,待检查井浇筑完成后,将上部钢护筒拔出,切割线以下部分则遗留在地下。

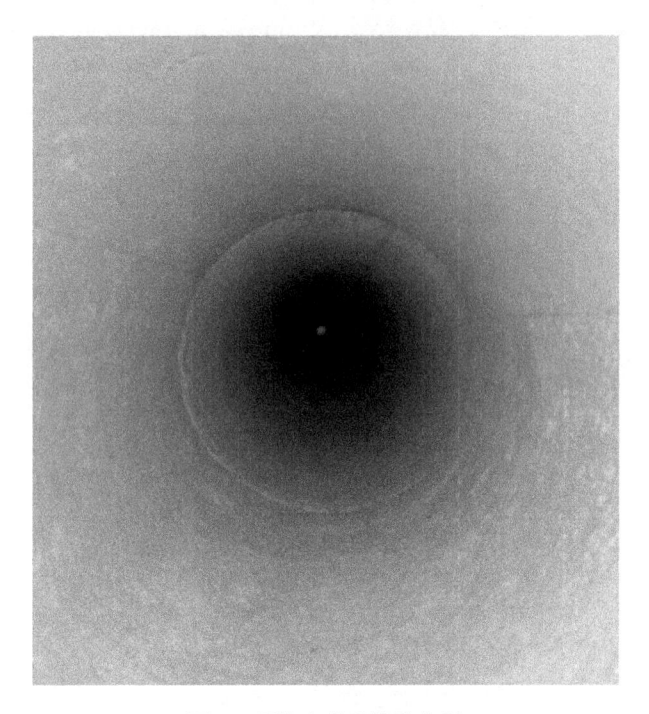

图 7 顶管完成后管道内景

2.3 工程特点及效益分析

本次管道采用微型顶管法施工,顶管工作井和接收井采用摇管法工艺,相较于传统工艺,具有以下特点。

(1)施工质量高:施工完成后,根据对管道的 CCTV 检测,管道成形质量高。

(2)节约工期:施工工期明显减短,工作井和接收井采用摇管法施工,围护工期仅 5 天左右,远小于常规工艺围护时间。

(3)施工影响小:占地有限,对周边环境基本没有影响,没发生任何周边地质沉降问题。

(4)节约投资:工作井和接收井基坑采用摇管法施工,投资远小于常规围堰开槽施工方式。

本次工程的实施,较为明显地体现了微型顶管法在小口径市政排水工程中的优势,在高质量完成管道施工的同时,能兼顾到节约投资、减短施工工期等因素,建议在今后的小口径市政排水工程中,根据实际情况推广使用微型顶管法。

2.4 改进建议

(1)管径限制:目前微型顶管方法常用于管径≤DN600 口径的管道,建议对设备进行优化,将摇管法等方式应用于稍大口径的管道中,扩大使用范围。

（2）顶距限制：目前管道单段顶距最大100 m，在复杂情况下需要增加钢护筒等来完成施工，建议将设备优化，增加设备推力，提高导向管强度，从而增加顶进距离。

（3）管材限制：目前微型顶管采用树脂混凝土材质居多，价格较其他管材偏高，建议尽快优化设备，匹配其他价格合适且强度满足要求的管材。

3　结语

本文通过实际案例分析，结合调查研究，介绍了小口径市政排水工程中微型顶管法的工艺原理，并分析了该工艺的优缺点。在特殊条件下，该工艺较目前常规施工工艺存在工期短、投资较少、周边环境影响小等优点，一定程度上为现有小口径市政排水工程提供了新的解决方案，值得推广使用。

参考文献

［1］张欢.新型微型顶管技术在小口径排水管道工程中的应用［J］.市政技术，2022，40（3）：169-172.

［2］腾宇峰.微型顶管工艺在市政排水管道工程中的应用探析［J］.低温建筑技术，2020，42（5）：143-146.

［3］孙金昭，周皓雪，吉驰，等.微型顶管技术在复杂环境条件下排水管道工程中的应用［J］.城市道桥与防洪，2023（2）：134-136+145.

上海市水利行业信息化建设现状与展望

居艳阳,施 圣

(上海市水利管理事务中心〈上海市河湖管理事务中心〉,上海 200002)

摘 要:智慧水利是智慧城市的重要组成部分,也是水利现代化的基础支撑和重要标志。本文梳理了当前上海市水利行业信息化建设现状,分析了水利行业信息化发展过程中存在的问题,对水利信息化未来的建设方向进行了展望,为下一步水利信息化管理工作提供参考。

关键词:智慧水利;信息化建设;智能应用

0 引言

随着大数据、云计算、物联网等信息技术的飞速发展,"智慧+"模式已经融入经济社会发展的方方面面,极大地改变了公共社会治理模式。随着我国水利事业的高速发展,水利信息化作为实现水利现代化发展的重要手段,在水利行业建设和管理中发挥着越来越重要的作用。

近年来,水利部大力推进智慧水利建设,先后出台了《智慧水利总体方案》《关于大力推进智慧水利建设的指导意见》《智慧水利建设顶层设计》《"十四五"智慧水利建设规划》等一系列政策文件,按照"需求指引、应用至上、数字赋能、提升能力"的要求,以数字化、网络化、智能化为主线,以数字化场景、智慧化模拟、精准化决策为路径,以构建数字孪生流域为核心,全面推进算据、算法、算力建设,加快构建具有预报、预警、预演、预案功能的智慧水利体系,为新阶段水利高质量发展提供有力支撑和强力驱动。

1 建设现状

"十三五"以来,随着水利精细化管理的要求越来越高,上海市水利行业顺应科技革命发展浪潮,积极贯彻国家水利发展战略,加快水利信息化、数字化建设步伐,构建智慧水利总体框架,服务水利行业业务发展的支撑能力明显提升。

1.1 公共服务和政务协同效能提升

在公共服务方面,结合网上政务大厅和"一网通办"建设,整合资源、创新服务,初步实现了个性化、泛在化的水务海洋公共服务。在政务协同方面,在全市创新建成政务协同平台,打破信息孤岛,实现了全局统一门户、统一用户管理,完善公文流转、档案管理、会议管理等电子办公功能,推动无纸化办公与移动办公。加强流程优化再造,完善跨部门信息流转,初步实现市、区两级规划、许可、建设、监管等业务网上协同。

作者简介:居艳阳(1992—),女,工程师,硕士,主要从事水利科技发展和信息化工作。

1.2 服务行业精细化管理成效显著

推进水安全、水环境、水资源等应用市区两级纵向覆盖延伸,形成"业务拉动、上下联动"。优化完善了防汛指挥系统,拓展形成覆盖全市的防汛信息采集网,提升视频资源整合水平及视频会商高清服务能力,完善了预警发布机制,持续提升水情预报精度和服务质量;建立了全市统一的河长制工作平台,基本实现了"各级河长一管到底、河湖管理一网协调、河道要素一目了然、社会公众一键参与";拓展水务专业网格化在全市河湖管理中的应用,初步实现河湖管理的常态化监测、精细化管理、动态化评价。

1.3 智能化应用不断创新

初步建成智能防汛、智能苏州河等智能应用系统,整合各层级信息资源,加强数据分析,进一步提升水利行业智能化管理水平。积极探索数字孪生工程、数字孪生水网等试点建设,用新一代信息技术对水利行业信息化进行智慧升级。

1.4 网络安全保障持续加强

组织实施网络基础设施等级保护三级安全改造,构建网络安全综合管理平台,提升了安全防护能力。建立网络安全应急体系,提升了安全风险预警和突发事件应急处置能力;建立完善信息化建设管理、数据资源整合共享、网络安全管理等制度标准。

2 存在问题

信息技术发展日新月异,数据资源在链接服务国内大循环和国内国际双循环中的引领型、功能型、关键型要素地位也不断凸显,信息化在水利行业得以深入应用和快速发展,但是水利信息系统大量建设,随之而来的问题也逐渐凸显。

2.1 感知监测能力不足,数据采集效率不高

目前水利设施的感知终端覆盖率还比较低,监测范围有限,且存在布置不合理、老旧破损、设备落后等现象,水闸、农村生活污水处理设施、河湖等监管工作的业务数据还不能充分利用感知终端和信息系统采集,部分信息系统甚至依靠人工填报实现监测。本市现有水利设施建设的时间跨度比较大,不同时期的技术标准不一,在考虑技术兼容的同时,表现出在新技术应用上的欠缺。同时,随着所涉及业务信息量的大幅增长,对信息传输网络的速率与带宽的需求量持续增加,而传输网络建设达不到要求,已有的感知通信网络覆盖不全,网络传输能力不足,通信基础薄弱,通信保障措施不足,数据信息传输的效率和稳定性受到影响。

2.2 信息互联互通不足,数据治理环节薄弱

近年信息系统整合和"一网统管"的工作逐步落实,但由于技术和体制等因素的制约,信息互通和数据治理方面仍存在不足,一是部分信息系统功能单一,通常为了满足特定的业务需求而设计,跨区域、跨部门、跨层级的信息系统之间缺乏互通渠道,造成信息的多次重复录入和上报。二是信息共享不足、利用率低,各级各部门之间数据"保密"太多,进一步形成数据壁垒,制约了信息共享和高效利用。三是数据治理水平亟待加强,数据质量管理、数据标准、数据交换与服务等环节薄弱,数据驱动业务的基础不扎实,尚未形成一体化

数据资源体系。

2.3 标准规范建设滞后,信息安全保障不足

前期信息化在水利行业快速应用和迅猛发展,各部门各自为政、遍地开花式地开发建设了大量的信息系统。而信息化具有系统性强、集成度高和技术更新周期短的特点,建设过程中对信息技术的规范化和标准化要求较高,但实际过程中信息化建设和管理经验不足,标准化和规范化的理念尚未成熟,相关标准和规范的建设相对滞后,导致出现了功能重复、资源浪费、整合性差、系统寿命短等一系列弊端。同时,缺乏标准和规范的约束,在信息技术更新速度极快的情况下,不同时期的技术不一定兼容,又影响了系统间的对接和整合。此外,缺少信息传输、共享、安全等方面的管理规章,信息共享和利用率低,信息安全也难以保证,阻碍了信息互联互通和大规模集成的步伐。

2.4 智能应用不深入,辅助决策水平较低

当前水利信息化建设主要停留在实时监测、业务协同、数据分析的阶段,对数据价值的挖掘不够,数字化场景的建设较单一,云计算、AI深度学习和大数据等新技术的应用不足,在数字转型、智慧赋能方面还存在一定的差距,在智能模拟、智能预警、智能调度、智能处置等方面效果不足,支撑各项业务的智能分析和辅助决策能力有待提升。

3 展望

全面推进城市数字化转型是上海主动服务新发展格局的重要战略,对水利海洋信息化也提出了新的要求。按照上海水利行业"更安全、更优质、更生态、更智慧的水"目标要求,积极践行"节水优先、空间均衡、系统治理、两手发力"治水思路,坚持统筹规划、整合共享、业务驱动、建管并重,持续推进信息技术驱动引领、深度融合、贯通应用,努力实现智能感知、智能调度、智能决策、智能服务,进一步提高水利现代化管理水平。

3.1 统筹谋划、坚实基础,夯实数字化发展根基

从业务需求以及管理现状出发,以数据治理和数字化应用纵深推进行业精细化管理,构建数字化管理体系,在水利规划建设、精细化管理等工作中持续提高管理效率,实现监测感知、数字孪生结合、系统集约、业务协同和服务个性化的综合管理模式。一是整合信息资源,分析和梳理相关业务部门的数据、计算机网络和应用系统资源,在全面规划、统一标准的基础上按照市级政务信息系统整合要求进行整合,充分消化吸收,避免重复建设,实现"六个统一"。二是建设基础数据中心,完善统筹机制,加强部门协同、市区协同,打通数据共享通道,建立市级、市区级数据共享机制,整合行业基础数据资源,为建设水利行业数字底座打下坚实基础。三是建设感知网络体系,基于对区级重要数据的监管,搭建水利设施智能感知平台,实现水利设施智能感知设备的综合管理,提高监管效能。同时,扩大感知覆盖范围,丰富监测感知手段,加大传输网络的建设力度,提升感知数据稳定性和可用性,使之能够适应数字化快速发展的趋势。

3.2 业务驱动、深度应用,拓展数字化发展深度

一是推动技术和业务的深度融合,以水利行业发展需求为导向,以提升行业精细化管理水平为目标,充分发挥信息技术提升工作效能的作用,深度融合,贯通应用。围绕核心管理

工作,构建专业管理体系,补齐数字化明显短板,提升监管支持能力,充分利用"政务云"平台资源,建立与区、镇水务部门的工作协同机制,开发和升级业务系统,持续提升精细化管理水平。二是提升数字化辅助决策水平,在智慧化应用方面不断探索,整合各层级信息资源,对河湖、水闸、农污等数据进行综合数据分析和联动协同,在智能防汛调度、数字孪生水网等方面进行探索,积极引入新技术,不断提升水务智能化管理水平。

3.3 建管并重、完善制度,筑牢数字化发展压舱石

一是加强网络和信息安全管理,高度重视信息安全保障问题,建立信息运维、更新机制,落实等保测评、密码安全测评等工作,利用先进技术完善网络安全防御体系,开展互联网网络安全风险、漏洞等提示通报,实施网络安全攻防测试,全面提高网络安全风险评估、风险排查、风险预警和网络安全事件溯源能力。二是强化应急处置能力,完善安全信息通报预警机制和网络安全应急处置预案,明确各环节的主体责任,切实提高信息安全基础防护、保障和应急处置能力,保障基础信息网络和重要信息系统的运行安全。三是完善制度体系建设,充分发挥管理规范的指导性和约束性,促进系统整合、数据更新、共享治理。

3.4 引才聚智、创新引领,强化数字化发展动力

一是强化数字化人才队伍,加强数字化人才的引进,组织工作人员进行数字化工作制度、技术和网络安全等培训,并对应急管理和基层处置人员进行相应的岗位技能培训,逐步构建数字化管理人才培养体系,培养掌握新一代信息技术的数字化管理人才,搭建一支满足水利行业数字化建设与管理需求的创新型人才队伍,以人才结构优化推进信息系统在水利行业监管工作中的深度应用,实现从传统工作模式向数字化工作模式的转变。二是强化创新驱动作用,深入结合业务需求,不断拓展信息技术在水利行业应用的广度和深度。推动技术创新、模式创新、制度创新,积极引入新技术,以创新促发展,不断推动新一代信息技术与水利行业领域深度融合,用技术和数据驱动业务管理的提效和变革,提升水利行业数字化对业务的支撑服务能级。

4 结语

新时代水利信息化建设是实现水利高质量发展的必由之路。当前,上海水利行业信息化发展仍处于不断学习的阶段,与上海市城市数字化转型"整体性转变、全方位赋能、革命性重塑"的高要求还存在一定差距,要持续推进信息化与水利建设管理的深度融合,全面赋能信息化助推水利高质量发展。

参考文献

[1] 王晓磊,陈响,周泽江,等.广西水利信息化建设现状与发展思考[J].广西水利水电,2023(4):116-119.

[2] 邱雁,魏杰,应佳丽,等.浙江省水利信息化建设现状及发展研究[J].浙江水利水电学院学报,2023,35(2):32-37.

[3] 张立峰.江西省智慧水利建设现状与发展对策研究[J].陕西水利,2022(10):101-103.

［4］蓝岚.上海水务海洋行业数字化转型探研[J].上海信息化,2022(1):25-30.

［5］陈继泉.水利信息化技术应用现状与发展思考[J].水利科技,2021(3):5-8.

［6］曾焱,程益联,江志琴,等."十四五"智慧水利建设规划关键问题思考[J].水利信息化,2022(1):1-5.

［7］连彬,魏忠诚,赵继军.智慧水利关键技术与应用研究综述[J].水利信息化,2021(5):6-18+31.

基于上海市水票制度的运行管理支持系统研究

蒋国强,龚嘉秀

(上海市水利管理事务中心〈上海市河湖管理事务中心〉,上海 200002)

摘　要:本文从研究背景、研究思路、系统开发的业务逻辑和关键技术等方面总结了上海市水票制度运行管理支持系统开发的目的和主要作用,系统的建设为解决政府投资重大工程建设"先开后填"的瓶颈问题提供了巨大助力,具有较大的现实意义。

关键词:水票;信息技术;政务云;数据处理

1 研究背景

为支持市级政府投资重大工程建设,完善推进政府性投资项目协同机制,同时为加强地区防洪除涝安全保障及水环境保护,进一步提高填堵河道审批行政许可效率,根据《上海市水资源管理若干规定》、《关于印发〈上海市市级政府投资重大工程建设涉及资源性指标统筹使用实施办法(试行)〉的通知》(沪建工程联〔2022〕60号)、《上海市水务局印发〈关于实施水票制度支持市级政府投资重大工程建设的若干意见(试行)〉的通知》(沪水务〔2022〕141号)等文件精神,结合本市实际情况,开发上海市水票制度运行管理支持系统。

2 研究思路

水票是指可用于填堵河道面积补偿的过渡性河湖面积指标。市级政府投资重大工程如涉及填堵河道且无法先行实施补偿河湖的,可在一定时间内使用水票进行预平衡,满足"先开后填"要求,同步实施补偿河湖后及时归还水票。系统基于"水之云"大数据中心建设初始水票库,用以满足本项目区域范围内对市级重大工程中开填河道时预先使用相关水票的需求,记录全市及各区由2021年新增加未用于补偿过的河湖面积。主要包括建立初始水票库、借出水票管理、归还水票管理、年度更新管理等几个主要版块的设置和运行,实现水票的动态管理工作。系统通过构建及时统一的数据录入、汇聚、整合、交换和共享机制,保证市区两级水票库工作业务信息的汇聚、整合、统一。

基础地理信息数据是从上海市测绘部门更新覆盖全区范围的、最新的全要素地形图,主要存储管辖区域内河道(湖泊)基本情况、大断面资料、河道分类情况、河道整治信息、水资源综合调度运行情况等信息。

系统基于"政务云"数据云平台,综合利用水务地理管理数据库中现有的水务基础地形数据资源,为本项目实现水票数据上图提供数据支撑。设计构建水票管理所需要的相关数

作者简介:蒋国强(1971—),男,主要从事水利设施管理、河长制工作研究。

据库表结构,包括相关河道信息、每河道水票量、已用水票量、剩余水票量、水票来源、水票借用工程项目、水票使用时间、水票归还时间等信息。

3 系统实现

3.1 系统架构(图1)

系统设计自下而上依次为基础设施层、数据层、应用平台、用户层四个层面。

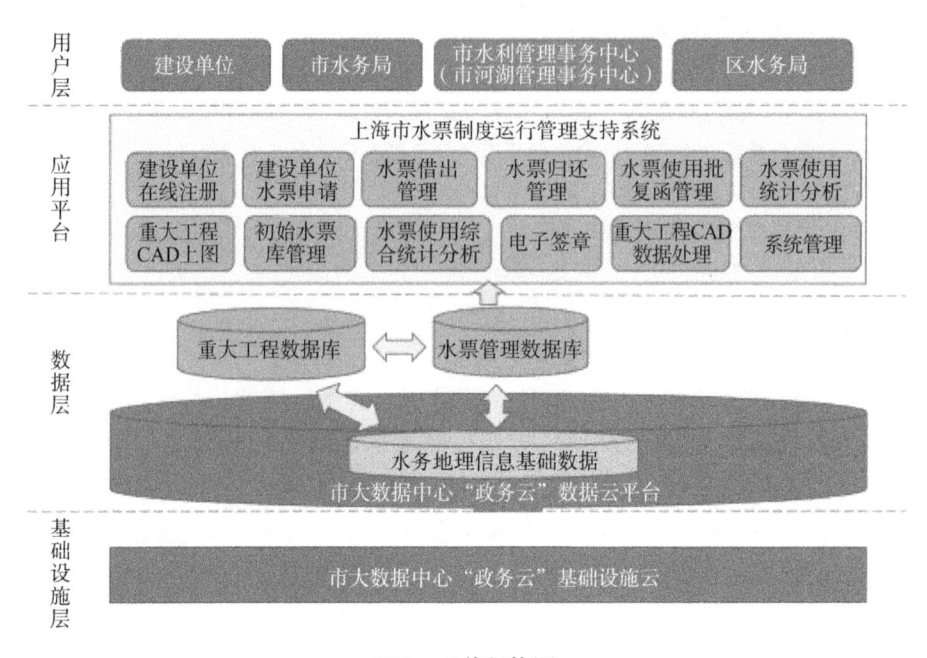

图1 总体架构图

3.1.1 基础设施层

系统运行的网络也基于市大数据中心现有的互联网、水务专网、政务外网。

3.1.2 数据层

主要依托现有市大数据中心"政务云"数据云平台的水务基础地理信息数据,通过本项目建设水票管理数据库,并与市级重大工程数据库进行联动,以支撑上层应用平台。

3.1.3 应用平台

主要建设上海市水票制度运行管理支持子系统,建设项目包含:建设单位在线注册、建设单位水票申请、水票借出管理、水票归还管理、水票使用批复函管理、水票使用统计分析、重大工程CAD上图、初始水票库管理、水票使用统计分析、电子签章、重大工程CAD数据处理、系统管理等功能模块。

3.1.4 用户层

主要供建设单位、上海市水务局、市水利管理事务中心(市河湖管理事务中心)、区水务局等用户操作使用。

3.2 系统功能模块
3.2.1 系统首页(图2)

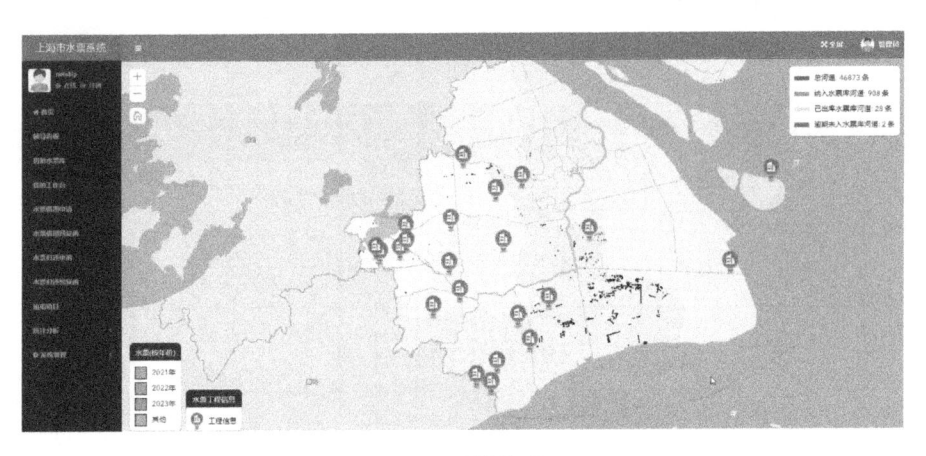

图2 系统首页

首页包含水票信息、建设单位信息及其坐标上图位置信息，并包含几个主要版块：初始水票库建立、水票动态管理(借出)、水票动态管理(归还)、水票年度更新管理。

3.2.2 系统业务流程(图3)

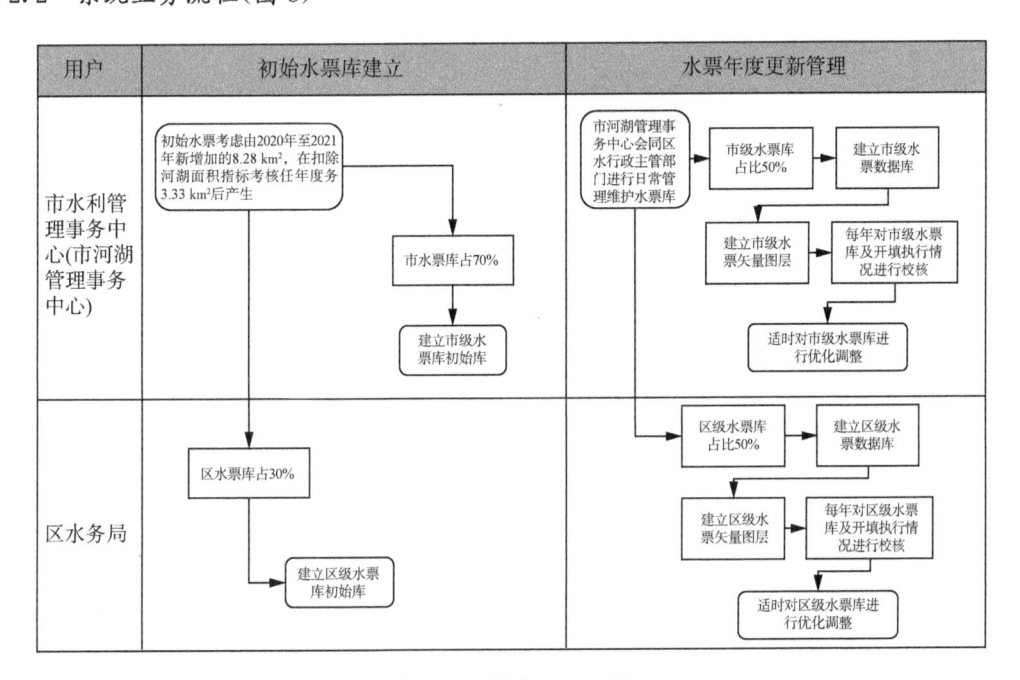

图3 系统业务流程图

初始水票库主要提供初始数据录入、数据查询、数据上图等功能。

初始数据录入模块提供构建初始水票库功能。初始水票库创建时间，相关河道初始的水票量录入，河段对应的水票属性：市级、区级。提供录入河段对应的水票权属关系。水票库数据查询模块，主要实现对水票库数据的各类查询和分类显示管理。系统可以按行政区、按水票权属级别、按水票来源、按水量使用量、按水票剩余量、按初始水票量等专题，实现水票数据的分类查询和显示。水票数据上图模块可详细列出整个平台上水票分布的位置、河道名称，实现各个河道水票使用分布与状态结果的展示。

水票借出归还流程见图4。

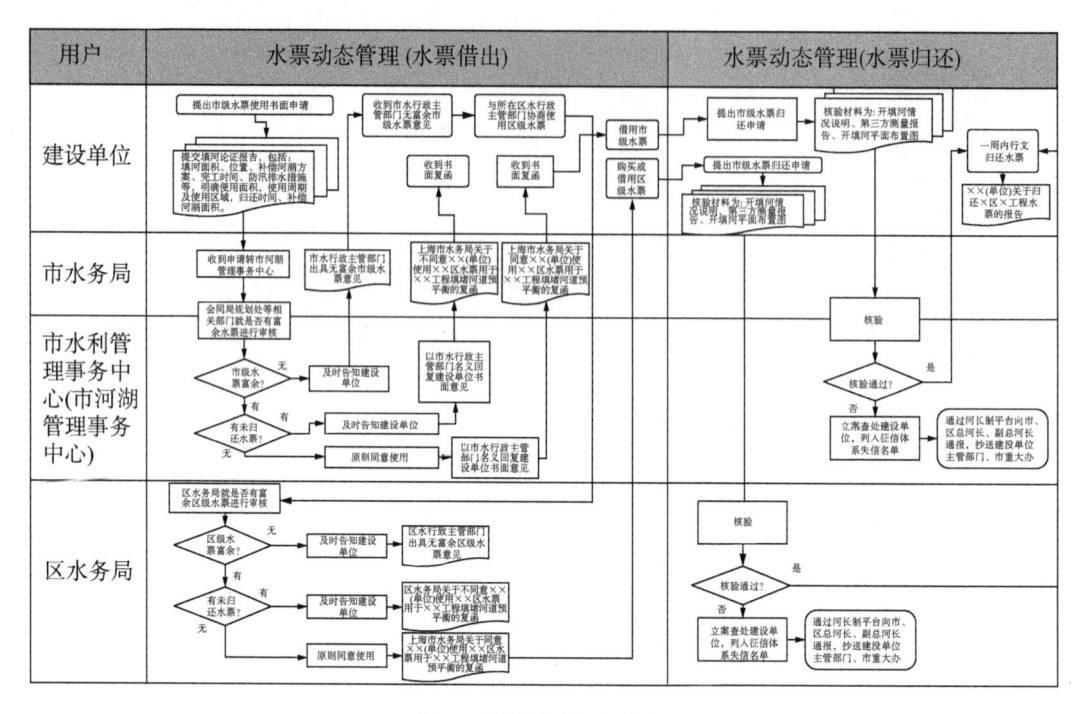

图4 水票借出归还流程

水票动态管理（借出）模块包含建设单位项目信息，如项目名称、报建编号项目坐标、借用水票名称、借用水票面积、借用水票坐标等信息。

水票动态管理（归还）模块包含申请归还年份、已利用水票面积、归还审批等信息。

年度更新管理模块包含水票数据汇总图，可按年、行政区来分别查询水票条数及水票面积信息。

4 关键技术

4.1 B/S应用模式

系统采用B/S（浏览器/服务器）应用模式，服务器架设在移动托管机房内，各客户端通过门户网站并经身份认证后，获得水票系统信息。该模式的应用有助于市水务局、区水务局、各建设单位方便、及时地掌握水票借用情况，提高了工作效率。

4.2 中间件技术

在系统设计中，我们采用中间件技术作为连接前台和后端的纽带。中间件安装在服务器上，形成系统的应用逻辑层，为系统高效、安全、可靠地运行和面向未来不断增长的用户应用需求提供强大的可扩展性。

4.3 辅助评估

在对水票基础数据进行收集、管理、查询、分析和计算的基础上,通过计算机自动评估的应用,实现了自动生成水票借出、归还等功能。

5 总结与展望

上海市水票制度运行管理支持系统进一步打破市区两级水利管理单位的数据壁垒,在水票使用管理方面极大地减少了沟通成本,避免因沟通不及时、信息不对称造成的处置拖延或处置不当等问题,有力支持了市级政府投资重大工程建设。